KB129569

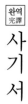

완역
完譯

사
기
서

고대 중국의 예악·역법·치수·경제

완역 사기 서

초판 1쇄 인쇄 2015년 12월 17일 초판 1쇄 발행 2015년 12월 24일

지은이 사마천 옮긴이 신동준
펴낸이 연준혁
기획 설완식

2분사 1부서 편집장 김남철
편집 이지은
표지디자인 이세호 본문디자인 이세호 한향림

펴낸곳 (주)위즈덤하우스 출판등록 2000년 5월 23일 제13-1071호
주소 (10402)경기도 고양시 일산동구 정발산로 43-20 센트럴프라자 6층
전화 031)936-4000 팩스 031)903-3893 홈페이지 www.wisdomhouse.co.kr

값 20,000원 ⓒ 신동준, 2015

ISBN 978-89-6086-862-5 04910
ISBN 978-89-6086-866-3 (세트)

국립중앙도서관 출판시도서목록(CIP)

완역 사기 서 : 고대 중국의 예악·역법·치수·경제 / 지은이: 사마천 ;
옮긴이: 신동준. -- 고양 : 위즈덤하우스, 2015
   p. ; cm

원표제: 史记 书
원저자명: 司馬遷
중국어 원작을 한국어로 번역
ISBN 978-89-6086-862-5 04910 : ₩20000
ISBN 978-89-6086-866-3 (세트) 04910
사기[역사][史記]
중국사[中國史]
912.03-KDC6
951.01-DDC23   CIP2015026542

완역 完譯

사기서 史記書

고대 중국의 예악·역법·치수·경제

사마천 지음·신동준 옮김

위즈덤하우스

〈서書〉는 예악禮樂·역법曆法·치수治水·경제 등 치국평천하의 근간을 이루는 전장典章 제도를 다루고 있다. 이는 일종의 문명사 내지 제도사에 해당한다. 모두 여덟 편으로, 이른바 팔서八書로 불린다. 청대의 왕명성王鳴盛은 《십칠사상각十七史商榷》〈팔서소본八書所本〉에서 〈서〉의 특징을 정리한 바가 있다.

  《사기》의 〈서〉는 《예기禮記》와 《대대례기大戴禮記》, 《순자荀子》, 가의賈誼의 《신서新書》 등에서 발췌해 지은 것이다.

  팔서의 체제와 관련해 크게 세 가지 견해가 있다. 첫째, 《예기》에서 말하는 육관六官의 정무를 본뜬 것으로 보는 견해다. 천관天官의 여덟 가지 기능이 그것이다. 관청을 다스리는 팔법八法, 도성을 다스리는 팔칙八則, 군신君臣을 다스리는 팔병八柄, 백성을 다스리는 팔통八統 등이 거론된다. 둘째, 《서경書經》의 팔정八政에서 나온 것으로 보는 견해다. 북경대 교수를 지낸 범문란范文瀾이 대표적이다. 팔정의

식食·화貨·사祀·빈賓·사師를 〈평준平準〉·〈예禮〉·〈병兵〉·〈봉선封禪〉
으로 분류하고, 팔정의 나머지 사공司空·사도司徒·사구司寇의 업무를
〈악樂〉·〈천관天官〉·〈역曆〉·〈하거河渠〉로 나누었다는 것이다.

셋째,《주역周易》의 팔괘八卦에서 나온 것으로 보는 견해다. 사마천
司馬遷이 한무제漢武帝 때 태사령太史令에 임명되고, 황로黃老 사상을 추
종하며《주역》과 음양론 등을 익힌 점에 주목한 견해다. 사마천은 부
친인 사마담司馬談을 따라 장안長安으로 간 뒤 동중서董仲舒 등에게 고
전을 배웠고, 태사령에 임명된 뒤 역법개정 작업에 참여하기도 했다.
실제로 사마천은 〈태사공자서太史公自序〉에서 유사한 언급을 한 바 있
다.《주역》의 팔괘를 흉내내 팔서를 만들었을 공산이 크다.

총 여덟 편인 〈서〉는 〈예서禮書〉와 〈악서樂書〉, 〈율서律書〉와 〈역서曆
書〉, 〈천관서天官書〉와 〈봉선서封禪書〉, 〈하거서河渠書〉와 〈평준서平準書〉
등 두 편씩 짝을 이루는 것이 특징이다. 〈예서〉와 〈악서〉는 바람직한
정치제도와 질서, 〈율서〉와 〈역서〉는 전쟁을 둘러싼 정치현실, 〈천관
서〉와 〈봉선서〉는 변화와 개혁, 〈하거서〉와 〈평준서〉는 치수와 경제
라는 민생문제를 조명한다. 〈본기本紀〉와 〈세가世家〉, 〈열전列傳〉이 개
개인과 인간관계를 집중 탐사하는 것과 달리 〈서〉는 제도 및 문물 자
체에 초점을 맞추고 있다.

〈서〉에 나타난 문명사 및 제도사에 대한 기본 관점은 현재도 통용
될 만한 것들이다. 예악이 균형을 잃어 악이 지나치면 방종해지고,
예가 지나치면 소원해진다고 지적한 것 등이 그렇다. 매사가 그렇듯
이 관건은 절제다.《손자병법孫子兵法》이 역설한 장수의 리더십과 다
를 것이 없다. 인간과 제도가 서로 불가분의 관계를 맺고 있음을 암
시하는 대목이다.

〈예서〉와 〈악서〉는 함께 읽어야 한다. 유가儒家가 중시하는 치평의 기본 틀인 예악을 논하고 있기 때문이다. 예가 군도君道와 신도臣道의 의리와 역할을 구분하는 군신지의君臣之義에 방점을 찍고 있는데 반해, 악은 군신의 공치共治에 초점을 맞추고 있다. 양자는 서양의 권력구조와 마찬가지로 견제와 균형의 당사자다. 일면 협력하면서도 일면 대립하는 관계에 설 수밖에 없다.

사마천은 《예기》가 역설했듯이 예를 법法 위에 두었다. 법은 피치자被治者인 서민을 대상으로 삼는 데 반해 예는 치자治者인 군주와 사대부를 대상으로 삼기 때문이다. 고금을 막론하고 법으로 모든 것을 제어할 수는 없다. 공자孔子와 순자荀子 등이 예치禮治를 역설한 이유다. 예는 법과 달리 위정자들의 기본자세와 행동지침 등을 다루고 있다. 법은 타율적인 데 반해 예는 자율적이다. 그만큼 위정자의 자발적인 참여가 필요하다. 신권臣權의 상징인 사대부들이 불순한 생각을 품거나 방자한 모습을 보일 경우 서민들과 마찬가지로 예가 아닌 법으로 다스릴 수밖에 없다. 예와 법의 간극이 이처럼 미세하다. 예치를 역설한 순자의 문하에서 법가사상을 집대성한 한비자韓非子가 나온 것은 우연이 아니다. 한비자는 위정자를 서민과 마찬가지로 법치로 다스려야만 한다고 보았다. 한비자가 활약하던 전국戰國시대 말기에 이르러 난세의 심도가 더욱 깊어진 결과로 해석할 수 있다.

전한前漢 때의 유가들은 엄격한 법치뿐 아니라 예치도 매우 각박하다고 보았다. 《예기》〈악기樂記〉에서 예치의 각박한 모습을 순화시키기 위한 악치樂治의 필요성을 역설한 이유다. 악치의 가장 큰 특징은 군신이 한 몸처럼 호흡을 같이하며 치평에 임하는 데 있다. 군신공치君臣共治의 이념을 실현하고자 한 것이다.

〈예서〉와 〈악서〉가 짝을 이룬 것은 예치와 악치가 마치 음양의 조화처럼 상호 보완적인 역할을 수행한다고 판단한 결과다. 이는《순자》의 〈예론禮論〉과 〈악론樂論〉의 주장과 같다. 〈예서〉와 〈악서〉는 상당부분 〈예론〉과 〈악론〉을 그대로 옮겨온 것이다. 순자가 역설한 예치 정신이 〈예서〉와 〈악서〉를 관통하는 키워드로 작용하고 있다. 순자의 제자들은《예기》를 주도적으로 편제한 당사자다. 예악에 관한 논의가《예기》〈악기〉에 집대성되어 있는 이유다.

음률音律과 역법을 다루고 있는 〈율서〉와 〈역서〉 역시 율력律曆이 짝을 이루고 있는 점에 착안한 것이다. 주목할 것은 〈율서〉의 전반부에서 음률이 아닌 무공武功과 병도兵道를 논하고 있는 점이다. 중간에 나오는 전쟁과 관련한 "태사공 왈" 대목을 전후로 그 내용이 완전히 다른 이유다. 일각에서는 후반부를 후대인의 위작으로 보기도 한다. 그러나 후반부 역시 "태사공 왈"이 나오고 있는 점에 비추어 병도와 음률을 하나로 묶어 〈율서〉를 편제했다고 보는 것이 합리적이다.

〈역서〉는 말 그대로 역법을 상세히 논하고 있다. 〈역서〉가 〈율서〉와 짝을 이룰 수 있는 이유는 1년이 열두 달인 것처럼 음률도 열두 음으로 구성되어 있다는 논리 위에 있다. 이른바 음양오행陰陽五行 이론의 확장이다. 주목할 것은 음력 10월을 세수歲首로 삼은 진시황秦始皇 때의 역법 체계가 다시 음력 정월을 세수로 삼는 하력夏曆으로 돌아갔다는 점이다. 원래 은력殷曆은 음력 12월, 주력周曆은 음력 11월, 진력秦曆은 음력 10월을 세수로 삼았다. 모두 음양오행의 상극相剋 이론을 좇은 결과다. 한나라는 한무제 때 음력 정월을 세수로 삼는 하력으로 돌아갔다. 이것이 올바른 것임은 말할 것도 없다.

일각에서는 〈역서〉를 통해 사마천이 한무제의 역법 개정에 비판적인 견해를 피력한 것으로 보는데 이는 지나치다. 오히려 사마천은 스승 동중서의 영향을 받아 오행론을 신봉했다.

천문天文과 제천祭天 문제를 다루고 있는 〈천관서〉와 〈봉선서〉 역시 하늘을 매개로 짝을 이루고 있다. 천자天子 내지 천도天道 개념을 통해 알 수 있듯이 춘추전국시대의 제자백가는 천도를 지상에 구현한 인도人道의 최종 책임자는 하늘의 뜻을 대신하는 천자로 보았다. 천자가 하늘에 제사를 올리는 제천 내지 하늘을 받드는 봉천奉天 의식의 상징으로 통용된 이유다. 이는 오직 천하의 주인인 천자에게만 허용된 특권이었다. 중원中原 주변의 제후왕은 이런 일을 할 수 없었다. 그것은 곧 반역을 의미했다.

형이하의 천문 개념이 〈천관서〉와 〈봉선서〉에서 형이상의 천덕天德 및 천도 등과 더불어 형이상적인 의미로 사용되고 있는 것도 이런 맥락에서 이해할 수 있다. 혜성의 출현을 군덕君德의 쇠퇴에 따른 흉조로 풀이한 것이 그렇다. 동중서가《춘추번로春秋繁露》에서 천도와 인도를 하나로 묶어 형이하의 현실정치를 형이상의 도덕정치로 추상화한 이른바 재이설災異說의 연장에 해당한다. 이것이 미신임은 말할 것도 없다. 공자가 괴력난신怪力亂神을 멀리한 것과 정면으로 배치된다.

팔서 가운데 가장 관심을 끄는 것은 수리水利와 경제정책 전반을 논한 〈하거서〉·〈평준서〉다. 〈하거서〉는 고대의 수리 사업을 비롯해 한무제 때의 수리와 수해 상황을 통시적通時的으로 분석하고 있다. 수천 년 동안 중농重農을 재정경제 정책의 핵심으로 삼은 데서 알 수 있듯이 중국은 황하黃河의 문명이 시작될 때부터 수리 문제를 왕조의 성패와 직결시켜 생각했다. 〈하거서〉가 재화의 생산과 수급 문제를 다룬 〈평준서〉와 짝을 이루고 있는 이유다.

주목할 것은 사마천이 황하 하류의 범람을 기록하면서 치수 실패의 원인을 잘못된 인선에서 찾고 있는 점이다. 일리 있는 분석이기는 하나 뛰어난 수리 전문가를 발탁치 못한 점을 지적하지 않고 장상將相을 잘못 뽑은 데서 원인을 찾은 것은 문제가 있다. 이 또한 오행설을 내세운 스승 동중서의 영향이 컸다.

다만 시장 질서를 교란하는 자들을 과감히 솎아낼 것을 주장한 것은 탁견이다. 후한後漢 초기 반고班固는 《한서漢書》를 쓰면서 〈평준서〉를 참조해 〈식화지食貨志〉를 편제했다. 〈식화지〉는 해당 왕조의 경제사를 정리해놓은 귀중한 자료에 해당한다. 역대 왕조의 정사 가운데 《신오대사新五代史》를 제외하고는 빠짐없이 〈식화지〉를 편제했다. 《보송서補宋書》 〈식화지〉처럼 후대인이 보완해 끼워 넣기도 했다. 경제 및 재정정책을 얼마나 중시했는지 짐작할 수 있다. 식화食貨의 명칭은 《서경》의 홍범팔정洪範八政에 나오는 "천하를 다스리는 여덟 가지 기본원칙 가운데 먹는 것이 가장 중요하고 그다음으로 재화가 중요하다[一曰食二曰貨]"는 구절에서 따온 것이다.

〈화식열전〉은 춘추시대 말기부터 전한 초기에 이르는 시기의 거부들의 이야기를 실어놓은 점에서 매우 독특하다. 각 지역의 풍속과 물산, 교통, 상업 등도 상세히 기술해놓고 있다. 〈화식열전〉을 경제경영 이론서로 간주하는 이유다. 경제 및 재정정책을 다룬 〈평준서〉는 〈화식열전〉의 자매편에 해당한다. 〈평준서〉를 〈화식열전〉과 같이 읽어야 그 의미를 제대로 이해할 수 있다고 말하는 이유다.

사상사적으로 볼 때 〈평준서〉와 〈화식열전〉은 《관자管子》의 〈승마乘馬〉와 〈치미侈靡〉, 〈구부九府〉, 〈경중輕重〉 등에서 역설한 이른바 '관자경제학'의 해설서에 해당한다. 관자경제학의 가장 큰 특징은 정치와 경제를 하나로 녹인 데 있다. 이는 지난 20세기 말 전 세계를 풍미한 신자유주의 이념과 정면으로 배치되는 것이다.

관자경제학은 국가가 시장에 적극 개입해 부상대고의 폭리를 원천봉쇄할 것을 역설하고 있다. 다양한 유형의 금융정책과 재정정책을 통해 간접적인 방법으로 부상대고의 재화를 거둘 것을 주문한 것이 그렇다. 호명지심好名之心을 적극 부추겨 자발적으로 재화를 내놓도록 하는 방안도 곁들이라고 충고했다.《관자》는 시장을 자유방임 상태로 두는 것은 부상대고의 폭리를 제도적으로 보장하는 것이고, 부익부 빈익빈 현상을 더욱 가속화할 뿐이라고 지적한다. 정치와 경제가 결합한 진정한 의미의 정치경제학이 유일한 해법이다. 그것이 바로 관자경제학을 관통하는 균부均富의 기본이념이다. 균부가 관자경제학의 해설서인 〈평준서〉와 〈화식열전〉을 관통하는 키워드로 작용하고 있는 것은 당연한 일이다.

다만 부상대고의 폭리暴利와 관원과 연결된 관상유착官商癒著을 제도적으로 원천봉쇄하는 것이 관건이다. 고금동서를 막론하고 이 두 가지 문제를 해결하면 그 어떤 정책이든 성공할 수 있다. 아무리 뛰어나고 시의적절한 계획일지라도 이 두 가지 문제를 해결하지 못하는 한 아무 소용이 없다.

관자경제학은 21세기 세계경제를 일거에 혁신시킬 수 있는 새로운 패러다임으로 작동할 가능성이 다분하다. 관자경제학의 해설서에 해당하는 〈평준서〉와 〈화식열전〉의 중요성이 여기에 있다.

| 차례 |

일러두기

- 이 책은 사마천司馬遷의 《사기史記》 가운데 권 23 〈예서禮書〉부터 권 30 〈평준서 平準書〉까지 이르는 〈서書〉를 완역한 것이다.
- 각 권 도입부에 있는 해제와 본문 주석은 역자의 글이다. 또한 본문은 역자가 소제목을 붙이고 구분했다.
- 번역은 원문에 충실하되, 독자의 이해를 돕기 위해 풀어 썼다.
- 인명·지명·서명 등의 한자어는 원칙적으로 처음 나올 때만 병기했다.
- 본문의 전집이나 총서, 단행본 등은 《 》로, 개별 작품이나 편명 등은 〈 〉로 표기했다.

권 23

예서
禮書

〈예서〉는 〈악서〉와 짝을 이루고 있다. 다만 강조하는 부분이 약간 다르다. 예는 군신의 의리 및 분별, 악은 군신의 화합 및 공치共治에 방점을 찍고 있다. 상호 보완관계로 파악한 결과다. 사마천은 〈태사 공자서〉에서 예禮를 고금의 변화에 부응하기 위한 수식修飾으로 풀이했다. 시대에 따라 예제는 바뀔 수밖에 없고, 바뀌어야 한다는 취지를 밝힌 것이다. 〈예서〉가 예제의 발생과 기능, 변화과정 등을 정밀하게 추적한 이유다. 내용의 상당부분이 《순자》 〈예론禮論〉과 겹친다. 일각에서 후대인의 위작으로 보는 이유다. 그러나 사마천이 직접 〈예론〉의 내용을 그대로 전재했을 가능성도 배제할 수 없다.

태사공太史公은 평한다.

"양양洋洋한 미덕이여! 만물을 주재하고 군중을 부리는 것이 어찌 인력으로 이를 수 있는 것이겠는가? 나는 예의를 주관하며 빈객을 접대하는 대행大行의 예관禮官에 갔을 때 삼대三代 예제禮制의 증감을 살펴보고 비로소 인정人情을 좇아 예를 제정하고, 인성人性을 좇아 의儀를 만들었다는 사실을 알았다. 그 유래는 실로 오래되었다."

●● 太史公曰, "洋洋美德乎! 宰制萬物, 役使群衆, 豈人力也哉? 余至大行禮官, 觀三代損益, 乃知緣人情而制禮, 依人性而作儀, 其所由來尚矣."

인간의 도덕규범은 씨줄과 날줄처럼 만 가지로 얽혀 있고, 규칙이 관여하지 않는 곳이 없다. 인의로 이끌고 형벌로 속박하는 까닭에 덕이 두터운 자는 지위가 높아지고, 봉록俸祿이 많은 자는 은총을 입어 영예를 누린다. 이야말로 천하를 하나로 모으고 만민을 다스리는 기본 원칙이다. 사람의 몸은 수레를 타면 편안하다. 수레의 본체와 끌채[車轅]를 금으로 치장하고, 횡목横木을 현란한 문양으로 꾸미는 이유다. 눈이 오색五色을 좋아하는 까닭에 옷에 문장文章●을 새겨 넣어 그 자태를 더욱 드러낸다. 귀가 종경鐘磬의 소리를 좋아하는 까닭에 여덟 가지 악기에서 나오는 음[八音]을 조화시켜 마음속을 맑게 한다. 입이 다섯 가지 맛[五味]을 좋아하는 까닭에 여러 맛으로 풍미를 더한다. 감정이 진귀한 물건을 좋아하는 까닭에 규벽圭璧을 갈고 쪼아 그 마음을 더욱 흡족하게 만든다.

● 문文은 원래 청색과 적색, 장章은 적색과 백색의 배합을 뜻한다. 여기서는 다양한 문양이 섞여 있는 사물을 지칭한다.

천자가 타고 다니는 수레[大路]에 띠 풀로 자리를 짜고, 천자가 조회할 때 쓰는 사슴가죽 모자[皮弁]를 쓰고, 베로 만든 저고리를 입고, 거문고와 비파의 붉은 현에 구멍을 내고, 종묘제사에 사용하는 국[大羹]˙에 맑은 술[玄酒]을 쓰는 것도 같은 이유다. 음란과 사치를 막아 꾸미고 치장하는 폐해를 구하고자 한 것이다. 위로는 군신과 조정 관원의 존비 및 귀천을 구분하고, 아래로는 서민의 거복車服˙˙과 주택, 음식, 혼례, 상례, 제례 등에 이르기까지 각기 합당한 구분이 있어야 하는 것도 같은 이유다. 일마다 마땅한 처신이 있어야 하고, 사물마다 존비귀천을 표시하고[文飾] 절제[節文]가 뒤따라야 한다. 공자가 《논어論語》〈팔일八佾〉에서 노魯나라의 예제가 쇠미해진 것을 탄식한 것이 그 증거다.

체제禘祭˙˙˙를 지낼 때 이미 관주灌酒˙˙˙˙를 행한 뒤로는 정성이 깃들어 있지 않아 더는 보고 싶지 않다.

주나라가 쇠한 후 예악이 무너지고, 상하의 구분이 없어졌다. 관중이 매년 생산물의 3할을 상세商稅로 거두어들이는 것과 같은 수준의 수입을 올리는 이른바 삼귀三歸를 행한 것이 그렇다.˙˙˙˙˙ 법도를 따

˙ 《예기》〈악기〉에 따르면 대갱大羹은 제사 때 사용하는 국으로 조미료를 넣지 않는다. 태갱太羹으로 쓰기도 한다.

˙˙ 거여관복車輿官服의 줄임말로, 각종 의장儀仗을 말한다.

˙˙˙ 체제의 禘는 천자가 정월에 시조 및 하늘에 올리는 제사를 말한다. 주성왕周成王은 주공周公 단旦의 봉국인 노나라에 특별히 주문왕周文王에 대한 체제를 허용한 바 있다.

˙˙˙˙ 술을 땅에 부어 혼백을 부르는 의식을 말한다. 혼을 부를 때는 분향한다.

˙˙˙˙˙ 《논어》〈팔일〉에 공자가 관중의 삼귀를 사치스럽다고 비판한 대목이 나온다. 삼귀의 실체를 두고 예로부터 설이 분분하다. 삼국시대 위魏나라의 하안何晏은 《논어집해論語集解》에서 포함包咸의 설을 인용해 세 개 성씨의 여인을 맞아들인 것으로 풀이했다. 한 명의 처

르고 정도를 지키는 자는 세상에서 모욕을 당하고, 사치스럽고 분수에 넘치는 일을 하면서 대소상하의 구분이 없는 자를 두고 크게 출세했다는 뜻의 현영顯榮으로 표현한다. 공자의 고족제자高足弟子인 자하子夏조차 이같이 말한 바 있다.

"나가서는 화려하고 아름다운 모습을 보며 기뻐하고, 들어와서는 선생님의 도를 들으며 즐거워한다. 두 마음이 서로 싸우고 있으니 스스로 해결하기 어렵구나!"

하물며 보통 사람 이하의 사람들이 날로 성현의 가르침을 잃고 세속에 물들어가고 있는 경우이겠는가?《논어》〈자로子路〉에서 공자는 위영공衛靈公이 정사를 맡길 경우 무엇부터 하겠느냐는 제자 자로子路의 질문에 대해 이같이 대답한 바 있다.

"반드시 명분부터 바로잡겠다!"

그러나 위영공이 남색男色과 전쟁을 밝힌 데서 알 수 있듯이 위나라에는 예법에 들어맞는 사람이 살지 않았다. 더구나 공자 사후 그 도를 전수받은 제자들 또한 점차 몰락해 쓰이지 않게 되었다. 혹자는 제齊나라나 초楚나라로 가고, 혹자는 황하 일대나 바닷가로 가버리고 말았다. 이 어찌 통탄스러운 일이 아니겠는가!

진秦나라는 천하를 통일한 뒤 육국六國의 예제를 모두 받아들여 그 가운데 잘된 것을 채택했다. 비록 성인이 만든 예제와 맞지 않는 것이 있었으나 군주를 높이고 신하를 낮추는 존군억신尊君抑臣과 조정

와 두 명의 첩으로 해석하는 것도 같은 맥락이다. 유월兪樾은《군경평의群經平議》에서 세 곳에 살림을 꾸린 것으로 보았다. 양옥승은 관중의 식읍으로 간주했다. 곽숭도郭嵩燾는《관자》의 〈산지수山至數〉와 〈경중 을乙〉 등을 근거로 백성이 10, 군주가 3의 비율로 생산물을 취하는 부세賦稅의 기준으로 풀이했다. 곽숭도의 해설이 가장 그럴듯하다.

관원의 차서次序가 정연한 조정제제朝廷濟濟는 여전히 옛날과 같았다. 한고조가 널리 천하에 덕을 베풀 때 숙손통叔孫通이 예제를 정비하면서 자못 더하고 뺀 것이 있기는 했으나 대략 진나라의 예제와 같았다. 천자의 칭호에서 시작해 아래로는 관원과 궁실 및 관직명에 이르기까지 크게 바뀐 것이 별로 없다.

한문제漢文帝가 즉위한 후 담당 관원이 상서해 새 의례를 정하고자 했다. 그러나 문제는 도가道家를 좋아한 까닭에 예제를 번다하게 하고 모양을 꾸미는 것은 치평治平에 도움이 되지 않는다고 여겼다. 그는 친히 절검하는 모범을 보이면서 복잡한 예제를 없애버렸다. 한경제漢景帝 때 어사대부御史大夫 조조鼂錯는 세상일과 형명刑名에 밝았다. 누차 한경제에게 간했다.

"제후의 번국藩國은 모두 천자의 신하들입니다. 이는 고금을 막론하고 통용된 제도입니다. 지금 큰 나라는 멋대로 조정과 다른 정사를 펼치며 이를 조정에 고하지도 않고 있습니다. 후대에 법도를 전하지 못할까 두렵습니다."

한경제가 이를 받아들이자 오吳나라와 초나라 등의 육국이 조조에 대한 참수를 기치로 내걸고 모반했다. 한경제는 조조를 베어 난을 해결했다. 자세한 내용은 〈원앙조조열전袁盎鼂錯列傳〉에 기록되어 있다. 이후 관원들은 교분을 잘 맺고 녹봉을 얻는 데만 만족해할 뿐 더는 감히 이 문제를 거론하려 들지 않았다. 금상今上인 한무제는 즉위 직후 유가를 신봉하는 학자들을 초청해 함께 의례를 정했다. 그러나 10여 년이 지나도록 성과를 얻지 못했다. 이를 두고 혹자가 말했다.

"옛날에는 태평한 덕분에 만민이 화합하고 즐거워하자 상서로운 감응이 두루 일어났다. 이에 선량한 풍속을 모아 예제를 정할 수 있었다."

금상이 이 말을 듣고는 어사御史에게 이런 조서를 내렸다.

대개 천명을 받아 보위에 오르게 된 데에는 각기 그럴 만한 이유가 있다. 길은 다르지만 귀결은 같다. 민의를 좇아 일어나고, 풍속을 따라 예제를 만드는 것이 그것이다. 논의하는 자들은 하나같이 태고의 예제를 들먹이고 있다. 그러나 백성이 어찌 이를 본받을 수 있겠는가? 한나라 역시 하나의 왕조인데, 전장과 법도法度가 후대에 전해지지 않는다면 과연 후손에게 무슨 말을 할 수 있겠는가? 교화가 융성하면 전장과 법도는 크고도 넓다. 다스림이 얕으면 편협해진다. 그러니 어찌 전장과 법도의 창제創製에 힘쓰지 않을 수 있겠는가?

태초太初 원년에 정삭正朔을 고치고 복색을 바꾼 이유다. 태산太山에 단을 세워 하늘에 제사를 지내고, 종묘宗廟와 백관百官의 의례를 정해 변치 않는 법도로 삼아 후대에 전하고자 한 것이다.

예는 사람으로 말미암아 일어난다. 사람은 태어나면서부터 하고자 하는 욕망이 있다. 이루고자 하는 바를 이루지 못하면 원망이 있을 수밖에 없다. 원망에 절제가 없으면 다투게 되고, 다투면 어지러워진다. 선왕은 어지러워지는 것을 싫어해 예의를 제정했다. 사람의 욕망을 적절히 기르면서 이를 채워주고자 한 것이다. 사물에 대한 욕망이 고갈되지 않고, 사물이 욕망을 채우지 못하는 일이 없게 해 양자가 서로를 길러주며 보완하도록 하는 것이 관건이다. 예는 바로 여기서 나온다.

예를 '두고 기른다'는 뜻의 양養으로 풀이하는 이유다. 벼와 기장 등 오곡의 다섯 가지 맛은 입의 욕망, 호초胡椒과 난초 등의 향기는 코의 욕망, 종고鐘鼓와 관현管弦 등의 악기는 귀의 욕망, 새기거나 끼우는 각루刻鏤와 다양한 무늬를 넣은 문장文章은 눈의 욕망, 탁 트인 방[疏房]과 침상[牀第] 및 책상과 자리[幾席]는 몸의 욕망을 길러주는 것이다. 예를 기를 양으로 해석하는 이유다.

군자는 '양'을 얻은 뒤에는 그 실질을 구별하는 변辨을 좋아한다. 이른바 변은 귀천의 등급, 장유의 차별, 빈부경중貧富輕重의 대칭을 뜻한다. 천자가 대로大路에 띠 풀로 자리를 만드는 것은 몸의 욕망, 곁에 향초를 두는 것은 코의 욕망, 앞에 아름다운 무늬를 새긴 횡목橫木을 두는 것은 눈의 욕망을 채우기 위한 것이다. 또 거마車馬의 방울[和鸞] 소리를 비롯해 수레가 천천히 달릴 때 듣는 주무왕周武王의 음악인 〈무武〉와 주나라 음악인 〈상象〉의 절주節奏, 빨리 달릴 때 듣는 순임금의 음악인 〈소韶〉와 탕湯왕의 음악인 〈호濩〉의 절주를 좇는 것은 귀의 욕망을 만족시켜주기 위한 것이다. 용을 수놓은 깃발인 기旂와 깃발에 늘어뜨린 술인 아홉 개의 유斿는 천자에 대한 만인의 믿음을 길러주기 위한 것이다. 천자의 수레바퀴에 그려진 장식 가운데 엎드린 무소[寢兒]와 웅크린 호랑이[持虎], 상어가죽으로 만든 말의 복대[鮫韅], 횡목에 그려진 황금빛 용[彌龍]은 천자의 위엄을 길러주기 위한 것이다. 대로를 끄는 말은 반드시 가장 믿음직하고 잘 길들여 유순해진 것만을 택하니 이는 천자의 안전을 길러주기 위한 것이다.

과연 누가 죽음에 처해서도 이름과 절개를 지키는 것이 삶을 기르는 길이고[養生], 비용을 절검하는 것이 재화를 기르는 길이고[養財],

공경하며 사양하는 것이 편안함을 기르는 길이고[養安], 예의와 문리文理를 좇는 것이 인정을 기르는 길[養情]임을 알 수 있겠는가?

사람은 구차하게 목숨을 보존하고자 하면 반드시 죽고, 구차하게 이익을 추구하면 반드시 손해를 보고, 나태하게 편안함만 찾으면 반드시 위태로워지고, 욕정에 내맡기는 것을 편하게 생각하면 반드시 멸망한다. 성인이 모든 것을 예의로 귀결시킨 이유다. 그러면 예의와 욕망 두 가지를 모두 얻을 수 있다. 반대로 모든 것을 성정性情으로 귀결시키면 두 가지 모두 잃게 된다. 예의를 추구하는 유가는 사람들에게 두 가지 모두 얻게 하고, 성정을 억누르며 절검만을 추구하는 묵가는 사람들에게 두 가지 모두 잃게 한다. 유가와 묵가의 차이가 여기에 있다.

예는 나라를 다스리고 명분을 구별하는 궁극이고, 나라를 강성하고 견고하게 만드는 근본이며, 위엄을 행하는 길이고, 공명을 세우는 강령이다. 왕공王公은 이를 통해 천하를 통일하고 제후를 신하로 삼을 수 있다. 이를 통하지 않으면 사직을 버리게 된다. 견고한 갑옷과 날카로운 무기로는 필승을 거두기에 부족하고, 높은 성과 깊은 해자垓字는 견고히 지키기에 부족하고, 엄격한 명령과 번다한 법률은 위엄을 세우기에 부족하다. 예에 입각한 도를 통하면 행하고, 그렇지 않으면 폐廢하는 것이다.

초나라 사람은 상어와 무소 가죽으로 갑옷을 만든다. 견고한 것이 마치 쇠나 돌 같다. 완宛 땅의 강철로 만든 창은 마치 벌이나 전갈처럼 가볍고 날카로우며 민첩하기가 질풍 같다. 그러나 초나라는 수섭垂涉*에서 패하고, 장수 당말唐眜**이 전사하고, 부장部將 장교莊蹻까지 반기를 들고 전滇 땅에서 왕을 칭하면서 사분오열되고 말았다.*** 이

어찌 견고한 갑옷과 날카로운 무기가 없어서 그런 것이었겠는가? 그 다스림이 예에 기초한 치도治道가 아니었기 때문이다.

초나라는 여수汝水와 영수穎水를 요새, 장강長江과 한수漢水를 해자로 삼고, 등鄧 땅의 산림을 경계, 방성方城을 변경으로 삼고 있다. 그런데도 진秦나라 군사가 도성인 언영鄢郢에 이르는 것이 마치 고목이 시든 나뭇잎을 떨어내는 것과 같았다. 이 어찌 견고하고 험한 요새가 없어서 그런 것이었겠는가? 그 다스림이 예에 기초한 치도가 아니었기 때문이다.

은殷나라 주紂는 간언을 한 숙부 비간比干의 심장을 도려내고, 충언을 한 숙부 기자箕子를 감옥에 가두고, 숯불 위에 기름칠한 구리기둥을 걷게 하는 포락炮烙의 형벌을 가하고, 무고한 사람들에게 형벌을 가해 마구 죽였다. 당시 신하들 모두 공포에 떨고 목숨이 언제 달아날 지 알 길이 없었다. 그러나 주무왕의 군사가 이르자 주의 명이 아래에서 행하지 않았고, 백성을 또한 군사로 동원할 수 없었다. 이 어찌 왕명이 엄격하지 못하고 형벌이 준엄하지 못해 그런 것이었겠는가? 그 다스림이 예에 기초한 치도가 아니었기 때문이다.

옛날에는 병기가 창·활·화살뿐이었다. 적국은 이를 써보기도 전

● 《순자》〈의병議兵〉과 《전국책戰國策》〈초책楚策〉, 《회남자淮南子》〈병략兵略〉에는 수사垂沙로 나온다.

●● 당매唐昧로 나오기도 한다.

●●● 기원전 301년 제나라 장수 광장匡章이 제나라·한나라·위나라 연합군을 이끌고 지금의 하남성河南城 당하唐河의 서남쪽에서 초나라 군사를 대파한 전투를 말한다. 야간의 기습적인 도하작전이 주효했다. 이 싸움에서 초나라는 장수 당말을 잃은데다 수구垂丘와 완, 섭葉 이북의 땅을 잃었다. 이후 초장왕楚莊王의 후예인 장교莊蹻마저 백성을 부추겨 도성인 영성郢城까지 쳐들어가며 초나라는 지리멸렬해지고 말았다. 장교는 초경양왕楚頃襄王 때 지금의 운남성 곤명昆明 일대인 전 땅으로 들어갔다가 자립해 사서에 등장하는 최초의 운남왕雲南王이 되었다.

에 투항했다. 성곽을 높이 쌓지도 않고, 도랑과 해자를 깊이 파지도 않고, 견고한 요새를 만들지도 않고, 쇠뇌를 발사하는 기변機變을 펼치지도 않았다. 그런데도 나라가 평온한 자세로 외적을 전혀 두려워하지도 않으면서 견고한 모습을 보였다. 이는 다른 것이 아니라 위에서 치도를 밝혀 균등하게 배분하고, 때맞추어 백성을 부리면서 진실로 사랑하니 아래에서 마치 그림자가 따르고 메아리가 울리듯 응했기 때문이다. 명을 따르지 않는 자가 있을 때 비로소 형벌로 다스리면 백성 모두 자신의 죄를 알게 된다. 죄를 지은 한 사람에게 형벌을 내림으로써 온 천하가 복종하게 되는 까닭에 죄인은 윗사람을 원망하지 않고, 죄가 자신에게 있다는 것을 알았다. 형벌이 줄어들고 위엄이 물 흐르듯 행해진 이유다.

이는 다른 것이 아니라 예에 기초한 치도를 따랐기 때문이다. 예에 기초한 치도를 따르면 모든 것을 행하고, 그렇지 않으면 폐한다. 옛날 요堯임금이 천하를 다스릴 때는 모두 합해 한 명을 죽이고 두 명에게 형벌을 내렸다. 그럼에도 천하가 다스려졌다. 옛 기록인《전傳》에서 말했다.

위세가 준엄한데도 사용하지 않고, 형벌이 있는데도 쓰지 않는다.

하늘과 땅인 천지는 생존, 선조는 동류同類, 군주와 스승은 치평의 근본이다. 천지가 없으면 어떻게 살고, 선조가 없으면 어떻게 태어나고, 군사가 없으면 어떻게 다스려질 수 있겠는가? 이 셋 가운데 단 하나라도 없으면 사람은 편안해질 수 없다. 예는 위로 하늘을 섬기고, 아래로 땅을 섬기고, 선조를 받들고, 군사를 숭배하는 길이다. 이것이 예의 세 가지 근본이다.

제왕은 하늘에 제사 지낼 때 태조太祖를 함께 배향하는 배천配天을 하니, 제후는 감히 이를 어그러뜨릴 수 없다. 대부大夫와 사士에게는 자신들의 뿌리에 해당하는 조祖와 종宗이 있다. 귀천을 구분하는 이유다. 귀천을 잘 다스리는 것이 덕의 근본이다.

동짓날 남쪽 교외로 나가 하늘에 제사를 올리는 교제郊祭는 천자만이 행한다. 종묘제사인 사제社祭는 제후 이상이 행한다. 아래로 사대부에 이르기까지 각기 정해진 제도가 있다. 존귀한 자는 존귀한 것을 섬기고, 낮은 자는 낮은 것을 섬기고, 예를 크게 할 것은 크게 하고, 작게 할 것은 작게 하도록 한 이유가 여기에 있다. 천하를 보유한 자는 칠세七世, 나라를 보유한 자는 오세五世, 오승五乘의 땅을 가진 자는 삼세三世, 삼승의 땅을 가진 자는 이세二世의 조상을 섬긴다. 희생犧牲 한 마리로 제사를 지내는 평민은 종묘를 세울 수가 없다. 덕업을 두텁게 쌓은 자는 은택이 광범위하게 흘러가고, 그렇지 못한 자는 은택이 좁게 흘러가도록 한 것이다.

천자나 제후의 조상에 대한 합제合祭인 태향大饗을 보면 먼저 맑은 물을 담은 그릇[玄尊]을 올리고, 날것을 괴어 담는 도마인 조俎에 비린 생선을 올리고, 대갱大羹을 먼저 올린다. 이는 음식의 근본을 귀하게 여기는 것이다. 태향에서는 현준을 올린 뒤 박주薄酒를 쓰고, 메기장의 피[黍稷]를 진설한 뒤 벼와 기장[稻粱]을 놓는다. 제사를 올릴 때 대갱을 먼저 입에 대고, 여러 제수[庶饈]로 배를 불린다. 이는 근본을 귀하게 하고 나서 실용을 가까이하는 것이다.

근본을 귀하게 하는 것을 문文, 실용을 가까이하는 것을 이理라 한다. 양자가 합쳐 문식文飾을 이룸으로써 태초인 태일太一로 귀결된다. 이를 일컬어 지극히 융성한 대륭大隆이라 한다. 술병인 준尊에 백주白酒를 올리고, 도마인 조에 비린 생선을 올리고, 제기祭器인 두豆에 대갱을 먼저 올리는 것 모두 형식보다 질을 중시한다는 취지의 한가지 이치에서 나온 것이다.

제사를 마치기 전에 고인에게 다시 한 번 헌주할 때[利爵]는 제물을 맛보지 않고, 제사를 마친 뒤에는 조의 제물을 맛보지 않고, 사자를 대신해 세운 시위尸位에 세 번 음식을 권하는 삼유三侑 때 먹지 않고, 제왕의 혼례[大昏] 때 재계齋戒하고 사당에 고한 뒤 아직 맞아들이지 않고, 태묘太廟에서 아직 시위尸位를 받아들이지 않고, 막 절명했을 때 사자에게 옷을 입히는 소렴小斂을 아직 하지 않는 것 또한 형식보다 질을 중시한다는 취지의 한가지 이치에서 나온 것이다. 대로大路를 사용할 때 흰 장막을 씌우면서 교제郊祭에 사용되는 삼으로 만든 면류관을 쓰고, 상복을 입을 때 거친 삼베[散麻]를 쓰는 것 또한 형식보다 질을 중시한다는 취지의 한가지 이치에서 나온 것이다. 삼년상에서 곡을 억제하지 않고, 주문왕을 제사한 〈청묘淸廟〉의 노래에서 한 사람이 창唱하면 세 명이 화응和應하고, 종을 하나 걸어놓고 종 대신 종의 받침대를 두드리고, 붉은 현이 있는 큰 비파 아래에 작은 구멍을 내는 것 또한 모두 형식보다 질을 중시한다는 취지의 한가지 이치에서 나온 것이다.

무릇 예는 소략한 데서 시작해 문식에서 이루어지고, 성대함에서 끝을 맺는다. 가장 좋은 것은 인정과 문식을 모두 발휘한 것이고, 그 다음은 인정과 문식이 번갈아 발휘되는 것이다. 그 이하는 인정을

● 태일은 가장 존귀한 천신으로 곧 천제 내지 천황대제天皇大帝를 말한다.

회복해 태일로 돌아가는 것이다. 천지가 예에 의해 하나로 합치고, 날과 달이 예에 의해 빛나고, 사계절이 예에 의해 순환하고, 별들이 예에 의해 운행하고, 강물이 예에 의해 흐르고, 만물이 예에 의해 창성하고, 호오好惡가 예에 의해 절도에 맞고, 희로喜怒가 예에 의해 합당함을 얻는다. 아랫사람이 유순해지고, 윗사람이 현명해지는 배경이 여기에 있다.

●● 人道經緯萬端, 規矩無所不貫, 誘進以仁義, 束縛以刑罰, 故德厚者位尊, 祿重者寵榮, 所以總一海內而整齊萬民也. 人體安駕乘, 爲之金輿錯衡以繁其飾, 目好五色, 爲之黼黻文章以表其能, 耳樂鍾磬, 爲之調諧八音以蕩其心, 口甘五味, 爲之庶羞酸鹹以致其美, 情好珍善, 爲之琢磨圭璧以通其意. 故大路越席, 皮弁布裳, 朱弦洞越, 大羹玄酒, 所以防其淫侈, 救其彫敝. 是以君臣朝廷尊卑貴賤之序, 下及黎庶車輿衣服宮室飲食嫁娶喪祭之分, 事有宜適, 物有節文. 仲尼曰, "禘自旣灌而往者, 吾不欲觀之矣."

周衰, 禮廢樂壞, 大小相踰, 管仲之家, 兼備三歸. 循法守正者見侮於世, 奢溢僭差者謂之顯榮. 自子夏, 門人之高弟也, 猶"出見紛華盛麗而說, 入聞夫子之道而樂, 二者心戰, 未能自決", 而況中庸以下, 漸漬於失敎, 被服於成俗乎? 孔子曰, "必也正名." 於衛所居不合. 仲尼沒後, 受業之徒沈湮而不擧, 或適齊·楚, 或入河海, 豈不痛哉! 至秦有天下, 悉內六國禮儀, 采擇其善, 雖不合聖制, 其尊君抑臣, 朝廷濟濟, 依古以來. 至于高祖, 光有四海, 叔孫通頗有所增益減損, 大抵皆襲秦故. 自天子稱號下至佐僚及宮室官名, 少所變改.

孝文卽位, 有司議欲定儀禮, 孝文好道家之學, 以爲繁禮飾貌, 無益於治, 躬化謂何耳, 故罷去之. 孝景時, 御史大夫鼂錯明於世務刑名, 數幹諫孝景曰, "諸侯藩輔, 臣子一例, 古今之制也. 今大國專治異政, 不稟京師, 恐不可傳後." 孝景用其計, 而六國畔逆, 以錯首名, 天子誅錯以解難. 事在袁盎語中. 是後官者養交安祿而已, 莫敢復議. 今上卽位, 招致儒術之士, 令共定儀, 十餘年不就. 或言古者太平, 萬民和喜, 瑞應辨至, 乃采風俗, 定制作. 上聞之, 制詔御史曰, "蓋受命而王, 各有所由興, 殊路而同歸, 謂因民而作, 追俗爲制也. 議者咸稱太古, 百姓何望? 漢亦一家之事, 典法不傳, 謂子孫何? 化隆者閎博, 治淺者褊狹, 可不勉與!" 乃以太初之元改正朔, 易服色, 封太山, 定宗廟百官之儀, 以爲典常, 垂之於後云.

禮由人起. 人生有欲, 欲而不得則不能無忿, 忿而無度量則爭, 爭則亂. 先王惡其亂, 故制禮義以養人之欲, 給人之求, 使欲不窮於物, 物不屈於欲, 二者相待而長, 是禮之所起也. 故禮者養也. 稻粱五味, 所以養口也, 椒蘭芬茝, 所以養鼻也, 鍾鼓管弦, 所以養耳也, 刻鏤文章, 所以養目也, 疏房牀笫幾席, 所以養體也, 故禮者養也. 君子旣得其養, 又好其辨也. 所謂辨者, 貴賤有等, 長少有差, 貧富輕重皆有稱也. 故天子大路越席, 所以養體也, 側載臭茝, 所以養鼻也, 前有錯衡, 所以養目也, 和鸞之聲, 步中武象, 騶中韶濩, 所以養耳也, 龍旂九斿, 所以養信也, 寢兕持虎, 鮫韅彌龍, 所以養威也. 故大路之馬, 必信至教順, 然後乘之, 所以養安也. 孰知夫士出死要節之所以養生也. 孰知夫輕費用之所以養財也, 孰知夫恭敬辭讓之所以養安也, 孰知夫禮義文理之所以養情也. 人苟生之爲見, 若者必死, 苟利之爲見, 若者必害, 怠惰之爲安, 若者必危, 情勝之爲安, 若者必滅. 故聖人一之於禮義, 則兩得之矣, 一之於情性, 則兩失之矣. 故儒者將使人兩得之者也, 墨者將使人兩失之者也. 是儒墨之分. 治辨之極也, 彊固之本也, 威行之道也, 功名之總也. 王公由之, 所以一天下, 臣諸侯也, 弗由之, 所以捐社稷也. 故堅革利兵不足以爲勝, 高城深池不足以爲固, 嚴令繁刑不足以爲威. 由其道則行, 不由其道則廢. 楚人鮫革犀兕, 所以爲甲, 堅如金石, 宛之鉅鐵施, 鑽如蜂蠆, 輕利剽遬, 卒如熛風. 然而兵殆於垂涉, 唐昧死焉, 莊蹻起, 楚分而爲四參. 是豈無堅革利兵哉? 其所以統之者非其道故也. 汝潁以爲險, 江漢以爲池, 阻之以鄧林, 緣之以方城. 然而秦師至鄢郢, 擧若振槀. 是豈無固塞險阻哉? 其所以統之者非其道故也. 紂剖比幹, 囚箕子, 爲炮格, 刑殺無辜, 時臣下懍然, 莫必其命. 然而周師至, 而令不行乎下, 不能用其民. 是豈令不嚴, 刑不陵哉? 其所以統之者非其道故也.

古者之兵, 戈矛弓矢而已, 然而敵國不待試而詘. 城郭不集, 溝池不掘, 固塞不樹, 機變不張, 然而國晏然不畏外而固者, 無他故焉, 明道而均分之, 時使而誠愛之, 則下應之如景響. 有不由命者, 然後俟之以刑, 則民知罪矣. 故刑一人而天下服. 罪人不尤其上, 知罪之在己也. 是故刑罰省而威行如流, 無他故焉, 由其道故也. 故由其道則行, 不由其道則廢. 古者帝堯之治天下也, 蓋殺一人刑二人而天下治. 傳曰, "威厲而不試, 刑措而不用."

天地者, 生之本也, 先祖者, 類之本也, 君師者, 治之本也. 無天地惡生? 無先祖惡出? 無君師惡治? 三者偏亡, 則無安人. 故禮, 上事天, 下事地, 尊先祖而隆君師, 是禮之三本也. 故王者天太祖, 諸侯不敢懷, 大夫士有常宗, 所以辨貴賤. 貴賤治, 得之本也. 郊疇乎天子, 社至乎諸侯, 函及士大夫, 所以辨尊者事尊, 卑者事卑, 宜鉅者鉅, 宜小者小. 故有天下者事七世, 有一國者事五世, 有五乘之地者事三世, 有三乘之地者事二世, 有特牲而食者不得立宗廟, 所以辨積厚者流澤廣, 積薄者流澤狹也.

大饗上玄尊, 俎上腥魚, 先大羹, 貴食飲之本也. 大饗上玄尊而用薄酒, 食先黍稷而飯稻粱, 祭嚌先大羹而飽庶羞, 貴本而親用也. 貴本之謂文, 親用之謂理, 兩者合而成文, 以歸太一, 是謂大隆. 故尊之上玄尊也, 俎之上腥魚也, 豆之先大羹, 一也. 利爵弗啐也, 成事俎弗嘗也, 三侑之弗食也, 大昏之未廢齊也, 大廟之未內尸也, 始絶之未小斂, 一也. 大路之素幬也, 郊之麻絻, 喪服之先散麻, 一也. 三年哭之不反也, 清廟之歌一倡而三, 縣一鍾尙拊膈, 朱弦而通越, 一也. 凡禮始乎脫•, 成乎文, 終乎稅.•• 故至備, 情文俱盡, 其次, 情文代勝, 其下, 復情以歸太一. 天地以合, 日月以明, 四時以序, 星辰以行, 江河以流, 萬物以昌, 好惡以節, 喜怒以當. 以爲下則順, 以爲上則明.

태사공은 평한다.

"지극하구나! 위대한 예를 세워 궁극으로 삼으니. 천하가 감히 덜거나 더하지 못한다. 본말이 서로 다르고, 시종始終이 서로 호응하고, 존비귀천의 분별로 지극한 문식을 이루고, 인정과 문식을 다해 마음을 기쁘게 하는 방법으로 지극한 성찰을 이룬다. 천하가 예를 따르면 잘 다스려지고, 그렇지 않으면 어지러워진다. 따르는 자는 편안하고, 따르지 않는 자는 위태로워진다. 예는 사대부가 이상이면 좇는 것으로, 서민이 본받는 것이 아니다.

● 《사기색은史記索隱》은 예시호탈禮始乎脫의 탈脫을 소략疏略으로 새겼다.
●● 《사기색은》은 종호세終乎稅의 세稅를 "예를 다하면 사람의 정을 기쁘게 만든다"는 뜻으로 새겼다. 《대대례기》에는 종어륭終於隆으로 나온다. 여기서는 "성대함으로 끝난다"는 뜻으로 새기는 것이 낫다.

예의 본체는 실로 깊은 까닭에 공손룡公孫龍의 견백동이堅白同異 주장도 그 안으로 들어오면 이내 빠져 죽고 만다. 예의 본체는 실로 커 문물과 제도를 멋대로 만들거나[擅作典制] 한쪽으로 치우친 누추한 주장[褊陋之說]이 그 안으로 들어오면 스스로 부족함을 알게 된다. 예의 본체는 실로 높아 난폭하고 방자하며 오만하거나[暴慢恣睢] 현실을 가볍게 여기는 것을 고고하게 여기는[輕俗] 무리는 그 안으로 들어오면 스스로 자멸하고 만다.

먹줄이 제대로 펼쳐지면 곡직曲直을 속일 수 없고, 저울을 제대로 달면 경중을 속일 수 없고, 곱자와 그림쇠[規矩]를 제대로 이용하면 모나고 둥근 방원方圓을 속일 수 없고, 군자가 예를 제대로 살피면 거짓과 허위[詐僞]를 속일 수 없다. 먹줄은 곧을 직直, 저울은 공평할 평平, 곱자와 그림쇠는 모나고 둥근 방원, 예는 사람의 도리[人道]의 궁극이다.

예를 좇지 않아 예가 부족한 사람을 방정하지 못한 백성인 무방지민無方之民, 예를 좇아 예가 족한 사람을 방정한 선비인 유방지사有方之士라 한다. 예의 안으로 들어가면 사려를 잘하게 되니 이를 능려能慮, 사려를 잘하면 예를 가볍게 바꾸지 않으니 이를 능고能固라 한다. 능려와 능고 위에 예를 좋아하는 능호能好까지 더하면 성인이 될 수 있다. 하늘은 높을 고高, 땅은 낮을 비卑, 해와 달은 밝을 명明, 무궁無窮은 넓고 클 광대廣大, 성인은 치도의 궁극이다.

예는 천지의 산물로 용처를 드러내고, 귀천으로 문식을 가하고, 많고 적음으로 차이를 밝히고, 성대하게 하거나 깎는 융쇄隆殺로 핵심을 나타낸다. 유가처럼 문식을 번다하게 하면서 묵가처럼 사람의 정욕을 간략히 한 것이 융례隆禮고, 묵가처럼 문식을 간략히 하고 유가처럼 사람의 정욕을 번다하게 한 것이 쇄례殺禮다. 문식과 정욕은 서로 내외內外와 표리表裏의 관계를 이루고 있다. 문식과 정욕을 병용하면서 뒤섞는 것이 바로 예의 중용인 중례中禮다.

군자는 상황에 따라 위로는 융례, 아래로는 쇄례, 가운데로는 중례를 다한다. 천천히 걷거나 빨리 내달리거나 예에서 벗어나지 않는 것과 같다. 군자의 성정이 마치 궁정宮庭에서 조정업무를 보듯이 예의를 굳게 지키는 이유가 여기에 있다. 일반 백성과 섞여 살면서 예의의 영역에 사는 자는 사군자士君子고, 예의의 영역 밖에 사는 자가 일반 백성이다. 이 와중에 영역의 안팎을 들고나거나 두루 돌아다니면서 임의로 말을 하고 행동할지라도 모두 예에 부합하는 자가 바로 성인이다. 인정이 많은 성인의 모습은 예의 거듭된 축적인 누적累積, 광대한 모습은 예의 폭넓은 준수인 광준廣遵, 숭고한 모습은 예의 성대한 흐름인 융성隆盛, 성명한 모습은 예의 궁극이 드러나는 극진極盡에서 비롯된 것이다."

●● 太史公曰, "至矣哉! 立隆以爲極, 而天下莫之能益損也. 本末相順, 終始相應, 至文有以辨, 至察有以說. 天下從之者治, 不從者亂, 從之者安, 不從者危. 小人不能則也. 禮之貌誠深矣, 堅白同異之察, 入焉而弱.* 其貌誠大矣, 擅作典制褊陋之說, 入焉而望. 其貌誠高矣, 暴慢恣睢, 輕俗以爲高之屬, 入焉而隊. 故繩誠陳, 則不可欺以曲直, 衡誠縣, 則不可欺以輕重, 規矩誠錯, 則不可欺以方員, 君子審禮, 則不可欺以詐僞. 故繩者, 直之至也, 衡者, 平之至也, 規矩者, 方員之至也, 禮者, 人道之極也. 然而不法禮者不足禮, 謂之無方之民, 法禮足禮, 謂之

● 《순자》〈예론〉에서 따온 것이다. "견백동이지찰堅白同異之察, 입언이닉入焉而弱"의 '닉弱'은 닉溺의 가차다. 〈예론〉에는 닉溺으로 되어 있다.

有方之士. 禮之中, 能思索, 謂之能慮, 能慮勿易, 謂之能固. 能慮能固, 加好之焉, 聖矣. 天者, 高之極也, 地者, 下之極也, 日月者, 明之極也, 無窮者, 廣大之極也, 聖人者, 道之極也. 以財物爲用, 以貴賤爲文, 以多少爲異, 以隆殺爲要. 文貌繁, 情欲省, 禮之隆也, 文貌省, 情欲繁, 禮之殺也, 文貌情欲相爲內外表裏, 並行而雜, 禮之中流也. 君子上致其隆, 下盡其殺, 而中處其中. 步驟馳騁廣騖不外,˙ 是以君子之性守宮庭也. 人域是域, 士君子也. 外是, 民也. 於是中焉, 房皇周浹, 曲直得其次序, 聖人也. 故厚者, 禮之積也, 大者, 禮之廣也, 高者, 禮之隆也, 明者, 禮之盡也."

● 보취步驟는 천천히 걷는 것, 치빙馳騁은 빨리 내달리는 것을 말한다. 광무불외廣騖不外의 광무廣騖가 〈예론〉에는 여무厲騖로 되어 있다. 여厲는 달린다는 뜻의 열烈과 통한다.《사기정의史記正義》는 삼황三皇의 행보를 보步, 오제五帝를 취驟, 삼왕三王을 치馳, 오패五霸를 무騖에 비유했다.《사기색은》은 방황주협方皇周挾의 방황을 배회, 주협周挾을 둘레에서 빙빙 도는 주잡周帀으로 풀이했다. 잡帀은 잡匝과 같다.

악서
樂書

앞서 언급했듯이 〈악서〉는 〈예서〉와 짝을 이룬다. 유가가 예악을 통치의 키워드로 삼은 결과다. 이는 한무제가 유학을 유일무이한 관학으로 인정하는 이른바 독존유술獨尊儒術을 선포한 사실과 무관치 않다. 사마천은 〈태사공자서〉에서 악을 시대에 따른 풍속의 교화라고 풀이했다. 예와 마찬가지로 시대에 따라 풍속은 바뀔 수밖에 없고, 악을 통해 이를 교화해야 한다는 취지를 담았다. 〈악서〉가 악의 발생과 기능, 변화과정 등을 자세히 추적하고 있는 이유다. 《사기지의》는 《악서》를 《예기》〈악기〉를 보충하기 위한 후대인의 위작으로 보았다. 그러나 사마천이 〈악기〉의 내용을 보충하기 위해 직접 편제했다고 보는 게 합리적이다. 부록에 실은 《예기》〈악기〉의 내용과 비교하면 이를 짐작할 수 있다.

태사공은 평한다.

"나는 매번 《서경》〈우서虞書〉에서 군신이 서로 경계하고 격려하는 대목에 이르면 편할 때조차 위험을 대비해 경계하고자 했다. 팔다리처럼 신임하는 고굉지신股肱之臣이 불량해 만사가 무너지는 대목에 이르면 일찍이 눈물을 흘리지 않은 적이 없다. 주성왕은 관채管蔡의 난으로 인해 〈주송周頌, 소비小毖〉를 지어 환난의 책임을 자책하며 재난이 초래한 것을 비통해했다. 전전긍긍하는 자세로 두려워하며 지난 일을 거울삼아 다가올 일을 경계했으니 시종을 잘 마무리하고자 한 것이 아니겠는가? 군자는 곤궁을 이유로 덕을 닦지 않거나, 부유함을 이유로 예를 버리지 않는다. 안락할 때 초기의 어려움을 생각하고, 평안할 때 처음의 위험을 생각한다. 모든 것이 여유로운 기름진 연못에서 목욕을 하는 상황에 처할지라도 근고勤苦를 노래하는 이유다. 큰 덕德이 아니면 누가 그리할 수 있겠는가!"

●● 太史公曰, "余每讀虞書, 至於君臣相敕, 維是幾安, 而股肱不良, 萬事墮壞, 未嘗不流涕也. 成王作頌, 推己懲艾, 悲彼家難, 可不謂戰戰恐懼, 善守善終哉? 君子不爲約則修德, 滿則棄禮, 佚能思初, 安能惟始, 沐浴膏澤而歌詠勤苦, 非大德誰能如斯!"

《시경》의 〈모씨전毛氏傳〉에 이르기를, "정사가 안정되고 공을 이루면 예악이 이내 흥하게 된다"고 했다. 천하에 인의의 도가 더욱 깊어져 그 덕이 지극해지면 음악도 다른 모습을 띠게 된다. 가득 찼을 때 덜어내지 않으면 넘치고, 넘칠 때 절제하지 않으면 기울게 된다. 무릇 음악을 만드는[作樂] 기본취지는 쾌락을 절제하는 것[節樂]에 있다. 군자는 겸손히 물러나는 겸퇴를 예, 사욕의 감소를 악樂으로 삼는다.

음악이 나오게 된 배경이다. 지역이 다르고 나라가 다르면 인정과 풍속도 다르다. 각지의 풍속과 민요를 널리 수집하고 성률聲律을 잘 조합해 노래를 만들어야 시대의 단점을 보완하며 풍속을 바꾸는 식으로 정교政敎를 널리 펼 수 있다.

천자가 친히 정전正殿인 명당明堂으로 나아가 음악을 통해 민정을 살필 수 있어야 백성 또한 사악하고 더러운 풍속을 씻어낼 수 있다. 포만飽滿 여부를 살피면서 민정民情을 바르게 이끄는 것이 관건이다. 민요를 모아놓은 《시경》 가운데 조정의 정악正樂인 〈아雅〉와 종묘제례악인 〈송頌〉을 들으면 민심이 바르게 되고, 우렁차며 격앙된 소리*를 들으면 사풍士風이 진작되고, 정鄭나라와 위衛나라의 소리를 들으면 인심이 음란해진다. 노랫소리가 조화를 이루어 화합하면 새나 짐승도 감화를 받는다. 하물며 오상五常을 품고 좋고 싫은 감정이 있는 인간의 경우야 더 말할 것이 있겠는가? 이는 자연스러운 추세다.

치도가 어지러워지면 음탕한 정나라 음악이 흥기하고, 봉지를 받은 세습 제후처럼 명성이 높은 자들조차 다투어 정나라의 음악을 높인다. 공자는 생전에 제나라가 바친 여악女樂을 노나라의 권신 계환자季桓子가 받아들인 것을 못마땅하게 여겼다. 조용히 물러난 뒤 음악을 정리해 세상 사람을 계도하고, 계환자를 빗댄 〈오장五章〉의 노래를 지어 시정을 풍자하고자 한 이유다.** 그러나 끝내 시속을 변화시키지는 못했다.

● 《사기색은》은 규격嘄噭을 우렁차며 격앙된 것으로 해석했다.
●● 《사기색은》은 《공자가어孔子家語》를 인용해, 〈오장〉의 노래가 여악을 탐닉한 계환자를 풍자한 내용이라고 했다. 자세한 내용은 전해지지 않는다.

이렇듯 음악이 점차 쇠락해진 나머지 육국의 시대가 되자 군왕들은 가무와 성색聲色에 깊이 빠져 정사를 소홀히 하는 지경에 이르렀다. 마침내 자신은 물론 일족을 멸망하게 만들고, 강포强暴한 진秦나라에게 합병된 이유다. 진나라 2세 황제는 특히 가무를 오락으로 여겼다. 승상 이사李斯가 간했다.

"《시경》과 《상서商書》를 버리고 성색에 빠지는 것은 은나라 주 때의 충신 조이祖伊가 두려워한 것입니다. 은나라 주는 작은 잘못을 가벼이 여기고 밤을 새워 연회를 열고 향락에 젖은 탓에 패망하고 말았습니다."

조고趙高가 반박했다.

"오제와 삼왕의 음악은 명칭이 다릅니다. 이는 서로 답습하지 않았다는 사실을 보여주는 것입니다. 위로는 조정, 아래로는 백성에 이르기까지 모두 음악을 통해 기쁨을 나누고 은근한 뜻을 하나로 녹인 것입니다. 그리하지 않으면 화기애애한 감정이 서로 통하고, 위에서 베푸는 은택이 널리 전해질 길이 없습니다. 이 또한 한때의 풍습으로, 그 시기에 맞는 오락에 지나지 않습니다. 어찌 주목왕처럼 화산華山의 명마인 녹이騄耳를 얻은 후에야 먼 길을 갈 수 있겠습니까?"

2세 황제가 이에 동조했다. 훗날 한고조 유방劉邦이 패현沛縣을 지나면서 〈삼후지장三侯之章〉의 시를 지어 어린아이들에게 노래하게 했다. 한고조가 붕어하자 패현에 명해 사시四時에 종묘제사를 받들고 가무를 행하게 했다. 혜제惠帝·문제·경제 때도 별다른 변화가 없었다. 다만 악공들에게 악부樂府에서 늘 이런 옛 악장을 연습하도록 한 것이 다를 뿐이다.

금상은 즉위하자 이내 〈교사가郊祀歌〉 열아홉 장을 지은 뒤 시중侍

中인 이연년李延年에게 노래의 순서를 정하게 했다. 그를 정악 담당 관인 협률도위協律都尉에 임명한 이유다. 그러나 한가지 경전에 통달한 선비가 그 가사의 뜻을 모두 이해하는 것은 불가능했다. 해당 경전에 밝은 오경박사五經博士를 모두 소집한 뒤 서로 강독하며 익히도록 한 연후에 비로소 그 뜻을 완전히 이해할 수 있었다. 가사는 대부분 전아典雅한 문장으로 이루어져 있었다.

한나라 조정은 정월 상순上旬 신일辛日에 늘 감천궁甘泉宮에서 오제가 떠받드는 태일신에게 제사를 올렸다. 어두워질 무렵에 시작해 날이 밝아올 무렵에 끝났다. 당시 늘 유성流星이 제단 위를 지나갔다. 동남동녀童男童女 일흔 명에게 노래를 부르게 했다. 〈교사가〉 가운데 봄에는 〈청양靑陽〉, 여름에는 〈주명朱明〉, 가을에는 〈서호西嶹〉, 겨울에는 〈현명玄冥〉을 불렀다. 이 노래 모두 세상에 널리 알려져 있는 까닭에 여기서 더는 논하지 않겠다.

황상은 일찍이 악규수渥洼水에서 신마神馬를 얻은 바가 있다. 〈태일지가太一之歌〉를 지은 이유다. 가사는 이렇다.

태일신이 은혜 내려, 천마를 내리니
피땀에 젖어, 땅도 붉게 물들였지
내달리는 모습, 만 리를 뛰어넘으니
지금 누가 짝할까, 용이라면 되지

후에 대원大宛을 정벌해 천리마를 얻었다. 말의 이름을 포초蒲梢로 한 뒤 다시 이런 노래를 지었다.

천리마가 왔으니, 서역의 끝에서

만 리를 지나 유덕자에게 왔지

영험한 위세로 외국을 항복시켜

사막을 넘자 사방의 이적이 복종했지

도성의 치안을 관장하는 중위中尉 급암汲黯이 진언했다.

"무릇 제왕은 음악을 만들어 위로는 조종을 받들고, 아래로는 모든 백성을 교화합니다. 지금 폐하는 천마를 얻자 시를 지어 노래를 부르고 종묘에서 연주하게 했습니다. 선제先帝와 백성이 어찌 그 음악을 알 수 있겠습니까?"

금상이 말 없이 언짢아했다. 승상 공손홍公孫弘이 고했다.

"급암은 성상이 지은 노래를 비방했습니다. 멸족의 죄에 해당합니다."

무릇 음악이 생기는 것은 인심의 움직임에서 비롯된다. 인심이 움직이는 것은 외물外物이 그리 만들기 때문이다. 인심이 외물의 영향을 받아 움직이면 소리인 성聲으로 나타나고, 성이 상응하면 변화가 나타나고, 그 변화가 일정한 규칙을 이루면 음音이 된다. 음이 나열된 것을 연주하는 와중에 간척干戚과 우모羽旄를 들고 춤을 추면 이를 악樂이라 한다. 악은 음에서 나오고, 그 근본은 인심이 외물에 감동해 생긴 것이다.

애심哀心이 감응하면 그 소리가 슬프며 조급하고, 낙심樂心이 감응하면 그 소리가 화평하며 한가롭고, 희심喜心이 감응하면 그 소리가 발산하고, 노심怒心이 감응하면 그 소리가 거칠고 매서우며, 경외심을 불러일으키는 경심敬心이 감응하면 그 소리가 곧고 장중하고, 사

랑의 느낌을 불러일으키는 애심愛心이 감응하면 그 소리가 온화하
며 부드럽다. 이 여섯 가지 마음은 타고난 것이 아니라 외물에 감응
한 결과다. 선왕이 감응을 일으키는 연유를 중히 여긴 이유다. 예로
사람의 뜻을 바르게 이끌고, 악으로 사람의 소리를 조화롭게 만들고,
정사로 사람의 행동을 통일시키고, 형벌로 사람의 간사함을 방지한
것도 같은 맥락이다. 예악형정禮樂刑政의 궁극은 같다. 민심을 하나로
만들어 치도를 행하는 것[同心出道]이다.

무릇 음은 인심에서 나오는 것이다. 감정이 인심 속에서 움직이면
성聲으로 나타나고, 성이 하나의 무늬를 이루면 이를 음音이라 한다.
치세의 음은 편하고 즐거운 안락安樂에 차 있다. 정사가 조화를 이루
기 때문이다. 난세의 음은 원노怨怒에 차 있다. 정사가 어그러져 있기
때문이다. 망국의 음은 슬픔과 근심에 차 있다. 백성이 곤궁하기 때
문이다. 이로써 성음聲音이 정사와 직결되어 있음을 알 수 있다.

궁宮은 군주, 상商은 신하, 각角은 백성, 치徵는 일, 우羽는 물건을 뜻
한다. 이 다섯 가지가 어지럽지 않으면 조화를 이루지 못하는 첨체
지음忝滯之音ㆍ은 없을 것이다. 궁이 어지러우면 황폐해지니, 군주가
교만한 것을 드러냈기 때문이다. 상이 어지러우면 바르지 못하게 되
니, 신하가 그릇된 것을 드러냈기 때문이다. 각이 어지러우면 근심에
젖게 되니, 백성이 원한에 차 있는 것을 드러냈기 때문이다. 치가 어
지러우면 비애에 젖으니, 백성의 부역이 고되기 때문이다. 우가 어지
러우면 소리가 위태로워지니, 재화가 궁핍해졌기 때문이다.

오음五音이 모두 어지러우면 서로 침공하고 짓밟는다. 이를 일컬

ㆍ《사기집해史記集解》는 정현의 주를 인용해 첨체忝滯를 피폐해 서로 조화하지 못하는 폐패불
화弊敗不和로 풀이했다.

어 만慢이라 한다. 이런 지경에 이르면 나라의 패망이 멀지 않다. 정나라와 위나라의 음악은 난세의 음악이다. 이는 만에 가깝다. 은나라 패망과 관련된 상간桑間과 복상濮上의 음악은 망국의 음악이다.* 이런 음악을 즐기면 정사가 어지러워 백성이 떠돌아다니고, 신하가 군주를 속이며 사리私利만 챙겨 더는 어쩔 수 없는 지경에 이르게 된다.

무릇 음이란 인심에서 생기고, 악은 윤리에 통하는 것이다. 성을 알면서 음을 모르는 것은 금수이고, 음을 알면서 악을 모르는 것은 서민이다. 오직 군자만이 악을 알 수 있다. 성을 살펴 음을 알고, 음을 살펴 악을 알고, 악을 살펴 정政을 안다. 이같이 하면 치도를 갖추는 것이 된다.

성을 모르는 자와 음을 이야기할 수 없고, 음을 모르는 자와 악을 이야기할 수 없다. 악을 알면 예를 안다고 할 수 있다. 예악을 모두 아는 것을 유덕有德이라 한다. 덕德은 예악을 모두 얻었다는 뜻이다. 성대한 악은 가장 듣기 좋은 음[極音]을 뜻하는 것이 아니고, 종묘제례인 사향食饗의 예는 가장 맛있는 음식[極味]을 뜻하는 것이 아니다. 〈청묘〉 때 사용하는 슬瑟은 붉은 현과 몇 안 되는 공명의 구멍만 있을 뿐이다. 연주할 때 한 명이 선창하면 세 명이 따라 부를 뿐이지만 그 여음餘音은 다함이 없다. 대향大饗, 즉 사향食饗의 예를 보면 현주玄酒를 올리고, 도마 위에 비린 생선을 진설하고, 대갱은 간을 하지 않는다. 그러나 그 뒷맛은 다함이 없다. 선왕이 예악을 제정한 것은 사람

● 《사기집해》는 정현의 말을 인용해 상간은 복양濮陽 남쪽, 복양은 복수濮水의 위衛나라를 지칭한다고 풀이했다. 당초 은나라 주가 악사 사연師延에게 작곡하게 한 바가 있다. 주무왕이 은나라를 토벌하자 사연이 악기를 들고 복수에 빠져 죽은 데서 상간과 복상은 망국의 음악을 뜻하게 되었다.

의 이목耳目과 구복口腹의 욕망을 채우려는 것이 아니라, 스스로 호오를 조절해 인간의 도[人道]를 회복하는 데 도움을 주고자 한 것이다.

사람은 막 태어났을 때 평정平靜하다. 그것이 천성이다. 이후 외물의 영향을 받으면 변화가 일어난다. 그것이 바로 본성이 외물을 추구하는 성욕이다. 사람은 외물이 다가오면 이성과 지혜를 통해 이를 인식한다. 호오의 감정이 만들어지는 이유다. 만일 호오의 감정을 마음속에서 절제하지 못하면 이지가 외물에 이끌려 본성으로 돌아올수 없게 된다. 천성이 망가지는 이유다. 외물이 사람을 끊임없이 유혹해 호오의 감정을 절제할 길이 없게 되면 외물이 지극한 상황에 이르게 되어 결국 사람은 외물에 동화되고 만다. 사람이 외물에 완전히 동화된 인화물人化物은 천성이 망가져 오직 사욕만 추구하는 것을 의미한다. 그러면 순리를 거스르고 불순해지거나[悖逆] 양심을 속이고 거짓을 꾸미는[詐僞] 마음만 존재하게 되어 음란하고 방탕해지거나[淫佚] 난을 일으키는[作亂] 사태만 빚게 된다. 강자가 약자를 협박하고, 다수가 소수를 폭압하고, 지자知者가 우자愚者를 속이고, 용자勇者가 겁자怯者를 힘들게 하고, 병자가 치료를 받지 못하고, 노인이나 어린이, 고아, 과부가 보살핌을 받지 못하는 이유다. 모두 대란大亂이 일어나는 길이다.

선왕이 예악을 제정한 이유가 여기에 있다. 사람들이 스스로 욕망을 절제하도록 돕고자 한 것이다. 상복과 곡읍哭泣에 관한 규정은 상사喪事의 규모를 절제하려는 취지다. 종고와 방패와 도끼를 상징하는 도구를 들고 추는 춤에 관한 규정은 안락한 정서를 조화롭게 하려는 취지다. 혼인과 남녀의 성인식인 관계冠笄에 관한 규정은 남녀의 성별을 구분하려는 취지다. 활을 쏘는 전례典禮인 사향射鄕과 빈객을 접대하는 사향食饗에 관한 규정은 교제와 접대의 풍기를 바르게 하려는 취지다.

예는 민심을 조절하고, 악은 민성民聲을 조화시키고, 정政은 나라의 정령을 차질 없이 시행하고, 형刑은 사악한 일을 미연에 방지하는 것이 요체다. 예·악·형·정 네 가지 일에 통달해 어그러짐이 없으면 왕도王道가 갖추어졌다고 할 수 있다.

악은 사람을 동화시키고, 예는 사람을 구별 짓는다. 동화하면 서로 친근해지고, 구별을 지으면 서로 공경한다. 악이 지나치면 사람들이 방종해지고, 예가 지나치면 사람들이 소원해진다. 내적인 감정을 서로 화합하게 하고, 외적인 모습을 단정하게 하는 것이 예악의 역할이다. 예의禮儀(예의 제도)가 확립되면 귀천이 구별되고, 악의 기본형식인 악문樂文이 통일되면 상하가 화목해진다. 호오가 분명히 드러나면 현불초賢不肖가 분별되고, 형벌로 포학을 금하고 작록으로 현자를 천거하면 정사는 공평해진다. 어진 마음으로 백성을 사랑하고, 의로써 백성을 바르게 이끈다. 그러면 잘 다스려질 것이다.

악은 사람의 마음속에서 나오고, 예는 사람의 외모에서 시작한다. 악은 마음속에서 나오는 까닭에 고요하고, 예는 외모에서 시작하는 까닭에 문식이 더해진다. 고상한 악인 대악大樂은 반드시 평범하고, 성대한 예인 대례大禮 역시 반드시 간략하다. 악이 지극하면 원한이 사라지고, 예가 지극하면 다툼이 사라진다. 손을 마주 잡고 인사하고 양보하며 천하를 다스릴 수 있는 것은 바로 예악 덕분이다. 폭민暴民이 일어나지 않고, 제후가 공손히 복종하고, 전쟁이 일어나지 않고, 오형五刑을 시행할 이유가 없게 되고, 백성은 근심할 일이 없고, 천자는 노여워할 일이 없게 되는 것은 악이 지극한 경지에 이른 결과다.

부자자효父慈子孝를 북돋우고, 장유의 질서를 명백히 하면 효제孝悌와 신복臣服으로 천하의 부형과 군주를 공경하는 이경사해以敬四海가 이루어진다.● 천자가 이같이 하면 예가 행해진 것이다.

대악은 천지와 더불어 하나로 화합하는 동화同和를 이루고, 대례는 천지와 더불어 한 몸처럼 절제하는 동절同節을 이룬다. 화합해야 만물을 생성할 수 있고, 절제해야 천지에 제사를 올릴 수 있다. 밝게 드러낼 때는 예악이 작동하고, 은은히 감출 때는 성인과 현자의 정기精氣인 귀신鬼神이 작동한다. 천하 사람이 서로 공경하며 사랑하는 이유다. 예는 다양한 일을 하는 자들이 서로 공경하는 수사합경殊事合敬, 악은 다양한 문식을 하는 자들이 서로 사랑하는 이문합애異文合愛를 가능하게 한다. 예악의 기본정서인 공경과 화합은 본래 같은 것이다. 명군이 예악을 공히 중시하며 서로 답습한 이유다.

예는 시기에 따라 요순堯舜 때의 문치文治 또는 탕왕과 무왕 때의 무치武治를 행하는 것이고, 악은 문치와 무치의 공적에 부합한 내용을 담은 것이다. 종鐘 · 고鼓 · 관管 · 경磬 · 우羽 · 약籥 · 간干 · 척戚은 악의 그릇이다. 춤을 추는 사람이 몸을 굽히거나 펴는 굴신詘信과 내려보거나 올려보는 부앙俯仰, 열을 맞추거나 끊는 급조級兆, 느리거나 빠른 서질舒疾은 악의 형식이다. 제사 때 기장과 피를 담는 그릇인 보궤簠簋와 희생의 제수祭需를 담는 조두俎豆, 제도制度와 문장文章은 예의 그릇이다. 당堂에 오르내리는 승강升降과 섬돌을 오르내리는 상하, 주변을 도는 주선周旋, 겉옷을 벗거나 입는 석습裼襲은 예의 형식이다. 예악의 정서를 아는 사람은 능히 예악을 만들 수 있고, 예악의 양식

● 《사기정의》는 이를 《효경》에 나오는 효제와 신복으로 풀이했다.

을 아는 사람은 능히 예악을 설명할 수 있다. 예악을 만들 수 있는 사람은 성인聖人, 설명할 수 있는 사람은 명인明人이다. 명인과 성인은 곧 예악을 설명하거나 제정할 수 있는 사람을 뜻한다.

악이란 천지만물의 조화이고, 예는 천지만물의 질서다. 서로 조화를 이루기에 모든 만물이 융화하고, 질서를 이루기에 모든 만물이 구별된다. 악은 하늘을 본받아 만들어지고, 예는 땅을 본받아 만들어진다. 예가 잘못 만들어지면 어지러워지고, 악이 잘못 만들어지면 문무文武의 취지를 잃게 된다.* 천지만물의 이치에 밝아야 예악을 일으킬 수 있다. 천륜과 인륜을 논하면서 해를 끼치지 않는 것이 악의 정서이고, 사람들에게 기쁨을 느끼고 즐길 수 있도록 만드는 것이 악의 작용이다. 마음이 중정中正에 처해 사악함이 없는 것이 예의 본질이고, 사람들이 서로 공경하며 공손하게 처신하도록 하는 것이 예의 작용이다. 예악은 종경鐘磬 등의 악기를 통해 성음聲音으로 표현되고, 종묘사직의 예식에 사용되고, 산천의 귀신을 섬길 때 쓰인다. 제왕이 늘 백성과 함께 머무는 여민동거與民同居를 행하는 이유가 여기에 있다.

제왕은 공을 이루면 악, 정사가 안정되면 예를 만든다. 공업이 위대하면 악도 완비되고, 정사가 널리 시행되면 예도 구비된다. 방패와 도끼를 들고 가무를 한다고 악이 완비된 것이 아니고, 희생을 익혀 제사를 올린다고 예가 구비된 것도 아니다. 오제 때는 시대가 서로 달라 악을 본받지 않았고, 삼왕 때는 세상일이 서로 달라 예를 답습하지 않았다. 악에 지나치게 치우치면 근심, 예가 지나치게 소략하

• 《사기집해》는 정현의 주석을 인용해 과작즉폭過作則暴의 폭暴을 문무의 취지를 잃는 실문무의失文武意로 해석했다.

면 편벽이 생긴다. 악은 돈독히 하면서 근심이 없어야 하고, 예는 두루 갖추면서 편벽되지 않아야 한다. 이를 이룬 자는 오직 대성大聖뿐인가?

하늘은 높고, 땅은 낮다. 만물은 각기 다른 곳에 흩어져 있다. 예를 만들고 행하는 이유다. 음양의 두 기운이 끊임없이 교류하며 합하는 까닭에 만물이 화육化育한다. 악이 일어나는 이유다. 봄에 생기고, 여름에 자라는 것은 천지의 인仁을 드러낸 것이다. 가을에 거두고, 겨울에 저장하는 것은 천지의 의義를 드러낸 것이다. 인은 어진 까닭에 악, 의는 의로운 까닭에 예에 가깝다. 악은 조화를 돈독히 하는 것[敦和]을 중시하는 까닭에 성인의 정기를 본받아 하늘을 좇고, 예는 마땅함을 판별하는 것[辨宜]을 중시하는 까닭에 현인의 정기를 본받아 땅을 좇는다. 성인이 악을 만들어 하늘에 응하고, 예를 제정해 땅에 부합하는 이유가 여기에 있다. 예악을 명확히 갖추어야 천지도 마땅한 자리를 찾게 된다.

하늘은 존귀하고, 땅은 비천하다. 군신의 자리도 천지의 존귀함과 비천함을 본받은 것이다. 높고 낮은 자리는 마치 산천처럼 이미 정해진 것이다. 귀천의 자리도 이를 닮았다. 음양 두 기운의 동정動靜에 일정한 규칙이 있듯이 크고 작은 만물 내에도 차이가 있다.

사람은 부류대로 모이고, 사물은 부류대로 나뉜다. 천성과 특징이 다르기 때문이다. 하늘에는 해와 달과 성신星辰 등의 천상天象, 땅에는 산천초목과 인물 등의 형상이 있다. 예를 이루는 것은 천지의 구별과 같다. 땅의 기운은 위로 올라가고, 하늘의 기운은 아래로 내려온다. 음양이 부딪치면 하늘과 땅이 서로 격동한다. 천둥과 벽력으로 두드리고, 바람과 비로 몰아치고, 사시로 움직이고, 해와 달로 덥히

는 모습이 그것이다. 천지만물이 일어나는 이유다. 악을 천지만물의
조화로 보는 이유다.

만물의 화육化育은 천시에 맞지 않으면 불가능하다. 남녀의 구별
이 없으면 혼란이 생기는 것과 같다. 이는 천지의 기본 정서다. 예악
은 하늘에 이르기도 하고, 땅에 두루 펼쳐지기도 한다. 음양에 따라
행하기도 하고 성현의 정기인 귀신에 통하기도 한다. 예악의 작용은
높고 원대한 하늘에 이르기도 하고, 깊고 두터운 땅에 스며들기도
한다. 악은 모든 것의 시원인 하늘 즉 태시太始를 본받고, 예는 만물이
만들어지는 땅 즉 성물成物을 본받는다. 쉬지 않고 움직이는 모습을
드러내는 것이 하늘, 변함없이 고정된 모습을 드러내는 것이 땅이다.
이처럼 한 번 움직이고 한 번 정지하는 것이 바로 천지 사이에 있는
만물이다. 공자가 《논어》〈양화陽貨〉에서 "예악은 과연 옥백玉帛과 종
고를 말하는 것인가?"라고 물은 이유다.

●● 傳曰, "治定功成, 禮樂乃興." 海內人道益深, 其德益至, 所樂者
益異. 滿而不損則溢, 盈而不持則傾. 凡作樂者, 所以節樂. 君子以謙退
爲禮, 以損減爲樂, 樂其如此也. 以爲州異國殊, 情習不同, 故博采風
俗, 協比聲律, 以補短移化, 助流政敎. 天子躬於明堂臨觀, 而萬民咸蕩
滌邪穢, 斟酌飽滿, 以飾厥性. 故云雅頌之音理而民正, 嘄噭之聲興而
士奮, 鄭·衛之曲動而心淫. 及其調和諧合, 鳥獸盡感, 而況懷五常, 含
好惡, 自然之勢也? 治道虧缺而鄭音興起, 封君世辟, 名顯鄰州, 爭以
相高. 自仲尼不能與齊優遂容於魯, 雖退正樂以誘世, 作五章以刺時,
猶莫之化. 陵遲以至六國, 流沔沈伏, 遂往不返, 卒於喪身滅宗, 幷國
於秦. 秦二世尤以爲娛. 丞相李斯進諫曰, "放棄詩書, 極意聲色, 祖伊
所以懼也, 輕積細過, 恣心長夜, 紂所以亡也." 趙高曰, "五帝·三王樂

各殊名, 示不相襲. 上自朝廷, 下至人民, 得以接歡喜, 合殷勤, 非此和說不通, 解澤不流, 亦各一世之化, 度時之樂, 何必華山之騄耳而行遠乎?"二世然之. 高祖過沛詩三侯之章, 令小兒歌之. 高祖崩, 令沛得以四時歌儛宗廟. 孝惠·孝文·孝景無所增更, 於樂府習常肄舊而已. 至今上卽位, 作十九章, 令侍中李延年次序其聲, 拜爲協律都尉. 通一經之士不能獨知其辭, 皆集會五經家, 相與共講習讀之, 乃能通知其意, 多爾雅之文. 漢家常以正月上辛祠太一甘泉, 以昏時夜祠, 到明而終. 常有流星經於祠壇上. 使僮男僮女七十人俱歌. 春歌靑陽, 夏歌朱明, 秋歌西暤, 冬歌玄冥. 世多有, 故不論. 又嘗得神馬渥窪水中, 復次以爲太一之歌. 歌曲曰, "太一貢兮天馬下, 霑赤汗兮沫流赭. 騁容與兮跇萬里, 今安匹兮龍爲友." 後伐大宛得千里馬, 馬名蒲梢, 次作以爲歌. 歌詩曰, "天馬來兮從西極, 經萬里兮歸有德. 承靈威兮降外國, 涉流沙兮四夷服." 中尉汲黯進曰, "凡王者作樂, 上以承祖宗, 下以化兆民. 今陛下得馬, 詩以爲歌, 協於宗廟, 先帝百姓豈能知其音邪?" 上默然不說. 丞相公孫弘曰, "黯誹謗聖制, 當族."

凡音之起, 由人心生也. 人心之動, 物使之然也. 感於物而動, 故形於聲, 聲相應, 故生變, 變成方, 謂之音, 比音而樂之, 及幹戚羽旄, 謂之樂也. 樂者, 音之所由生也, 其本在人心感於物也. 是故其哀心感者, 其聲噍以殺, 其樂心感者, 其聲嘽以緩, 其喜心感者, 其聲發以散, 其怒心感者, 其聲麤以厲, 其敬心感者, 其聲直以廉, 其愛心感者, 其聲和以柔. 六者非性也, 感於物而動, 是故先王愼所以感之. 故禮以導其志, 樂以和其聲, 政以壹其行, 刑以防其. 禮樂刑政, 其極一也, 所以同民心而出治道也. 凡音者, 生人心者也. 情動於中, 故形於聲, 聲成文謂之音. 是故治世之音安以樂, 其正和, 亂世之音怨以怒, 其正乖, 亡國之音哀以思, 其民困. 聲音之道, 與正通矣. 宮爲君, 商爲臣, 角爲民, 徵爲事, 羽爲物. 五者不亂, 則無惉懘之音矣. 宮亂則荒, 其君驕, 商亂則搥,• 其臣壞, 角亂則憂, 其民怨, 徵亂則哀, 其事勤, 羽亂則危, 其財匱. 五者皆亂, 迭相陵, 謂之慢. 如此則國之滅亡無日矣. 鄭衛之音, 亂世之音也, 比於慢矣. 桑閒濮上之音, 亡國之音也, 其政散, 其民流, 誣上行私而不可止. 凡音者, 生於人心者也, 樂者, 通於倫理者也. 是故知聲而不知音者, 禽獸是也, 知音而不知樂者, 衆庶是也. 唯君子爲能知樂. 是故審聲以知音, 審音以知樂, 審樂以知政, 而治道備矣. 是故不知聲者不可與言音, 不知音者不可與言樂. 知樂則幾於禮矣. 禮樂皆得, 謂之有德. 德者得也. 是故樂之隆, 非極音也, 食饗之禮, 非極味也. 清廟之瑟, 朱弦而疏越, 一倡而三歎, 有遺音者矣. 大饗之禮, 尙玄酒而俎腥魚, 大羹不和, 有遺味者矣. 是故先王之制禮樂也, 非以極口腹耳目之欲也, 將以敎民平好惡而反人道之正也.

人生而靜, 天之性也, 感於物而動, 性之頌也.•• 物至知知, 然後好惡形焉. 好惡無節於內, 知誘於外, 不能反己, 天理滅矣. 夫物之感人無窮, 而人之好惡無節, 則是物至而人化物也. 人化物也者, 滅天理而窮人欲者也. 於是有悖逆詐僞之心, 有淫佚作亂之事. 是故彊者脅弱, 衆者暴寡, 知者詐愚, 勇者苦怯, 疾病不養, 老幼孤寡不得其所, 此大亂之道也. 是故先王制禮樂, 人爲之節, 衰麻哭泣, 所以節喪紀也, 鍾鼓幹戚, 所以和安樂也, 婚姻冠笄, 所以別男女也, 射鄕食饗, 所以正交接也. 禮節民心, 樂和民聲, 政以行之, 刑以防之. 禮樂刑政四達而不悖,

---

• 《사기정의》는 상난즉퇴商亂則搥의 퇴搥를 부정不正으로 새겼다.
•• 《사기집해》는 서광徐廣의 주석을 인용해 성지송야性之頌也의 송頌을 하고자 할 욕欲을 뜻하는 용容으로 풀이했다.

則王道備矣.

樂者爲同, 禮者爲異. 同則相親, 異則相敬. 樂勝則流, 禮勝則離. 合情飾貌者, 禮樂之事也. 禮義立, 則貴賤等矣, 樂文同,* 則上下和矣, 好惡著, 則賢不肖別矣, 刑禁暴, 爵擧賢, 則政均矣. 仁以愛之, 義以正之, 如此則民治行矣. 樂由中出, 禮自外作. 樂由中出, 故靜, 禮自外作, 故文. 大樂必易, 大禮必簡. 樂至則無怨, 禮至則不爭. 揖讓而治天下者, 禮樂之謂也. 暴民不作, 諸侯賓服, 兵革不試, 五刑不用, 百姓無患, 天子不怒, 如此則樂達矣. 合父子之親, 明長幼之序, 以敬四海之內. 天子如此, 則禮行矣. 大樂與天地同和, 大禮與天地同節. 和, 故百物不失, 節, 故祀天祭地. 明則有禮樂, 幽則有鬼神, 如此則四海之內合敬同愛矣. 禮者, 殊事合敬者也, 樂者, 異文合愛者也. 禮樂之情同, 故明王以相沿也. 故事與時並, 名與功偕. 故鍾鼓管磬羽籥幹戚, 樂之器也, 詘信俯仰級兆舒疾, 樂之文也. 簠簋俎豆制度文章, 禮之器也, 升降上下周旋裼襲, 禮之文也. 故知禮樂之情者能作, 識禮樂之文者能術. 作者之謂聖, 術者之謂明. 明聖者, 術作之謂也. 樂者, 天地之和也, 禮者, 天地之序也. 和, 故百物皆化, 序, 故群物皆別. 樂由天作, 禮以地制. 過制則亂, 過作則暴. 明於天地, 然後能興禮樂也. 論倫無患, 樂之情也, 欣喜驩愛, 樂之容官也. 中正無邪, 禮之質也, 莊敬恭順, 禮之制也. 若夫禮樂之施於金石, 越於聲音, 用於宗廟社稷, 事于山川鬼神, 則此所以與民同也. 王者功成作樂, 治定制禮. 其功大者其樂備, 其治辨者其禮具. 幹戚之舞, 非備樂也, 亨孰而祀, 非達禮也. 五帝殊時, 不相沿樂, 三王異世, 不相襲禮. 樂極則憂, 禮粗則偏矣. 及夫敦樂而無憂, 禮備而不偏

● 《사기정의》는 낙문동樂文同의 문文을 단순한 성聲이 악樂의 형식인 음音으로 변하는 과정인 성성문聲成文으로 풀이했다.

者, 其唯大聖乎? 天高地下, 萬物散殊, 而禮制行也, 流而不息, 合同而

化, 而樂興也. 春作夏長, 仁也, 秋斂冬藏, 義也. 仁近於樂, 義近於禮.

樂者敦和, 率神而從天, 禮者辨宜, 居鬼而從地. 故聖人作樂以應天, 作

禮以配地. 禮樂明備, 天地官矣. 天尊地卑, 君臣定矣. 高卑已陳, 貴賤

位矣. 動靜有常, 小大殊矣. 方以類聚, 物以群分, 則性命不同矣. 在天

成象, 在地成形, 如此則禮者天地之別也. 地氣上隮, 天氣下降, 陰陽

相摩, 天地相蕩, 鼓之以靁霆,● 奮之以風雨, 動之以四時, 煖之以日月,

而百物化興焉, 如此則樂者天地之和也. 化不時則不生, 男女無別則亂

登, 此天地之情也. 及夫禮樂之極乎天而蟠乎地, 行乎陰陽而通乎鬼

神, 窮高極遠而測深厚, 樂著太始而禮居成物. 著不息者天也, 著不動

者地也. 一動一靜者, 天地之閒也. 故聖人曰, "禮云樂云."

　옛날 순임금은 오현금五弦琴을 만들어 〈남풍南風〉을 노래했다. 순임

금 때의 악사인 기夔가 악을 처음으로 만들자 이를 제후들에게 상을

내리는 도구로 썼다. 천자가 음악을 즐길 때 제후들 가운데 덕이 있

는 자에게 악을 내린 것이다. 덕행이 훌륭하고, 교화를 잘하고, 오곡

이 때맞추어 익은 연후에 비로소 제후에게 악을 상으로 내렸다. 치

민治民에 애쓰는 자에게는 무인舞人을 많이 보내니 그 춤추는 행렬이

촘촘하며 길었다. 그러나 치민에 애쓰지 않는 자에게는 무인을 적게

보내니 그 춤추는 행렬이 성기고 짧았다. 무인의 행렬을 보면 그 제

후의 덕을 알 수 있었고, 시호諡號를 들으면 그 제후의 생전 행실을

알 수 있었다. 크게 밝혔다는 뜻의 〈대장大章〉은 요임금의 덕을 표창

● 고지이뢰정鼓之以靁霆의 뢰靁는 우레를 뜻하는 뢰雷의 본자다.

하고자 한 악곡이고, 두루 시행했다는 뜻의 〈함지咸池〉는 황제黃帝의 덕정德政이 널리 퍼졌음을 보여주는 악곡이며, 잇다는 뜻의 〈소韶〉는 순임금이 요임금의 덕행을 계승했음을 알려주는 악곡이고, 크다는 뜻의 〈하夏〉는 우왕이 요순의 공덕을 크게 선양했음을 드러내는 악곡이다. 은나라와 주나라의 악 역시 시대에 맞게 나름의 인사人事를 다했다는 취지를 담고 있다.

천지 운행의 이치로 말하면 추위와 더위가 때에 맞지 않으면 백성이 병들고, 비바람이 절기에 맞지 않으면 백성이 굶주린다. 악으로 교화하는 것[樂教]은 백성에게 한서와 같다. 악교가 때에 맞지 않으면 세상에 해를 끼치게 된다. 예로 실행하는 법제 등의 예사禮事는 백성에게 비바람과 같다. 예사에 절도가 없으면 아무런 공도 세우지 못한다. 선왕이 악을 만든 것은 천지의 도를 본받기 위함이다. 군주가 이를 잘 행하면 신민臣民도 군덕君德을 본받는다.

무릇 돼지를 길러 술안주로 삼는 것은 결코 사람들에게 분란을 일으키게 하려는 것이 아니다. 그럼에도 술을 마시면 소송[獄訟]이 많아진다. 절도 없는 음주가 화를 낳은 결과다. 선왕이 한 잔 마실 때마다 주인과 빈객이 서로 누차 예를 행하도록 주례酒禮를 만든 이유다. 덕분에 종일 술을 마셔도 취하지 않았다. 선왕이 술로 인한 재난을 미연에 방지한 비결이 여기에 있다. 이후 술과 음식을 베푸는 연회는 주인과 빈객이 기쁨을 함께 나누는 자리가 되었다.

악은 사람들에게 덕을 본받고, 예는 음란을 방비하도록 한다. 선왕이 상사가 일어나는 대사大事 때 반드시 예를 다해 애도를 표한 이유다. 경사가 있는 대복大福 때도 마찬가지다. 반드시 예에 맞게 즐거움을 표했다. 애락哀樂의 표현은 예로 절제하는 것이 관건이다. 악은 덕을 베푸는 것이고, 예는 은혜에 보답하는 것이다. 악은 즐거움이 일어나는 근원을 표현한 것이고, 예는 은덕의 근원에 대한 보답을 표현한 것이다. 악은 공덕을 표창하고자 하고, 예는 은덕에 대한 보답으로 덕의 근원으로 돌아가고자 한다.

이른바 대로大路는 천자의 수레, 용기龍旂와 구류九旒는 천자의 기치, 청색과 흑색 가선을 두른 것은 천자의 보귀寶龜다. 소나 양의 무리를 이끌고 따르는 것은 천자가 제후의 조공에 대한 답례로 보내는 것이다.

악은 하늘로부터 부여받은 정서를 표현한 것으로 도중에 변할 수 있는 것이 아니고, 예는 윤리를 반영한 것으로 쉽게 바꿀 수 있는 것이 아니다. 악은 화합의 정서를 통일시킨 것이고, 예는 존비의 자리를 구별하는 것이다. 예악의 이론은 인정세사人情世事를 관통하고 있다. 본원을 탐구해 변역의 이치를 아는 것이 악의 실질이고, 진실을 드러내며 거짓을 내치는 것이 예의 기본이다. 예악은 천지의 진실을 좇고, 신령의 덕에 통달하고, 상하의 신을 감동시켜 강림하게 하고, 크고 작은 만물을 화육하고, 군신과 부자의 관계를 조정한다.

성인이 예악을 행한 덕분에 천지가 밝아졌다. 천지가 흔연히 교합하고, 음양이 상호 감응하면 만물이 화육한다. 초목이 무성해지고 싹을 틔운 작물이 번성하고, 새가 하늘을 날고, 들짐승이 이리저리 뛰어다니고, 동면하던 곤충이 깨어나고, 날짐승이 알을 품으며 새끼를 기르고, 들짐승이 잉태해 새끼를 품는 이유다. 태생동물이 유산하지 않고, 난생동물은 알을 곯게 하는 일이 없는 것은 모두 악의 공능功能이다.

악은 단순히 황종黃鐘과 대려大呂 등의 율려律呂나 현악기에 맞추어 부르는 노래, 간척을 흔들며 춤을 추는 무용 등을 뜻하는 것이 아니다. 이는 모두 악의 말단에 지나지 않는다. 아동을 시켜 춤추게 하면 그것으로 족하다. 주연을 베풀면서 성대하게 음식을 차려놓고 당상堂上과 당하堂下를 오르내리며 상을 올리거나 물리는 것 역시 예의 말단에 불과하다. 해당 부서 사람들을 시키면 그것으로 족하다.

악공을 지휘하는 악사樂師는 악곡과 가사를 잘 알기에 군주를 섬기며 아랫자리에 앉아 악기를 연주했다. 종묘제사를 관장하는 종축宗祝은 종묘의 예를 잘 알기에 사자를 대신해 제사를 받는 후시後尸의 역할을 맡았다. 제례와 상례를 관장하는 상축商祝은 상례를 잘 알기에 상주의 뒤에서 예식을 돌보는 후주인後主人 역할을 맡았다. 예악의 기본정신인 덕을 이루는 것이 우선이다. 예악의 의식이나 기예를 아는 것은 그 뒤의 일이다. 덕행의 수양이 우선이고, 일처리는 그다음이다. 선왕이 일을 처리할 때 상하와 선후를 가린 이유다. 예악을 제정해 천하를 다스리는 것이 관건이다. 악은 성인이 즐기는 것으로 민심을 선하게 만들 수 있다. 사람을 크게 감동시켜 풍속을 변화시키는 것이 필요하다. 선왕이 일찍이 전문 기구를 만들어 가르친 이유다.

무릇 사람에게는 혈기와 심지心知의 본성이 있다. 희로애락은 늘 고정된 것이 없다. 외물의 자극을 받은 연후에 생각과 감정[心術]을 나타낸다. 급박하면서 가늘고, 속이 타는 듯하며 소리가 낮은 음이 일어나면 백성은 우울해진다. 완만하면서 여유 있고 쉬우며, 수식은 많으나 절주가 간략한 음이 일어나면 백성은 편안하고 즐거워한다. 거칠며 사납고, 맹렬히 일어나 분노하는 듯한 음이 일어나면 백성은 굳세고 강해진다. 염직하고 바르며 엄숙하고 성실한 음이 일어나면 백성은 엄숙하고 공경해진다. 관유하며 윤기가 있고 유창하며 조화롭고 활발한 음이 일어나면 백성은 자애로워진다. 사악하고 산만하며 빠르고 방종한 음이 일어나면 백성은 음란해진다.

선왕은 성정에 기초해 십이율十二律의 기준[度數]을 헤아리고, 예의를 제정하고, 생기의 조화를 모으고, 오상의 행실을 따르고, 양기를 흩어지지 않게 하고, 음기를 폐색되지 않게 하고, 강기剛氣를 노하지 않게 하고, 유기柔氣를 두려워하지 않게 했다. 음양강유陰陽剛柔의 네 가지 기운이 마음속에서 일어나 밖으로 나타나면 모두 자기 자리에서 안정되어 서로 빼앗지 않게 된다. 연후에 학습의 등급[學等]을 세우고, 절주를 넓히고, 문채文采를 살피고, 후덕함을 가늠했다.

오음이나 십이율의 고저장단 명칭을 규정하고, 시작과 끝의 순서를 배열하고, 윤리관계인 사행事行을 상징하게 한다. 친소親疏·귀천·장유·남녀를 구분하는 모든 이치가 악에 나타나는 이유다. 전하는 말에 이르기를, "악은 인간의 심연을 엿보게 한다"고 했다.

땅이 피폐하면 초목이 자라지 못하고, 물이 요동치면 물고기와 자라가 크지 못하고, 음양의 기가 약하면 생물이 성장하지 못하고, 세상이 어지러우면 예가 폐하고 악이 음란해진다. 그 소리가 슬프면서 장중하지 못하고, 즐거워하나 편안하지 못하고, 나태하고 가벼워 절도가 없고, 탐닉에 흘러 근본을 잊는다. 그 소리가 넓으면 간사함을 용납하고, 좁으면 탐욕을 생각하게 되고, 척탕滌蕩의 기운을 흔들고, 화평한 덕을 없앤다. 군자가 이런 소리를 천시하는 이유다.

무릇 간사한 소리[姦聲]가 사람을 감응시키면 거스르는 역기逆氣가 이에 응하고, 역기가 형상을 이루면 음란한 음악[淫樂]이 일어난다. 바른 소리[正聲]가 사람을 감응시키면 순한 기운[順氣]이 이에 응하고,

순한 기운이 형상을 이루면 화평한 음악[和樂]이 일어난다. 부르고 화답하는 것이 서로 응하면 바르지 못한 회사回邪와 곡절曲折, 염직廉直이 각기 분수대로 돌아간다. 만물의 이치는 같은 부류가 서로를 움직이게 하는 유유상동類類相動에 있다.

군자는 본래의 성정으로 돌아가 자신의 뜻과 조화시키고, 부류의 행동을 자신과 비교해 덕행을 이룬다. 간사한 소리[姦聲]와 어지러운 색채[亂色]가 총명을 가리지 않게 하고, 요란한 음악[淫樂]과 폐기해야 할 예절[廢禮]이 마음에 접하지 않게 하고, 태만하고 사악한 기운이 몸에 배지 않도록 하고, 이목구비와 마음 및 신체가 모두 순정順正을 따르게 하고, 합당한 것을 좇아 행하게 한다. 이후 성음聲音을 통해 표현하고, 금슬琴瑟의 절주로 꾸미고, 간척의 움직임으로 춤을 추고, 깃털로 장식하고, 통소와 피리[簫管]로 반주한다. 지극한 덕의 빛을 발하고, 사계절의 기운[四氣]의 조화를 움직여 만물의 이치를 드러낸다.

청명淸明은 하늘, 광대는 땅, 시종은 사계절, 주선은 비바람을 본뜬 것이다. 오색이 무늬를 이루면서 문란하지 않고, 사면팔방에서 부는 바람[八風]이 성율聲律을 따르면서도 간사하지 않고, 하루를 100각刻으로 쪼개놓은 모든 시각時刻이 그 도수度數를 얻어 항상성恒常性이 있다. 대소가 상성相成하고, 시종이 상생하고, 노래하고 화답하는 창화唱和와 맑고 탁한 청탁淸濁이 번갈아가며 법칙을 만든다. 악을 행하면 인륜의 도리가 맑아지고, 귀와 눈이 총명해지고, 혈기가 화평해지고, 풍속이 바뀌어 천하가 모두 편안해진다. "악樂은 즐거울 락樂이다"라고 말하는 이유가 여기에 있다.

군자는 도를 추구하고, 소인은 욕망을 좇는다. 도가 욕망을 억제하면 즐겁되 어지럽지 않고[樂而不亂], 욕망이 도를 망각하면 미혹해 즐겁지 않게 된다[惑而不樂]. 군자는 본래의 성정으로 돌아가 자신의 뜻과 조화시키고, 악을 넓혀 교화를 이룬다. 악이 행해져 백성이 정도를 향하니 이로써 덕화德化의 결과를 볼 수 있다.

덕은 성性의 근본이고, 악은 덕의 정화精華이고, 금석사죽金石絲竹은 악의 그릇이다. 시는 그 뜻을 말한 것이고, 노래는 그 소리를 읊은 것이고, 춤은 그 모습을 움직인 것이다. 이 세 글자가 마음에 기초해야만 악의 기운[樂氣]이 이를 따른다. 정이 깊으면 문채가 빛나고, 기가 성하면 변화가 신묘하고, 화순한 기운이 마음에 쌓이면 뛰어난 아름다움[英華]이 밖으로 드러난다. 악은 짐짓 만들어낼 수 있는 것이 아니다.

악은 마음의 움직임이고, 성聲은 악의 형상이고, 곡조[文采]와 박자[節奏]는 성을 꾸미는 것이다. 군자가 마음을 움직여 드러나는 것을 악으로 만든 뒤 꾸밈을 다듬는 이유다. 예컨대 주무왕이 은나라 주를 토벌한 과정을 재연하기 위해 먼저 북을 쳐서 경계하고, 세 보를 걸어 방향을 보여주고, 다시 시작해 나아갈 것을 알리고, 재차 끝소리를 연주하는 식으로 정돈해 돌아오는 것이 그렇다. 춤동작은 크고 빠르되 넘어지지 않도록 하고, 아주 그윽하고 미묘하되 숨기지는 않는다. 홀로 그 뜻을 즐기면서 도를 싫어하지 않고, 그 도를 자세히 설명하면서 그 욕망을 사사롭게 취하지 않는 모습을 보인다. 주무왕이 그랬듯이 감정을 드러낼 때 대의를 내세운 까닭에 악이 끝나면 그 덕이 존중된다. 군자가 선을 좋아하고, 소인이 허물을 고치는 이유다. "백성을 기르는 방법으로 악의 역할이 크다"고 말하는 것도 바로 이 때문이다. 군자는 말한다.

"예악은 잠시라도 몸을 떠나서는 안 된다. 악에 이르면서 마음을 다스릴 수 있으면 간명하고 정직하며 자애롭고 신뢰하는 마음이 절로 일어난다. 간명하고 정직하며 자애롭고 신뢰하는 마음이 일어나면 마음이 즐겁다. 마음이 즐거우면 편안하고, 편안하면 수명이 지속되고, 수명이 지속되면 하늘에 통하고, 하늘에 통하면 신과 같아진다. 하늘과 통하면 말을 하지 않아도 믿음이 있는 경지[不言而信]에, 신과 같아지면 노하지 않아도 위엄이 있는 경지[不怒而威]에 이르게 된다.

악에 이르는 것은 곧 자신의 마음을 다스리는 치심治心, 예에 이르는 것은 곧 자신의 몸을 다스리는 치궁治躬이다. 치궁을 하면 장경莊敬하게 되고, 장경하면 위엄이 생긴다. 마음속이 잠시라도 화락和樂하지 않으면 비루하고 거짓된 마음이 들어오고, 외모가 잠시라도 장경하지 않으면 태만하고 경솔한 마음이 들어온다. 악은 내면에서 움직여 나타나고, 예는 외면에서 움직여 나타난다. 악의 궁극은 화합할 화和, 예의 궁극은 공손할 순順이다. 안이 조화롭고 밖이 공손하면 백성은 군주의 안색만 쳐다보고도 서로 다투려 들지 않을 것이고, 용모만 바라보아도 나태하고 경솔한 마음을 일으키지 않을 것이다. 덕이 안에서 휘황하게 움직이면 백성은 그 말을 들을 수밖에 없고, 언행이 밖으로 드러나면 백성은 받들어 좇을 수밖에 없다. 옛말에 이르기를, '예악의 도리를 알고, 이를 전면에 내세워 천하에 임하면 어려움이 없다'고 했다."

악은 내심에서 움직여 나타나고, 예는 밖에서 움직여 나타난다. 예는 겸양, 악은 풍요를 중시한다. 예는 겸양을 중시하나 진취적이어야 하는 까닭에 전진으로 겉모습을 꾸민다. 악은 풍요를 중시하나 절제해야 하는 까닭에 절제로 겉모습을 꾸민다. 예가 겸손하기만 하고 진취적이지 못하면 쇠약해지고, 악이 풍요롭기만 하고 절제하지 못하면 방탕해진다. 예에 감손減損이 뒤따르고, 악에 반성하며 다시 시작하는 갱시更始가 뒤따르는 이유다. 예가 감손을 얻으면 즐겁고, 악이 갱시를 얻으면 편안해진다. 예의 감손과 악의 갱시는 이치가 같다.

무릇 악은 즐길 락樂의 뜻이다. 인정상 없어서는 안 되는 이유다. 락은 반드시 성음聲音으로 표출되고, 동정이 있는 춤으로 형상화된다. 이것이 인지상정이다. 성음과 동정은 성정 및 그의 표출방법의 변화로 절정에 달한다. 사람에게 악이 있을 수밖에 없고, 악은 형태로 표현될 수밖에 없다. 그러나 형상화될지라도 정도에 맞지 않으면 오히려 혼란이 있을 수밖에 없다.

선왕은 그 혼란을 미워한 나머지 〈아〉와 〈송〉의 악곡을 만들어 신민을 인도했다. 성음을 만들면서 즐기기는 하되 방탕하지 않는 낙이불류樂而不流, 악장樂章에 조리가 있으면서 도중에 가라앉지 않는 윤이불식綸而不息에 주의를 기울인 이유다. 굽거나 곧은 곡직曲直, 복잡하거나 간단한 번생繁省, 청렴하거나 풍부한 염육廉肉, 고저완급의 절주節奏를 표현할 때 오직 사람의 선심善心을 감동하게 하는 데 초점을 맞추고, 방탕하고 사악한 기운이 접근하지 못하게 한 것도 같은 맥락이다. 이것이 바로 선왕이 악을 만든 기본 원칙이다.

악은 종묘에서 군신상하가 함께 듣고도 화경和敬을 이루지 못한 적이 없고, 향리에서 남녀노소가 함께 듣고도 화순和順을 이루지 못한 적이 없고, 집안에서 부자형제가 함께 듣고도 화친和親을 이루지 못한 적이 없다. 악은 적절한 음 하나를 살펴 조화를 찾고, 여러 악기를 동원해 절주를 꾸미고, 절주를 조합해 하나의 악곡을 완성한 것이다. 부자와 군신을 화합하게 하고, 모든 백성을 친근하게 하는 이유다. 이것이 바로 선왕이 음악을 제정한 기본 원칙이다.

〈아〉와 〈송〉의 소리를 들으면 지의志意가 넓어지고, 간척의 무구舞具를 들어 올려보고 내려보며 몸을 굽히고 펴는 춤의 동작을 습득하면 용모가 장중해진다. 행렬 속에서 박자에 맞추어 춤을 추면 행렬이 단정해지고 진퇴가 가지런해진다. 악은 천지가 화합한 것으로, 중화中和의 벼리다. 인정상 없어서는 안 되는 이유다.

무릇 악은 선왕의 즐거움을 꾸민 것이고, 군려軍旅와 부월鈇鉞은 선왕의 노여움을 드러낸 것이다. 이는 선왕의 즐거움과 노여움이 그에 상응하는 표현을 얻은 것에 해당한다. 선왕이 즐거워하면 천하가 악으로 그에 화답하고, 노하면 난을 일으킨 난폭한 자들이 두려워한다. 선왕이 예악으로 인도하는 것이 매우 성대하다고 말할 수 있는 이유다.

●● 昔者舜作五弦之琴, 以歌南風, 夔始作樂, 以賞諸侯. 故天子之爲樂也, 以賞諸侯之有德者也. 德盛而敎尊, 五穀時孰, 然後賞之以樂. 故其治民勞者, 其舞行級遠, 其治民佚者, 其舞行級短. 故觀其舞而知其德, 聞其諡而知其行. 大章, 章之也, 咸池, 備也, 韶, 繼也, 夏, 大也, 殷周之樂盡也 天地之道, 寒暑不時則疾, 風雨不節則饑. 敎者, 民之寒暑也, 敎不時則傷世. 事者, 民之風雨也, 事不節則無功. 然則先王之爲樂也, 以法治也,● 善則行象德矣. 夫豢豕爲酒, 非以爲禍也, 而獄訟益煩, 則酒之流生禍也. 是故先王因爲酒禮, 一獻之禮, 賓主百拜, 終日飮酒而不得醉焉, 此先王之所以備酒禍也. 故酒食者, 所以合歡也. 樂者, 所

● 《사기집해》는 이법치야以法治也 구절을 삼국시대 위나라 왕숙王肅의 주석을 인용해 천지의 다스림인 치행治行을 본받는 것으로 풀이했다.

以象德也, 禮者, 所以閉淫也. 是故先王有大事, 必有禮以哀之, 有大福, 必有禮以樂之, 哀樂之分, 皆以禮終. 樂也者, 施也, 禮也者, 報也. 樂, 樂其所自生, 而禮, 反其所自始. 樂章德, 禮報情反始也. 所謂大路者, 天子之輿也, 龍旂九旒, 天子之旌也, 青黑緣者, 天子之葆龜也,• 從之以牛羊之群, 則所以贈諸侯也. 樂也者, 情之不可變者也, 禮也者, 理之不可易者也. 樂統同, 禮別異, 禮樂之說貫乎人情矣. 窮本知變, 樂之情也, 著誠去僞, 禮之經也. 禮樂順天地之誠, 達神明之德, 降興上下之神, 而凝是精粗之體, 領父子君臣之節. 是故大人舉禮樂, 則天地將爲昭焉. 天地欣合, 陰陽相得, 煦嫗覆育萬物, 然後草木茂, 區萌達, 羽翮奮, 角觡生, 蟄蟲昭穌, 羽者嫗伏, 毛者孕鬻, 胎生者不殰而卵生者不殈, 則樂之道歸焉耳. 樂者, 非謂黃鍾大呂弦歌干揚也, 樂之末節也, 故童者舞之, 布筵席, 陳樽俎, 列籩豆, 以升降爲禮者, 禮之末節也, 故有司掌之. 樂師辯乎聲詩, 故北面而弦, 宗祝辯乎宗廟之禮, 故後尸, 商祝辯乎喪禮, 故後主人. 是故德成而上, 藝成而下, 行成而先, 事成而後. 是故先王有上有下, 有先有後, 然後可以有制於天下也. 樂者, 聖人之所樂也, 而可以善民心. 其感人深, 其風移俗易, 故先王著其敎焉. 夫人有血氣心知之性, 而無哀樂喜怒之常, 應感起物而動, 然後心術形焉. 是故志微焦衰之音作, 而民思憂, 嘽緩慢易繁文簡節之音作, 而民康樂, 粗厲猛起奮末廣賁之音作, 而民剛毅, 廉直經正莊誠之音作, 而民肅敬, 寬裕肉好順成和動之音作, 而民慈愛, 流辟邪散狄成滌濫之音作, 而民淫亂. 是故先王本之情性, 稽之度數, 制之禮義, 合生氣之和,

---

• 《사기색은》은 천자지보귀天子之葆龜의 보葆를 보寶로 새기고, 귀龜를 《춘추공양전春秋公羊傳》에 대한 하휴何休의 주석을 인용해 길흉을 나타내는 천년 된 거북의 푸른 갑염甲厭으로 풀이했다. 염厭은 가장자리를 뜻하는 연緣과 통한다.

道五常之行, 使之陽而不散, 陰而不密, 剛氣不怒, 柔氣不懾, 四暢交於
中而發作於外, 皆安其位而不相奪也. 然後立之學等, 廣其節奏, 省其
文采, 以繩德厚也. 類小大之稱, 比終始之序, 以象事行, 使親疏貴賤長
幼男女之理皆形見於樂, 故曰, "樂觀其深矣."

　土敝則草木不長, 水煩則魚鱉不大, 氣衰則生物不育, 世亂則禮廢
而樂淫. 是故其聲哀而不莊, 樂而不安, 慢易以犯節, 流湎以忘本. 廣
則容姦. 狹則思欲, 感滌蕩之氣而滅平和之德, 是以君子賤之也. 凡姦
聲感人而逆氣應之, 逆氣成象而淫樂興焉. 正聲感人而順氣應之, 順氣
成象而和樂興焉. 倡和有應, 回邪曲直各歸其分, 而萬物之理以類相動
也. 是故君子反情以和其志, 比類以成其行. 姦聲亂色不留聰明, 淫樂
廢禮不接於心術, 惰慢邪辟之氣不設於身體, 使耳目鼻口心知百體皆
由順正, 以行其義. 然後發以聲音, 文以琴瑟, 動以干戚, 飾以羽旄, 從
以簫管, 奮至德之光, 動四氣之和, 以著萬物之理. 是故清明象天, 廣大
象地, 終始象四時, 周旋象風雨, 五色成文而不亂, 八風從律而不姦, 百
度得數而有常, 小大相成, 終始相生, 倡和淸濁, 代相爲經. 故樂行而倫
淸, 耳目聰明, 血氣和平, 移風易俗, 天下皆寧. 故曰, "樂者樂也."

　君子樂得其道, 小人樂得其欲. 以道制欲, 則樂而不亂, 以欲忘道, 則
惑而不樂. 是故君子反情以和其志, 廣樂以成其敎, 樂行而民鄕方, 可
以觀德矣. 德者, 性之端也, 樂者, 德之華也, 金石絲竹, 樂之器也. 詩,
言其志也, 歌, 詠其聲也, 舞, 動其容也, 三者本乎心, 然後樂氣從之. 是
故情深而文明, 氣盛而化神, 和順積中而英華發外, 唯樂不可以爲僞.
樂者, 心之動也, 聲者, 樂之象也, 文采節奏, 聲之飾也. 君子動其本, 樂
其象, 然治其飾. 是故先鼓以警戒, 三步以見方, 再始以著往, 復亂以飭
歸, 奮疾而不拔, 也極幽而不隱. 獨樂其志, 不厭其道, 備擧其道, 不私

其欲. 是以情見而義立, 樂終而德尊, 君子以好善, 小人以息過, 故曰, "生民之道, 樂爲大焉."

君子曰, "禮樂不可以斯須去身. 致樂以治心, 則易直子諒之心油然生矣.[•] 易直子諒之心生則樂, 樂則安, 安則久, 久則天, 天則神. 天則不言而信, 神則不怒而威. 致樂, 以治心者也, 致禮, 以治躬者也. 治躬則莊敬, 莊敬則嚴威. 心中斯須不和不樂, 而鄙詐之心入之矣, 外貌斯須不莊不敬, 而慢易之心入之矣. 故樂也者, 動於內者也, 禮也者, 動於外者也. 樂極和, 禮極順. 內和而外順, 則民瞻其顏色而弗與爭也, 望其容貌而民不生易慢焉. 德煇動乎內而民莫不承聽, 理發乎外而民莫不承順, 故曰, '知禮樂之道, 舉而錯之天下無難矣.'"

樂也者, 動於內者也, 禮也者, 動於外者也. 故禮主其謙, 樂主其盈. 禮謙而進, 以進爲文, 樂盈而反, 以反爲文. 禮謙而不進, 則銷, 樂盈而不反, 則放. 故禮有報而樂有反. 禮得其報則樂, 樂得其反則安. 禮之報, 樂之反, 其義一也. 夫樂者樂也, 人情之所不能免也. 樂必發諸聲音, 形於動靜, 人道也. 聲音動靜, 性術之變, 盡於此矣. 故人不能無樂, 樂不能無形. 形而不爲道, 不能無亂. 先王惡其亂, 故制雅頌之聲以道之, 使其聲足以樂而不流, 使其文足以綸而不息, 使其曲直繁省廉肉節奏, 足以感動人之善心而已矣, 不使放心邪氣得接焉, 是先王立樂之方也. 是故樂在宗廟之中, 君臣上下同聽之, 則莫不和敬, 在族長鄉里之中, 長幼同聽之, 則莫不和順, 在閨門之內, 父子兄弟同聽之, 則莫不和親. 故樂者, 審一以定和, 比物以飾節, 節奏合以成文, 所以合和父子君臣, 附親萬民也, 是先王立樂之方也. 故聽其雅頌之聲, 志意得廣焉, 執

• 《사기집해》는 왕숙의 주석을 인용해 이직자량지심易直子諒之心의 이易를 평이平易, 직直을 정직正直, 자량子諒을 애신愛信으로 풀이했다.

其幹戚, 習其俯仰詘信, 容貌得莊焉, 行其綴兆, 要其節奏, 行列得正焉, 進退得齊焉. 故樂者天地之齊, 中和之紀, 人情之所不能免也. 夫樂者, 先王之所以飾喜也, 軍旅鈇鉞者, 先王之所以飾怒也. 故先王之喜怒皆得其齊矣. 喜則天下和之, 怒則暴亂者畏之. 先王之道禮樂可謂盛矣.

전국시대 초기 위문후魏文侯가 예악에 밝은 공자의 제자 자하에게 물었다.

"나는 의관을 단정히 한 채 옛 음악을 들으면 싫증이 난 나머지 드러눕지나 않을까 두렵소. 반면 정나라와 위衛나라의 새 음악을 들으면 싫증이 나는 줄도 모르오. 감히 묻건대 옛 음악이 그와 같은 것은 무슨 까닭이고, 새 음악이 이와 같은 것은 무슨 까닭이오?"

자하가 대답했다.

"무릇 옛 음악은 춤추는 자들이 함께 나아가고 함께 물러나는 동작이 정제整齊되어 있고, 곡조는 화평하며 중정中正을 지켜 그 의미가 넓습니다. 현악기인 현弦과 박으로 만든 악기인 포匏, 생황笙簧 등의 악기는 곡식의 껍질로 채운 타악기[拊]와 가죽 북[鼓]이 울릴 때를 기다려 일제히 연주합니다. 연주를 시작할 때는 문文으로 조절하고, 악곡을 마칠 때는 무武로 조절하고, 혼란스러운 모습을 정리할 때는 곡식의 껍질을 채운 타악기로 조절하고, 빠르고 급한 것은 원통형 타악기[雅]로 조절합니다. 군자는 이때 여러 견해를 개진하고, 고대의 사적事跡을 칭송하고, 심신을 수양하며 가정을 다스리고, 천하를 다스리는 방략을 강구합니다. 이것이 옛 음악의 실체입니다.

지금 저 새 음악은 나아가고 물러서는 것이 고르지 않고, 곡조도 사악하고 음탕합니다. 사람들을 미혹시켜 헤어나지 못하게 하고, 배우와 난쟁이가 공연할 때는 남녀가 뒤섞여 부자 사이의 예절도 모르게 됩니다. 공연이 끝나도 말하고자 한 의미를 알 수 없고, 옛것과 비교할 길조차 없습니다. 이것이 새 음악의 실체입니다. 지금 군주가 물은 것은 악이고, 좋아하는 것은 음입니다. 무릇 악과 음은 서로 가깝지만 같지는 않습니다."

문후가 물었다.

"감히 묻건대 어째서 그런 것이오?"

자하가 대답했다.

"옛날에는 천지가 화순하고 사계 또한 순서를 잃지 않았습니다. 백성은 덕이 있고 오곡 또한 무르익었습니다. 질병이 발생하지 않고 흉조와 재앙이 없었습니다. 이를 태평성세를 뜻하는 대당大當이라 했습니다. 이후 성인이 부자와 군신의 관계를 확정해 인륜의 기강이 바로잡히자 천하 또한 크게 안정되었습니다. 천하가 안정된 후 반음인 육율六律을 바로잡아 온음인 오성五聲을 조화시키고, 현弦을 뜯으며 〈시詩〉와 〈송〉을 노래했습니다. 이를 덕음德音이라 했습니다. 덕음을 악이라고 합니다. 주나라의 흥기를 기린 《시경》〈대아, 황의皇矣〉에 이런 구절이 나옵니다.

고요하고 맑은 덕음이여
그 덕이 실로 밝고 밝지
밝고 맑게 사물 분별하니
백성의 훌륭한 군주다
이 큰 나라의 군주 되니

백성이 잘 따르고 친근하지
문왕 때 그 덕을 구비하니
그 덕행에 아무 결함 없지
하늘서 내린 큰 복을 받아
길이 후손에게 전해지다

이는 바로 덕음을 두고 한 말입니다. 지금 군주가 좋아하는 것은 주문왕과 주무왕의 덕이 생략된 까닭에 악이 아니라 단순히 음에 빠진 익음溺音이 아니겠습니까?"

위문후가 다시 물었다.

"감히 묻건대 익음은 어디서 나오는 것이오?"

자하가 대답했다.

"정나라 음악은 그 음조가 방탕해 사람의 심지를 음란하게 만들고, 송나라 음악은 그 음조가 안일하고 유약해 듣는 사람의 심지를 탐닉하게 만들고, 위衛나라 음악은 그 음조가 급박하고 변화가 많아 사람의 심지를 번거롭게 만들고, 제나라 음악은 그 음조가 오만하고 괴이해 사람의 심지를 교만하게 만듭니다. 이 네 가지 음악은 모두 색정에 치우친 까닭에 덕성에 해롭습니다. 제사에 사용하지 않는 이유입니다. 주성왕 때 제사음악에 사용된 《시경》〈주송, 유고有瞽〉에 이런 구절이 나옵니다.

엄숙하고 조화롭게 울려 퍼지니
조상의 신령이여 들어주십시오

숙肅은 엄숙하다는 뜻으로 공경을 의미하고, 옹雍은 화목하다는 뜻으로 조화를 의미합니다. 공경으로 조화롭게 지내면 그 어떤 일인들 행하지 못할 리 있겠습니까? 인군人君이 된 사람은 호오를 삼갈 뿐입니다. 군주가 좋아하면 신하도 따라하고, 위에서 행하면 백성이 이를 쫓기 때문입니다. 《시경》〈대아, 판板〉의 백성을 이끌기는 매우 쉽다는 뜻의 유민공이誘民孔易 구절은 바로 이를 두고 한 말입니다.

성인은 도鞉·고鼓·강椌·갈楬·훈壎·지篪 등을 만들었습니다. 이 여섯 가지는 모두 덕음을 내는 악기입니다. 이후 종鐘·경磬·우竽·슬瑟 등을 만들어 이와 조화시켰습니다. 간幹·척戚·모旄·적翟을 손에 들고 춤을 추는 기본배경입니다. 이는 선왕의 사당에 제사를 올리고, 연회에서 주빈이 서로 술을 권하거나 술로 입안을 가시며 다시 술을 권하는 의식을 행하고,* 관직에서 서열과 귀천이 그 마땅한 바를 얻도록 하는 것입니다. 모두 후대에 존비장유尊卑長幼의 질서를 보여주려는 취지입니다.

쇠로 만든 종의 소리는 낭랑합니다. 낭랑한 소리로 호령을 세우고, 호령으로 기세의 웅장함을 세우고, 기세의 웅장함으로 무위武威를 세울 수 있습니다. 군자가 종소리를 들으며 무신武臣을 생각하는 이유입니다. 돌로 만든 경磬의 소리는 굳셉니다. 굳센 소리로 분별을 명백히 하고, 분별을 명백히 하는 것으로 의를 위해 죽을 수 있습니다. 군자가 경의 소리를 들으면 목숨을 바쳐 변방에 봉해져 울타리를 지키는 봉강지신封疆之臣을 생각하는 이유입니다. 실로 만든 사기絲器의 소리는 애절합니다. 애절한 소리로 청렴을 세우고, 청렴으로 뜻을 세

• 인작酳酢은 주연에서 식사 후 술로 입안을 헹구며 다시 술을 권하는 의식을 말한다. 《의례儀禮》〈사혼례士昏禮〉는 두세 번째로 진주進酒하는 것을 재인再酳, 삼인三酳으로 표현해놓았다.

웁니다. 군자가 금슬의 소리를 들으면 곧은 뜻을 지닌 지의지신志義之
臣을 생각하는 이유입니다.

　대로 만든 죽기竹器의 소리는 넘칩니다. 넘치는 소리로 취합할 수
있고, 취합으로 백성을 모을 수 있습니다. 군자가 우생소관竽笙簫管의
소리를 들으면 백성을 돌보며 하나로 모으는 휵취지신畜聚之臣*을 생
각하는 이유입니다. 군중에서 신호용으로 사용하는 크고 작은 북인
고비鼓鼙의 소리는 시끄럽습니다. 시끄러운 소리로 장병의 마음을 격
동시키고, 격동으로 군사의 전진을 북돋웁니다. 군자가 고비의 소리
를 들으면 대군을 통솔하는 장수지신將帥之臣을 생각하는 이유입니
다. 군자는 음악을 들을 때 귀를 즐겁게 하는 맑고 조화로운 소리를
들어야 할 뿐 아니라 소리 또한 군자의 마음속에 들어맞는 바가 있
어야 합니다.”

　●● 魏文侯問於子夏曰, “吾端冕而聽古樂則唯恐臥, 聽鄭衛之音則不
知倦. 敢問古樂之如彼, 何也? 新樂之如此, 何也?” 子夏答曰, “今夫古
樂, 進旅而退旅, 和正以廣, 弦匏笙簧合守拊鼓, 始奏以文, 止亂以武,
治亂以相, 訊疾以雅. 君子於是語, 於是道古, 修身及家, 平均天下, 此
古樂之發也. 今夫新樂, 進俯退俯, 姦聲以淫, 溺而不止, 及優侏儒, 獶
雜子女, 不知父子. 樂終不可以語, 不可以道古, 此新樂之發也. 今君
之所問者樂也, 所好者音也. 夫樂之與音, 相近而不同.” 文侯曰, “敢問
如何?” 子夏答曰, “夫古者天地順而四時當, 民有德而五穀昌, 疾疢不
作而無祅祥, 此之謂大當. 然後聖人作爲父子君臣以爲之紀綱, 紀綱旣
正, 天下大定, 天下大定, 然後正六律, 和五聲, 弦歌詩頌, 此之謂德音,

● 휵畜은 기를 양養과 뜻일 때는 휵으로 읽는다.

德音之謂樂. 詩曰, '莫其德音, 其德克明, 克明克類, 克長克君. 王此大邦, 克順克俾. 俾於文王, 其德靡悔. 旣受帝祉, 施于孫子.' 此之謂也. 今君之所好者, 其溺音與?" 文侯曰, "敢問溺音者何從出也?" 子夏答曰, "鄭音好濫淫志, 宋音燕女溺志, 衛音趣數煩志, 齊音驁辟驕志, 四者皆淫於色而害於德, 是以祭祀不用也. 詩曰, '肅雍和鳴, 先祖是聽.' 夫肅肅, 敬也, 雍雍, 和也. 夫敬以和, 何事不行? 爲人君者, 謹其所好惡而已矣. 君好之則臣爲之, 上行之則民從之. 詩曰, '誘民孔易', 此之謂也. 然後聖人作爲鞉鼓椌楬壎箎, 此六者, 德音之音也. 然後鐘磬竽瑟以和之, 幹戚旄狄以舞之. 此所以祭先王之廟也, 所以獻酬酳酢也, 所以官序貴賤各得其宜也, 此所以示後世有尊卑長幼序也. 鐘聲鏗, 鏗以立號, 號以立橫, 橫以立武. 君子聽鐘聲則思武臣. 石聲磬, 磬以立別, 別以致死. 君子聽磬聲則思死封疆之臣. 絲聲哀, 哀以立廉, 廉以立志. 君子聽琴瑟之聲則思志義之臣. 竹聲濫, 濫以立會, 會以聚衆. 君子聽竽笙簫管之聲則思畜聚之臣. 鼓鼙之聲讙, 讙以立動, 動以進衆. 君子聽鼓鼙之聲則思將帥之臣. 君子之聽音, 非聽其鏗鎗而已也, 彼亦有所合之也."

빈모가賓牟賈●가 공자를 모시고 있을 때였다. 공자가 그와 말하다가 화제가 음악에 미치자 이같이 물었다.

"무릇 주무왕의 덕을 기린 〈대무大武〉는 먼저 북을 쳐서 경계한 뒤 오랜 시간이 지나야 공연을 시작하니 이는 무슨 까닭이오?"

빈모가가 대답했다.

● 빈모가에 대해서는 알려진 것이 없다. 가상 인물로 보인다.

"민심을 얻지 못할까 염려하기 때문입니다."

공자가 다시 물었다.

"길게 탄식하고 그 소리가 끊어지지 않게 하는 것은 무슨 까닭이오?"

빈모가가 대답했다.

"제후들의 군사가 싸움에 유리한 시기에 도착하지 못할까 두려워해 그런 것입니다."

"공연 시작 후 손을 들고 발을 구르는 움직임[發揚踢厲]이 빠른 것은 무슨 까닭이오?"

빈모가가 대답했다.

"때에 이르렀기 때문입니다."

"〈대무〉를 공연하는 사람이 오른쪽 무릎을 꿇고 왼쪽 무릎을 드는 것은 무슨 까닭이오?"

빈모가가 대답했다.

"〈대무〉에는 무릎을 꿇는 동작이 없습니다."

"소리가 음탕해 은나라를 정벌하기에 이른 것은 무슨 까닭이오?"

빈모가가 대답했다.

"그 또한 〈대무〉의 소리가 아닙니다."

공자가 물었다.

"〈대무〉의 소리가 아니면 무슨 소리요?"

"담당 관원이 잘못 전한 것입니다. 그것이 아니라면 주무왕의 뜻이 어리석은 것이 됩니다."

공자가 찬탄했다.

"내게 아악을 가르쳐준 장홍莨弘에게 들은 이야기가 그대의 말과 꼭 같소!"

빈모가가 일어나 자리를 물린 뒤 물었다.

"〈대무〉를 공연할 때 병력을 준비하고 경계를 당부하는 대목에서 시간이 오래 걸리는 이유는 이미 들어 알고 있었습니다. 감히 여쭙 건대 〈대무〉에서 더디고 더디며 오래 끄는 모습이 나오는 것은 무슨 까닭입니까?"

공자가 대답했다.

"앉으시오. 내가 말해주겠소. 무릇 음악은 이루어진 것을 반영한 것이오. 방패를 잡고 산처럼 우뚝 서 있는 것은 연합군이 당도하기 를 기다리는 주무왕의 모습을 상징하고, 손발을 힘차게 흔들고 땅을 세차게 밟고 서 있는 것은 태공망太公望 여상呂尙의 늠름한 의지를 상 징하고, 〈대무〉가 끝날 때 모두 꿇어앉는 것은 주공과 소공召公의 다 스림을 상징한 것이오. 또 〈대무〉의 시작은 주무왕이 북쪽으로 진격 하는 모습이고, 두 번째 대목은 주무왕이 은나라를 멸한 것이고, 세 번째 대목은 남쪽으로 철수한 것이고, 네 번째 대목은 남쪽의 여러 제후국을 복속시켜 주나라의 강토로 삼은 것이고, 다섯 번째 대목은 주공은 동쪽을 맡고 소공이 서쪽을 맡은 것이고, 여섯 번째 대목은 원래의 위치로 돌아가 천자를 받드는 것이고, 춤추는 행렬에 끼어들 어 사방을 정벌하는 모습은 그 위엄이 중원에 크게 떨친 것을 상징 하오. 춤추는 자가 나뉘어 나아가는 것은 은나라 주를 정벌하는 일 이 이미 성사되었다는 뜻이오. 무대 위에 오래 서서 머무는 것은 주 무왕이 제후의 군사가 이르기를 기다리는 모습을 상징한 것이오. 그 런데도 오직 그대만 주무왕이 은나라 주를 격파한 목야牧野 전투 이 야기를 듣지 못한 것이오?

주무왕은 은나라 군사를 무찌른 뒤 은나라 도성으로 입성할 때 수레에서 미처 내리기도 전에 황제의 후예를 계薊, 요임금의 후예를 축祝, 순임금의 후예를 진陳 땅에 봉했소. 수레에서 내린 뒤에는 우왕의 후예를 기杞, 은나라의 후예를 송宋에 봉했소. 이어 왕자 비간의 분묘를 세우고, 기자를 감옥에서 풀어주고, 현자인 상용商容에게 사자를 보내 그 지위를 회복시켰소. 또 서민에게는 정사를 너그럽게 하고, 일반 관원들에게는 녹봉을 배로 늘려주었소. 황하를 건너 서쪽으로 철군한 뒤에는 말을 화산 남쪽에 풀어주었소. 이후 다시는 싸움을 치르기 위해 말을 타는 일이 없었소. 소들도 도림桃林의 들판에 놓아주고 다시는 군수용 수레를 끌지 않도록 했소. 전거戰車와 갑옷도 창고에 잘 싸놓은 뒤 다시는 쓰지 않았소. 창과 방패는 거꾸로 세워 호랑이 가죽으로 싸두었고, 병사를 이끈 장수들은 제후로 봉했소. 이를 무기를 포대에 넣고 자물쇠를 채우는 건고建櫜라고 불렀소. 이로써 천하의 사람 모두 주무왕이 다시는 군사를 일으키지 않으리라는 것을 알았소.

주무왕은 군사를 해산한 뒤 하늘에 제사를 올리고 사궁射宮에서 활쏘기 연습을 통해 선비를 선발하는 이른바 교사郊射를 행했소. 동쪽 교외의 사궁인 좌사左射에서는 〈이수貍首〉, 서쪽 교외의 사궁인 우사右射에서는 〈추우騶虞〉를 노래했소. 이후 과녁을 맞히는 데 중점을 두는 활쏘기를 그치게 되었소. 사대부가 머리에 관에 쓴 채 홀을 들고, 용사가 검을 푼 이유요. 명당에서 제사를 지내자 백성은 효행의 이유를 알게 되었고, 제후들은 춘추로 조근朝覲을 하면서 신하가 된 배경을 알게 되었소. 또 군주가 친히 적전籍田을 경작하자 제후들은 공경하는 법을 알게 되었소. 이 다섯 가지는 천하의 큰 가르침이

오. 또한 태학太學에서 삼로三老(관직에서 물러난 원로)와 오경五更(천자의 부모형제와 같은 예로 섬긴 노인)을 접대하고, 천자가 친히 웃옷을 벗고 희생의 고기를 나누고, 장醬을 집어주고, 술잔을 들어 권하고, 면류관을 머리에 쓴 채 방패를 잡고 춤을 추었소. 모두 제후에게 공경하는 도리를 가르치고자 한 것이오. 주나라의 교화가 사방에 미치고, 예악이 사방에 통하게 된 배경이오. 그러니 〈대무〉가 더디고 더딘 것 또한 마땅한 일이 아니겠소?"

공자의 제자 자공子貢이 악사 사을師乙에게 물었다.

"제가 듣건대 소리와 노래는 각각 마땅한 것이 있다고 했습니다. 저 같은 사람은 어떤 노래가 적당하겠습니까?"

사을이 대답했다.

"저는 미천한 악공입니다. 어찌 그런 질문에 제대로 대답할 수 있겠습니까? 다만 제가 들은 바를 이야기할 터이니 그대가 스스로 판단하십시오. 너그럽고 고요하며 부드럽고 바른 사람은 〈주송〉, 마음이 광대하면서도 침착하며 활달하고 신의 있는 사람은 〈대아大雅〉, 공손하고 검소해서 예를 좋아하는 사람은 〈소아小雅〉, 정직하고 청렴하며 겸손한 사람은 〈국풍國風〉, 솔직하고 자애로운 사람은 〈상송商頌〉, 온화하고 선량하면서 과단성이 있는 사람은 〈제풍齊風〉을 노래하는 것이 적절합니다. 노래는 자기의 덕성을 솔직하게 표현하는 것입니다. 자신을 움직이면 천지가 이에 응하고, 사계가 조화를 이루고, 별의 운행에 질서가 생기고, 만물 또한 잘 자라게 됩니다. 〈상송〉은 오제가 남긴 소리입니다. 은나라 백성이 이를 기록했기에 〈상송〉이라 부릅니다. 〈제풍〉은 삼대가 남긴 소리입니다. 제나라 백성이 이를 기록했기에 〈제풍〉이라 부릅니다. 〈상송〉의 시에 밝은 사람은 큰

일을 만나면 바로 결단하고, 〈제풍〉의 시에 밝은 사람은 눈앞의 이익을 보아도 사양할 줄 압니다. 큰일을 만나 곧바로 결단하는 것은 용勇, 눈앞의 이익을 보고도 사양하는 것은 의義입니다. 용과 의가 있을지라도 노래가 아니면 그 무엇으로 이를 보존할 수 있겠습니까? 노래할 때 보면 올라갈 때는 솟구치는 듯하고, 내려갈 때는 추락하는 듯하고, 굽을 때는 꺾이는 듯하고, 그칠 때는 마른 나무처럼 보이고, 작게 감돌 때는 곱자에 들어맞고, 심하게 감돌 때는 그림쇠에 들어맞습니다. 끊임없이 이어져 마치 구슬을 꿴 듯합니다. 노래는 일종의 언어에 해당합니다. 노래가 끊임없이 이어지는 것은 길게 말하는 것과 같습니다. 통상 마음이 기쁘면 말로 이야기하고, 말로 이야기해도 부족하면 길게 말하고, 길게 말해도 부족하면 읊조리고, 읊조려도 부족하면 자신도 모르는 사이에 손발이 절로 춤추고 뛰게 됩니다."

자공이 악에 관해 물은 것이 이와 같았다.

●● 賓牟賈侍坐於孔子, 孔子與之言, 及樂, 曰, "夫武之備戒之已久, 何也?" 答曰, "病不得其衆也." "永歎之, 淫液之, 何也?" 答曰, "恐不逮事也." "發揚蹈厲之已蚤, 何也?" 答曰, "及時事也." "武坐致右憲左, 何也?" 答曰, "非武坐也." "聲淫及商, 何也?" 答曰, "非武音也." 子曰, "若非武音, 則何音也?" 答曰, "有司失其傳也. 如非有司失其傳, 則武王之志荒矣." 子曰, "唯丘之聞諸萇弘, 亦若吾子之言是也." 賓牟賈起, 免席而請曰, "夫武之備戒之已久, 則旣聞命矣. 敢問遲之遲而又久, 何也?" 子曰, "居, 吾語汝. 夫樂者, 象成者也. 總幹而山立, 武王之事也, 發揚蹈厲, 太公之志也, 武亂皆坐, 周召之治也. 且夫武, 始而北出, 再成而滅商, 三成而南, 四成而南國是疆, 五成而分陝, 周公左, 召公右, 六成復綴, 以崇天子, 夾振之而四伐, 盛振威於中國也. 分夾而進, 事蚤濟也. 久立於綴, 以待諸侯之至也. 且夫女獨未聞牧野之語乎? 武王克殷反商, 未及下車, 而封黃帝之後於薊, 封帝堯之後於祝, 封帝舜之後於陳, 下車而封夏後氏之後於杞, 封殷之後於宋, 封王子比干之墓, 釋箕子之囚, 使之行商容而復其位. 庶民弛政, 庶士倍祿. 濟河而西, 馬散華山之陽而弗復乘, 牛散桃林之野而不復服, 車甲弢而藏之府庫而弗復用, 倒載干戈, 苞之以虎皮, 將率之士, 使爲諸侯, 名之曰'建櫜', 然後天下知武王之不復用兵也. 散軍而郊射, 左射貍首, 右射騶虞, 而貫革之射息也, 裨冕搢笏, 而虎賁之士稅劍也, 祀乎明堂, 而民知孝, 朝覲, 然後諸侯知所以臣, 耕藉, 然後諸侯知所以敬, 五者天下之大敎也. 食三老五更於太學, 天子袒而割牲, 執醬而饋, 執爵而酳, 冕而總干, 所以敎諸侯之悌也. 若此, 則周道四達, 禮樂交通, 則夫武之遲久, 不亦宜乎?"

子貢見師乙而問焉, 曰, "賜聞聲歌各有宜也, 如賜者宜何歌也?" 師乙曰, "乙, 賤工也, 何足以問所宜. 請誦其所聞, 而吾子自執焉. 寬而靜, 柔而正者宜歌頌, 廣大而靜, 疏達而信者宜歌大雅, 恭儉而好禮者宜歌小雅, 正直淸廉而謙者宜歌風, 肆直而慈愛者宜歌商, 溫良而能斷者宜歌齊. 夫歌者, 直己而陳德, 動己而天地應焉, 四時和焉, 星辰理焉, 萬物育焉. 故商者, 五帝之遺聲也, 商人志之, 故謂之商, 齊者, 三代之遺聲也, 齊人志之, 故謂之齊. 明乎商之詩者, 臨事而屢斷, 明乎齊之詩者, 見利而讓也. 臨事而屢斷, 勇也, 見利而讓, 義也. 有勇有義, 非歌孰能保此? 故歌者, 上如抗, 下如隊, 曲如折, 止如稾木, 居中矩, 句中鉤, 累累乎殷如貫珠. 故歌之爲言也, 長言之也. 說之, 故言之, 言之不足, 故長言之, 長言之不足, 故嗟歎之, 嗟歎之不足, 故不知手之舞之足之蹈之." 子貢問樂.

무릇 음은 사람의 마음에서 나오는 것이다. 하늘이 사람과 서로 통하는 것은 마치 그림자가 형체를 따르고, 메아리가 소리에 응답하는 것과 같다. 선을 행하는 자는 하늘이 복으로 보답하고, 악을 행하는 자는 하늘이 재앙을 내린다. 이는 자연스러운 일이다. 순임금은 오현금을 타며 〈남풍〉을 노래한 덕분에 천하를 잘 다스렸다. 반면 은나라 주는 〈조가朝歌〉와 〈북비北鄙〉를 노래한 까닭에 본인이 죽고 나라마저 패망했다. 왜 순임금의 도는 넓고, 은나라 주의 도는 좁은 것인가? 〈남풍〉의 시는 사물을 생장하게 하는 음이다. 순임금은 이를 좋아했고, 그 즐거움을 천지와 함께했다. 모든 제후국의 환심을 얻어 천하를 잘 다스린 이유다. 반면 〈조가〉의 시는 때에 맞지 않았다. 〈북비〉 역시 북北은 패배, 비鄙는 비루하다는 뜻이 있다. 그런데도 은나라 주는 이를 좋아한 것이다. 제후들이 마음을 달리하며 따르지 않은 이유다. 백성도 그를 친하게 여기지 않자 마침내 천하가 그를 배반했다. 본인이 죽고 나라가 패망한 배경이다.

위영공이 진晉나라로 가다가 복수 가에 머문 적이 있다. 밤늦게 거문고 타는 소리를 듣고 좌우에게 묻자 모두 입을 모아 부인했다.

"듣지 못했습니다."

악사인 사연을 불러 말했다.

"내가 거문고 타는 소리를 듣고 좌우에게 물어보았으나 모두 듣지 못했다고 하오. 그 형상이 마치 귀신이 타는 곡조와 유사하니 나를 위해 이를 기록해두도록 하시오"

"그리하겠습니다."

그러고는 단정히 앉은 뒤 거문고를 끌어당겨 그 소리를 들으며 기록했다. 다음 날 위영공에게 고했다.

"신이 그 소리를 듣고 옮겨 적었으나 아직 익히지 못했습니다. 하루만 더 머물며 익히도록 하겠습니다."

"그리하시오."

사연이 하룻밤을 더 머문 뒤 이튿날 고했다.

"이제 익혔습니다."

위영공이 복수를 떠난 뒤 진나라로 들어가 진평공晉平公을 만나게 되었다. 진평공이 시혜대施惠臺에서 주연을 베풀었다. 술자리가 무르익자 위영공이 청했다.

"최근 새 음악을 들었습니다. 이를 연주하도록 허락해주십시오."

진평공이 허락했다.

"좋소."

그러고는 곧 사연에게 진나라 악사인 사광師曠 옆에 앉도록 한 뒤 거문고를 내주며 연주하게 했다. 사연이 연주를 마치기도 전에 사광이 줄에 손을 대며 제지했다.

"이는 망국의 소리입니다. 끝까지 연주해서는 안 됩니다."

진평공이 물었다.

"어째서 그렇소?"

사광이 대답했다.

"이 곡은 전설적인 악사인 사연이 지은 것입니다. 그는 은나라 주와 함께 퇴폐적인 음악을 만들었습니다. 주무왕이 은나라 주를 정벌하자 사연은 동쪽으로 달아나 복수에 몸을 던졌습니다. 이 음악을 들은 곳은 틀림없이 복수 가일 것입니다. 이 음악을 먼저 듣는 사람의 나라는 쇠망할 것입니다."

진평공이 말했다.

"과인은 이 곡이 좋소. 끝까지 듣고 싶소."

사연이 그 곡을 끝까지 연주했다. 진평공이 사광에게 물었다.

"이보다 더 슬픈 곡은 없는 것이오?"

"있습니다."

"과인이 들을 수 있겠소?"

사광이 대답했다.

"주군의 덕의德義가 얇으면 들을 수 없습니다."

진평공이 말했다.

"과인은 음악을 좋아하오. 그 곡을 듣고 싶소."

사광이 부득불 거문고를 끌어당겨 연주했다. 첫째 단을 연주하자 검은 학 열여섯 마리가 날아와 대궐 지붕의 등마루에 모여들었다. 둘째 단을 연주하자 학들이 목을 길게 빼어 울고는 날개를 편 채 춤을 추기 시작했다. 진평공이 기뻐하며 일어나 사광을 위해 축수祝壽한 뒤 자리로 돌아와 물었다.

"이보다 더 슬픈 곡은 없소?"

사광이 대답했다.

"있습니다. 옛날 황제는 음악으로 귀신을 크게 모았습니다. 지금 주군은 덕의가 얇아 이를 듣기에 부족합니다. 이를 들으면 장차 패망하게 됩니다."

진평공이 말했다.

"과인은 늙었소. 음악을 좋아하니 끝까지 듣고 싶소."

사광이 부득불 거문고를 끌어당겨 연주했다. 첫째 단을 연주하자 흰 구름이 서북쪽에서 일어났다. 둘째 단을 연주하자 큰 바람이 몰아치며 비가 내렸다. 행랑의 기와가 날아가자 좌우 사람들이 모두 달아났다. 진평공도 두려운 나머지 행랑 곁의 궁궐 내실인 낭옥廊屋 사이에 엎드렸다. 결국 진나라는 크게 가물어 3년 동안 풀 한 포기조차 나지 않았다. 음악은 듣는 사람에 따라 길하거나 흉하기도 하다. 함부로 연주해서는 안 되는 이유다.

●● 凡音由於人心, 天之與人有以相通, 如景之象形, 響之應聲. 故爲善者天報之以福, 爲惡者天與之以殃, 其自然者也. 故舜彈五弦之琴, 歌南風之詩而天下治, 紂爲朝歌北鄙之音, 身死國亡. 舜之道何弘也? 紂之道何隘也? 夫南風之詩者生長之音也, 舜樂好之, 樂與天地同意, 得萬國之驩心, 故天下治也. 夫朝歌者不時也, 北者敗也, 鄙者陋也, 紂樂好之, 與萬國殊心, 諸侯不附, 百姓不親, 天下畔之, 故身死國亡.

而衛靈公之時, 將之晉, 至於濮水之上舍. 夜半時聞鼓琴聲, 問左右, 皆對曰, "不聞." 乃召師涓曰, "吾聞鼓琴音, 問左右, 皆不聞. 其狀似鬼神, 爲我聽而寫之." 師涓曰, "諾." 因端坐援琴, 聽而寫之. 明日, 曰, "臣得之矣, 然未習也, 請宿習之." 靈公曰, "可." 因復宿. 明日, 報曰, "習矣." 卽去之晉, 見晉平公. 平公置酒於施惠之臺.● 酒酣, 靈公曰, "今者來, 聞新聲, 請奏之." 平公曰, "可." 卽令師涓坐師曠旁, 援琴鼓之. 未終, 師曠撫而止之曰, "此亡國之聲也, 不可遂." 平公曰, "何道出?" 師曠曰, "師延所作也. 與紂爲靡靡之樂, 武王伐紂, 師延東走, 自投濮水之中, 故聞此聲必於濮水之上, 先聞此聲者國削." 平公曰, "寡人所好者音也, 願遂聞之." 師涓鼓而終之. 平公曰, "音無此最悲乎?" 師曠曰, "有." 平公曰, "可得聞乎?" 師曠曰, "君德義薄, 不可以聽之." 平公曰,

---

● 《사기정의》는 시혜지대施惠之臺가 일부 판본에 경기지당慶祁之堂으로 되어 있다고 했다. 《춘추좌전春秋左傳》〈노소공魯昭公 8년〉조에는 사기지궁虒祁之宮으로 나온다. 두예는 사기虒祁를 진晉나라 도성 인근인 분수의 주변 지명으로 풀이했다.

"寡人所好者音也, 願聞之."師曠不得已, 援琴而鼓之. 一奏之, 有玄鶴二八集乎廊門, 再奏之, 延頸而鳴, 舒翼而舞. 平公大喜, 起而爲師曠壽. 反坐, 問曰, "音無此最悲乎?"師曠曰, "有. 昔者黃帝以大合鬼神, 今君德義薄, 不足以聽之, 聽之將敗."平公曰, "寡人老矣, 所好者音也, 願遂聞之."師曠不得已, 援琴而鼓之. 一奏之, 有白雲從西北起, 再奏之, 大風至而雨隨之, 飛廊瓦, 左右皆奔走. 平公恐懼, 伏於廊屋之間. 晉國大旱, 赤地三年. 聽者或吉或凶. 夫樂不可妄興也.

태사공은 평한다.

"상고上古시대에 현군이 음악을 만들어 연주한 것은 마음을 즐겁게 해 스스로 쾌락을 즐기거나 뜻을 통쾌하게 해 욕망을 마음껏 발산하고자 한 것이 아니다. 나라를 잘 다스리고자 한 것이다. 바른 교화는 모두 음악에서 시작한다. 음악이 바르면 사람의 거동도 바르게 된다. 음악은 혈맥을 움직이고, 정신을 통하게 하고, 마음을 조화롭고 바르게 만든다. 궁宮은 비장을 움직여 성스러운 마음을 조화롭게 하고, 상商은 폐를 움직여 의로운 마음을 조화롭게 하고, 각角은 간을 움직여 어진 마음을 조화롭게 하고, 치徵는 심장을 움직여 예절 바른 마음을 조화롭게 하고, 우羽는 신장을 움직여 지혜로운 마음을 조화롭게 한다. 음악은 안으로 마음을 다잡고, 밖으로 귀천을 달리하고, 위로 종묘를 섬기고, 아래로 백성을 교화하는 데 사용된다.

거문고의 길이는 8척 1촌이 기준이다. 현이 큰 것은 궁이 되고, 중앙에 배치되며 군주를 상징한다. 상은 오른쪽에 펼쳐져 있고, 치를 비롯한 나머지 현은 크기에 따라 서로 엇갈려 배치된다. 순서를 잃지 않으면 군신의 위치가 바르게 된 것을 상징한다. 궁을 들으면 사람이 온화하고 편하며 광대해진다. 상을 들으면 사람이 방정해져 의를 좋아하게 된다. 각을 들으면 사람이 측은지심이 생겨 이웃을 사랑하게 된다. 치를 들으면 사람이 착해져 베풀기를 좋아하게 된다. 우를 들으면 사람이 단정하고 가지런하며 예를 좋아하게 된다.

무릇 예는 밖에서 안으로 들어오고, 악은 안에서 밖으로 나간다. 군자는 잠시도 예를 떠날 수 없다. 잠시라도 예를 떠나면 포악하고 태만한 행동으로 몸이 궁해진다. 군자는 잠시도 악을 떠날 수 없다. 잠시라도 악을 떠나면 간사한 행동으로 인해 마음이 궁해진다. 악은 군자가 의를 기르는 것이다. 옛날에 천자와 제후는 종경鐘磬의 소리를 들으면 조정을 떠나지 않았고, 경대부는 금슬의 소리를 들으면 그 앞을 떠나지 않았다. 덕의를 길러 음란함과 방탕함을 방지하고자 한 것이다. 음란함과 방탕함은 무례함에서 생긴다. 성왕은 사람들에게 귀로는 〈아〉와 〈송〉의 음악을 듣도록 하고, 눈으로는 위엄 있는 예를 보도록 하고, 발로는 공경스러운 모습을 보이도록 하고, 입으로는 인의의 도를 말하도록 했다. 군자가 종일 말을 해도 사악하고 편벽된 기운이 비집고 들어오지 못한 이유다.

●● 太史公曰, "夫上古明王擧樂者, 非以娛心自樂, 快意恣欲, 將欲爲治也. 正教者皆始於音, 音正而行正. 故音樂者, 所以動蕩血脈, 通流精神而和正心也. 故宮動脾而和正聖, 商動肺而和正義, 角動肝而和正仁, 徵動心而和正禮, 羽動腎而和正智. 故樂所以內輔正心而外異貴賤也, 上以事宗廟, 下以變化黎庶也. 琴長八尺一寸, 正度也. 弦大者爲宮, 而居中央, 君也. 商張右傍, 其餘大小相次, 不失其次序, 則君臣之位正矣. 故聞宮音, 使人溫舒而廣大, 聞商音, 使人方正而好義, 聞角音, 使人惻隱而愛人, 聞徵音, 使人樂善而好施, 聞羽音, 使人整齊而好

禮. 夫禮由外入, 樂自內出. 故君子不可須臾離禮, 須臾離禮則暴慢之
行窮外, 不可須臾離樂, 須臾離樂則姦邪之行窮內. 故樂音者, 君子之
所養義也. 夫古者, 天子諸侯聽鐘磬未嘗離於庭, 卿大夫聽琴瑟之音未
嘗離於前, 所以養行義而防淫佚也. 夫淫佚生於無禮, 故聖王使人耳聞
雅頌之音, 目視威儀之禮, 足行恭敬之容, 口言仁義之道. 故君子終日
言而邪辟無由入也."

율서
律書

〈율서〉의 주제는 두 가지다. 군대의 기율紀律을 뜻하는 병률兵律과 음악의 기율을 뜻하는 음률音律이 그것이다. 전혀 별개처럼 보이는 군사와 음악이 '기율'을 매개로 〈율서〉에서 하나로 통합되어 있다. 일각에서는 음률을 다룬 후반부는 후대인의 위작으로 보고 있으나 이는 잘못이다. 무경칠서武經七書 가운데 하나인《육도》에도 음양오행설에 입각한 전략전술을 논한 대목이 나온다. 병률과 음률 모두 음양오행의 기율을 좇고 있다는 사고에 기초한 것이다. 사마천이 《사기》를 저술하는 과정에서 음양오행설을 신봉한 스승 동중서의 영향이 적지 않았음을 방증하는 대목이다. 이런 입장은 역법을 논한 〈역서〉에도 그대로 이어지고 있다. 십간十干 십이지十二支를 음양오행에 입각해 해석해놓은 것이 그렇다. 〈율서〉와 〈역서〉가 짝을 이루는 것도 이런 맥락에서 이해할 수 있다.

제왕은 사물의 이치를 정해 법도를 세우고, 사물의 규율과 법칙을 측량할 때 육율을 근거로 삼았다.* 육율은 모든 일의 근본이다. 이는 전쟁에서 매우 중요한 의미를 지니고 있다. 이런 말이 있다.

적진의 구름 모양을 보면 길흉을 알 수 있고, 율려의 소리를 들으면 승부의 이치를 배울 수 있다.

이는 역대 군왕이 바꾸지 않고 좇은 이치다. 주무왕이 은나라 주를 정벌할 때 맹춘孟春부터 계동季冬까지 열두 가지 율성律聲을 모두 듣고는 소리 속에 살기를 드러내고 있다고 했다. 장병의 화합을 중시한 이유다. 같은 소리가 서로 따르는 것[同聲相從]은 사물의 자연스러운 현상이다. 이를 어찌 괴이하다고 하겠는가?

전쟁은 성인이 강포한 자를 토벌하고, 난세를 다스리고, 장애가 되는 세력을 평정하고, 위험을 구하는 것이다. 날카로운 이빨과 뿔이 있는 짐승도 침공을 당하면 저항한다. 하물며 호오와 희로의 기질을 지닌 인간의 경우이겠는가? 기뻐하면 사랑하는 마음이 생기고, 노하면 악독한 수단이 더해진다. 이는 성정의 이치다.

● 육율의 1옥타브의 음정을 열두 개의 반음으로 나눈 십이율의 반쪽을 말한다. 십이율은 기본 율관律管인 황종율관黃鐘律管을 기준으로, 이른바 삼분손익법三分損益法에 따라 산출된다. 십이율은 황종·대려·태주太簇·협종夾鐘·고선姑洗·중려仲呂·유빈蕤賓·임종林鐘·이칙夷則·남려南呂·무역無射·응종應鐘 등이다. 이 가운데 홀수인 황종·태주·고선·유빈·이칙·무역이 양율陽律이고, 짝수인 대려·협종·중려·임종·남려·응종이 음려陰呂다. 양률은 육양성六陽聲·육율·육시六始·육간六間으로도 불리며, 음려는 육음성六陰聲·육려六呂·육동六同이라고도 한다. 해와 달이 1년에 열두 번 만나는데 그것이 오른쪽으로 도는 것을 본받아 육려를 만들고, 북두칠성이 12신辰으로 운행하는 것을 본받아 육율을 만들었다고 전한다. 양률은 왼쪽으로 돌아서 음과 합하고, 음려는 오른쪽으로 돌아서 양과 합하는 까닭에 천지 사방에 음양의 소리를 갖춘다고 설명하고 있다. 율려는 음양오행설에 기초한 것이다.

옛날 황제는 탁록涿鹿의 싸움에서 염제炎帝의 재앙을 평정했다. 전욱顓頊은 공공共工을 토벌해 수해水害를 없앴다. 은나라 탕왕은 하나라의 걸桀을 남소南巢로 쫓아내 하나라의 난을 제거했다. 흥폐興廢가 교대하는 가운데 승자가 권력을 잡아 천명의 주인공이 되는 이유다. 실제로 이후 유명인사들이 속속 출현했다. 진문공秦文公은 외숙인 구범咎犯을 책사로 등용했고, 제환공齊桓公은 주환왕周桓王의 둘째 아들인 왕자성보王子成父를 장수로 등용했다. 오왕吳王 합려闔閭는 손무孫武를 등용해 군령을 밝히고 상벌에 믿음이 있게 했다. 마침내 제후들 사이에서 패권을 인정받고 영토를 확장한 이유다. 비록 그 위세가 고서誥誓°에는 미치지 못했지만, 자신은 총애를 받고, 군주는 존귀해지고, 당대에 명성을 떨쳤으니 가히 영광된 일이 아니겠는가?

어찌 세속의 유생처럼 대략大略에 어두워 사안의 경중을 헤아리지 못하고, 함부로 덕치를 말하고, 용병에 반대하고, 크게는 군주가 욕을 당해 나라를 잃고 작게는 외적의 침공으로 영토가 줄어들고 나라가 쇠약해지는데도 고집스럽게 자기주장만 내세우며 꿈적도 하지 않은 채 마냥 기다릴 수만 있겠는가? 집안 차원에서 교훈과 편달을 금할 수 없고, 나라 차원에서 형벌을 버릴 수 없고, 천하 차원에서 정벌을 폐할 수가 없는 이유다. 다만 이를 운용하는 데는 교졸巧拙, 실행하는 데는 순역順逆의 차이가 있다.

하나라 걸과 은나라 주는 맨손으로 승냥이와 이리를 때려잡고, 뜀박질로 네 마리의 말이 끄는 수레를 뒤쫓을 수 있었다. 그 용맹이 결코 작지 않았다. 백전백승을 거둔 까닭에 제후들이 두려워하고 복종

● 하·은·주 삼대의 왕이 선포한 훈계를 총칭한 말이다.《서경》의 〈감서甘誓〉·〈탕서湯誓〉·〈탕고湯誥〉·〈대고大誥〉 등에 수록된 포고령을 지칭한다.

했다. 그 권력이 결코 가볍지 않았다. 진시황과 2세 황제는 쓸모없는 땅에 군사를 주둔시키고 변경에도 군사를 파견했다. 그 무력이 결코 약하지 않았다. 그러나 영토를 확장하는 과정에서 흉노와 원한을 맺고, 월나라에도 화근을 심었다. 그 위세가 결코 고단한 것이 아니었다. 그 위세가 다했을 때 진승陳勝과 오광吳廣 같은 여항閭巷의 백성마저 진나라를 적국으로 여겼다. 무력을 다 써도 만족할 줄 모르고, 탐욕스러운 마음으로 전쟁을 그치지 않은 탓이다.

한고조 유방이 천하를 장악했을 때 세 곳의 변경에서 반란이 일어났다. 대국의 제후왕은 비록 번국의 신하인 번보藩輔로 불리었으나 신하의 절개를 다하지 않았다. 한고조는 군사를 동원하는 것과 용병을 부르는 것을 괴로워했다. 소하와 장량의 지모 덕분에 항우와의 싸움에서 일거에 승리를 거두어 일시 전쟁을 그치게 했으나 제후들을 죄었다 푸는 식으로 견제하는 기미羈縻의 계책을 제대로 갖추지 못했다. 문제가 즉위했을 때 장수 진무陳武 등이 진언했다.

"남월南越과 조선朝鮮은 진나라 때부터 신복을 칭했습니다. 이후 무력을 키우며 험난한 요새를 방패 삼아 꿈틀대며 기회를 엿보고 있습니다. 고조가 천하를 막 평정하고 백성도 겨우 안정을 찾은 까닭에 다시 전쟁을 일으키기 어려웠습니다. 지금 폐하는 인혜仁惠로 백성을 어루만지고 은택을 천하에 더하고 있습니다. 사민士民이 기꺼이 명을 따를 때이니 거스르는 무리를 토벌해 변경을 통일해야 합니다."

문제가 대답했다.

"짐은 즉위한 이래 용병 문제를 깊이 생각하지 못했소. 여씨呂氏 일족의 반란이 일어났을 때 공신과 종친 들이 짐을 옹립하는 것이 부끄럽지 않았소. 짐이 그릇되게 보위에 앉게 되었으나 늘 직분을 다하지 못할까 전전긍긍했소. 병기는 흉물스러운 도구요. 비록 바라는 바를 이룰 수 있을지라도 군사를 움직이면 물자를 대거 소비할 뿐 아니라, 백성을 먼 국경으로 보내야만 하오. 어찌 그런 일을 할 수 있겠소? 선제인 고조도 피로한 백성을 번거롭게 할 수 없다는 사실을 안 까닭에 정벌을 실행하지 않은 것이오. 그러니 짐이 어찌 그리할 수 있겠소?

지금 흉노가 침공해올지라도 군사들은 공을 세울 수 없소. 변경의 백성 또한 무기를 둘러멘 지 오래되었소. 짐은 늘 이 점을 가슴 아프게 생각해 하루라도 잊은 적이 없소. 지금 저들과 적대적인 상황을 일거에 해소할 수는 없소. 변경의 요새를 견고히 하면서 정찰 초소를 대거 세우고, 화친을 맺어 사자를 주고받으며 북쪽 변경을 안정시키는 것이 오히려 성과가 클 것이오. 군사에 관한 논의를 더는 하지 마시오."

덕분에 백성은 안팎으로 요역傜役의 부담을 덜 수 있었다. 백성이 농사를 지으며 휴식하고, 천하의 물자가 풍부해진 이유다. 백성은 곡식 한 가마니인 1곡斛당 10여 전錢을 받게 되었다. 닭 울음소리와 개 짖는 소리가 들리고, 밥 짓는 연기가 멀리 1만 리까지 이르게 되었다. 가히 화평하고 즐거운 모습이라고 일컬을 만하구나!

●● 王者制事立法, 物度軌則, 壹稟於六律, 六律爲萬事根本焉. 其於兵械尤所重, 故云 '望敵知吉凶, 聞聲效勝負', 百王不易之道也. 武王伐紂, 吹律聽聲, 推孟春以至于季冬, 殺氣相幷, 而音尙宮. 同聲相從, 物之自然, 何足怪哉? 兵者, 聖人所以討彊暴, 平亂世, 夷險阻, 救危殆. 自含血齒戴角之獸見犯則校, 而況於人懷好惡喜怒之氣? 喜則愛心生, 怒則毒螫加, 情性之理也. 昔黃帝有涿鹿之戰, 以定火災, 顓頊有共工之陳, 以平水害, 成湯有南巢之伐, 以珍夏亂. 遞興遞廢, 勝者用事, 所受於天也. 自是之後, 名士迭興, 晉用咎犯, 而齊用王子, 吳用孫武, 申明軍約, 賞罰必信, 卒伯諸侯, 兼列邦土, 雖不及三代之誥誓, 然身寵君尊, 當世顯揚, 可不謂榮焉? 豈與世儒闇於大較, 不權輕重, 猥云德化, 不當用兵, 大至君辱失守, 小乃侵犯削弱, 遂執不移等哉! 故教笞不可廢於家, 刑罰不可捐於國, 誅伐不可偃於天下, 用之有巧拙, 行之有逆順耳. 夏桀・殷紂手搏豺狼, 足追四馬, 勇非微也, 百戰克勝, 諸侯懾服, 權非輕也. 秦二世宿軍無用之地, 連兵於邊陲, 力非弱也, 結怨匈奴, 絓禍於越, 勢非寡也. 及其威盡勢極, 閭巷之人爲敵國, 咎生窮武之不知足, 甘得之心不息也. 高祖有天下, 三邊外畔, 大國之王雖稱蕃輔, 臣節未盡. 會高祖厭苦軍事, 亦有蕭・張之謀, 故偃武一休息, 羈縻不備. 歷至孝文即位, 將軍陳武等議曰, "南越・朝鮮自全秦時內屬爲臣子, 後且擁兵阻阸, 選蠕觀望. 高祖時天下新定, 人民小安, 未可復興兵. 今陛下仁惠撫百姓, 恩澤加海內, 宜及士民樂用, 征討逆黨, 以一封疆." 孝文曰, "朕能任衣冠, 念不到此. 會呂氏之亂, 功臣宗室共不羞恥, 誤居正位, 常戰戰慄慄, 恐事之不終. 且兵凶器, 雖克所願, 動亦秏病, 謂百姓遠方何? 又先帝知勞民不可煩, 故不以爲意. 朕豈自謂能? 今匈奴內侵, 軍吏無功, 邊民父子荷兵日久, 朕常爲動心傷痛, 無日忘之. 今未能銷距, 願且堅邊設候, 結和通使, 休寧北陲, 爲功多矣. 且無議軍." 故百姓無內外之繇, 得息肩於田畝, 天下殷富, 粟至十餘錢, 鳴雞吠狗, 煙火萬里, 可謂和樂者乎!

태사공은 평한다.

"문제 때 천하가 전란에서 벗어나자 백성은 편히 생업에 종사했고, 하고자 하는 바를 좇았다. 혼란을 근심하지 않고, 백성 모두 평안을 누린 이유다. 예순에서 일흔 사이의 노인은 저잣거리에 나가지 않고도 어린아이처럼 즐겁게 노닐 수 있었다. 공자가 칭송한 유덕한 군자는 바로 문제일 것이다!"

●● 太史公曰, "文帝時, 會天下新去湯火, 人民樂業, 因其欲然, 能不擾亂, 故百姓遂安. 自年六七十翁亦未嘗至市井, 遊敖嬉戲如小兒狀. 孔子所稱有德君子者邪!"

《서경》은 칠정七政●과 이십팔사二十八舍●●를 이야기하고 있다. 음률과 역법은 하늘이 오행과 팔정의 기운을 소통시키고 만물을 성숙시키는 배경이다. 사舍●●●는 원래 해와 달이 머무는 곳을 뜻하는 말로, 여기서는 기운을 펼친다는 의미로 사용되었다.

서북풍인 부주풍不周風은 서북쪽에 위치하고, 살생을 주관한다. 이십팔사의 하나인 동쪽의 벽수壁宿는 부주풍의 동쪽에 위치하고, 생기를 주관한다. 동쪽으로 가 북쪽 현무玄武 칠수七宿 가운데 여섯 번째 성수星宿인 영실營室에 이른다. 영실은 양기를 안으로 품고 있다가 밖으로 탄생시키고, 동쪽으로 가 북쪽 현무 칠수 가운데 다섯 번째 성수인 위수危宿에 이른다. 위危는 원래 허물어진다는 뜻이다. 양기가 여기에 이르러 허물어지는 까닭에 위라 한 것이다. 위수는 10월, 십이율로는 응종에 해당한다. 응종은 양기에 응하지만 작용을 일으키

● 해와 달과 오성五星의 현상과 변화를 뜻한다. 칠정七政이라고도 한다.
●● 해가 운행하는 황도黃道와 지구의 적도赤道를 천구天區로 연장한 선 부근의 항성恒星을 스물여덟 개 성좌로 나눈 것을 말한다.
●●● 사舍는 별자리를 뜻하는 수宿와 같다.

지는 않는다. 십이지 가운데 해亥에 해당된다. 해는 막히고 감춘다는 뜻으로, 양기가 땅속에 감추는 까닭에 해라 한 것이다.

북풍인 광막풍廣莫風은 북쪽에 위치한다. 양기가 땅속에 있어 음기도 크고 양기도 광대한 까닭에 광막廣莫이라 부르는 것이다. 광막풍은 동쪽으로 가 허수虛宿에 이른다. 허虛는 채울 수도 있고 비울 수도 있다는 뜻이다. 양기가 겨울에 허공에 감추어 있는 것을 지칭한다. 동지일에는 음기가 아래로 숨고, 양기가 위로 상승하기 시작한다. 그래서 허라 한 것이다. 광막풍은 동쪽으로 가 이십팔사의 하나인 수녀수須女宿에 이른다. 만물이 원래의 상태를 바꾸어 음양의 두 기운이 떨어지지 않고 서로를 기다리는 까닭에 수녀須女라고 하는 것이다. 수녀수는 11월, 십이율로는 황종에 해당한다. 황종은 양기가 황천黃泉을 따라 나타나는 것을 의미한다. 십이지 가운데 자子에 해당된다. 자子는 생육할 자滋와 통한다. 자滋는 만물이 땅 밑에서부터 성장하는 것을 말한다. 열 개의 천간天幹 가운데 임계壬癸에 속한다. 임壬은 임신을 뜻한다. 양기가 만물을 땅 밑에서 낳고 길러내는 것을 의미한다. 계癸는 헤아릴 규揆와 통한다. 만물은 가히 예측할 수 있는 까닭에 계라 한 것이다.

광막풍은 동쪽으로 가 북쪽 현무 칠수 가운데 두 번째 성수인 견우성牽牛星에 이른다. 견우牽牛는 양기가 만물을 끌어당기는 것을 뜻한다. 우牛는 무릅쓸 모冒의 뜻이다. 비록 지면이 얼어 있지만 능히 밖으로 올라와 생장할 수 있다는 뜻이다. 우는 땅을 갈아 만물을 심고 가꾼다는 뜻도 있다. 동쪽으로 가 두수斗宿의 북쪽에 있는 여섯 개의 별인 건성建星에 이른다. 건성은 생명을 만들어낸다는 뜻이다. 12월에 해당하고, 십이율로는 대려에 속한다. 대려는 열두 개 지지地支 가운데 축丑에 해당한다.

동북풍인 조풍條風은 동북쪽에 위치하고, 만물의 출현을 주관한다. 조條는 만물을 조리 있게 다스려 밖으로 드러낸다는 취지에서 나온 것이다. 조풍은 남쪽으로 가 기수箕宿에 이른다. 기箕는 원래 만물의 근본을 뜻한다. 기수는 정월, 십이율로는 태주泰蔟에 해당한다. 태주는 만물이 빽빽하게 자라는 것을 의미한다. 십이지 가운데 인寅에 속한다. 인은 만물이 꿈틀거리며 일어나는 것을 뜻한다. 남쪽으로는 동방 칠수 가운데 여섯 번째 성수인 미수尾宿에 이른다. 만물이 처음에 일어나는 모습이 마치 꼬리처럼 미약하다는 취지에서 나온 말이다. 남쪽으로는 동방 칠수 가운데 다섯 번째 성수인 심수心宿에 이른다. 만물이 일어나기 시작해 새싹이 돋아나는 것을 지칭한다. 남쪽으로는 동방 칠수 가운데 네 번째 성수인 방수房宿에 이른다. 방房은 만물의 문호門戶로, 문에 이르면 나가게 된다.

동풍인 명서풍明庶風은 동쪽에 위치한다. 명서明庶는 만물이 나오는 것을 모두 밝힌다는 뜻이다. 2월에 해당하고, 십이율로는 협종에 속한다. 협종은 음기와 양기가 양쪽에서 끼고 있다는 뜻이다. 십이지 가운데 묘卯에 해당한다. 묘는 무성하다는 뜻으로, 만물이 무성함을 의미한다. 십간十幹의 갑을甲乙에 해당한다. 갑甲은 만물이 껍질을 벗고 싹이 트는 모습, 을乙은 만물이 한꺼번에 일어나는 모습을 지칭한다. 명서풍은 남쪽으로 가 동방 칠수 가운데 세 번째 성수인 저수氐宿에 이른다. 저氐는 만물이 한꺼번에 나타나는 것을 말한다. 또 남쪽으로 가 동방 칠수 가운데 첫 번째 성수인 항수亢宿에 이른다. 항亢은 만물이 크게 성장하는 것을 말한다. 다시 남쪽으로 가 동방 칠수 가운데 첫 번째 성수인 각수角宿에 이른다. 각角은 만물이 마치 뿔처럼 가지가 뻗는 것을 뜻한다. 3월에 해당하고, 십이율로는 고선에 속한다. 고선은 만물이 신선한 모습으로 태어나는 것을 의미한다.* 십이지 가운데 진辰에 해당한다. 진은 만물이 움직인다는 뜻이다.

동남풍인 청명풍清明風은 동남쪽 모퉁이에 위치하고, 바람을 주관하며 만물을 날리게 하다. 서쪽으로 가 남방 칠수 가운데 일곱 번째 성수인 진수軫宿에 이른다. 진軫은 만물이 나날이 생장해 왕성해지는 것을 뜻한다. 서쪽으로 가 남방 칠수 가운데 여섯 번째 성수인 익수翼宿에 이른다. 익翼은 만물이 모두 날개를 가지고 있다는 뜻이다. 4월에 해당하고, 십이율로는 중려에 속한다. 중려는 만물이 모두 움직여 서쪽으로 가는 것을 말한다. 십이지 가운데 사巳에 해당한다. 사는 양기가 이미 쇠진했음을 뜻한다. 서쪽으로 가 남방 칠수 가운데 네 번째 성수인 칠성七星에 이른다. 칠성은 양수陽數가 7을 이루는 까닭에 그리 부른 것이다. 서쪽으로 가 남방 칠수 가운데 다섯 번째 성수인 장수張宿에 이른다. 장張은 만물이 모두 펼쳐지는 것을 의미한다. 서쪽으로 가 남방 칠수 가운데 세 번째 성수인 주수注宿에 이른다. 주注는 만물이 쇠미해지기 시작했음을 의미한다. 양기가 하강하기 시작하는 까닭에 주라고 부른 것이다. 주수는 5월, 십이율로는 유빈에 해당한다. 유빈은 음기가 미약하기에 그리 부른 것이다. 양기가 위축되어 제대로 작용하지 못하는 것을 빈賓이라 한다.

남풍인 경풍景風은 남쪽에 위치한다. 경景은 양기의 통로가 극에 이르렀다는 뜻으로, 경풍으로 부르는 것이다. 십이지 가운데 오午에 속한다. 오는 음양이 뒤섞여 있기에 그리 부른 것이다. 십간 가운데

● 《사기정의》는 《백호통白虎通》을 인용해 율중고선律中姑洗의 고선姑洗을 옛것을 버리고 신선한 것으로 나아가는 거고취신去故就新으로 풀이했다.

병정丙丁에 속한다. 병丙은 양기의 통로가 분명히 드러났기에 그리 부른 것이고, 정丁은 만물이 강하고 왕성해진 까닭에 그리 부른 것이다. 서쪽으로 가 천랑성天狼星 동쪽에 아홉 개의 별로 구성된 호수弧宿에 이른다. 호弧는 만물이 쇠락해 곧 죽게 된다는 뜻이다. 서쪽으로 가 낭성狼星에 이른다. 낭狼은 만물을 헤아리거나 판단할 수 있기에 그리 부른 것이다.

서남풍인 양풍涼風은 서남쪽 모퉁이에 위치하며, 지地를 주관한다. 지는 만물의 기를 빼앗는 것을 말한다. 6월에 해당하고, 십이율로는 임종에 속한다. 임종은 만물이 곧 죽음에 이르러 사기死氣가 가득 찼다는 뜻이다. 십이지 가운데 미未에 해당한다. 미는 만물이 모두 성숙해 감칠맛인 자미滋味가 있다는 의미다. 양풍은 북쪽으로 가 삼수參宿의 남쪽에 있는 벌수罰宿에 이른다. 벌罰은 만물의 기운을 빼앗고 꺾을 수 있다는 뜻이다. 북쪽으로 가 서쪽 백호白虎 칠수 가운데 일곱 번째 성수인 삼수에 이른다. 삼參은 만물을 가히 살피고 검증할 수 있기에 그리 부른 것이다. 7월에 해당하고, 십이율로는 이칙에 속한다. 이칙은 음기가 만물을 손상시키는 것이다. 십이지 가운데 신申에 해당된다. 신은 음기가 사물에 작용한다는 뜻이다. 만물을 손상시키기에 신이라 한 것이다. 북쪽으로 가 서쪽 백호 칠수 가운데 다섯 번째 성수인 탁수濁宿에 이른다. 탁濁은 부딪친다는 뜻이다. 만물은 모두 죽음과 맞닥뜨리는 까닭에 탁이라 한 것이다. 북쪽으로 가 서쪽 백호 칠수 가운데 네 번째 성수인 유수留宿에 이른다. 유留는 양기가 머물러 있는 까닭에 그리 부른 것이다. 8월에 해당하고, 십이율로는 남려에 속한다. 남려는 양기가 들어가 깊이 감추어 있다는 의미다. 십이지 가운데 유酉에 해당한다. 유는 만물이 늙었기에 그리 부른 것이다.

서풍인 창합풍閭閭風은 서쪽에 위치한다. 창閭은 인도한다는 뜻이고, 합閭은 감춘다는 의미다. 양기가 만물을 인도해 황천 아래로 감추는 것을 지칭한다. 십간의 경신庚辛에 해당한다. 경庚은 음기가 만물을 바꾸기에 그리 말한 것이고, 신辛은 만물이 새롭게 일어나기에 그리 말한 것이다. 북쪽으로 가 서쪽 백호 칠수 가운데 두 번째 성수인 위수胃宿에 이른다. 위胃는 양기가 숨는 곳으로 모두 위胃로 들어가는 것을 지칭한다. 북쪽으로 가 서쪽 백호 칠수 가운데 두 번째 성수인 누수婁宿에 이른다. 누婁는 만물을 불러들인다는 뜻이다. 북쪽으로 가 서쪽 백호 칠수 가운데 첫 번째 성수인 규수奎宿에 이른다. 규奎는 독을 주관하면서 쏘아서 만물을 죽인다는 뜻이다. 이를 받아들여 감춘다는 의미를 지니고 있다. 9월에 해당하고, 십이율로는 무역에 속한다. 무역은 음기가 너무 왕성해 양기가 남아 있지 않기에 그리 부른 것이다. 십이지 가운데 술戌에 해당한다. 술은 만물이 모두 없어진 것을 뜻한다. 술로 부른 이유다.

●● 書曰七正, 二十八舍. 律曆, 天所以通五行八正之氣, 天所以成孰萬物也. 舍者, 日月所舍. 舍者, 舒氣也. 不周風居西北, 主殺生. 東壁居不周風東, 主辟生氣而東之. 至於營室. 營室者, 主營胎陽氣而産之. 東至于危. 危, 垝也. 言陽氣之危垝, 故曰危. 十月也, 律中應鍾. 應鍾者, 陽氣之應, 不用事也. 其於十二子爲亥. 亥者, 該也. 言陽氣藏於下, 故該也. 廣莫風居北方. 廣莫者, 言陽氣在下, 陰莫陽廣大也, 故曰廣莫. 東至于虛. 虛者, 能實能虛, 言陽氣冬則宛藏於虛, 日冬至則一陰下藏, 一陽上舒, 故曰虛. 東至于須女. 言萬物變動其所, 陰陽氣未相離, 尙相如胥如也, 故曰須女. 十一月也, 律中黃鍾. 黃鍾者, 陽氣踵黃泉而出

也. 其於十二子爲子. 子者, 滋也, 滋者, 言萬物滋於下也. 其於十母爲
壬癸. 壬之爲言任也, 言陽氣任養萬物於下也. 癸之爲言揆也, 言萬物
可揆度, 故曰癸. 東至牽牛. 牽牛者, 言陽氣牽引萬物出之也. 牛者, 冒
也, 言地雖凍, 能冒而生也. 牛者, 耕植種萬物也. 東至於建星. 建星者,
建諸生也. 十二月也, 律中大呂. 大呂者. 其於十二子爲丑. 條風居東
北, 主出萬物. 條之言條治萬物而出之, 故曰條風. 南至於箕. 箕者, 言
萬物根棋, 故曰箕. 正月也, 律中泰蔟. 泰蔟者, 言萬物蔟生也, 故曰泰
蔟. 其於十二子爲寅. 寅言萬物始生蚓然也, 故曰寅. 南至於尾, 言萬物
始生如尾也. 南至於心, 言萬物始生有華心也. 南至於房. 房者, 言萬物
門戶也, 至于門則出矣. 明庶風居東方. 明庶者, 明衆物盡出也. 二月
也, 律中夾鍾. 夾鍾者, 言陰陽相夾厠也. 其於十二子爲卯. 卯之爲言茂
也, 言萬物茂也. 其於十母爲甲乙. 甲者, 言萬物剖符甲而出也, 乙者,
言萬物生軋軋也. 南至于氐. 氐者, 言萬物皆至也. 南至於亢. 亢者, 言
萬物亢見也. 南至于角. 角者, 言萬物皆有枝格如角也. 三月也, 律中
姑洗. 姑洗者, 言萬物洗生. 其於十二子爲辰. 辰者, 言萬物之蜄也. 清
明風居東南維, 主風吹萬物而西之. 至於軫. 軫者, 言萬物益大而軫軫
然. 西至於翼. 翼者, 言萬物皆有羽翼也. 四月也, 律中中呂. 中呂者, 言
萬物盡旅而西行也. 其於十二子爲巳. 巳者, 言陽氣之已盡也. 西至于
七星. 七星者, 陽數成於七, 故曰七星. 西至于張. 張者, 言萬物皆張也.
西至于注. 注者, 言萬物之始衰, 陽氣下注, 故曰注. 五月也, 律中蕤賓.
蕤賓者, 言陰氣幼少, 故曰蕤, 痿陽不用事, 故曰賓. 景風居南方. 景者,
言陽氣道竟, 故曰景風. 其於十二子爲午. 午者, 陰陽交, 故曰午. 其於
十母爲丙丁. 丙者, 言陽道著明, 故曰丙, 丁者, 言萬物之丁壯也, 故曰
丁. 西至于弧. 弧者, 言萬物之吳落且就死也. 西至于狼. 狼者, 言萬物

可度量, 斷萬物, 故曰狼. 涼風居西南維, 主地. 地者, 沈奪萬物氣也. 六
月也, 律中林鍾. 林鍾者, 言萬物就死氣林林然. 其於十二子爲未. 未
者, 言萬物皆成, 有滋味也. 北至於罰. 罰者, 言萬物氣奪可伐也. 北至
於參. 參言萬物可參也, 故曰參. 七月也, 律中夷則. 夷則, 言陰氣之賊
萬物也. 其於十二子爲申. 申者, 言陰用事, 申賊萬物, 故曰申. 北至於
濁. 濁者, 觸也, 言萬物皆觸死也, 故曰濁. 北至於留. 留者, 言陽氣之
稽留也, 故曰留. 八月也, 律中南呂. 南呂者, 言陽氣之旅入藏也. 其於
十二子爲酉. 酉者, 萬物之老也, 故曰酉. 閶闔風居西方. 閶者, 倡也, 闔
者, 藏也. 言陽氣道萬物, 闔黃泉也. 其於十母爲庚辛. 庚者, 言陰氣庚
萬物, 故曰庚, 辛者, 言萬物之辛生, 故曰辛. 北至於胃. 胃者, 言陽氣就
藏, 皆胃胃也. 北至於婁. 婁者, 呼萬物且內之也. 北至於奎. 奎者, 主毒
螫殺萬物也, 奎而藏之. 九月也, 律中無射. 無射者, 陰氣盛用事, 陽氣
無餘也, 故曰無射. 其於十二子爲戌. 戌者, 言萬物盡滅, 故曰戌.

율관의 치수[律數]를 보면 9에 9를 곱해 얻은 81푼分 길이의 율관이
궁성宮聲이 된다. 이 길이에서 3분의 1의 길이를 제거한 54푼 길이의
율관이 치성徵聲이 된다. 이 길이에서 3분의 1의 길이를 더한 72푼 길
이의 율관이 상성商聲이 된다. 이 길이에서 3분의 1의 길이를 제거한
48푼 길이의 율관이 우성羽聲이 된다. 이 길이에서 3분의 1의 길이를
더한 64푼 길이의 율관이 각성角聲이 된다.

황종의 길이는 87푼 10분의 1이고, 대려의 길이는 75푼 3분의 2다.
태주의 길이는 72푼이며 각성이다. 협종의 길이는 67푼 3분의 1이다.
고선의 길이는 64푼이고 우성이다. 중려의 길이는 59푼 3분의 2이며
치성이다. 유빈의 길이는 56푼 3분의 2다. 임종의 길이는 54푼이며

각성이다. 이칙의 길이는 50푼 3분의 2이며 상성이다. 남려의 길이는 48푼이며 치성이다. 무역의 길이는 44푼 3분의 2다. 응종의 길이는 42푼 3분의 2이며 우성이다.

황종률을 기준으로 한 비례는 다음과 같다. 황종인 자子는 1푼이다. 임종인 축丑은 황종의 3분의 2다. 태주인 인寅은 황종의 9분의 8이다. 남려인 묘卯는 황종의 27분의 16이다. 고선인 진辰은 황종의 81분의 64다. 응종인 사巳는 황종의 243분의 128이다. 유빈인 오午는 황종의 729분의 512다. 대려인 미未는 황종의 2,187분의 1,024다. 이칙인 신申은 황종의 6,561분의 4,096이다. 협종인 유酉는 황종의 1만 9,683분의 8,192다. 무역인 술戌은 황종의 5만 9,049분의 3만 2,768이다. 중려인 해亥는 황종의 17만 7,141분의 6만 5,536이다.

황종률을 계산하는 방법은 다음과 같다. 하나의 율관에서 3분의 1의 길이를 빼면서 율관을 만들어내는 방식인 이른바 하생下生은 분자인 실實에 2를 곱하고 3으로 나누는 방식이다. 이와 정반대인 상생上生은 실수에 4를 곱하고 3으로 나누면 된다. 가장 높은 배수는 9다. 상商의 배수는 8, 우羽는 7, 각角은 6, 궁宮은 5, 치徵는 9다. 1을 기수로 삼아 3의 9승을 분모인 법法으로 삼는다. 분자인 실이 분모인 법과 같으면 얻는 수는 1촌寸이다. 이런 식으로 얻는 수가 9촌이면 이를 '황종의 궁宮'이라 한다. 음音은 궁에서 시작해 각에서 끝난다. 수는 1에서 시작해 10에서 끝나고, 3에서 완성된다. 기후의 변화가 동지에서 시작해 1년을 주기로 다시 생겨나는 것과 같다.

도道를 뜻하는 신神은 무無에서 생기고, 형체를 뜻하는 형形은 유有에서 나온다. 형이 있은 후에 수數가 있고, 성聲이 만들어진다. 신은 기氣를 지배하고, 기는 형을 이룬다. 형과 리理가 같은 것도 있고, 다른 것도 있다. 어떤 것은 이형이류異形異類인가 하면 동형동류同形同類이기도 하다. 종류를 파악하면 부류를 나눌 수도 있고, 식별할 수도 있다.

성인은 천지만물을 구분할 줄 안다. 그 안목이 유有에서 미유未有까지 이르고, 태역太易의 기氣처럼 세세한 것과 오성의 율律처럼 미묘한 것까지 살필 수 있다. 신神에 의존해 태역의 기를 살피고, 아무리 미묘한 것일지라도 반드시 정情을 드러내도록 해 그 신묘한 도를 깊고 분명히 밝히는 이유다.

성스러운 마음도 없이 단지 총명에만 의지하면 어찌 천지의 신과 성형成形의 정을 살필 수 있겠는가? 신은 만물이 이를 받아들이면서도 오고 가는 움직임을 알지 못하는 것이다. 성인이 이를 경외하면서 살피려 드는 이유다. 그런 자세로 접근해야만 신도 존재한다. 일반 사람이 이를 보존하고자 하면 반드시 더없이 귀한 것으로 여길 줄 알아야 한다.

●● 律數, 九九八十一以爲宮. 三分去一, 五十四以爲徵. 三分益一, 七十二以爲商. 三分去一, 四十八以爲羽. 三分益一, 六十四以爲角. 黃鍾長八寸七分一, 宮. 大呂長七寸五分三分一二. 太蔟長七寸七十分二, 角. 夾鍾長六寸一七分三分一. 姑洗長六寸七十分四, 羽. 仲呂長五寸九分三分二, 徵. 蕤賓長五寸六分三分一二. 林鍾長五寸七十分四, 角. 夷則長五寸四分三分二, 商. 南呂長四寸七十分八, 徵. 無射長四寸四分三分二. 應鍾長四寸二分三分二, 羽. 生鍾分, 子一分. 丑三分二. 寅九分八. 卯二十七分十六. 辰八十一分六十四. 巳二百四十三分一百二十八. 午七百二十九分五百一十二. 未二千一百八十七分一千二十四. 申六千五百六十一分四千九十六. 酉

一萬九千六百八十三分八千一百九十二. 戌五萬九千四十九分三萬
二千七百六十八. 亥十七萬七千一百四十七分六萬五千五百三十六.
生黃鍾術曰, 以下生者, 倍其實, 三其法. 以上生者, 四其實, 三其法. 上
九, 商八, 羽七, 角六, 宮五, 徵九. 置一而九三之以爲法. 實如法, 得長
一寸. 凡得九寸, 命曰'黃鍾之宮'. 故曰, 音始於宮, 窮於角, 數始於一,
終於十, 成於三, 氣始於冬至, 周而復生. 神生於無, 形成於有, 形然後
數, 形而成聲, 故曰, 神使氣, 氣就形. 形理如類有可類. 或未形而未類,
或同形而同類, 類而可班, 類而可識. 聖人知天地識之別, 故從有以至
未有, 以得細若氣, 微若聲. 然聖人因神而存之, 雖妙必效情, 核其華道
者明矣. 非有聖心以乘聰明, 孰能存天地之神而成形之情哉? 神者, 物
受之而不能知及其去來, 故聖人畏而欲存之. 唯欲存之, 神之亦存. 其
欲存之者, 故莫貴焉.

태사공은 평한다.

"천문을 관측하는 기구인 혼천의渾天儀와 그 횡통橫筒인 선기옥형
旋璣玉衡으로 칠정을 가지런히 한 것이 바로 천지와 이십팔수二十八宿
다. 열 개의 천간과 열두 개의 지지, 십이율의 배합은 상고시대부터
시작되었다. 음률을 만들고, 역법을 계산하고, 해가 운행하는 도수를
헤아리는 근거다. 사물을 천지의 규율과 부합하게 하고 도덕을 통하
게 하는 것은 곧 율력을 좇는 것을 말한다."

●● 太史公曰, "故在旋璣玉衡以齊七政, 卽天地二十八宿. 十母,
十二子, 鍾律調自上古. 建律運曆造日度, 可據而度也. 合符節, 通道
德, 卽從斯之謂也."

권 26

역서
曆書

〈역서〉는 역법의 발생과 전개 과정을 다루고 있다. 과거 왕조시대에 역법은 사계절에 따른 영농과 전쟁 등의 군사 문제에 크게 영향을 미쳤다. 관혼상제 등의 일상사조차 역법을 좇았다. 주목할 것은 십간 십이지에 입각한 갑자甲子와 을축乙丑 등의 연명年名 대신 언봉섭제격焉逢攝提格 등의 특이한 연명을 사용하고 있는 점이다. 이에 대한 해석이 분분하다. 대략 천도와 인도가 본질적으로 하나라고 보는 천인합일설天人合一說 내지 천도가 인도에 감응해 화복을 내린다는 천인감응설天人感應說에 동조한 결과로 보인다. 이는 스승 동중서의 저서인《춘추번로春秋繁露》를 관통하는 키워드이기도 하다. 〈역서〉가 역법의 발생과 전개 과정을 음양오행설에 입각해 설명하고 있는 것도 이런 맥락에서 이해할 수 있다.

오랜 옛날부터 전해져 내려오는 역법에는 세수가 봄을 알리는 맹춘에서 시작한다. 맹춘에는 눈과 얼음이 녹고, 동면하던 동물이 모두 활동하기 시작하며, 초목이 쏙쏙 싹을 틔우며 성장하고, 두견새가 먼저 지저귄다.• 만물이 세시歲時와 더불어 생장하고, 봄에 생명이 눈을 뜨고, 차례로 사시를 거쳐 마침내 겨울이 가고 봄이 온다. 이때 닭이 세 번 울면 새해의 날이 밝는다. 열두 달의 절기는 순서대로 돌다가 음력 12월인 건축建丑의 달에 모두 끝난다. 해와 달이 제 모습을 갖추면 밝을 명明이 된다. 명은 어른이고, 어두울 유幽는 어린아이다. 명은 암컷이고, 유는 수컷이다. 암수가 차례로 교차해 작용하면 지극히 바른 계통을 형성할 수 있다.

해는 서쪽에서 지고, 동쪽에서 밝아온다. 달은 동쪽에서 지고, 서쪽에서 밝아온다. 세수를 정할 때 하늘의 이치를 따르지 않고, 사람의 도를 좇지 않으면 모든 일이 쉽게 무너지고 이루기 어렵게 된다. 군왕이 된 자는 역성혁명易姓革命••을 이룰 때까지 반드시 개국의 기초를 신중히 다질 줄 알아야 한다. 1년과 첫 달의 시작을 뜻하는 정삭의 역법을 고치고, 복식의 색깔을 바꾸는 과정에서 하늘의 원기를 뜻하는 천원天元의 운행이치를 잘 살펴 순순히 따르는 것이 관건이다.

• 자규선고秭鴂先滜의 고滜는 명鳴과 통한다. 《사기집해》는 서광의 주석을 인용해 자규子規를 제귀鶗鴂와 같은 뜻이라고 했다. 전설에 따르면 중국 촉蜀나라 망제望帝의 이름은 두우杜宇였다. 배신을 당해 보위와 나라를 뺏기고 밤낮으로 울다 죽어 그 넋이 두견이 되었다. 밤마다 돌아가지 못한다는 뜻의 불여귀不如歸를 외치며 목에 피가 나도록 울었다. 두견이 울면서 토한 피가 땅에 떨어져서 두견화가 되었다. 이후 억울하게 죽은 촉나라 망제의 혼을 담은 새를 불여귀·두견·촉혼蜀魂·망제혼望帝魂·두우杜宇·자규子規·귀촉도歸蜀道 등 다양한 이름으로 부르게 되었다.
•• 역성수명易姓受命은 역성혁명과 같은 뜻이다. 수명은 수동형, 혁명은 능동형이라는 차이만 있다.

●● 昔自在古, 曆建正作於孟春. 於時冰泮發蟄, 百草奮興, 秭鴂先滜.
物迺歲具, 生於東, 次順四時, 卒于冬分. 時雞三號, 卒明. 撫十二月節,
卒于丑. 日月成, 故明也. 明者孟也, 幽者幼也. 幽明者雌雄也. 雌雄代
興, 而順至正之統也. 日歸于西, 起明於東 , 月歸於東, 起明于西. 正不
率天, 又不由人, 則凡事易壞而難成矣. 王者易姓受命, 必愼始初, 改正
朔, 易服色, 推本天元, 順承厥意.

　태사공은 평한다.

　"신농씨神農氏 이전의 일은 오랜 옛일이 되었다. 황제가 별의 형상
을 고찰해 역법을 정하고[星曆], 오행을 세우고, 만물이 생멸하는 이
치를 발견하고, 윤달을 두어 1년 열두 달 외의 시간을 잘 처리해 계
절의 차이를 바로잡음으로써 천지신명에 대한 제사를 받들면서 관
직을 설치할 수 있었다. 이를 5종의 관직인 오관五官이라 한다.● 덕분
에 각자 맡은 직분을 다함으로써 서로 다투는 일이 없게 되었다. 백
성 또한 천지신명에게 제사를 올릴 줄 알게 되어 성실히 살며 남을
속이는 일이 없었다. 천지신명 역시 음양을 조화시키며 백성에게 복
을 내림으로써 완전한 덕성을 갖추도록 해주었다. 백성과 천지신명
이 각자 맡은 바 직책을 충실히 수행하고, 서로 공경하며 소홀함이
없었던 이유다. 덕분에 천지신명은 백성들에게 농작물을 가꿀 수 있
게 해주었고, 백성 또한 제물을 바침으로써 재난을 당하지 않고 원
하는 대로 수확할 수 있었다.

● 《사기정의》는 응소應劭의 주석을 인용해 "황제가 천명을 받을 때 구름의 서기瑞氣가 있었
다. 운기관雲紀官을 둔 이유다. 춘관春官은 청운靑雲, 하관夏官은 진운縉雲, 추관秋官은 백운白
雲, 동관冬官은 흑운黑雲, 중관中官은 황운黃雲이 되었다"고 했다. 오행설에 기초한 주장이다.

황제의 아들인 소호씨少暤氏가 쇠미해지자 남쪽의 구려九黎족이 덕을 어지럽혔다. 백성과 신의 관계가 혼란스러워진 이유다. 제물을 올리지 않자 재난이 잇달아 일어났고, 하늘이 내려준 수명을 모두 누릴 수 없게 되었다. 황제의 손자인 전욱은 즉위 후 하늘의 일을 주관하는 남정南正 자리에 중重을 앉힌 뒤 천문을 주관하게 했다. 천지신명에게 제사 지내는 일을 잘 봉행하도록 당부했다. 또 땅의 일을 주관하는 화정火正 자리에 여黎를 앉힌 뒤 지리地理를 주관하게 했다. 민생에 관한 일을 잘 처리하도록 당부했다. 이들은 옛 전통을 회복시켜 더는 서로 침범하는 일이 없도록 조치했다.

이후 장강 일대의 삼묘三苗족이 구려족의 못된 행적을 흉내내 남정과 화정의 관직을 없앴다. 이로 인해 윤달은 해가 지나는 길인 황도를 12등분한 황도 12차次인 성차星次에 부합되지 않게 되었고, 정월 또한 세수에 맞지 않게 되었다. 섭제攝提라는 별이 어지러워져 모든 역법이 제자리를 잃고 말았다. 요임금이 중과 여의 후손을 다시 임용해 그들의 선조가 남긴 일을 잊지 않도록 하고, 다시 그 일을 주관하도록 희씨羲氏과 화씨和氏라는 관직을 설치한 이유다. 덕분에 천시의 변화가 정도正度에 부합하게 되고, 음양이 조화를 이루어 풍우가 적절하고, 왕성한 기운으로 요절하거나 질병에 걸리는 일도 생기지 않게 되었다.

요임금은 노쇠해지자 보위를 순임금에게 선양했다. 그는 조종의 사당인 문조묘文祖廟에서 순임금에게 이같이 경계하며 당부하기를, '하늘의 역수曆數는 그대의 몸에 달려 있다'고 했다. 순임금도 보위를 물려줄 때 요임금에게 들은 이 말을 하나라 우왕에게 똑같이 경계하며 당부했다. 이로써 역대 제왕 모두 역법을 매우 중시했음을 알 수 있다.

하나라 때는 1월, 은나라 때는 12월, 주나라 때는 11월을 세수로 삼았다. 삼대 때의 정삭 모두 한 바퀴 돌면 처음으로 다시 돌아오게 되어 있다. 천하가 유도有道하면 역법의 이치를 잃지 않았고, 무도無道 하면 정삭의 역법이 제후국에 실행되지 않았다.

주유왕周幽王과 주여왕周厲王 이후 주나라 세력이 날로 쇠약해지면 서 제후의 대부들이 대권을 장악했고, 사관祠官 또한 국가대사를 기 록하면서 때를 정확히 적지 않았다. 제후가 매월 조명朝命의 실천 현 황을 사당에 고하는 고삭告朔을 거행하지 않자, 역법 전문가의 자제 들이 사방으로 흩어졌다. 혹자는 중원인 화하華夏의 각 지역에 흩어 졌고 혹자는 이적의 땅으로 가버렸다. 천상을 관측하고, 천지신명에 게 제사를 올리고, 길흉을 예측하는 일이 더는 제대로 이행되지 못 한 이유다.

주양왕周襄王 26년 윤 3월, 《춘추》는 그 잘못을 지적했다. 선왕은 세 시를 바로잡을 때 한해의 시작을 정확히 추산하고, 연중에 역법의 오차를 바로잡고, 남는 시간을 윤달에 귀속시켰다. 한해의 시작을 정 확히 추산한 덕분에 계절의 순서가 그릇되지 않고, 연중의 오차를 바로잡아 백성이 미혹된 일에 빠지지 않고, 남는 시간을 윤달에 귀 속시켜 일이 어그러지지 않도록 했다.

전국시대에 들어와 열국은 서로 다투면서 나라를 강대하게 만들 어 적을 제압하고, 위급을 구하고 분쟁을 해결하는 데 몰두했다. 그 러니 어찌 역법에 신경 쓸 겨를이 있었겠는가! 당시 오직 음양가인 추연鄒衍만이 오행의 이치인 오덕지전五德之傳에 밝았다. 생물이 생멸 하는 이치와 물질의 상호관계를 세상에 두루 퍼뜨려 제후들 사이에서 명성을 떨친 것이 그렇다.

진秦나라가 육국을 멸망시킬 때 전쟁이 가장 심했다. 제위에 머문 기간이 오래되지 않았던 까닭에 역법에 신경을 쓸 겨를이 없었다. 그러나 오행의 상극 이치를 신봉한 나머지 스스로 수덕水德의 상서로움을 얻었다고 생각했다. 황하의 명칭을 덕수德水로 바꾸고, 세수를 10월로 삼고, 흑색을 숭상한 것이 그렇다. 역법에 따라 윤달을 두었으나 그 이치를 꿴 것은 아니었다.

한나라가 흥하자 한고조가 말하기를, '사방을 넘어 오방五方의 신에게 제사를 지내게 된 것은 나의 치세 때 비로소 북치北峙를 세웠기에 가능했다'고 했다. 스스로 수덕의 상서로움을 얻었다고 생각한 결과다. 승상 장창張蒼만큼이나 역법에 밝은 사람은 모두 한고조가 옳다고 생각했다. 당시는 천하가 갓 평정되어 나라의 기강이 잡힐 즈음이었다. 고후高后가 사실상의 여주女主로 황제의 대권을 장악한 까닭에 역법에 관심을 기울일 겨를이 없었다. 진秦나라의 정삭과 복색을 그대로 답습한 이유다.

한문제 때에 이르러 노나라 출신 공손신公孫臣이 오행의 덕을 좇아 왕조가 교체된다는 오덕종시설五德終始說을 신봉한 나머지 황제에게 상서하기를, '한나라는 토덕土德을 얻었으니 응당 원년을 고치고, 정삭을 바꾸고, 복색도 바꾸어야 합니다. 그래야 길조가 나타나 황룡黃龍이 출현할 것입니다'라고 했다. 문제가 그 일에 관해 승상 장창에게 자문을 구하자 장창도 율력을 배운 바가 있었던 까닭에 그것이 옳지 않다고 고했다. 이에 없었던 일이 되었다. 이후 황룡이 성기成紀 땅에 나타나자 장창은 스스로 승상의 자리에서 물러났다. 그가 펴내고자 했던 책도 나오지 못했다. 이때 방사인 신원평新垣平이 문제를 거론하면서 운기雲氣를 관측해 길흉을 점치는 망기望氣를 근거로 역법과 복색을 바로잡아야 한다고 진언해 총애를 받게 되었다. 이후 그는 난을 일으켰다. 한문제가 이를 더는 거론하지 않은 이유다.

한무제가 즉위한 후 방사인 당도唐都를 초빙해 이십팔사 사이의 거리를 측정하게 했다. 또 파군巴郡 낙하落下 출신의 방사 굉閎을 시켜 혼천의로 천제天帝의 운행을 측정하는 이른바 전력轉曆을 계산해내도록 했다. 일진日辰의 도度와 정월을 세수로 하는 하력을 같게 만든 배경이다. 이를 계기로 개원改元을 하고, 관직의 명칭을 고치고, 태산에서 봉선封禪을 행했다. 당시 한무제는 문서와 기록을 담당한 어사를 불러 명하기를, '전에 천체의 위치와 운행 이치인 성도星度를 제대로 알지 못한 탓에 널리 인재를 불러 의견을 수렴함으로써 이해하고자 했으나 그 타당성을 자세히 비교할 수 없었다고 담당 관원이 말했다. 대략 듣자 하니 황제 때 이미 역법을 제정했다고 한다. 덕분에 끝없이 순환하는 까닭에 무궁무진하게 활용할 수 있고, 명칭을 자세히 구분해 천체의 위치와 운행 규칙을 정확히 알게 되었다. 그뿐 아니라 악률樂律의 청탁을 확정짓고, 오행의 학설을 세우고, 절기와 사물 및 시공의 한계인 분수分數를 명확히 할 수 있었다. 그러나 이는 이미 아득히 오래된 일이다. 기록해놓은 것이 없고, 악률도 느슨해져 더는 쓰이지 않는 까닭에 이를 애석히 여긴다. 짐은 역법이 제대로 갖추어지지 못한 점을 감안해 여분의 날짜와 시간인 일분日分을 처리할 방도와 진나라의 수덕을 극복한 토덕에 귀의할 방도를 생각하고 있다. 오늘 해가 하지를 운행하고 있다. 황종을 궁宮, 임종을 치徵, 태주를 상商, 남려를 우羽, 고선을 각角으로 삼는다. 그러면 이후 절기와 기후가 정상화되어 우성이 맑은 소리를 회복하고, 천문 현상 또한 정상과 변이의 주기를 되찾을 것이다. 자일子日에 해당하는 날을 동지로 삼으면 음양이 떨어지고 합치는 음양이합陰陽離合의 이치가 실행될 수 있다. 11월 갑자 삭일朔日 새벽에 동지가 관측되었다. 응당 원봉元封 7년을 태초 원년으로 삼는다'고 했다."

●● 太史公曰, "神農以前尙矣. 蓋黃帝考定星曆, 建立五行, 起消息, 正閏餘, 於是有天地神祇物類之官, 是謂五官. 各司其序, 不相亂也. 民 是以能有信, 神是以能有明德. 民神異業, 敬而不瀆, 故神降之嘉生, 民 以物享, 災禍不生, 所求不匱. 少暭氏之衰也, 九黎亂德, 民神雜擾, 不 可放物, 禍菑薦至, 莫盡其氣. 顓頊受之, 乃命南正重司天以屬神, 命火 正黎司地以屬民, 使復舊常, 無相侵瀆. 其後三苗服九黎之德, 故二官 咸廢所職, 而閏餘乖次, 孟陬殄滅, 攝提無紀, 曆數失序. 堯復遂重黎 之後, 不忘舊者, 使復典之, 而立羲和之官. 明時正度, 則陰陽調, 風雨 節, 茂氣至, 民無夭疫. 年耆禪舜, 申戒文祖, 云, '天之曆數在爾躬.' 舜 亦以命禹. 由是觀之, 王者所重也. 夏正以正月, 殷正以十二月, 周正以 十一月. 蓋三王之正若循環, 窮則反本. 天下有道, 則不失紀序, 無道, 則正朔不行於諸侯. 幽·厲之後, 周室微, 陪臣執政, 史不記時, 君不告 朔, 故疇人子弟分散, 或在諸夏, 或在夷狄, 是以其禨祥廢而不統. 周襄 王二十六年閏三月, 而春秋非之. 先王之正時也, 履端於始, 擧正於中, 歸邪於終. 履端於始, 序則不愆, 擧正於中, 民則不惑, 歸邪於終, 事則 不悖. 其後戰國並爭, 在於彊國禽敵, 救急解紛而已, 豈遑念斯哉! 是 時獨有鄒衍, 明於五德之傳, 而散消息之分, 以顯諸侯. 而亦因秦滅六 國, 兵戎極煩, 又升至尊之日淺, 未暇遑也. 而亦頗推五勝, 而自以爲獲 水德之瑞, 更名河曰'德水', 而正以十月, 色上黑. 然曆度閏餘, 未能睹 其眞也. 漢興, 高祖曰, '北時待我而起.' 亦自以爲獲水德之瑞. 雖明習曆及張蒼等, 咸以爲然. 是時天下初定, 方綱紀大基, 高後女主, 皆未遑, 故襲秦正朔服色. 至孝文時, 魯人公孫臣以終始五德上書言, '漢得土德, 宜更元, 改正朔, 易服色. 當有瑞, 瑞黃龍見'. 事下丞相張蒼, 張蒼亦學律曆, 以爲非是, 罷之. 其後黃龍見成紀, 張蒼自黜, 所欲論著不成. 而新垣平以望氣見, 頗言正曆服色事, 貴幸, 後作亂, 故孝文帝廢不復問. 至今上卽位, 招致方士唐都, 分其天部, 而巴落下閎運算轉曆, 然後日辰之度與夏正同. 乃改元, 更官號, 封泰山. 因詔御史曰, '乃者, 有司言星度之未定也, 廣延宣問, 以理星度, 未能詹也. 蓋聞昔者黃帝合而不死, 名察度驗, 定清濁, 起五部, 建氣物分數. 然蓋尙矣. 書缺樂弛, 朕甚閔焉. 朕唯未能循明也, 紬績日分, 率應水德之勝. 今日順夏至, 黃鍾爲宮, 林鍾爲徵, 太蔟爲商, 南呂爲羽, 姑洗爲角. 自是以後, 氣復正, 羽聲復淸, 名復正變, 以至子日當冬至, 則陰陽離合之道行焉. 十一月甲子朔旦冬至已詹, 其更以七年爲太初元年. 年名焉逢攝提格, 月名畢聚, 日得甲子, 夜半朔旦冬至.'"

역술曆術 〈갑자甲子〉·

태초 원년의 연명은 언봉섭제격, 월명月名은 필취畢聚, 일명日名은 갑자다. 야반夜半에 삭단朔旦이 개시하니 이때 태초 원년의 동지가 시작된다.

● 역술은 역법을 뜻한다. 〈갑자〉는 역서曆書의 명칭이다. 고대에는 여섯 종의 역법이 있었다. 황제력黃帝曆·전욱력顓頊曆·하력·은력殷曆·주력周曆·노력魯曆이 그것이다. 태초력은 하력에 속한다.

◆ **정북**正北 *

연호	대여 → 소여 **
태초 원년	갑인甲寅 열두 달 → 0일, 0분; 0일, 0분 ***
2년 (기원전 103)	을묘乙卯 열두 달 → 54일, 348분; 5일, 8분
3년 (기원전 102)	병진丙辰 윤년 열세달 → 48일, 696분; 10일, 16분
4년 (기원전 101)	정사丁巳 열두 달 → 12일, 603분; 15일, 24분
천한天漢 원년 (기원전 100)	무오戊午 열두 달 → 7일, 11분; 21일, 0분
2년 (기원전 99)	기미己未 윤년 열세 달 → 1일, 359분; 26일, 8분
3년 (기원전 98)	경신庚申 열두 달 → 25일, 266분; 31일, 16분
4년 (기원전 97)	신유辛酉 열두 달 → 19일, 614분; 36일, 24분
태시 원년 (기원전 96)	임술壬戌 윤년 열세 달 → 14일, 22분; 42일, 0분
2년 (기원전 95)	계해癸亥 열두 달 → 37일, 869분; 47일, 8분
3년 (기원전 94)	갑자 윤년 열세 달 → 32일, 277분; 52일, 16분

● 정북은 역법을 계산하는 방법의 일환이다. 고대 역법은 19년을 1장章, 4장을 1부蔀, 20부를 1기紀, 3기를 1원元으로 삼았다. 동지가 삭일이 되는 해를 그해의 장수章首, 동지가 삭일 자시가 되는 해를 부수蔀首로 삼았다. 부수의 동지가 자시에 있을 때는 자시가 정북을 대표한다. 제2장수의 동지가 유시에 있을 때는 유시가 정서, 제3장수의 동지가 오시에 있을 때는 오시가 정남, 제4장수의 동지가 묘시에 있을 때는 묘시가 정동을 대표한다.

●● 본서는 번역 과정에서 연호年號를 앞으로 가져온 뒤 언봉섭제격의 기년 명칭을 현재 통용되는 60간지干支로 바꾸어 번역했다. 또 대여大餘와 소여小餘를 명확히 드러내기 위해 화살표를 사용했다. 이 이하의 구절은 크게 일곱 부분으로 나누어볼 수 있다. 첫째, 12는 1년의 개월 수를 나타낸 것으로 윤년일 경우에는 13이 된다. 둘째, 무대여無大餘는 삭법朔法을 좇아 추산할 경우 남는 날의 수다. 셋째, 무소여無小餘는 삭법을 좇아 추산할 경우 남는 분分의 수다. 넷째, 무대여는 지법至法을 좇아 추산할 경우 남는 날의 수다. 다섯째, 무소여는 지법을 좇아 추산할 경우 남는 분의 수다. 여섯째, 언봉섭제격은 십간의 세양과 십이지의 세음으로 기년紀年의 명칭이다. 일곱째, 태초 원년은 연호와 연서年序다.

●●● 삭법에 의거해 남아 있는 날과 분이 없으며, 지법에 의거해 남아 있는 날과 분이 없다는 의미다.

4년 (기원전 93)	을축乙丑 열두 달 → 56일, 184분; 57일, 24분
정화征和 원년 (기원전 92)	병인丙寅 열두 달 → 50일, 532분; 3일, 0분
2년 (기원전 91)	정묘丁卯 윤년 열세 달 → 44일, 880분; 8일, 8분
3년 (기원전 90)	무진戊辰 열두 달 → 8일, 787분; 13일, 16분
4년 (기원전 89)	기사己巳 열두 달 → 3일, 195분; 18일, 24분
후원後元 원년 (기원전 88)	경오庚午 윤년 열세 달 → 57일, 543분; 2일, 8분
2년 (기원전 87)	신미辛未 열두 달 → 21일, 450분; 29일, 8분
시원始元 원년 (기원전 86)	임신壬申 윤년 열세 달 → 15일, 798분; 34일, 16분

◈ **정서**正西

연호	대여 → 소여
시원 2년 (기원전 85)	계유癸酉 열두 달 → 39일, 795분; 39일, 24분
3년 (기원전 84)	갑술甲戌 열두 달 → 34일, 113분; 45일, 0분
4년 (기원전 83)	을해乙亥 윤년 열세 달 → 28일, 461분; 50일, 8분
5년 (기원전 82)	병자丙子 열두 달 → 52일, 368분; 55일, 16분
6년 (기원전 81)	정축丁丑 열두 달 → 46일, 716분; 0일, 24분
원봉 원년 (기원전 80)	무인戊寅 윤년 열세 달 → 41일, 124분; 6일, 0분
2년 (기원전 79)	기묘己卯 열두 달 → 5일, 31분; 11일, 8분
3년 (기원전 78)	경진庚辰 열두 달 → 59일, 379분; 16일, 16분
4년 (기원전 77)	신사辛巳 윤년 열세 달 → 53일, 727분; 21일, 24분

5년 (기원전 76)	임오壬午 열두 달 → 17일, 634분; 27일, 0분
6년 (기원전 75)	계미癸未 윤년 열세 달 → 12일, 42분; 32일, 8분
원평元平 원년 (기원전 74)	갑신甲申 열두 달 → 35일, 889분; 37일, 16분
본시本始 원년 (기원전 73)	을유乙酉 열두 달 → 30일, 297분; 42일, 24분
2년 (기원전 72)	병술丙戌 윤년 열세 달 → 24일, 645분; 48일, 0분
3년 (기원전 71)	정해丁亥 열두 달 → 48일, 552분; 53일, 8분
4년 (기원전 70)	무자戊子 열두 달 → 42일, 900분; 58일, 16분
지절地節 원년 (기원전 69)	기축己丑 윤년 열세 달 → 37일, 308분; 3일, 24분
2년 (기원전 68)	경인庚寅 열두 달 → 1일, 215분; 9일, 0분
3년 (기원전 67)	신묘辛卯 윤년 열세 달 → 55일, 563분; 14일, 8분

◈ **정남**正南

연호	대여 → 소여
지절 4년 (기원전 66)	임진壬辰 열두 달 → 19일, 470분; 19일, 16분
원강元康 원년 (기원전 65)	계사癸巳 열두 달 → 13일, 818분; 24일, 24분
2년 (기원전 64)	갑오甲午 윤년 열세 달 → 8일, 226분; 30일, 0분
3년 (기원전 63)	을미乙未 열두 달 → 32일, 133분; 35일, 8분
4년 (기원전 62)	병신丙申 열두 달 → 26일, 481분; 40일, 16분
신작神爵 원년 (기원전 61)	정유丁酉 윤년 열세 달 → 20일, 829분; 45일, 24분
2년 (기원전 60)	무술戊戌 열두 달 → 44일, 736분; 51일, 0분
3년 (기원전 59)	기해己亥 열두 달 → 39일, 144분; 56일, 8분

연호	대여 → 소여
4년 (기원전 58)	경자庚子 윤년 열세 달 → 33일, 492분; 1일, 16분
오봉五鳳 원년 (기원전 57)	신축辛丑 열두 달 → 57일, 399분; 6일, 24분
2년 (기원전 56)	임인壬寅 윤년 열세 달 → 51일, 737분; 12일, 0분
3년 (기원전 55)	계묘癸卯 열두 달 → 15일, 654분; 17일, 8분
4년 (기원전 54)	갑진甲辰 열두 달 → 10일, 62분; 22일, 16분
감로甘露 원년 (기원전 53)	을사乙巳 윤년 열세 달 → 4일, 410분; 27일, 27분
2년 (기원전 52)	병오丙午 열두 달 → 28일, 317분; 33일, 0분
3년 (기원전 51)	정미丁未 열두 달 → 22일, 665분; 38일, 8분
4년 (기원전 50)	무신戊申 윤년 열세 달 → 17일, 73분; 43일, 16분
황룡黃龍 원년 (기원전 49)	기유己酉 열두 달 → 40일, 920분; 48일, 24분
초원初元 원년 (기원전 48)	경술庚戌 윤년 열세 달 → 35일, 328분; 54일, 0분

◈ 정동正東

연호	대여 → 소여
초원 2년 (기원전 47)	신해辛亥 열두 달 → 59일, 235분; 59일, 8분
3년 (기원전 46)	임자壬子 열두 달 → 53일, 583분; 4일, 16분
4년 (기원전 45)	계축癸丑 윤년 열세 달 → 47일, 931분; 9일, 24분
5년 (기원전 44)	갑인 열두 달 → 11일, 838분; 15일, 0분
영광永光 원년 (기원전 43)	을묘 열두 달 → 6일, 246분; 20일, 8분
2년 (기원전 42)	병진 윤년 열세 달 → 0일, 594분; 25일, 16분
3년 (기원전 41)	정사 열두 달 → 24일, 501분; 30일, 24분

4년 (기원전 40)	무오 열두 달 → 18일, 849분; 36일, 0분
5년 (기원전 39)	기미 윤년 열세 달 → 13일, 257분; 41일, 8분
건소建昭 원년 (기원전 38)	경신 열두 달 → 37일, 164분; 46일, 16분
2년 (기원전 37)	신유 윤년 열세 달 → 31일, 512분; 51일, 24분
3년 (기원전 36)	임술 열두 달 → 55일, 419분; 57일, 0분
4년 (기원전 35)	계해 열두 달 → 49일, 767분; 2일, 8분
5년 (기원전 34)	갑자 윤년 열세 달 → 44일, 175분; 7일, 16분
경녕竟寧 원년 (기원전 33)	을축 열두 달 → 8일, 82분; 12일, 24분
건시建始 원년 (기원전 32)	병인 열두 달 → 2일, 430분; 18일, 0분
2년 (기원전 31)	정묘 윤년 열세 달 → 56일, 778분; 13일, 8분
3년 (기원전 30)	무진 열두 달 → 20일, 685분; 28일, 16분
4년 (기원전 29)	기사 윤년 열세 달 → 15일, 93분; 33일, 24분

이상이 〈역서〉다. 대여는 남은 일의 수를 가리키고, 소여는 남은 분의 수를 가리킨다. 단몽端蒙은 연명이다. 지지는 세양歲陽에 상당한다. 축丑은 적분약赤奮若, 인寅은 섭제격이라고도 한다. 천간은 세음歲陰에 상당한다. 병丙은 유조遊兆라 한다. 정북에서는 동지가 자시子時, 정서에서는 동지가 유시酉時, 정남에서는 동지가 오시午時, 정동에서는 동지가 묘시卯時에 있다.

●● 曆術甲子篇. 太初元年, 歲名焉逢攝提格, 月名畢聚, 日得甲子, 夜半朔旦冬至. 正北十二無大餘, 無小餘, 無大餘, 無小餘, 焉逢攝提格太初元年. 十二大餘五十四, 小餘三百四十八, 大餘五, 小餘八, 端蒙單閼二年. 閏十三大餘四十八, 小餘六百九十六, 大餘十, 小餘十六, 遊兆執徐三年. 十二大餘十二, 小餘六百三, 大餘十五, 小餘二十四, 強梧大荒落四年. 十二大餘七, 小餘十一, 大餘二十一, 無小餘, 徒維敦牂天漢元年. 閏十三大餘一, 小餘三百五十九, 大餘二十六, 小餘八, 祝犁協洽二年. 十二大餘二十五, 小餘二百六十六, 大餘三十一, 小餘十六, 商橫涒灘三年. 十二大餘十九, 小餘六百一十四, 大餘三十六, 小餘二十四, 昭陽作鄂四年. 閏十三大餘十四, 小餘二十二, 大餘四十二, 無小餘, 橫艾淹茂太始元年. 十二大餘三十七, 小餘八百六十九, 大餘四十七, 小餘八, 尚章大淵獻二年. 閏十三大餘三十二, 小餘二百七十七, 大餘五十二, 小餘一十六, 焉逢困敦三年. 十二大餘五十六, 小餘一百八十四, 大餘五十七, 小餘二十四, 端蒙赤奮若四年. 十二大餘五十, 小餘五百三十二, 大餘三, 無小餘, 遊兆攝提格征和元年. 閏十三大餘四十四, 小餘八百八十, 大餘八, 小餘八, 強梧單閼二年. 十二大餘八, 小餘七百八十七, 大餘十三, 小餘十六, 徒維執徐三年. 十二大餘三, 小餘一百九十五, 大餘十八, 小餘二十四, 祝犁大芒落四年. 閏十三大餘五十七, 小餘五百四十三, 大餘二十四, 無小餘, 商橫敦牂後元元年. 十二大餘二十一, 小餘四百五十, 大餘二十九, 小餘八, 昭陽汁洽二年. 閏十三大餘十五, 小餘七百九十八, 大餘三十四, 小餘十六, 橫艾涒灘始元元年. 正西十二大餘三十九, 小餘七百五, 大餘三十九, 小餘二十四, 尚章作噩二年. 十二大餘三十四, 小餘一百一十三, 大餘四十五, 無小餘, 焉逢淹茂三年. 閏十三大餘二十八, 小餘四百六十一, 大餘五十, 小餘八, 端蒙大淵獻四年. 十二大餘五十二, 小餘三百六十八, 大餘五十五, 小餘十六, 遊兆困敦五年. 十二大餘四十六, 小餘七百一十六, 無大餘, 小餘二十四, 強梧赤奮若六年. 閏十三大餘四十一, 小餘一百二十四, 大餘六, 無小餘, 徒維攝提格元鳳元年. 十二大餘五, 小餘三十一, 大餘十一, 小餘八, 祝犁單閼二年. 十二大餘五十九, 小餘三百七十九, 大餘十六, 小餘十六, 商橫執徐三年. 閏十三大餘五十三, 小餘七百二十七, 大餘二十一, 小餘二十四, 昭陽大荒落四年. 十二大餘十七, 小餘六百三十四, 大餘二十七, 無小餘, 橫艾敦牂五年. 閏十三大餘十二, 小餘四十二, 大餘三十二, 小餘八, 尙章汁洽六年. 十二大餘三十五, 小餘八百八十九, 大餘三十七, 小餘十六, 焉逢涒灘元平元年十二大餘三十, 小餘二百九十七, 大餘四十二, 小餘二十四, 端蒙作噩本始元年. 閏十三大餘二十四, 小餘六百四十五, 大餘四十八, 無小餘, 遊兆閹茂二年. 十二大餘四十八, 小餘五百五十二, 大餘五十三, 小餘八, 強梧大淵獻三年. 十二大餘四十二, 小餘九百, 大餘五十八, 小餘十六, 徒維困敦四年. 閏十三大餘三十七, 小餘三百八, 大餘三, 小餘二十四, 祝犁赤奮若地節元年. 十二大餘一, 小餘二百一十五, 大餘九, 無小餘, 商橫攝提格二年. 閏十三大餘五十五, 小餘五百六十三, 大餘十四, 小餘八, 昭陽單閼三年. 正南十二大餘十九, 小餘四百七十, 大餘十九, 小餘十六, 橫艾執徐四年. 十二大餘十三, 小餘八百一十八, 大餘二十四, 小餘二十四, 尙章大荒落元康元年. 閏十三大餘八, 小餘二百二十六, 大餘三十, 無小餘, 焉逢敦牂二年. 十二大餘三十二, 小餘一百三十三, 大餘三十五, 小餘八, 端蒙協洽三年. 十二大餘二十六, 小餘四百八十一, 大餘四十, 小餘十六, 遊兆涒灘四年. 閏十三大餘二十, 小餘八百二十九, 大餘四十五, 小餘二十四, 強梧作噩神雀元年. 十二大餘四十四, 小餘七百三十六, 大餘五十一, 無小餘, 徒維淹茂二年. 十二大餘三十九, 小餘一百四十四, 大餘五十六, 小餘八, 祝犁大淵獻三年. 閏十三大餘三十三, 小餘四百九十二, 大餘一, 小餘十六, 商橫困敦四年. 十二大餘五十七, 小餘三百九十九, 大餘六, 小餘二十四, 昭陽赤奮若五鳳元年. 閏十三大餘五十一, 小餘七百四十七, 大餘十二, 無小餘, 橫艾攝提格二年. 十二大餘十五, 小餘六百五十四, 大餘十七, 小餘八, 尙章單閼三年. 十二大餘十, 小餘六十二, 大餘二十二, 小餘十六, 焉逢執徐四年. 閏十三大餘四, 小餘四百一十, 大餘二十七, 小餘二十四, 端蒙大荒落甘露元年. 十二大餘二十八, 小餘三百一十七, 大餘三十三, 無小餘, 遊兆敦牂二年. 十二大餘二十二, 小餘六百六十五, 大餘三十八, 小餘八, 強梧協洽三年. 閏十三大餘十七, 小餘七十三, 大餘四十三, 小餘十六, 徒維涒灘四年. 十二大餘四十, 小餘九百二十, 大餘四十八, 小餘二十四, 祝犁作噩黃龍元年. 閏十三大餘三十五, 小餘三百二十八, 大餘五十四, 無小餘, 商橫淹茂初元元年. 正東十二大餘五十九, 小餘二百三十五, 大餘五十九, 小餘八, 昭陽大淵獻二年. 十二大餘五十三, 小餘五百八十三, 大餘四, 小餘十六, 橫艾困敦三年. 閏十三大餘四十七, 小餘九百三十一, 大餘九, 小餘二十四, 尙章赤奮若四年. 十二大餘十一, 小餘八百三十八, 大餘十五, 無小餘, 焉逢攝提格五年. 十二大餘六, 小餘二百四十六, 大餘二十, 小餘八, 端蒙單閼永光元年. 閏十三無大餘, 小餘五百九十四, 大餘二十五, 小餘十六, 遊兆執徐二年. 十二大餘二十四, 小餘五百一, 大餘三十, 小餘二十四, 強梧大荒落三年. 十二大餘十八, 小餘八百四十九, 大餘三十六, 無小餘, 徒維敦牂四年. 閏十三大餘十三, 小餘二百五十七, 大餘四十一, 小餘八, 祝犁協洽五年. 十二大餘三十七, 小餘一百六十四, 大餘四十六, 小餘十六, 商橫涒灘建昭元年. 閏十三大餘三十一, 小餘五百一十二, 大餘五十一, 小餘二十四, 昭陽作噩二年. 十二大餘五十五, 小餘四百一十九, 大餘五十七, 無小

餘, 橫艾閹茂三年. 十二大餘四十九, 小餘七百六十七, 大餘二, 小餘
八, 尙章大淵獻四年. 閏十三大餘四十四, 小餘一百七十五, 大餘七,
小餘十六, 焉逢困敦五年. 十二大餘八, 小餘八十二, 大餘十二, 小餘
二十四, 端蒙赤奮若竟寧元年. 十二大餘二, 小餘四百三十, 大餘十八,
無小餘, 遊兆攝提格建始元年. 閏十三大餘五十六, 小餘七百七十八,
大餘二十三, 小餘八, 強梧單閼二年. 十二大餘二十, 小餘六百八十五,
大餘二十八, 小餘十六, 徒維執徐三年. 閏十三大餘十五, 小餘九十三,
大餘三十三, 小餘二十四, 祝犁大荒落四年. 右曆書, 大餘者, 日也. 小
餘者, 月也. 端旃蒙者, 年名也. 支, 丑名赤奮若, 寅名攝提格. 幹, 丙名
遊兆. 正北, 冬至加子時, 正西, 加酉時, 正南, 加午時, 正東, 加卯時.
右曆書, 大餘者, 日也. 小餘者, 月也. 端旃蒙者, 年名也. 支, 丑名赤奮
若, 寅名攝提格. 幹, 丙名遊兆. 正北, 冬至加子時. 正西, 加酉時. 正南,
加午時. 正東, 加卯時.

천관서

天官書

고대 천문학자들은 하늘의 별을 다섯 구역으로 나눈 뒤 다시 삼원
三垣과 이십팔수를 두고, 인간 세상의 관직과 마찬가지로 하늘의 별
에도 존비尊卑의 위계가 있다고 생각했다. 그것이 바로 천관이다.
청나라 말기에서 민국 초기에 활약한 경학가經學家 최적崔適은 《사
기탐원史記探源》에서 〈천관서〉를 후대인의 위작으로 보았다. 《한
서》〈천문지天文志〉에서 발췌한 것이라는 주장이 그렇다. 그러나 사
마천이 천문역법을 전문으로 연구하는 태사령의 벼슬을 산 점 등
을 감안할 때, 사마천의 원문에 후대인의 가필加筆이 있었던 것으로
보는 것이 타당하다.

〈천관서〉는 별자리에 대한 관찰기록은 물론 별점을 뜻하는 점성占
星과 구름 점을 뜻하는 망기 등에 대해서도 상세히 기술해놓았다.
오행설 내지 천인합일설을 신봉한 탓이다. 첫머리에 나오는 중궁中
宮은 북극성 내지 하늘의 정중앙을 지칭한다. 청대 말기에 활약한
왕념손王念孫은 《독서잡지讀書雜志》에서 중궁의 궁宮을 비롯해 뒤에
나오는 동궁·서궁·남궁·북궁의 궁 역시 관官의 잘못으로 보았다.
일리 있는 지적이나 원문을 존중해 그대로 두었다.

별

별이 운행하며 머무는 천구天區의 중앙[中宮]에는 다섯 개의 별로 이루어진 천극성天極星이 있다. 그 가운데 가장 밝은 별에 천제인 태일이 상주한다. 곁에 있는 세 개의 별은 삼공三公에 해당하다. 혹자는 천제의 세 아들이라고도 한다. 태일 뒤로는 네 개의 별이 있다. 맨 끝의 큰 별은 천제의 정비正妃이고 나머지 세 개의 별은 후궁後宮이다. 이들을 호위하고 있는 열두 개의 별은 변경의 제후인 번신藩臣이다. 이를 총칭해 자미원紫微垣, 즉 자궁紫宮이라 한다.

자미원 앞에 있는 북두北斗가 입을 벌리고 있는 세 개의 별은 북쪽을 향해 늘어져 있다. 앞 끝이 가늘고 보일 듯 말 듯해 음덕陰德 또는 천일天一이라 한다. 자미원 왼쪽 세 개의 별은 천창天槍, 오른쪽 다섯 개의 별은 천봉天棓*이라 한다. 뒤쪽 여섯 개의 별은 은하수를 가로질러 북방 칠수 가운데 여섯 번째 성수인 실수室宿까지 이른다. 이를 각도閣道라 한다.

북두칠성은 천문관측 기구인 선기옥형으로 운행을 살펴 칠정을 바로잡는 별이다. 북두의 앞쪽 세 개의 별인 표杓는 푸른 용의 각수와 이어져 있고, 북두의 중앙에 있는 형衡은 북방 칠수의 첫 번째 성수인 두수를 마주하고 있다. 북두의 첫 번째 성수인 괴魁는 삼수의 머리를 베개로 삼고 있다. 황혼에 인寅의 방향을 가리키는 것은 표다. 표의 천문과 대응하는 지상의 분야分野는 화산의 서남 일대다. 밤중에 인의 방향을 가리키는 것은 형衡이다. 형의 분야는 중주中州의 황

● 봉棓의 음을 《사기색은》은 위소를 인용해 부, 《사기정의》는 방으로 새겼다. 원래는 배로 읽으나 여기서는 몽둥이 봉棒의 뜻이므로 봉으로 읽는 것이 옳다.

하와 제수濟水 사이의 일대다. 새벽에 인의 방향을 가리키는 것은 괴魁다. 괴의 분야는 동해東海에서 태산泰山에 이르는 동북 일대다.

북두는 천제가 타는 수레로 하늘의 정중앙을 운행하며 사방을 통제한다. 밤낮을 나누고, 사계를 정하고, 오행을 조절하고, 절기를 바꾸고, 해와 달, 성신, 역수 등의 제기諸紀를 정하는 것은 모두 북두에 달려 있다. 북두의 첫 번째 성수인 두괴斗魁가 머리에 이고 있는 듯한 광주리 모양의 여섯 개의 별은 문창궁文昌宮이다. 첫 번째 성수는 상장上將, 두 번째 성수는 차장次將, 세 번째 성수는 귀상貴相, 네 번째 성수는 사명司命, 다섯 번째 성수는 사중司中, 여섯 번째 성수는 사록司祿이다. 두괴의 중앙은 귀인貴人의 감옥이다. 두괴의 아래쪽 여섯 개의 별은 두 개씩 나란히 열을 지어 있다. 이를 삼태三能라 한다.● 삼태의 색이 화평하면 군신의 화합, 화평하지 못하면 군신의 괴려乖戾를 나타낸다. 북두의 여섯 번째 성수 곁에 있는 보성輔星이 밝고 사록에 가까이 있으면 대신大臣이 군주와 친해져 힘을 지니게 된다. 보성이 미약하고 멀리 있으면 대신이 군주와 소원해져 미약해진다.

북두의 손잡이 부분인 두병斗柄의 앞쪽 끝에 두 개의 별이 있다. 하나는 가까이 있는 천모天矛로 초요招搖라고도 한다. 멀리 있는 것은 천순天盾으로 천봉天鋒이라고도 한다. 둥근 고리 모양의 열다섯 개의 별이 두병에 닿아 있다. 이는 천인賤人의 감옥이다. 감옥처럼 생긴 이곳에 별이 많으면 죄인도 많아지고, 드물면 죄인이 풀려난다. 천일· 창槍·방棓·모矛·순盾이 동요해 광망光芒이 커지면 전쟁이 일어난다.

동궁東宮은 창룡蒼龍의 형상을 하고 있다. 대표적인 별자리는 방수

● 《사기집해》는 소림蘇林의 주석을 인용해 명왈삼태名曰三能의 태能를 태台로 읽어야 한다고 했다.《사기색은》은 삼태성三台星으로 보았다.

와 심수다. 심수는 명당이다. 그중 큰 별은 천왕天王이고, 앞뒤의 별은 태자太子와 서자庶子다. 이 세 개의 별은 직선을 이룰 수 없다. 직선을 이루면 천왕의 정책결정이 잘못된다. 방수는 천제가 머무는 궁부宮府이고, 천자의 수레인 천사天駟이기도 하다. 그림자 쪽 별은 우참右驂이고, 곁쪽 두 개의 별은 금鈐이고, 북쪽 한 개의 별은 할轄이다.

동북쪽으로 굽어 있는 열두 개의 별은 기旗다. 가운데 있는 네 개의 별은 천시天市, 가운데의 나머지 여섯 개 별은 시루市樓다. 천시 속에 별이 많으면 창고가 충실해지고, 드물면 궁핍해진다. 방수의 남쪽에 있는 많은 별은 기관騎官이라 한다.

각수 왼쪽 별은 법관을 뜻하는 이李다. 그 오른쪽 별은 장將이다. 대각大角은 천왕의 조정이다. 그 양쪽에 각각 세 개의 별이 정족鼎足처럼 굽어 있다. 이를 섭제라 한다. 섭제는 두병이 가리키는 곳을 마주하고 있다. 사계의 변화를 나타내는 까닭에 섭제격이라 한다. 항수는 천제가 정사를 처리하는 외조外朝로 질병을 관장한다. 그 남쪽과 북쪽에 두 개의 큰 별이 있다. 이를 남문南門이라 한다. 저수는 각수와 항수의 바닥에 있고 역병을 관장한다. 미수에는 아홉 개의 자성子星이 있다. 군신을 상징하기에 멀리 떨어져 있으면 군신 사이에 불화가 생긴다. 기수는 시비를 가리는 세객說客으로, 분쟁의 발단인 구설口舌을 상징한다. 화성火星이 각수의 자리를 침공하거나 점거하면 전쟁이 일어난다. 형혹熒惑이 방수와 심수의 자리를 범하거나 점거하는 것을 제왕이 싫어하는 것도 같은 맥락이다.

남궁南宮은 주작朱雀의 형상을 하고 있다. 권權과 형衡이 있다. 형은 태미원太微垣이라고도 한다. 해와 달과 다섯 개의 행성을 뜻하는 삼광三光의 궁정宮廷이다. 빙 둘러 포위하고 있는 열두 개의 별은 제왕의 번신이다. 서쪽의 별은 장군, 동쪽은 재상, 남쪽 네 개의 별은 법관이다. 그 중간은 정문인 단문端門이고, 단문의 좌우 양쪽은 곁문인 액문掖門이다. 문 안에 있는 여섯 개의 별은 제후이고, 그 안에 있는 다섯 개의 별은 오제좌五帝座다. 그 뒤에 열다섯 개의 별이 빽빽이 모여 있다. 이를 낭위郎位라 한다. 그 곁에 있는 큰 별은 장위將位다. 달과 다섯 개의 별이 서쪽에서 태미원으로 들어와 정상적인 길을 따르면 그것들이 나아가는 상황도 관찰할 수 있다. 이들에 의해 침공을 당하는 별들이 상징하는 대신과 관원들은 천자의 주살誅殺 대상이다.

만일 역행해 태미원으로 들어오는 길이 비정상적일 경우 침공을 당하는 별들이 상징하는 대신과 관원은 천자로부터 죄를 받는 것을 의미한다. 오제좌를 침공해 재앙이 분명히 드러나면 이는 군신들이 결탁해 반기를 들려는 조짐이다. 금성金星과 형혹이 침공하면 그 재앙이 특히 심하다. 태미원 동쪽에 늘어선 별들의 서쪽에 드리운 다섯 개의 별은 소미좌少微座라 한다. 이는 사대부를 상징한다. 권權은 헌원軒轅이라고도 한다. 헌원은 황룡 형상을 하고 있다. 앞쪽의 큰 별은 황후, 그 곁의 작은 별들은 비빈과 희첩을 상징한다. 달과 다섯 개의 별이 헌원 부근에 이르러 침공을 당하면 형衡을 점칠 때처럼 하면 된다.

남방 칠수의 첫 번째 성수인 동정東井은 물의 일을 관장한다. 그 서쪽에 굽은 별이 형벌과 전쟁을 상징하는 월鉞이다. 월의 북쪽에 북하좌北河座, 남쪽에 남하좌南河座가 있다. 북하좌와 남하좌, 천궐좌天闕座 사이는 다섯 개의 별이 드나드는 관문이다. 남방 칠수의 두 번째 성수인 여귀輿鬼는 귀신의 제사에 관한 일을 관장한다. 중간에 흰 빛을 발하는 것이 질質이다. 형혹이 남하좌와 북하좌를 점거하면 전쟁이 일어나고 곡물이 자라지 않는다. 제왕이 덕정을 베풀면 태미원인 형衡에 그 조짐이 나타난다. 또 제왕이 밖으로 놀러 가면 천황좌天潢座, 나쁜 짓을 일삼으면 월鉞에 그 조짐이 드러난다. 제왕에게 재앙이 있으면 동정東井인 정수井宿, 제왕이 주살을 행하면 질수質宿에 그 조짐이 나타난다.

남방 칠수 가운데 세 번째 성수인 유수는 주작의 부리다. 초목을 관장한다. 남방 칠수 가운데 네 번째 성수인 칠성은 주작의 목덜미다. 긴급한 사안을 관장한다. 남방 칠수 가운데 다섯 번째 성수인 장수는 새의 모이주머니이며 주방廚房이다. 손님의 식사 대접을 관장한다. 남방 칠수 가운데 여섯 번째 성수인 익수는 새의 날개다. 멀리서 온 손님을 접대하는 일을 관장한다.

남방 칠수 가운데 일곱 번째 성수인 진수는 수레다. 바람을 관장한다. 그 곁의 작은 별은 장사長沙라 한다. 극히 작아 밝게 빛나지 않는다. 이것이 진수에 있는 네 개의 별과 똑같은 밝기의 빛을 내거나 다섯 개의 별이 진수 가운데에 침입하면 전쟁이 크게 일어난다. 진수 남쪽에 있는 많은 별들은 천고루天庫樓라 한다. 천고루에는 오거五車가 있다. 오거의 숫자가 더 많아진 것처럼 빛을 발하거나, 숨어 나타나지 않으면 거마가 동요할 조짐이다.

서궁西宮에는 해가 질 때 들어가는 큰 연못인 함지咸池가 있다. 천오황天五潢이라고도 한다. 천오황은 오방 천제의 수레이자 창고다. 형혹이 천오황으로 침공하면 가뭄이 들고, 금성이 침공하면 전란이 일어나고, 수성水星이 침공하면 수재가 난다. 그 가운데는 삼주三柱가 있다. 삼주가 숨어 나타나지 않으면 전쟁이 일어난다.

규수는 봉시封豕라고도 한다. 수로를 관장한다. 누수는 군중의 소집을 관장한다. 위수胃宿는 천제의 식량 창고를 관장한다. 그 남쪽에 매우 많은 별이 있다. 괴적蓇積이라 한다. 서방 칠수 가운데 네 번째 성수인 묘수昴宿는 모두髦頭라고도 한다. 호인胡人을 상징하며 상사를 관장한다. 서방 칠수 가운데 다섯 번째 성수인 필수畢宿는 한거罕車라 한다. 변경의 군사를 상징하며 사냥을 관장한다. 그것의 큰 별 곁에 있는 작은 별은 부이附耳다. 부이가 동요하면 참언讒言을 일삼으며 분란을 일으키는 간신이 곁에 있다는 뜻이다. 묘수와 필수 사이에 천가天街가 있다. 그 북쪽은 이적이 사는 음국陰國, 그 남쪽은 중원이 있는 양국陽國이다.

삼수는 백호의 형상을 하고 있다. 직선으로 늘어선 세 개의 별은 저울대다. 아래쪽에도 세 개의 별이 있다. 이들 별은 상단이 뾰족해 벌罰이라 한다. 참형에 관한 일을 관장한다. 삼수 밖에 있는 네 개의 별은 백호의 양쪽 어깨와 양쪽 넓적다리를 상징한다. 세 개의 작은 별이 모퉁이에 있다. 자휴觜觿라 한다. 백호의 머리 모양이고 흉년의 일을 관장한다. 삼수의 남쪽에 있는 네 개의 별은 천측天厠이다. 천측 아래의 별을 천시天屎라 한다. 이것이 황색을 띠면 길하고 청색과 백색 및 흑색을 띠면 흉하다. 삼수의 서쪽에 있는 아홉 개의 별은 굽은 모양으로 세 곳에 나뉘어 배열되어 있다. 첫 번째 무리는 천기天旗, 두 번째 무리는 천원, 세 번째 무리는 구유九遊다.

삼수의 동쪽에 있는 큰 별은 하늘에서 가장 밝은 항성인 낭狼이다. 낭의 모퉁이 색이 변하면 도적이 많아진다. 아래에 있는 네 개의 별은 호弧다. 낭과 마주하고 있다. 낭 부근에 있는 큰 별이 남극성南極星인 남극노인南極老人이다. 남극노인이 나타나면 잘 다스려져 평안하고, 나타나지 않으면 전쟁이 일어난다. 늘 추분 때면 남쪽 교외에서 이를 관측할 수 있다. 부이가 필수의 중앙을 침공하면 전쟁이 일어난다.

북궁北宮은 현무의 형상을 하고 있다. 허수와 위수危宿로 이루어져 있다. 위수는 궁실의 축조, 허수는 곡읍하는 일을 관장한다. 그 남쪽에 있는 많은 별은 우림천군羽林天軍이라 한다. 그 서쪽이 누壘다. 월鉞이라고도 한다. 그 곁에 있는 큰 별이 북락北落이다. 북락이 숨어 나타나지 않거나, 우림천군이 동요하며 빛이 더욱 희미해지거나, 다섯 개의 별이 북락을 넘어 우림천군까지 침공하면 전쟁이 일어난다. 화성·금성·수성이 침공하면 특히 심하다. 형혹이 침공하면 전쟁의 우환이 있고, 수성이 침공하면 수해가 나고, 목성木星과 토성土星이 침공하면 전쟁의 근심이 있다. 위수 동쪽에 있는 여섯 개의 별은 두 개씩 나란히 열 지어 있다. 이를 사공이라 한다.

영실은 제왕의 사당인 청묘淸廟다. 이궁離宮 또는 구름다리를 뜻하는 각도라고도 한다. 은하銀河 속에 있는 네 개의 별은 천사다. 그 곁의 별 한 개는 전설적인 마부를 상징하는 왕량王良이다. 왕량이 채찍을 휘둘러 수레를 모는 것처럼 천사의 말을 몰면 거기車騎가 들판을 가득 채우게 된다. 그 곁의 은하를 가로지른 여덟 개의 별은 천황天潢이다. 천황 곁에 있는 것은 강성江星이다. 강성이 동요하면 사람들은 걸어서 물을 건너야 한다. 저杵와 구臼에 있는 네 개의 별은 위수危宿 남쪽에 있다. 포과匏瓜를 청흑색의 객성客星이 점거하면 생선과 소금의 값이 오른다.

남두南斗는 묘당廟堂으로, 그 북쪽은 건성이다. 건성은 천기에 해당한다. 견우는 제사에 쓰는 희생을 관장한다. 그 북쪽은 하고河鼓다. 하고의 큰 별은 상장, 그 왼쪽의 별은 좌장左將, 그 오른쪽의 별은 우장右

^將이다. 무녀婺女 북쪽에 직녀織女가 있다. 직녀는 천제의 손녀들이다.

●● 中宮天極星, 其一明者, 太一常居也. 旁三星三公, 或曰子屬. 後句四星, 末大星正妃, 餘三星後宮之屬也. 環之匡衛十二星, 藩臣. 皆曰紫宮. 前列直斗口三星, 隨北端兌, 若見若不, 曰陰德, 或曰天一. 紫宮左三星曰天槍, 右五星曰天棓, 後六星絕漢抵營室, 曰閣道. 北斗七星, 所謂“旋·璣·玉衡以齊七政”. 杓攜龍角, 衡殷南斗, 魁枕參首. 用昏建者杓. 杓, 自華以西南. 夜半建者衡. 衡, 殷中州河·濟之閒. 平旦建者魁. 魁, 海岱以東北也. 斗爲帝車, 運于中央, 臨制四鄉. 分陰陽, 建四時, 均五行, 移節度, 定諸紀, 皆系于斗. 斗魁戴匡六星曰文昌宮, 一曰上將, 二曰次將, 三曰貴相, 四曰司命, 五曰司中, 六曰司祿. 在斗魁中, 貴人之牢. 魁下六星, 兩兩相比者, 名曰三能. 三能色齊, 君臣和. 不齊, 爲乖戾. 輔星明近, 輔臣親強. 斥小, 疏弱. 杓端有兩星, 一內爲矛, 招搖. 一外爲盾, 天鋒. 有句圜十五星, 屬杓, 曰賤人之牢. 其牢中星實則囚多, 虛則開出. 天一·槍·棓·矛·盾動搖, 角大, 兵起. 東宮蒼龍, 房·心. 心爲明堂, 大星天王, 前後星子屬. 不欲直, 直則天王失計. 房爲府, 曰天駟. 其陰, 右驂. 旁有兩星曰衿. 北一星曰舝. 東北曲十二星曰旗. 旗中四星天市. 中六星曰市樓. 市中星衆者實. 其虛則耗. 房南衆星曰騎官. 左角, 李. 右角, 將. 大角者, 天王帝廷. 其兩旁各有三星, 鼎足句之, 曰攝提. 攝提者, 直斗杓所指, 以建時節, 故曰‘攝提格’. 亢爲疏廟, 主疾. 其南北兩大星, 曰南門. 氐爲天根, 主疫. 尾爲九子, 曰君臣. 斥絕, 不和. 箕爲敖客, 曰口舌. 火犯守角, 則有戰. 房·心, 王者惡之也. 南宮朱鳥, 權·衡. 衡, 太微, 三光之廷. 匡衛十二星, 藩臣, 西, 將. 東, 相. 南四星, 執法. 中, 端門. 門左右, 掖門. 門內六星, 諸侯. 其內五星, 五帝坐. 後聚一十五星, 蔚然, 曰郎位. 傍一大星, 將位也. 月·

五星順入, 軌道, 司其出, 所守, 天子所誅也. 其逆入, 若不軌道, 以所犯
命之. 中坐, 成形, 皆群下從謀也. 金·火尤甚. 廷藩西有隋星五, 曰少
微, 士大夫. 權, 軒轅. 軒轅, 黃龍體. 前大星, 女主象. 旁小星, 御者後
宮屬. 月·五星守犯者, 如衡占. 東井爲水事. 其西曲星曰鉞. 鉞北, 北
河. 南, 南河. 兩河·天闕閒爲關梁. 輿鬼, 鬼祠事. 中白者爲質. 火守南
北河, 兵起, 谷不登. 故德成衡, 觀成潢, 傷成鉞, 禍成井, 誅成質. 柳爲
鳥注, 主木草. 七星, 頸, 爲員官. 主急事. 張, 素, 爲廚, 主觴客. 翼爲羽
翮, 主遠客. 軫爲車, 主風. 其旁有一小星, 曰長沙, 星星不欲明. 明與四
星等, 若五星入軫中, 兵大起. 軫南衆星曰天庫樓. 庫有五車. 車星角若
益衆, 及不具, 無處車馬. 西宮咸池, 曰天五潢. 五潢, 五帝車舍. 火入,
旱. 金, 兵. 水, 水. 中有三柱. 柱不具, 兵起. 奎曰封豕, 爲溝瀆. 婁爲聚
衆. 胃爲天倉. 其南衆星曰廥積. 昴曰髦頭, 胡星也, 爲白衣會. 畢曰罕
車, 爲邊兵, 主弋獵. 其大星旁小星爲附耳. 附耳搖動, 有讒亂臣在側.
昴·畢閒爲天街. 其陰, 陰國. 陽, 陽國. 參爲白虎. 三星直者, 是爲衡石.
下有三星, 兌, 曰罰, 爲斬艾事. 其外四星, 左右肩股也. 小三星隅置, 曰
觜觿, 爲虎首, 主葆旅事. 其南有四星, 曰天廁. 廁下一星, 曰天矢. 矢
黃則吉. 青·白·黑, 凶. 其西有句曲九星, 三處羅, 一曰天旗, 二曰天
苑, 三曰九遊. 其東有大星曰狼. 狼角變色, 多盜賊. 下有四星曰弧, 直
狼. 狼比地有大星, 曰南極老人. 老人見, 治安. 不見, 兵起. 常以秋分時
候之于南郊. 附耳入畢中, 兵起. 北宮玄武, 虛·危. 危爲蓋屋. 虛爲哭
泣之事. 其南有衆星, 曰羽林天軍. 軍西爲壘, 或曰鉞. 旁有一大星爲北
落. 北落若微亡, 軍星動角益希, 及五星犯北落, 入軍, 軍起. 火·金·水
尤甚, 火, 軍憂. 水, 水患. 木·土, 軍吉. 危東六星, 兩兩相比, 曰司空.
營室爲清廟, 曰離宮·閣道. 漢中四星, 曰天駟. 旁一星, 曰王良. 王良

策馬, 車騎滿野. 旁有八星, 絶漢, 曰天潢. 天潢旁, 江星. 江星動, 人涉
水. 杵·臼四星, 在危南. 匏瓜, 有青黑星守之, 魚鹽貴. 南斗爲廟, 其北
建星. 建星者, 旗也. 牽牛爲犧牲. 其北河鼓. 河鼓大星, 上將. 左右, 左
右將. 婺女, 其北織女. 織女, 天女孫也.

목성

　해와 달의 운행을 관찰해 목성인 세성歲星의 순행과 역행을 추정
한다. 세성은 오방 가운데 동방, 오행 가운데 나무, 오시 가운데 봄,
십간 가운데 갑을에 해당한다. 오덕五德 가운데 세성이 관장하는 의
義를 잃으면 그 징벌이 세성에서 비롯된다. 세성의 운행에 빠르고 늦
은 영축贏縮이 있으면 그것이 자리한 천구에 해당하는 국가의 명운
이 정해진다. 세성이 천구에서 서로 대응하고 있는 나라는 정벌할
수 없고, 그 나라가 다른 나라를 정벌할 수는 있다. 세성이 정상적인
운행을 벗어나 전진하는 것을 영贏, 정상적인 운행에서 뒤지는 것을
축縮이라 한다. 영이 있으면 그 나라에 병란이 일어나 이후 회복하지
못하게 되고, 축이 있으면 그 나라에 우환이 일어나 장수가 죽고 국
운이 기울어 이내 패망하고 만다. 그것이 소재하고 있는 천구 안에
다섯 개의 별이 동시에 모이면 그것과 상응하는 나라는 의를 전면에
내세운 채 천하를 다스릴 수 있다.

　만물이 양기를 받아 흥기하는 섭제격의 인년寅年에는 황도상의 태
세太歲인 세음이 왼쪽으로 운행해 인寅의 위치에 이르고, 세성은 오
른쪽으로 돌아 축丑의 위치에 머문다. 정월에는 세성이 두斗 및 견우

와 함께 새벽에 동쪽에서 나타난다. 이를 감덕監德이라 한다. 색깔은 짙은 청색이고, 빛이 난다. 세성이 황도 12차의 성차를 어기면 응험應驗이 유수의 자리에 나타난다. 세음이 일찍 나타나면 수해, 늦게 나타나면 가뭄이 든다. 세성은 해를 벗어나 동쪽으로 12도를 운행하다가 100일 만에 멈추고, 서쪽으로 8도를 역행해 100일 만에 다시 동쪽으로 운행한다. 매년 30과 16분의 1도, 하루 평균 12분의 1도를 운행해 12년 만에 하늘을 일주하는 이유다. 늘 새벽에 동쪽 하늘에 나타났다가, 황혼 무렵에 서쪽 하늘로 사라진다.

음기가 다해 그치고 양기가 만물을 흥기시키는 단알單閼의 묘년卯年에는 세음이 묘卯에 있고, 세성은 자子에 머문다. 2월에 여수女宿·허수·위수危宿와 함께 새벽에 나타난다. 이를 강입降入이라 한다. 크고 빛이 난다. 세성이 성차를 어기면 그 응험이 장수의 분야에 보인다. 그해에는 수해가 난다.

칩거하던 동물이 활동하기 시작하는 집서執徐의 진년辰年에는 세음이 진辰에 있고, 세성은 해亥에 머문다. 3월에 영실·동벽東壁과 함께 새벽에 나타난다. 이를 청장靑章이라 한다. 매우 선명한 청색을 띤다. 세성이 성차를 어기면 그 응험이 진수의 분야에 보인다. 그해의 전반기에는 가뭄, 후반기에는 수해가 난다.

만물이 왕성하게 일어나 활발히 뛰노는 대황락大荒駱의 사년巳年에는 세음이 사巳에 있고 세성은 술戌에 머문다. 4월에 규수 및 누수와 함께 새벽에 나타난다. 이를 병종踃踵이라 한다. 활활 타오르는 듯한 적색으로 빛을 발한다. 세성이 성차를 어기면 그 응험이 항수의 분야에 보인다.

만물이 왕성한 돈장敦牂의 오년午年에는 세음이 오午에 있고, 세성은 유酉에 머문다. 5월에 위수胃宿와 묘수, 필수와 함께 새벽에 나타난다. 이를 개명開明이라 한다. 매우 강렬한 빛을 발한다. 이때는 군사행동을 멈추어야 한다. 제왕과 제후의 정사에는 이로우나, 용병에는 이롭지 못하기 때문이다. 세성이 성차를 잃으면 그 응험이 방수의 분야에 보인다. 이해의 전반에는 가뭄, 후반에는 수해가 난다.

양기가 생기고 만물이 화합하는 협흡協洽의 미년未年에는 세음이 미未에 있고, 세성은 신申에 머문다. 6월에 자수觜宿·삼수와 함께 새벽에 나타난다. 이를 장렬長列이라 한다. 밝고 환한 빛을 발한다. 세성이 성차를 어기면 그 응험이 기수의 분야에 보인다.

만물이 영그는 군탄涒灘의 신년申年에는 세음이 신申에 있고, 세성은 미未에 머문다. 7월에 정수·귀수鬼宿와 함께 새벽에 나타난다. 이를 대음大音이라 한다. 밝고 환한 백색을 띤다. 세성이 성차를 어기면 그 응험이 견우의 분야에 보인다.

식물의 까끄라기가 날카로워지는 작악作鄂의 유년酉年에는 세음이 유酉에 있고, 세성은 오午에 머문다. 8월에 유수와 칠성, 장수와 함께 새벽에 나타난다. 이를 장왕長王이라 한다. 타오르듯 빛이 난다. 나라가 이내 흥성하고 오곡이 잘 익는다. 세성이 성차를 어기면 그 응험이 위수危宿의 분야에 보인다. 극심한 가뭄이 들고, 군주는 후비後妃를 잃고 백성은 질병에 시달린다.

만물이 모두 숨고 가려지는 엄무閹茂의 술년戌年에는 세음이 술戌에 있고 세성은 사巳에 머문다. 9월에 익수·진수와 함께 새벽에 나타난다. 이를 천휴天睢라 한다. 흰빛이 매우 밝게 빛난다. 세성이 성차를 어기면 그 응험이 동벽의 분야에 보인다. 수해가 나고, 군주의 후비가 죽는다.

만물이 대량으로 저장되는 대연헌大淵獻의 해년亥年에는 세음이 해亥에 있고 세성은 진辰에 머문다. 10월에 각수·항수와 함께 새벽에 나타난다. 이를 대장大章이라 한다. 청색의 별이 마치 뛰어 오르듯 하며 새벽하늘에 희미하게 떠오른다. 이를 정평正平이라 한다. 군사를 동원하면 장수가 반드시 용감하고, 나라에 덕이 있으면 장차 천하를 얻을 수 있다. 세성이 성차를 어기면 그 응험이 누수의 분야에 보인다.

만물이 이제 막 싹을 틔우는 혼란스러운 곤돈困敦의 자년子年에는 세음이 자子에 있고, 세성은 묘卯에 머문다. 11월에 저수와 방수, 심수와 함께 새벽에 나타난다. 이를 천천天泉이라 한다. 검붉은 색이 매우 선명하다. 강물과 호수가 불어나는 까닭에 군사동원에 불리하다. 세성이 성차를 어기면 그 응험이 묘수의 분야에 보인다.

양기가 크게 떨쳐 만물이 천성에 순응하는 적분약의 축년丑年에는 세음이 축丑에 있고 세성은 인寅에 머문다. 12월에 미수·기수와 함께 새벽에 나타난다. 이를 천호天晧라 한다. 어둑어둑한 검은색이 매우 밝다. 세성이 성차를 어기면 그 응험이 삼수에 보인다.

세성이 머물러야 하는데도 머물지 않거나, 머물기는 하나 좌우로 흔들리거나, 아직 떠날 때가 아닌데도 떠나 다른 별과 만나면 그 나라는 흉하다. 세성이 오랫동안 머물면 그 분야의 나라는 두터운 덕이 있게 된다. 세성의 빛줄기인 광망이 흔들리거나, 작아졌다 커졌다 하며 색깔이 자주 변하면 그 나라 군주에게 근심거리가 있다.

세성이 성차와 이십팔사의 위치인 사舍를 어기고 동북쪽을 향해 나아가면 석 달 뒤에 천방이 생긴다. 길이가 4장丈이고 끝이 뾰족하다. 동남쪽을 향해 나아가면 석 달 뒤에 혜성이 생긴다. 길이가 2장이고 빗자루 모양이다. 물러나 서북쪽을 향해 나아가면 석 달 뒤에 천참天欃이 생긴다. 길이가 4장이고 끝이 뾰족하다. 물러나 서남쪽을 향해 나아가면 석 달 뒤에 천창이 생긴다. 길이가 여러 장이고 양 끝이 뾰족하다.

세성이 나타나는 나라를 세심히 관찰해야 하고 큰일을 벌이거나 전쟁을 일으키면 안 된다. 세성의 출현이 마치 떠오르다 가라앉는 모습을 보이면 그 분야의 나라에 토목공사가 있고, 가라앉다 떠오르는 모습을 보이면 그 분야의 나라는 멸망한다. 색깔이 붉고 광망이 있으면 세성이 머무는 분야의 나라는 흥성한다. 세성의 광망을 마주한 채 전쟁을 하면 승리를 거둘 수 없다. 색깔이 등황색이고 가라앉으면 그 분야의 나라에 큰 풍작이 있다. 색깔이 청백색 또는 적회색이면 그 분야의 나라에 근심이 있다. 세성이 달·지구와 일직선상에 들어가 보이지 않게 되면 그 분야의 나라에 쫓겨나는 재상이 있다. 세성의 광망이 금성의 빛과 접촉하면 그 분야의 나라는 전쟁에서 패한다. 세성은 섭제·중화重華·응성應星·기성紀星 등으로도 불린다. 영실은 제왕의 조묘祖廟이며, 세성의 묘당이다.

●●察日·月之行以揆歲星順逆. 曰東方木, 主春, 日甲乙. 義失者, 罰出歲星. 歲星贏縮, 以其舍命國. 所在國不可伐, 可以罰人. 其趨舍而前曰贏, 退舍曰縮. 贏, 其國有兵不復. 縮, 其國有憂, 將亡, 國傾敗. 其所在, 五星皆從而聚于一舍, 其下之國可以義致天下.

以攝提格歲, 歲陰左行在寅, 歲星右轉居丑. 正月, 與斗·牽牛晨出東方, 名曰監德. 色蒼蒼有光. 其失次, 有應見柳. 歲早, 水. 晚, 旱. 歲星出, 東行十二度, 百日而止, 反逆行. 逆行八度, 百日, 復東行. 歲行三十度十六分度之七, 率日行十二分度之一, 十二歲而周天. 出常東方, 以晨. 入于西方, 用昏. 單閼歲, 歲陰在卯, 星居子. 以二月與婺女·虛·危晨出, 曰降入. 大有光. 其失次, 有應見張. 名曰降入其歲大水. 執徐歲, 歲陰在辰, 星居亥. 以三月居與營室·東壁晨出, 曰青章. 青青甚章. 其失次. 有應見軫. 曰青章歲早, 旱. 晚, 水. 大荒駱歲, 歲陰在巳, 星居戌. 以四月與奎·婁胃昴晨出, 曰跰踵. 熊熊赤色, 有光. 其失次, 有應見亢. 敦牂歲, 歲陰在午, 星居酉. 以五月與胃·昴·畢晨出, 曰開明. 炎炎有光. 偃兵. 唯利公王, 不利治兵. 其失次, 有應見房. 歲早, 旱. 晚, 水. 協洽歲, 歲陰在未, 星居申. 以六月與觜觿·參晨出, 曰長列. 昭昭有光. 利行兵. 其失次, 有應見箕. 涒灘歲, 歲陰在申, 星居未. 以七月與東井·輿鬼晨出, 曰大音. 昭昭白. 其失次, 有應見牽牛. 作鄂歲, 歲陰在酉, 星居午. 以八月與柳·七星·張晨出, 曰爲長王. 作作有芒. 國其昌, 熟穀. 其失次, 有應見危. 曰大章有旱而昌, 有女喪, 民疾. 閹茂歲, 歲陰在戌, 星居巳. 以九月與翼·軫晨出, 曰天雎. 白色大明. 其失次, 有應見東壁. 歲水, 女喪. 大淵獻歲, 歲陰在亥, 星居辰. 以十月與角·亢晨出, 曰大章. 蒼蒼然, 星若躍而陰出旦, 是謂「正平」.

起師旅, 其率必武. 其國有德, 將有四海. 其失次, 有應見婁. 困敦歲, 歲陰在子, 星居卯. 以十一月與氐·房·心晨出, 曰天泉. 玄色甚明. 江池其昌, 不利起兵. 其失次, 有應在見昴. 赤奮若歲, 歲陰在丑, 星居寅, 以十二月與尾·箕晨出, 曰天皓. 黰然黑色甚明. 其失次, 有應見參. 當居不居, 居之又左右搖, 未當去去之, 與他星會, 其國凶. 所居久, 國有德厚. 其角動, 乍小乍大, 若色數變, 人主有憂. 其失次舍以下, 進而東北, 三月生天棓, 長四丈, 末兌. 進而東南, 三月生彗星, 長二丈, 類彗. 退而西北, 三月生天欃, 長四丈, 末兌. 退而西南, 三月生天槍, 長數丈, 兩頭兌. 謹視其所見之國, 不可舉事用兵. 其出如浮如沈, 其國有土功.

如沈如浮, 其野亡. 色赤而有角, 其所居國昌. 迎角而戰者, 不勝. 星色赤黃而沈, 所居野大穰. 色靑白而赤灰, 所居野有憂. 歲星入月, 其野有逐相. 與太白斗, 其野有破軍. 歲星一曰攝提, 曰重華, 曰應星, 曰紀星. 營室爲淸廟, 歲星廟也.

화성

　강렬한 기운을 관찰하면 화성인 형혹의 위치를 알 수 있다. 형혹은 오방 가운데 남방, 오행 가운데 불, 오시 가운데 하夏, 십간 가운데 병정에 해당한다. 오덕 가운데 형혹이 관장하는 예禮를 잃으면 그 징벌이 형혹에서 비롯된다. 형혹이 제 길을 벗어나 운행하는 것이 그렇다. 형혹이 나타나면 전쟁이 일어나고, 숨으면 전쟁이 그친다. 형혹이 자리한 성수의 분야에 있는 나라에 여러 조짐이 나타난다.

　형혹은 패란悖亂·잔적殘賊·질병·사상·기아·전화戰禍를 상징한다. 형혹이 역행해 두 개의 천구 이상을 가 머무는 기간이 석 달이면 재앙, 다섯 달이면 전화, 일곱 달이면 영토의 절반을 잃는 재난, 아홉 달이면 거의 모든 영토를 잃는 재난이 일어난다. 계속 머물며 출몰을 거듭하면 그 분야의 나라는 명맥이 끊어진다. 형혹이 머물고 있는 분야의 나라에 재앙이 다시 발생하면 큰 화가 작은 화로 변할 수 있다. 오래 지나 재앙이 닥치면 작은 화도 큰 화로 변한다.

　형혹이 드는 나라의 남쪽에서는 남자, 북쪽에서는 여자가 화를 입는다. 광망이 번쩍거리며 앞뒤로 나타나거나, 좌우로 나타나면 재앙이 더욱 커진다. 다른 별의 빛이 접근해 형혹의 빛과 서로 접촉하면 해롭고, 접촉하지 않으면 해롭지 않다. 다섯 개의 별이 모두 천구 위에 늘어서면 그 분야에 있는 나라는 예로써 천하를 다스릴 수 있다.

형혹의 운행 주기는 떠오른 뒤 동쪽으로 16사를 가서 머물고, 다시 동쪽에서 서쪽으로 2사를 가고, 60일이 지나면 다시 서쪽에서 동쪽으로 수십 사를 갔다가 열 달이 지나면 서쪽에서 사라진다. 다섯 달 동안 잠복 운행한 뒤 동쪽으로 운행한다. 형혹이 서쪽에 나타나는 것을 반명反明이라 한다. 위정자들은 이를 꺼린다. 동쪽으로 운행할 때는 매우 빨라 하루에 1.5도度를 간다.

형혹이 동서남북으로 움직일 때는 매우 빠르다. 군사가 각각 형혹 아래에서 싸울 경우 그 방향을 쫓는 쪽이 이기고 거스르는 쪽은 진다. 형혹이 금성인 태백太白을 따르면 군대에 근심이 있고, 헤어지면 군대가 퇴각한다. 형혹이 태백의 북쪽에 뜨면 군대가 기습공격을 당하고, 남쪽에 뜨면 정규전을 펼치게 된다. 운행 중에 태백이 형혹을 앞지르면 군대가 깨지고 장수가 피살된다. 형혹이 태미와 헌원, 영실을 침범해 머무르면 그 분야에 있는 나라의 위정자들은 그 현상을 크게 꺼린다. 심수는 명당이자 형혹의 묘당이다. 형혹을 삼가며 점치는 이유다.

두수와 만나는 것을 추적하면 토성인 전성塡星의 위치를 알 수 있다. 전성은 오방 가운데 중앙, 오행 가운데 흙, 오시 가운데 늦여름[季夏], 십간 가운데 무기戊己에 해당한다. 황제를 상징하는 동시에 덕을 주관하며, 왕후王后의 상징이기도 하다. 매년 1수씩 채운다. 전성이 머무는 나라는 길하다. 머물지 말아야 하는데 머물거나, 이미 지났는데 다시 역행해 돌아와 머물면 그 분야의 나라는 영토 또는 왕후를 얻는다. 머물러야 하는데 머물지 않거나, 이미 머물렀는데 다시 서쪽에서 동쪽으로 가면 그 분야의 나라는 영토 또는 왕후를 잃는다. 그 나라에서는 큰일을 벌이거나 군사를 동원해서는 안 된다. 전성이 오랫동안 머물면 그 나라에 복이 많고, 잠깐 머물면 복이 적다.

전성은 지후地侯로도 불린다. 그해의 수확을 주재한다. 매년 13과 112분의 5도를 운행한다. 매일 28분의 1도씩 운행해 28년 만에 하늘을 일주한다. 전성이 머무는 곳에 다른 네 개의 별이 와서 다섯 개의 별이 모두 모이면 그 분야의 나라는 위덕威德으로 천하를 호령할 수 있다. 예법·덕행·정의·정벌·형법 등을 모두 잃으면 전성이 그로 인해 동요한다.

전성의 운행이 빠르게 움직이는 영贏의 상황이면 군왕이 안녕하지 못하고, 느리게 움직이는 축縮의 상황이면 출정한 군대가 돌아오지 못한다. 전성은 색깔이 누렇고, 아홉 개의 광망이 있고, 십이율로는 황종 및 궁조宮調에 해당한다. 전성이 성차를 어기고 2, 3수를 앞서가면 영이라 한다. 군주의 명령이 집행되지 않거나 수해가 난다. 성차를 잃어 2, 3수를 뒤쳐 가면 축이라 한다. 왕후에게 근심이 있고, 그해의 음양이 조화롭지 못하고, 하늘이 찢어지고 땅이 갈라지는 이변이 일어난다. 두수는 문채가 있는 종묘의 중당中堂이고, 전성은 묘당이며 천자의 별이다.

목성이 토성과 만나면 내란과 기근이 일어난다. 군주는 전쟁을 하지 말아야 하고, 전쟁을 하면 패한다. 목성이 수성과 만나면 계책과 사업을 바꾸어야 한다. 또 목성이 화성과 만나면 가뭄이 든다. 목성이 금성과 만나면 상사나 수재가 난다. 금성이 목성의 남쪽에 있는 것을 음양의 화합을 뜻하는 빈모牝牡라 한다. 그해의 곡물이 잘 익는다. 태백이 세성의 북쪽에 있으면 수확이 나쁘다.

화성이 수성과 만나는 것을 불이 물속으로 들어가는 쉬焠, 금성과 만나는 것을 금속이 불을 만나 용해되는 삭鑠이라 한다. 이는 재앙을 만든다. 거사해서는 안 되고, 전쟁을 하면 크게 패한다. 화성이 토성과 만나면 우환이 생긴다. 서자가 대신의 자리에 않고, 크게 기근이 들고, 전쟁에서 패하고, 군대가 패주하거나 포위되고, 일을 일으키면 크게 패한다.

토성이 수성과 만나면 풍년이 들기는 하나 유통이 막히고, 군대는 뒤집히고, 그 나라는 큰일을 일으킬 수 없다. 토성이 나타나면 영토를 잃고, 사라지면 영토를 얻는다. 금성과 만나면 질병이 나타나고, 내전이 일어나며 영토를 잃게 된다.

세 개의 별이 만나면 그 천구 내에 있는 나라는 밖으로 전쟁이 일어나고, 안으로 재앙이 일어난다. 군주가 바뀌기도 한다. 화성·토성·수성·금성 등 네 개의 행성이 만나면 그 나라는 전쟁과 재난이 함께 일어나고, 귀족은 근심하고, 백성은 유랑한다. 금성·목성·수성·화성·토성 등 다섯 개의 행성이 만나면 이는 오행을 바꾼 것이다. 덕이 있는 자가 복을 받아 군주를 바꾸고 사방의 영토를 통합하고, 자손이 번성한다. 덕이 없는 자는 재앙을 만나거나 패망한다. 다섯 개의 행성이 모두 커지면 영향을 주는 일도 커지고, 모두 작아지면 영향을 주는 일 또한 작아진다.

행성이 일찍 나오면 영嬴이 된다. 영은 빈객이다. 늦게 나오면 축縮이 된다. 축은 주인이다. 반드시 천상의 응험이 표성杓星에 나타난다. 두 개 이상의 행성이 동시에 같은 사舍에 있으면 합合, 서로 가려 누르면 투鬪라고 한다. 싸우는 두 행성 사이의 거리가 7촌 내에 있으면 반드시 재앙이 일어난다.

다섯 개 행성의 빛이 희고 둥글면 상사와 가뭄이 있다. 적색이고 둥글면 나라 안이 평안치 못하고 전쟁이 일어난다. 청색이고 둥글면 우환과 수재가 난다. 흑색이고 둥글면 질병이 생기고 많은 사람이 죽는다. 황색이고 둥글면 길하다. 광망의 색깔이 적색이면 자국을 침공하는 자가 있고, 황색이면 영토 내에 전쟁이 있고, 백색이면 백성의 곡성이 들리고, 청색이면 전쟁의 우환이 있고, 흑색이면 수재가 난다. 다섯 개 행성은 군사를 일으키는 군사행동의 결과를 색깔로 보여준다. 같은 색으로 빛나면 천하에 전쟁이 그치고, 백성이 안녕하고 번창한다. 봄에 바람이 불고, 가을에 비가 내리고, 겨울에 춥고, 여름에 더운 것은 동요하는 모습이 나타날 때 일어나는 현상이다.

토성은 나타난 지 120일이 되면 서쪽으로 역행하고, 서쪽으로 역행한 지 120일이 되면 다시 동쪽으로 운행한다. 330일 동안 나타났다가 사라지고, 사라진 지 30일 만에 다시 동쪽에 나타난다. 태세가 갑인년에 있으면 토성은 동벽에 있다. 원래는 영실에 있는 것이다.

●● 察剛氣以處熒惑. 曰南方火, 主夏, 日丙·丁. 禮失, 罰出熒惑, 熒惑失行是也. 出則有兵, 入則兵散. 以其舍命國. 熒惑熒惑爲勃亂, 殘賊·疾·喪·饑·兵. 反道二舍以上, 居之, 三月有殃, 五月受兵, 七月半亡地, 九月太半亡地. 因與俱出入, 國絶祀. 居之, 殃還至, 雖大當小. 久而至, 當小反大. 其南爲丈夫喪, 北爲女子喪. 若角動繞環之, 及乍前乍後, 左右, 殃益大. 與他星斗, 光相逮, 爲害. 不相逮, 不害. 五星皆從而聚于一舍, 其下國可以禮致天下. 法, 出東行十六舍而止. 逆行二舍. 六旬, 復東行, 自所止數十舍, 十月而入西方. 伏行五月, 出東方. 其出西方曰 '反明', 主命者惡之. 東行急, 一日行一度半. 其行東·西·南·北疾也. 兵各聚其下. 用戰, 順之勝, 逆之敗. 熒惑從太白, 軍憂. 離之,軍卻. 出太白陰, 有分軍. 行其陽, 有偏將戰. 當其行, 太白逮之, 破軍殺將. 其入守犯太微·軒轅·營室, 主命惡之. 心爲明堂, 熒惑廟也. 謹候此. 歷斗之會以定塡星之位. 曰中央土, 主季夏, 日戊·己, 黄帝, 主德, 女主象也. 歲塡一宿, 其所居國吉. 未當居而居, 若已去而復還, 還居之, 其國得土, 不乃得女. 若當居而不居, 既已居之, 又西東去, 其國失土, 不乃失女, 不可舉事用兵. 其居久, 其國福厚. 易, 福薄. 其一名曰地侯, 主歲. 歲行十二三度百十二分度之五, 日行二十八分度之一, 二十八歲周天. 其所居, 五星皆從而聚于一舍, 其下之國, 可以重致天下. 禮·德·義·殺·刑盡失, 而塡星乃爲之動搖. 贏, 爲王不寧. 其縮, 有軍不復. 塡星, 其色黄, 九芒, 音曰黄鍾宮. 其失次上二三宿曰贏, 有主命不成, 不乃大水. 失次下二三宿曰縮, 有後戚, 其歲不復, 不乃天裂若地動. 斗爲文太室, 塡星廟, 天子之星也.

木星與土合, 爲内亂. 饑, 主勿用戰, 敗. 水則變謀而更事. 火爲旱. 金爲白衣會若水. 金在南曰牝牡, 年穀熟, 金在北, 歲偏無. 火與水合爲焠, 與金合爲鑠, 爲喪, 皆不可舉事, 用兵大敗. 土爲憂, 主孽卿. 大饑, 戰敗, 爲北軍, 軍困, 舉事大敗. 土與水合, 穰而擁閼, 有覆軍, 其國不可舉事. 出, 亡地. 入, 得地. 金爲疾, 爲内兵, 亡地. 三星若合, 其宿地國外内有兵與喪, 改立公王. 四星合, 兵喪並起, 君子憂, 小人流. 五星合, 是爲易行, 有德, 受慶, 改立大人, 掩有四方, 子孫蕃昌. 無德, 受殃若亡. 五星皆大, 其事亦大. 皆小, 事亦小. 蚤出者爲贏, 贏者爲客. 晚出者爲縮, 縮者爲主人. 必有天應見于杓星. 同舍爲合. 相陵爲斗, 七寸以内必之矣. 五星色白圜, 爲喪旱. 赤圜, 則中不平, 爲兵. 青圜, 爲憂水. 黑圜, 爲疾, 多死. 黄圜, 則吉. 赤角犯我城, 黄角地之爭, 白角哭泣之聲, 青角有兵憂, 黑角則水. 意, 行窮兵之所終. 五星同色, 天下偃兵, 百姓寧昌. 春風秋雨, 冬寒夏暑, 動搖常以此. 塡星出百二十日而逆西行, 西行百二十日反東行. 見三百三十日而入, 入三十日復出東方. 太歲在甲寅, 鎭星在東壁, 故在營室.

금성

해의 운행을 관찰하면 금성인 태백의 위치를 알 수 있다. 태백은 오방 가운데 서방, 오행 가운데 금金, 오시 가운데 가을, 십간 가운데 경신에 해당한다. 주살을 관장한다. 주살이 잘못되면 그 징벌이 태백에서 나타난다. 태백이 운행의 질서를 잃으면 그것이 자리한 사舍에 따라 해당 분야의 나라를 확정한다. 태백은 출현한 뒤 18사를 240일 동안 운행하다가 사라진다. 동쪽으로 사라져서는 11사를 130일 동안 잠복 운행한다. 이어 서쪽으로 사라져 3사를 16일 동안 잠복 운행한다. 나타나야 하는데도 나타나지 않거나, 사라져야 하는데도 사라지지 않으면 이를 있어야 할 곳을 잃었다는 뜻의 실사失舍라 한다. 군대가 격파당하지 않으면 반드시 보위를 찬탈하는 일이 일어난다.

고대의 역법인 《상원력上元曆》에 따르면 태백은 섭제격의 인년에 영실과 함께 새벽에 동쪽에 나타나 각수에 이르러 사라지고, 영실과 함께 저녁에 서쪽에 나타나 각수에 이르러 사라지고, 각수와 함께 새벽에 나타나 필수에 이르러 사라지고, 각수와 함께 저녁에 나타나 필수에 이르러 사라지고, 필수와 함께 새벽에 나타나 기수에 이르러 사라지고, 필수와 함께 저녁에 나타나 기수에 이르러 사라지고, 기수와 함께 새벽에 나타나 유수에 이르러 사라지고, 기수와 함께 저녁에 나타나 유수에 이르러 사라지고, 유수와 함께 새벽에 나타나 영실에 이르러 사라지고, 유수와 함께 저녁에 나타나 영실에 이르러 사라진다.

동쪽과 서쪽에서 각기 다섯 번씩 출몰한다. 8년 220일이 지나면 다시 영실과 함께 새벽에 동쪽에 나타난다. 태백은 대략 1년에 한 번 하늘을 일주한다. 태백이 처음 동쪽에 나타나면 그 운행이 더디다. 대략 매일 0.5도를 가다가 120일이 지나면 반드시 서쪽으로 1, 2사宿씩 역행한다. 극점에 이르면 돌아가 동쪽으로 운행한다. 매일 1.5도씩 운행하고, 120일이 지나면 사라진다. 위치가 낮고 해에 접근한 것을 명성明星이라 한다. 이때 빛은 부드럽다. 위치가 높고 해와 멀리 떨어진 곳에서 뜨는 것을 대효大囂라 한다. 이때 빛은 강하다. 태백이 처음 서쪽에서 나타나면 그 운행이 빠르다. 대략 하루에 1.5도를 가고, 120일이 지나 극정에 이르면 운행이 느려진다. 매일 0.5도씩 운행하고, 120일이 지나 새벽에 사라졌다가 반드시 되돌아가 서쪽으로 1, 2사를 역행한 뒤 사라진다. 그 위치가 낮고 해에 접근한 것을 태백이라 한다. 빛이 부드럽다. 위치가 높고 해와 멀리 떨어진 곳에서 뜨는 것을 대상大相이라 한다. 빛이 강렬하다. 진시辰時와 술시戌時에 나타나고, 축시丑時와 미시未時에 사라진다.

태백이 나타나야 할 때 나타나지 않고, 사라지지 말아야 할 때 사라지면 천하가 전쟁을 그쳐야 하고, 밖으로 출정한 군대는 본국으로 철군해야 한다. 나타나지 말아야 할 때 나타나고, 사라져야 할 때 사라지지 않으면 천하에 전쟁이 일어나고 격파당하는 나라가 생긴다. 태백이 적당한 시기에 나타나면 그 나라는 흥성한다. 동쪽에서 나타나는 곳이 동쪽이 되고, 동쪽으로 나타나면 사라지는 곳은 북쪽이 된다. 서쪽에서 나타나는 곳이 서쪽이 되고, 서쪽으로 나타나면 사라지는 곳은 남쪽이 된다. 태백이 오랫동안 머물면 그 분야의 나라는 길하고, 반대면 그 분야의 나라는 흉하다.

태백이 서쪽에서 나타나 동쪽으로 순행하면 정서 방향의 나라가 길하고, 동쪽에서 나타나 서쪽으로 역행하면 정동 방향의 나라가 길하다. 태백은 낮에 나타나지 않는다. 낮에 나타나면 천하의 정권이 바뀐다. 태백의 형체가 작고 광망이 흔들리면 전쟁이 일어난다. 처음 나올 때는 컸다가 나중에 작아지면 군사가 약하고, 나올 때는 작았다가 나중에 커지면 군사가 강하다. 태백이 나타나는 위치가 높을 때는 군사작전에서 적진 깊숙이 들어가야 길하고, 얕게 들어가면 흉하다. 나타나는 위치가 낮을 때는 군사작전에서 얕게 들어가야 길하고, 깊숙이 들어가면 흉하다.

하지가 지난 뒤 해가 남쪽으로 이동할 때 태백이 그 남쪽에 있거나, 동지가 지난 뒤 해가 북쪽으로 이동할 때 태백이 그 북쪽에 있으면 이를 영贏이라 한다. 제후와 왕이 안녕하지 못하고, 군사 작전에서 진격이 길하고 퇴각은 흉하다. 해가 남쪽으로 이동할 때 태백이 그 북쪽에 있거나, 해가 북쪽으로 이동할 때 태백이 그 남쪽에 있으면 이를 축縮이라 한다. 제후와 왕에게 근심이 있고, 군사작전에서는 퇴각이 길하고 진격은 흉하다.

군사작전은 태백을 따라야 한다. 태백의 운행이 빠르면 빨리 행군하고, 느리면 천천히 행군한다. 광망을 내뿜으면 용감히 싸우고, 빛이 빠르게 요동치면 급하게 치고, 둥글고 조용하면 차분히 싸운다. 광망이 가리키는 방향을 쫓아 출병하면 길하고, 거스르면 모두 흉하다. 태백이 나타나면 출병하고, 사라지면 철군한다. 광망이 적색이면 전쟁, 백색이면 상사, 흑색이고 둥글면 우환과 수해, 작고 청색이며 둥글면 우환과 벌목 사업, 부드럽고 황색이며 둥글면 토목사업이 있고 풍년이 든다.

태백이 나타났다가 사흘 만에 점차 사라지고, 사라진 지 사흘 만에 갑자기 나타나는 것을 연약하다는 뜻의 연殃이라 한다. 그 분야의 나라는 군사가 패하고, 장수가 달아난다. 사라진 지 사흘 만에 다시 조금씩 나타났다가 사흘 만에 갑자기 사라지면 그 분야의 나라는 우환이 있고, 군사는 식량과 무기를 적에게 넘겨주고 사병은 많지만 적의 포로가 된다. 서쪽에서 나와 정상적인 운행을 벗어나면 이적의 나라가 패하고, 동쪽에서 나와 정상적인 운행을 벗어나면 중국中國이 패한다. 크고 둥글며 황색으로 윤택하면 좋은 일이 생긴다. 둥글고 크며 적색이면 군대가 강성할지라도 싸움을 벌여서는 안 된다. 태백이 백색이면 천랑성, 홍색이면 심수의 상성商星, 황색이면 삼수의 왼쪽에 있는 삼좌견參左肩, 청색이면 삼수의 오른쪽에 있는 삼우견參右肩, 흑색이면 규수의 큰 별인 천주목天柱木과 비슷하다.

태백과 다른 네 개의 행성인 오성이 태백을 쫓아와 한 사宿에 모이면 그 분야의 나라는 무력으로 천하를 제압할 수 있다. 태백이 정상적인 자리에 있으면 제자리를 얻은 것이고, 비정상적인 자리에 있으면 제자리를 얻지 못한 것이다. 운행이 계절의 순환을 뜻하는 색깔을 이기고, 색깔이 자리를 이기고, 자리가 있는 것이 자리가 없는 것을 이기고, 색깔이 있는 것이 색깔이 없는 것을 이기고, 운행이 정상인 것이 다른 모든 것을 이긴다.

태백이 나타나 뽕나무나 느릅나무 꼭대기에 머물면 그 분야의 나라에 해가 미친다. 빠르게 상승해 기일을 다 소진하지 않았는데도 하늘의 3분의 1을 지나면 그 맞은편 분야의 나라에 해가 미친다. 상승했다가 하강하고, 하강했다가 상승하면 반란을 꾀하는 장수가 있다. 달의 뒤로 들어가면 대장이 피살된다. 태백이 목성과 만나 목성의 빛이 가려지지 않으면 그 분야의 나라는 전쟁이 일어나지 않고, 군사를 동원해도 싸우지 않는다. 두 개의 별이 만났는데 빛이 어둡게 변하면 그 분야의 나라는 군대가 패배한다. 서쪽에서 나타났다가 황혼녘에 떠올라 어두워지면 기습하는 군대가 강성하고, 저녁밥을 먹을 때 나타나면 조금 약해지고, 한밤중에 나타나면 더욱 약해지고, 닭이 울 때 나타나면 가장 약해진다. 이를 음성陰星이 양성陽星에 빠졌다는 뜻의 음함어양陰陷於陽이라 한다.

태백이 동쪽에 빛을 받아 밝게 나타나면 정병正兵이 강하고, 닭이 울 때 나타나면 조금 약해지고, 한밤중에 나타나면 더욱 약해지고, 황혼녘에 나타나면 가장 약해진다. 이를 양성이 음성에 빠졌다는 뜻의 양함어음陽陷於陰이라 한다. 태백이 숨을 때 군사를 동원하면 재앙이 온다. 태백이 동남쪽에 나타나면 남쪽이 북쪽을 이기고, 동북에 나타나면 북쪽이 남쪽을 이기고, 정동에 있으면 동쪽의 나라가 승리한다. 서북쪽에 나타나면 북쪽이 남쪽을 이기고, 서남쪽에 나타나면 남쪽이 북쪽을 이기고, 정서 방향에 있으면 서쪽의 나라가 승리한다.

태백이 항성인 열성列星을 서로 침공하면 작은 전쟁이 일어나고, 오성이 서로 침공하면 큰 전쟁이 일어난다. 이들이 서로 침공하고 태백이 다른 별의 남쪽으로 나오면 남쪽의 나라가 패하고, 다른 별의 북쪽으로 나오면 북쪽의 나라가 패한다. 빠르게 운행하면 무력을 사용해야 하고, 운행하지 않으면 문채가 빛난다. 색은 백색이고, 다섯 개의 광망이 있고, 일찍 뜨면 월식月蝕이 생기고, 늦게 뜨면 규칙적으로 뜨지 않는 요성妖星과 혜성이 나타난다. 그 나라는 장차 크게 진동하게 된다.

태백이 동쪽으로 나타나면 덕행을 주관한다. 일을 할 때 태백의 왼쪽에 접근하거나 등지면 그 나라는 길하다. 서쪽에 나타나면 형벌을 주관한다. 일을 할 때 태백의 오른쪽에 접근하거나 등지면 그 나라는 길하다. 이와 반대가 되면 모두 흉하다. 금성의 빛이 물체에 그림자를 드리우면 전쟁에서 승리한다. 낮에 나타나 하늘을 지나는 것을 쟁명爭明이라 한다. 강국은 약해지고, 약국은 강해진다. 왕후가 득세한다.

항수는 천제의 외조이자 태백의 묘당이다. 태백은 대신에 해당하고, 삼공 가운데 특별한 공을 세운 자는 상공上公으로 불린다. 다른 이름으로는 은성殷星・태정太正・영성營星・관성觀星・궁성宮星・명성・대쇠大衰・대택大澤・종성終星・대상・천호天浩・서성序星・월위月緯 등이 있다. 대사마大司馬의 직무 가운데 하나는 태백의 상황을 신중히 살피며 점치는 것이다.

해와 별의 회합을 관찰하면 수성인 진성辰星의 위치를 알 수 있다. 진성은 오방 가운데 북방, 오행 가운데 물에 속하며 태음太陰의 정령이다. 오시 가운데 겨울을 주관하고, 십간 가운데 임계에 해당한다. 형벌을 그르치면 그 징벌이 진성에 나타난다. 그것이 도달한 사舍에 따라 그 분야의 나라를 확정한다.

진성의 위치에 따라 사계절을 바로잡는다. 2월의 춘분에는 저녁에 규수와 누수 및 위수胃宿의 천구에서 나타나 동쪽으로 5사를 운행한다. 이 분야는 제나라에 해당한다. 5월 하지의 저녁에는 정수와 귀수 및 유수의 천구에서 나타나 동쪽으로 7사를 운행한다. 이 분야는 초나라에 해당한다. 8월 추분에는 저녁에 각수와 항수와 저수 및 방수의 천구에서 나타나 동쪽으로 4사를 운행한다. 이 분야는 한漢나라에 해당한다. 11월 동지에는 아침에 동쪽에서 나타나 미수와 기수, 두수 및 우수牛宿와 함께 서쪽으로 운행한다. 이 분야는 중원에 해당한다. 진성은 늘 진시·술시·축시·미시에 출몰한다.

진성이 일찍 뜨면 월식, 늦게 뜨면 혜성과 요성이 있다. 나타나야 하는데도 나타나지 않으면 제 궤도를 잃은 것이다. 추격하는 군사가 밖에 있는 까닭에 교전해서는 안 된다. 어느 한 절기에 진성이 나타나지 않으면 그 계절에는 날씨가 조화롭지 못하다. 사계절 가운데 어느 한 계절에 나타나지 않으면 천하에 큰 기근이 든다. 진성이 나타나야 할 때 나타나 색이 백색이면 가뭄이 들고, 황색이면 오곡이 무르익고, 적색이면 전쟁이 나고, 흑색이면 수재가 일어난다. 동쪽에서 나타나 모양이 크고 백색이면 출정한 군사는 본국으로 철군해야 한다. 동쪽에서 나와 적색이면 중국이 이기고, 서쪽에서 나와 적색이면 이적의 나라가 유리하다. 출정한 군사가 없는데 적색이면 전쟁이 일어난다. 진성이 태백과 함께 동쪽에서 나타나 모두 적색이고 광망이 있으면 이적의 나라가 크게 패하고, 중국이 승리한다. 진성이 태백과 함께 서쪽에서 나타나 모두 적색이고 광망이 있으면 이적의 나라가 이긴다.

오성이 진성과 한 사에서 만나면 그 분야의 나라는 법으로 천하를 통일할 수 있다. 진성이 나타나지 않으면 태백이 손님이 되고, 진성이 나타나면 태백이 주인이 된다. 진성이 나타나 태백과 상종하지 않으면 그 분야의 나라는 군사가 있어도 전쟁을 벌이면 안 된다. 진성이 동쪽에서 나타날 때 태백이 서쪽에서 뜨거나, 진성이 서쪽에서 나타날 때 태백이 동쪽에서 뜨는 것을 격格이라 한다. 그 분야의 나라는 군대가 있어도 싸우지 말아야 한다.

진성이 제 시기를 잃고 나타나면 추워야 할 때 따뜻하고, 따뜻해야 할 때 춥다. 진성이 나와야 하는데 나타나지 않는 것을 격졸擊卒이라 한다. 이 경우에는 전쟁이 크게 일어난다. 진성이 태백 속으로 들어갔다가 위로 나타나면 군대가 격파당하고, 장수가 죽고, 밖에서 침공한 객군客軍이 승리한다. 그 아래로 나타나면 객군이 영토를 잃는다. 진성이 태백에게 다가가는데 태백이 비켜나지 않으면 장수가 죽는다. 그 위에서 나타나면 군대가 격파당하고, 장수가 죽고, 객군이 승리한다. 그 아래에서 나타나면 객군이 영토를 잃는다. 그것이 가리키는 방향을 보면 격파당하는 군대를 확정할 수 있다.

진성이 태백의 주변을 돌거나 태백의 광망과 부딪치면 큰 전쟁이 일어나고 객군이 이긴다. 또 진성이 태백을 지날 때 그 틈으로 칼 한 자루가 들어갈 정도면 작은 전쟁이 일어나고 객군이 이긴다. 진정이 태백 앞에 머물면 군대가 퇴각하고, 태백 왼쪽에 나타나면 작은 싸움이 일어나고, 태백 가까이에 접근하면 수만 명의 군대가 싸우면서 주군主軍의 관원이 죽는다. 태백의 오른쪽으로 나타나면서 3척가량 떨어져 있으면 군대가 신속히 싸움을 한다. 청색 광망을 내면 전쟁에 근심이 있고, 흑색 광망을 내면 수해가 난다.

진성은 이름이 일곱 개다. 소정小正·진성·천참·안주성安周星·세상細爽·능성能星·구성鉤星 등이 그것이다. 색깔이 황색이고 작으며 나와서 위치를 바꾸면 천하의 예악 제도가 변해 선정이 베풀어지지 않게 된다. 진성에는 다섯 가지 색이 있다. 청색이고 둥글면 우환이 있고, 백색이고 둥글면 사람이 죽고, 적색이고 둥글면 내부가 평안하지 못하고, 흑색이고 둥글면 길하다. 적색 광망을 내면 자국을 침공하는 자가 있고, 황색 광망을 내면 영토 분쟁이 있고, 백색 광망을 내면 곡성이 난다.

진성이 동쪽으로 나와 4사를 48일 동안 운행한다. 대략 20일을 가다가 되돌아와 동쪽으로 사라진다. 또 서쪽으로 나와 4사를 48일 동안 운행한다. 대략 20일을 가다가 되돌아와 서쪽으로 사라진다. 어떤 때는 실수·각수·필수·기수·유수의 천구에서 관찰할 수 있다. 방수와 심수 사이에 나타나면 지진이 일어난다.

진성의 색깔이 봄에 청황색, 여름에 홍백색, 가을에 청백색이 되면 그해의 수확이 좋다. 겨울에는 황색인데 그리 밝지 못하다. 진성의 색깔이 바뀌면 그 계절은 좋지 않다. 봄에 나타나지 않으면 큰 바람이 불고, 그해 가을에 수확할 수 없다. 여름에 나타나지 않으면 60일 동안 가뭄이 들고 월식이 있다. 가을에 나타나지 않으면 전쟁이 생기고, 이듬해 봄에 작물이 자라지 않는다. 겨울에 나타나지 않으면 60일 동안 장마가 지고, 성읍이 유실되고, 이듬해 여름에 작물이 자라지 않는다.

●● 察日行以處位太白. 曰西方, 秋, 司兵月行及天矢日庚·辛, 主殺. 殺失者, 罰出太白. 太白失行, 以其舍命國. 其出行十八舍二百四十日而入. 入東方, 伏行十一舍百三十日. 其入西方, 伏行三舍十六日而出. 當出不出, 當入不入, 是謂失舍, 不有破軍, 必有國君之篡. 其紀上元, 以攝提格之歲, 與營室晨出東方, 至角而入. 與營室夕出西方, 至角而入. 與角晨出, 入畢. 與角夕出, 入畢. 與畢晨出, 入箕. 與畢夕出, 入箕. 與箕晨出, 入柳. 與箕夕出, 入柳. 與柳晨出, 入營室. 與柳夕出, 入營室. 凡出入東西各五, 爲八歲, 二百二十日, 復與營室晨出東方. 其大率, 歲一周天. 其始出東方, 行遲, 率日半度, 一百二十日, 必逆行一二舍. 上極而反, 東行, 行日一度半, 一百二十日入. 其庳, 近日, 曰明星, 柔. 高, 遠日, 曰大囂, 剛. 其始出西方, 行疾, 率日一度半, 百二十日. 上極而行遲, 日半度, 百二十日, 旦入, 必逆行一二舍而入. 其庳, 近日, 曰大白, 柔. 高, 遠日, 曰大相, 剛. 出以辰‧戌, 入以丑‧未. 當出不出, 未當入而入, 天下偃兵, 兵在外, 入. 未當出而出, 當入而不入, 天下起兵, 有破國. 其當期出也, 其國昌. 其出東爲東, 入東爲北方. 出西爲西, 入西爲南方. 所居久, 其鄉利. 疾易, 其鄉凶. 出西逆行至東, 正西國吉. 出東至西, 正東國吉. 其出不經天. 經天, 天下革政. 小以角動, 兵起. 始出大, 後小, 兵弱. 出小, 後大, 兵強. 出高, 用兵深吉, 淺凶. 庳, 淺吉, 深凶.

日方南金居其南, 日方北金居其北, 曰贏, 侯王不寧, 用兵進吉退凶. 日方南金居其北, 日方北金居其南, 曰縮, 侯王有憂, 用兵退吉進凶. 用兵象太白, 太白行疾, 疾行. 遲, 遲行. 角, 敢戰. 動搖躁, 躁. 圜以靜, 靜. 順角所指, 吉. 反之, 皆凶. 出則出兵, 入則入兵. 赤角, 有戰. 白角, 有喪. 黑圜角, 憂, 有水事. 青圜小角, 憂, 有木事. 黃圜和角, 有土事, 有年. 其已出三日而復, 有微入, 入三日乃復盛出, 是謂奭, 其下國有軍敗將北. 其已入三日又復微出, 出三日而復盛入, 其下國有憂. 師有糧食兵革, 遺人用之. 卒雖衆, 將爲人虜. 其出西失行, 外國敗. 其出東失行, 中國敗. 其色大圜黃滜, 可爲好事. 其圜大赤, 兵盛不戰. 太白白, 比狼. 赤, 比心. 黃, 比參左肩. 蒼, 比參右肩. 黑, 比奎大星. 五星皆從太白而聚乎一舍, 其下之國可以兵從天下. 居實, 有得也. 居虛, 無得也. 行勝色, 色勝位, 有位勝無位, 有色勝無色, 行得盡勝之. 出而留桑榆閒, 疾其下國. 上而疾, 未盡其日, 過參天, 疾其對國. 上復下, 下復上,有反將. 其入月, 將僇. 金・木星合, 光, 其下戰不合, 兵雖起而不鬪. 合相毀, 野有破軍. 出西方, 昏而出陰, 陰兵強. 暮食出, 小弱. 夜半出, 中弱. 雞鳴出, 大弱, 是謂陰陷于陽. 其在東方, 乘明而出陽, 陽兵之強, 雞鳴出, 小弱. 夜半出, 中弱. 昏出, 大弱, 是謂陽陷于陰. 太白伏也, 以出兵, 兵有殃. 其出卯南, 南勝北方. 出卯北, 北勝南方. 正在卯, 東國利. 出酉北, 北勝南方. 出酉南, 南勝北方. 正在酉, 西國勝. 其與列星相犯, 小戰. 五星, 大戰. 其相犯, 太白出其南, 南國敗. 出其北, 北國敗. 行疾, 武. 不行, 文. 色白五芒, 出蚤爲月蝕, 晩爲天夭及彗星, 將發其國. 出東爲德, 舉事左之迎之, 吉. 出西爲刑, 舉事右之背之, 吉. 反之皆凶. 太白光見景, 戰勝. 晝見而經天, 是謂爭明, 強國弱, 小國強, 女主昌. 亢爲疏廟, 太白廟也. 太白, 大臣也, 其號上公. 其他名殷星・太正・營星・觀星・宮星・明星・大衰・大澤・終星・大相・天浩・序星・月緯. 大司馬位謹候此. 察日辰之會, 以治辰星之位. 曰北方水, 太陰之精, 主冬, 日壬・癸. 刑失者, 罰出辰星, 以其宿命國. 是正四時, 仲春春分, 夕出郊奎・婁・胃東五舍, 爲齊. 仲夏夏至, 夕出郊東井・輿鬼・柳東七舍, 爲楚.

仲秋秋分, 夕出郊角・亢・氐・房東四舍, 爲漢. 仲冬冬至, 晨出郊東方, 與尾・箕・斗・牽牛俱西, 爲中國. 其出入常以辰・戌・丑・未. 其蚤, 爲月蝕. 晩, 爲彗星及天夭. 其時宜效不效爲失, 追兵在外不戰. 一時不出, 其時不和. 四時不出, 天下大饑. 其當效而出也, 色白爲旱, 黃爲五穀熟, 赤爲兵, 黑爲水. 出東方, 大而白, 有兵于外, 解. 常在東方, 其赤, 中國勝. 其西而赤, 外國利. 無兵于外而赤, 兵起. 其與太白俱出東方, 皆赤而角, 外國大敗, 中國勝. 其與太白俱出西方, 皆赤而角, 外國利. 五星分天之中, 積于東方, 中國利. 積于西方, 外國用兵者利. 五星皆從辰星而聚于一舍, 其所舍之國可以法致天下. 辰星不出, 太白爲客. 其出, 太白爲主. 出而與太白不相從, 野雖有軍, 不戰. 出東方, 太白出西方. 若出西方, 太白出東方, 爲格, 野雖有兵不戰. 失其時而出, 爲當寒反溫, 當溫反寒. 當出不出, 是謂擊卒, 兵大起. 其入太白中而上出, 破軍殺將, 客軍勝. 下出, 客亡地.

辰星來抵太白, 太白不去, 將死. 正旗上出, 破軍殺將, 客勝. 下出, 客亡地. 視旗所指, 以命破軍. 其繞環太白, 若與鬪, 大戰, 客勝. 免過太白, 閒可械劍, 小戰, 客勝. 免居太白前, 軍罷. 出太白左, 小戰. 摩太白, 有數萬人戰, 主人吏死. 出太白右, 去三尺, 軍急約戰. 靑角, 兵憂. 黑角, 水. 赤行窮兵之所終. 免七命, 曰小正·辰星·天欃·安周星·細爽·能星·鉤星. 其色黃而小, 出而易處, 天下之文變而不善矣. 免五色, 靑圜憂, 白圜喪, 赤圜中不平, 黑圜吉. 赤角犯我城, 黃角地之爭, 白角號泣之聲. 其出東方, 行四舍四十八日, 其數二十日, 而反入于東方. 其出西方, 行四舍四十八日, 其數二十日, 而反入于西方. 其一候之營室·角·畢·箕·柳. 出房·心閒, 地動. 辰星之色, 春, 靑黃. 夏, 赤白. 秋, 靑白, 而歲熟. 冬, 黃而不明. 卽變其色, 其時不昌. 春不見, 大風, 秋則不實. 夏不見, 有六十日之旱, 月蝕. 秋不見, 有兵, 春則不生. 冬不見, 陰雨六十日, 有流邑, 夏則不長.

일식

각수·항수·저수의 분야는 연주兗州다. 방수와 심수의 분야는 예주豫州다. 미수와 기수의 분야는 유주幽州다. 두수의 분야는 장강 하류와 태호太湖 일대다. 우수와 여수의 분야는 양주揚州다. 허수와 위수危宿의 분야는 청주靑州다. 실수에서 벽수까지의 분야는 병주幷州다. 규수·누수·위수胃宿의 분야는 서주徐州다. 묘수와 필수의 분야는 기주冀州다. 자수와 삼수의 분야는 익주益州다. 정수와 귀수의 분야는 옹주雍州다. 유수·성수·장수의 분야는 하동河東·하내河內·하남太守인 삼하三河 일대다. 익수와 진수의 분야는 형주荊州다. 칠성은 관원에 해당하고, 진성의 묘당이고, 만이蠻夷를 지배하는 별이다.

양측 군사가 대치할 때 햇무리가 고르면 쌍방의 힘이 비등하고, 두텁고 길고 크면 승산이 있고, 얇고 짧고 작으면 이기지 못한다. 햇무리가 해를 겹겹이 에워싸면 크게 패한다. 햇무리가 안을 향하는 것은 강화講和를 상징한다. 밖을 향하는 것은 불화를 상징하고, 서로 관계를 끊고 멀리 떨어진다. 햇무리가 곧으면 스스로 독립해 따로 제후와 왕을 세우고, 아군이 지고, 장수가 죽는다. 햇무리가 구름 바깥쪽에 있으면 좋은 일이 생긴다. 햇무리가 구름 바깥쪽에 있으면 안쪽 군사가 이기고, 구름 안쪽에 있으면 바깥쪽 군사가 이긴다. 햇무리의 청색이 바깥쪽이고 적색이 안쪽이면 양측 군사가 강화하고 물러난다. 바깥쪽이 붉고 안쪽이 푸르면 양측 군사가 원한을 품고 물러난다.

햇무리의 고리나 띠가 먼저 나타났다가 나중에 사라지면 주둔군이 이긴다. 햇무리가 꼬리나 띠보다 먼저 나타났다가 나중에 사라지면 처음에는 유리하나 나중에는 불리하다. 나중에 나타났다가 나중에 사라지면 처음에는 불리하나 나중에는 유리하다. 나중에 나타났다가 먼저 사라지면 처음과 나중이 모두 불리해 주둔군이 승리하지 못한다. 햇무리가 나타났다가 사라지는 과정이 짧으면 비록 이겨도 전공戰功이 없다. 햇무리가 반나절 이상 나타나면 전공이 크다. 또 흰 무지개처럼 굽어 있고, 길이가 상하 양 끝이 날카로우면 그 분야의 나라는 크게 유혈전을 벌이게 된다. 햇무리가 승패를 가르는 기간은 짧게는 30일, 길게는 60일이다. 일식이 있을 때 그 분야의 나라는 불리하고, 해가 다시 나오면 나오는 쪽이 유리하다. 일식이 끝나면 그 응험이 군주에게 나타난다. 일식이 있는 부위, 해가 있는 하늘의 별자리, 발생한 날짜와 시간을 더해 그 분야의 나라를 확정한다.

달이 방수의 중간에 있는 중도中道를 운행하면 안녕하고 화평하다. 또 방수 북쪽 두 별의 중간에 있는 음간陰間을 지나면 비가 많이 내리고, 은밀하며 추악한 일이 일어난다. 방수의 북쪽에서 3척 되는 곳에 음성이 있다. 달이 이곳을 지나면 변란이 많다.• 다시 북쪽으로 3척 되는 곳에 태음이 있다. 달이 이곳을 지나면 수해와 전쟁이 일어난다. 방수의 남쪽 두 별의 중간인 양간陽間을 지나면 군주가 교만하고 방종해진다. 달이 양성을 지나면 흉포한 형옥刑獄이 있다. 양기가 극성한 태양을 지나면 큰 가뭄과 상사가 있다. 달이 각수의 두 별 사이인 천문을 지날 경우 10월이면 이듬해 4월, 11월이면 이듬해 5월, 12월이면 이듬해 6월에 수해가 난다. 가까운 곳은 깊이가 3척, 먼 곳은 5척이다. 방수의 네 별을 침공하면 보좌하는 대신이 주살된다. 달이 남하성南河星과 북하성北河星을 지날 때 남하성의 남쪽이면 가뭄과 전쟁, 북하성의 북쪽이면 수해와 상사가 있다.

달이 세성을 가리면 그 분야의 나라는 기근과 쇠망의 재난이 일어난다. 달이 화성인 형혹을 가리면 변란이 있고, 토성인 전성을 가리

• "외북삼척外北三尺, 음성陰星" 뒤에 누락된 구절이 있다. 《한서》〈천문지〉를 좇아 다란多亂 구절을 끼워 넣어 해석했다.

면 아랫사람이 윗사람을 범하고, 금성인 태백을 가리면 강국도 전쟁에 패하고, 수성인 진성을 가리면 후비로 인한 혼란이 일어난다. 달이 대각을 가리면 군주가 이를 꺼려 하고, 심수를 가리면 조정에 변란이 일어나고, 여러 별을 가리면 그 분야의 나라에 우환이 있다.

월식은 시작된 날부터 다섯 달마다 여섯 번 일어나고, 여섯 달마다 다섯 번 일어나고, 다시 다섯 달마다 여섯 번 일어나고, 다시 여섯 달마다 한 번 일어나고, 다시 다섯 달마다 다섯 번 일어난다. 총 113달 만에 다시 순환하게 된다. 월식은 일상적이나 일식은 일상적으로 나타나는 것이 아니다. 십간 가운데 갑을에는 그 응험이 사해 밖에 나타난다. 일식과 월식으로 점을 치지 않는 이유다. 병정의 날에는 응험이 장강과 회수淮水 일대, 동해와 태산 사이에 나타난다. 무기의 날에는 응험이 중원, 황하와 제수 일대에 나타난다. 경신의 날에는 응험이 화산 서쪽 일대에 나타난다. 임계의 날에는 응험이 항산恆山 북쪽 일대에 나타난다. 일식은 군주, 월식은 장군과 재상에게 그 응험이 나타난다.

●●角·亢·氐, 兗州. 房·心, 豫州. 尾·箕, 幽州. 斗, 江·湖. 牽牛·婺女, 楊州. 虛·危, 青州. 營室至東壁, 並州. 奎·婁·胃, 徐州. 昴·畢, 冀州. 觜觿·參, 益州. 東井·輿鬼, 雍州. 柳·七星·張, 三河. 翼·軫, 荊州. 七星爲員官, 辰星廟, 蠻夷星也. 兩軍相當, 日暈. 暈等, 力鈞. 厚長大, 有勝. 薄短小, 無勝. 重抱大破無. 抱爲和, 背爲不和, 爲分離相去. 直爲自立, 立侯王. 指暈破軍若曰殺將. 負且戴, 有喜. 圍在中, 中勝. 在外, 外勝. 青外赤中, 以和相去. 赤外青中, 以惡相去. 氣暈先至而後去, 居軍勝. 先至先去, 前利後病. 後至後去, 前病後利. 後至先去, 前後皆病, 居軍不勝. 見而去, 其發疾, 雖勝無功. 見半日以上, 功大. 白虹屈短, 上下兌, 有者下大流血. 日暈制勝, 近期三十日, 遠期六十日. 其食, 食所不利. 復生, 生所利. 而食益盡, 爲主位. 以其直及日所宿, 加以日時, 用命其國也. 月行中道, 安寧和平. 陰閑, 多水, 陰事. 外北三尺, 陰星. 北三尺, 太陰, 大水, 兵. 陽閑, 驕恣. 陽星, 多暴獄. 太陽, 大旱喪也. 角・天門, 十月爲四月, 十一月爲五月, 十二月爲六月, 水發, 近三尺, 遠五尺. 犯四輔, 輔臣誅. 行南北河, 以陰陽言, 旱水兵喪. 月蝕歲星, 其宿地, 饑若亡. 熒惑也亂, 塡星也下犯上, 太白也强國以戰敗, 辰星也女亂. 食蝕大角, 主命者惡之. 心, 則爲內賊亂也. 列星, 其宿地憂. 月食始日, 五月者六, 六月者五, 五月復六, 六月者一, 而五月者五, 凡百一十三月而復始. 故月蝕, 常也. 日蝕, 爲不臧也. 甲・乙, 四海之外, 日月不占. 丙・丁, 江・淮・海岱也. 戊・己, 中州・河・濟也. 庚・辛, 華山以西. 壬・癸, 恒山以北. 日蝕, 國君. 月蝕, 將相當之.

성신

국황성國皇星은 크고 붉다. 모양은 남극성과 비슷하다. 국황성이 나타나는 나라는 전쟁을 일으키고, 군사가 강하고, 그와 마주한 나라는 불길하다. 소명성昭明星은 크고 희다. 광망이 없을 때는 자주 오르내린다. 소명성이 나타나는 나라는 전쟁이 일어나고 변고가 많다. 오잔성五殘星은 정동인 동쪽 분야에 나타난다. 모양은 수성인 진성과 비슷하다. 지면에서 6장가량 떨어져 있다. 대적성大賊星은 정남인 남쪽 분야에 나타난다. 지면에서 6장가량 떨어져 있다. 크고 붉다. 자주 요동치며 빛을 낸다. 사위성司危星은 정서인 서쪽 분야에 나타난다. 지면에서 6장가량 떨어져 있다. 크고 희다. 금성인 태백과 유사하다. 옥한성獄漢星은 정북인 북쪽 분야에 나타난다. 지면에서 6장가량 떨어져 있다. 크고 붉다. 자주 요동치고, 자세히 관찰하면 희미한 푸른색을 띠고 있다. 이들 사방 분야의 별이 본래의 방위가 아닌 다른 곳에 나타나면 그 아래에 있는 나라는 전쟁이 일어나고, 그와 마주한 나라는 불길하다.

사전성四填星이 나타나는 천구는 네 개의 모퉁이다. 지면에서 6장가량 떨어져 있다. 지유함광地維咸光 또한 네 개의 모퉁이에서 나타난다. 지면에서 3장가량 떨어져 있다. 마치 달이 처음 나올 때와 같다. 이 별이 나타나는 분야의 나라는 변란이 있다. 변란이 있으면 패망한다. 반면 덕정을 행하는 나라는 흥성한다. 촉성燭星은 금성과 모양이 비슷하다. 나타나기는 하나 운행하지는 않는다. 나타났다가 곧 사라진다. 이 별이 비추는 분야의 나라는 변란이 있다. 별 같은데 별이 아니고, 구름 같은데 구름이 아닌 것이 있다. 혜성과 닮은 귀사歸邪다. 귀사가 나타나면 반드시 환국 내지 귀의하는 자가 있다.

별은 금속의 흩어진 기운이다. 본질은 불이다. 별이 많으면 그 나라는 길하고, 적으면 흉하다. 은하 역시 금속의 흩어진 기운이다. 본질은 물이다. 은하에 별이 많으면 비가 많이 내리고, 적으면 곧 가문다. 이는 일반적인 규칙이다. 천고天鼓는 소리를 낸다. 우레 소리 같기도 하고, 아닌 것 같기도 하다. 그 소리는 땅에 있고, 땅 아래까지 전해진다. 이 별이 향하는 분야의 나라는 전쟁이 일어난다.

천구天狗는 모양이 큰 유성과 같다. 소리를 내고, 땅에 떨어져야 소리가 멈춘다. 개 짓는 소리와 비슷하다. 천구가 떨어진 곳은 멀리서 보면 마치 불길이 타올라 하늘을 찌르는 듯하다. 그 아래의 둘레는 몇 경頃이나 되는 밭 정도 된다. 위는 뾰족하고 황색을 띠고 있다. 이 별이 나타나면 1,000리 밖의 군대가 패하고 장수는 피살된다. 격택성格澤星은 타오르는 불꽃의 형상이다. 황백색이고, 지면에서 솟구쳐 오른다. 아래는 크고 위는 뾰족하다. 이 별이 나타나면 씨를 뿌리지 않고도 수확할 수 있다. 토목공사가 있고, 그렇지 않으면 반드시 큰 재앙이 있다.

치우蚩尤의 깃발을 닮은 치우지기蚩尤之旗는 빗자루 모양이다. 뒷부분이 굽어 깃발과 비슷하다. 이 별이 나타나면 제왕이 사방을 정벌한다. 순시旬始는 북두 옆에 나타난다. 모양이 수탉과 같다. 이 별이 광망을 내뿜으면 청흑색이 되어 마치 엎드린 자라처럼 보인다. 왕시枉矢는 큰 유성과 비슷하다. 뱀처럼 기어가는 듯하고, 청흑색이다. 바라보면 마치 깃털이 있는 듯하다. 장경長庚은 한 필의 베를 하늘에 걸어놓은 것 같다. 이 별이 나타나면 전쟁이 일어난다. 별이 땅에 떨어지면 돌이 된다. 황하와 제수 사이에 가끔 별이 떨어진다. 날씨가 맑으면 경성景星이 보인다. 경성은 덕성德星을 말한다. 모양은 일정하지 않다. 늘 도의를 행하는 나라에 나타난다.

●● 國皇星, 大而赤, 狀類南極. 所出, 其下起兵, 兵強. 其沖不利. 昭明星, 大而白, 無角, 乍上乍下. 所出國, 起兵, 多變. 五殘星, 出正東東方之野. 其星狀類辰星, 去地可六丈. 大賊星, 出正南南方之野. 星去地可六丈, 大而赤, 數動, 有光. 司危星, 出正西西方之野. 星去地可六丈, 大而白, 類太白. 獄漢星, 出正北北方之野. 星去地可六丈, 大而赤, 數動, 察之中青. 此四野星所出, 出非其方, 其下有兵, 沖不利. 四填星, 所出四隅, 去地可四丈. 地維咸光, 亦出四隅, 去地可三丈, 若月始出. 所見, 下有亂. 亂者亡, 有德者昌. 燭星, 狀如太白, 其出也不行. 見則滅.

所燭者, 城邑亂. 如星非星, 如雲非雲, 命曰歸邪. 歸邪出, 必有歸國者. 星者, 金之散氣, 其本曰火. 星衆, 國吉. 少則凶. 漢者, 亦金之散氣, 其本曰水. 漢, 星多, 多水, 少則旱, 其大經也. 天鼓, 有音如雷非雷, 音在地而下及地. 其所往者, 兵發其下. 天狗, 狀如大奔星, 有聲, 其下止地, 類狗. 所墮及, 望之如火光炎炎沖天. 其下圜如數頃田處, 上兌者則有黃色, 千里破軍殺將. 格澤星者, 如炎火之狀. 黃白, 起地而上. 下大, 上兌. 其見也, 不種而穫. 不有土功, 必有大害. 蚩尤之旗, 類彗而後曲, 象旗. 見則王者征伐四方. 旬始, 出于北斗旁, 狀如雄雞. 其怒, 青黑, 象伏鱉. 枉矢, 類大流星, 蛇行而倉黑, 望之如有毛羽然. 長庚, 如一匹布著天. 此星見, 兵起. 星墜至地, 則石也. 河·濟之閑, 時有墜星. 天精而見景星. 景星者, 德星也. 其狀無常, 常出于有道之國.

구름

운기를 관찰해 점을 치고자 하면 고개를 들어 위를 바라보아야 한다. 운기의 길이는 통상 300~400리에 이른다. 수평으로 뽕나무나 느릅나무 위를 보면 1,000~2,000리에 이른다. 높은 곳에 올라가 바라보면 3,000여 리가 된다. 운기가 금수의 형상으로 웅크리고 있으면 승리한다.

화산 이남의 운기는 아래가 검고 위가 붉다. 숭산嵩山과 삼하 일대의 운기는 모두 붉다. 항산 이북의 운기는 아래가 검고 위가 푸르다. 발해渤海와 갈석碣石, 동해와 태산인 대종岱宗 사이의 운기는 모두 검다. 장강과 회수 일대의 구름은 모두 희다.

전쟁의 조짐을 보이는 운기는 흰색이다. 방어물을 쌓기 위한 토목공사의 조짐을 보이는 구름은 황색이다. 병거兵車를 동원한 전쟁의 조짐을 보이는 운기는 오르내리고, 가끔 한자리에 모인다. 기병을 동원한 전쟁의 조짐을 보이는 운기는 낮고 평평하게 깔린다. 보병을 동원한 전쟁의 조짐을 보이는 운기는 한자리에 모여 있다.

운기의 앞이 낮고 뒤가 높으면 군사의 행진이 빠르다. 앞이 네모지고 뒤가 높으면 병력이 정예롭다. 뒤가 뾰족하고 낮으면 군사가 퇴각한다. 운기가 평평하면 행군속도가 느리다. 앞이 높고 뒤가 낮으면 군사가 머물지 않고 곧 되돌아간다. 두 운기가 서로 만나면 낮은 운기 아래에 있는 나라가 높은 운기 아래에 있는 나라를 이기고, 뾰족하고 날카로운 운기 아래에 있는 나라가 네모난 운기 아래에 있는 나라를 이긴다.

운기가 낮게 수레바퀴 자국을 따라 흘러가면 사나흘 안에 5, 6리 떨어진 곳에서 조짐이 나타난다. 운기가 7, 8척 높아지면 대여섯 날 안에 10여 리 떨어진 곳에서 조짐이 나타난다. 운기가 1장에서 2장가량이 되면 30~40일 안에 50~60리 떨어진 곳에서 조짐이 나타난다. 깃털처럼 가볍게 날리는 운기가 순백색을 띠면, 장수는 날래지만 사병은 나약하다. 운기의 아랫부분이 크고 앞부분이 멀리까지 뻗어 있으면 싸우는 것이 마땅하다. 운기가 청백색이며 구름의 앞부분이 낮으면 싸움에서 이기고, 앞부분이 적색이고 위로 들려 있으면 패한다.

진운은 마치 우뚝 솟은 성벽과 닮았다. 저운杼雲은 베틀과 비슷하다. 축운軸雲은 둥근 모양이다. 양끝이 길쭉하다. 작은 작운杓雲은 밧줄과 유사하다. 앞부분은 하늘을 가로지르고, 나머지 절반은 하늘의 반을 차지한다. 짝이 되는 예운蜺雲은 전투 깃발과 유사해 뾰족하다. 구운鉤雲은 꺾여서 구부러져 있다. 이런 운기가 나타나면 오색에 근거해 점을 친다. 윤이 나며 한자리에 모여 있고 조밀한 운기가 출연하면 사람의 주의를 끌게 된다. 이때 비로소 점을 칠 만하다. 병란이 생기려 할 때는 그 자리에 운기가 모여들어 서로 싸운다.

한무제 때 성상星象을 점치는 데 밝았던 왕삭王朔은 점을 칠 때 해 주위의 운기를 관측해 결정했다. 해 주위의 운기는 군왕의 상징이다. 모두 그 모양에 따라 점을 쳤다. 북방 이적의 운기는 가축이나 천막 같고, 남방 이적의 운기는 배나 돛의 모양과 닮았다. 수해가 난 곳, 군사가 패한 전쟁터, 망국의 폐허, 지하에 묻힌 금전과 보물 등에도 운기가 있다. 잘 살필 수밖에 없는 이유다. 바닷가의 신기루는 누대 같고, 광야의 운기는 궁궐 같다. 운기는 그곳 산천의 형세는 물론 그곳 백성을 모아놓은 형세 및 기질과 닮았다.

나라의 성쇠를 점치는 사람은 그 나라나 봉읍으로 들어가 봉읍의 경계가 분명한지, 밭두둑이 잘 정비되어 있는지 여부를 살펴야 한다. 또 성곽과 가옥의 문호가 윤이 나는지, 수레와 복식이 아름다운지, 가축이 살찌고 튼튼한지 여부를 살펴야 한다. 충실하고 번영하면 길하고, 텅 비고 소모되면 불길하다.

연기 같은데 연기가 아니고, 구름 같은데 구름이 아니고, 문채가 성하고 영롱하며 엷게 굽이쳐 펼쳐진 모습의 운기가 있다. 이를 경운卿雲이라 한다. 경운이 나타나면 좋은 기운이 생긴다. 안개 같은데 안개가 아니고, 옷이나 갓이 젖지 않는 운기가 있다. 이것이 나타나면 그 일대는 갑옷 입은 병사들이 내달리게 된다. 번개·무지개·벼락·대기가 햇빛을 받아 희미한 빛을 발하는 야명夜明 등은 양기가 움

직인 결과다. 봄여름에 나타나고, 가을과 겨울에 숨는다. 점을 치는
자는 반드시 이를 자세히 살피지 않을 수 없다.

하늘이 열려 여러 물상物象이 공중에 걸려 있거나, 땅이 지진으로
갈라지고 끊어지거나, 산이 무너져 옮겨가거나, 강이 막히고 냇가가
메워지거나, 물이 범람하고 땅이 솟아오르거나, 못의 물이 마르는 것
은 모두 조짐을 드러낸 것이다. 성곽이나 여염집 문이 윤택한지 메
말랐는지 여부도 조짐이다. 궁궐과 관사, 민가 역시 마찬가지다. 풍
속과 거복, 민간음식도 관찰한다. 오곡과 초목을 심은 곳도 살핀다.
곡식 및 재화 창고와 마구간, 무기고, 교통의 요로 등도 관찰한다. 육
축六畜과 금수가 방목되고 자라는 곳도 살핀다. 물고기와 자라, 새, 쥐
등이 서식하는 곳도 관찰한다. 귀신의 울음소리는 마치 사람을 부르
는 듯하다. 혹자는 우연히 맞닥뜨려 크게 놀라기도 한다. 요사스러운
말이 나도는 배경이 실로 이렇다.

●● 凡望雲氣, 仰而望之, 三四百里. 平望, 在桑榆上, 千餘里二千里.
登高而望之, 下屬地者三千里. 雲氣有獸居上者, 勝. 自華以南, 氣下黑
上赤. 嵩高·三河之郊, 氣正赤. 恒山之北, 氣下黑下靑. 勃·碣·海·岱
之閑, 氣皆黑. 江·淮之閑, 氣皆白. 徒氣白. 土功氣黃. 車氣乍高乍下,
往往而聚. 騎氣卑而布. 卒氣摶. 前卑而後高者, 疾. 前方而後高者, 兌.
後兌而卑者, 卻. 其氣平者其行徐. 前高而後卑者, 不止而反. 氣相遇
者, 卑勝高, 兌勝方. 氣來卑而循車通者, 不過三四日, 去之五六里見.
氣來高七八尺者, 不過五六日, 去之十餘里見. 氣來高丈餘二丈者, 不
過三四十日, 去之五六十里見. 稍雲精白者, 其將悍, 其士怯. 其大根而
前絕遠者, 當戰. 靑白, 其前低者, 戰勝. 其前赤而仰者, 戰不勝. 陣雲如
立垣. 杼雲類杼. 軸雲摶兩端兌. 杓雲如繩者, 居前亙天, 其半半天. 其

詘者類闕旗故.* 鉤雲句曲. 諸此雲見, 以五色合占. 而澤搏密, 其見動
人, 乃有占. 兵必起, 合斗其直. 王朔所候, 決于日旁. 日旁雲氣, 人主
象. 皆如其形以占. 故北夷之氣如群畜穹閭, 南夷之氣類舟船幡旗. 大
水處, 敗軍場, 破國之虛, 下有積錢, 金寶之上, 皆有氣, 不可不察. 海旁
蜄氣象樓台. 廣野氣成宮闕然. 雲氣各象其山川人民所聚積. 故候息秏
者, 入國邑, 視封疆田疇之正治, 城郭室屋門戶之潤澤, 次至車服畜產
精華. 實息者, 吉. 虛秏者, 凶. 若煙非煙, 若雲非雲, 鬱鬱紛紛, 蕭索輪
囷, 是謂卿雲. 卿雲見, 喜氣也. 若霧非霧, 衣冠而不濡, 見則其域被甲
而趨. 天夫雷電・蝦虹・辟歷・夜明者, 陽氣之動者也, 春夏則發, 秋冬
則藏, 故候者無不司之. 天開縣物, 地動坼絕. 山崩及徙, 川塞溪垘. 水
澹澤竭地長, 澤竭見象. 城郭門閭, 閨臬枯槁槬枯. 宮廟邸第, 人民所
次. 謠俗車服, 觀民飲食. 五穀草木, 觀其所屬. 倉府廐庫, 四通之路.
六畜禽獸, 所產去就. 魚鱉鳥鼠, 觀其所處. 鬼哭若呼, 其人逢俉.** 化
言,*** 誠然.

동짓날

무릇 한 해 운세의 좋고 나쁨을 점칠 때는 삼가 그해의 시작인 세
시에 한다. 1년의 시작은 동짓날이다. 이때 비로소 생기가 나타나기

● 《한서》〈천문지〉에는 결자류궐기고其詘者類闕旗故가 예운자류두기고兒雲類闕旗故로 되어
있다. 일부 판본에는 고故 밑에 예兒가 붙어 있다. 〈천문지〉를 좇아 해석했다.
●● 《사기집해》는 기인봉오其人逢俉의 오俉를 영迎으로 새겼다. 《사기색은》은 우연히 만나 놀
랐다는 뜻으로 새겼다.
●●● 《사기색은》은 화언化言의 화化를 와訛의 오자로 보았다.

시작한다. 민간이나 조정에서 동지 이후 조상이나 종묘에 제사를 올리는 납일臘日의 다음날인 납명일臘明日에는 한 해를 무사히 보낸 것을 기념해 모두 모여 음식을 먹고 양기를 발산시킨다. 이를 1년의 처음이라는 뜻의 초세初歲라 한다. 정월 초하루는 제왕이 제정하는 1년의 첫머리다. 입춘은 사계절의 처음이다. 모든 절기의 처음에 해당하는 동지와 납명일, 정월 초하루, 입춘 등의 사시는 점을 치는 날이다.

한나라 때 성상을 점치는 데 뛰어났던 위선魏鮮은 납명일과 정월 초하루에 팔방八方의 바람을 토대로 점을 쳤다. 바람이 남쪽에서 불면 큰 가뭄이 들고, 서남쪽에서 불면 작은 가뭄이 들고, 서쪽에서 불면 전란이 있고, 서북쪽에서 불면 콩이 영글고 비가 적게 내려 갑작스러운 전란이 있고, 북쪽에서 불면 중급의 수확이 있고, 동북쪽에서 불면 상급의 수확이 있고, 동쪽에서 불면 큰 수해가 나고, 동남쪽에서 불면 민간에 전염병이 돌고 수확이 나쁘다는 식이다. 팔방의 바람은 각기 그 맞은편 바람과 상쇄된다. 서로 비교해 많은 쪽이 이긴다. 양이 많은 것이 적은 것을 이기고, 시간이 긴 것이 짧은 것을 이기고, 속도가 빠른 것이 느린 것을 이긴다. 바람은 새벽부터 아침밥을 먹을 때까지는 보리, 아침밥을 먹을 때부터 해가 기울 때까지는 메기장, 해가 기울 때부터 저녁밥을 먹는 포시餔時까지는 기장, 포시부터 그 이후의 시각인 하포下餔까지는 콩, 하포에서 해가 완전히 지는 일입日入까지는 마麻를 관장한다.

종일 구름과 바람과 해가 있으면 그 시각에 해당하는 작물은 줄기가 우거지고 열매가 많다. 구름은 없고 바람과 해만 있으면 그 시각에 해당하는 작물은 줄기가 약하나 열매는 많다. 구름과 바람은 있고 해가 없으면 그 시각에 해당하는 작물은 줄기가 우거지나 열매는 적다. 해만 있고 구름과 바람이 없으면 그 시각에 해당하는 작물은 수확이 있지만 흉작이다. 그 시간이 밥 한 그릇 먹을 정도의 짧은 시간이면 흉작이 미미하지만, 쌀 다섯 말을 익힐 만큼 긴 시간이면 흉작의 규모가 매우 크다. 바람과 구름이 다시 일면 그 작물은 다시 살아난다. 각각의 작물에 해당하는 시간에 따라 구름의 색을 관찰해 합당한 종류의 작물을 점쳐야 한다. 비나 눈이 내려 날이 차가우면 수확이 나쁘다. 정월 초하루에 해가 밝으면 도시와 마을에서 백성의 노랫소리가 들린다. 그 소리가 궁조면 그해는 수확이 좋으며 길하고, 상조商調면 병란이 있고, 치조徵調면 가뭄이 들고, 우조羽調면 물난리가 나고, 각조角調면 수확이 나쁘다.

혹자는 정월 초하루부터 잇달아 비가 오는 날의 숫자를 세기도 한다. 하루 내리는 비에 따라 한 되의 수확이 있고, 최고 일곱 되의 수확이 있다. 이를 초과하면 점을 치지 않는다. 또 12일까지 헤아리되 하루하루를 그 달치로 계산해 수해나 가뭄을 점치기도 한다. 이상의 방식은 해당국 영토의 1,000리 안에 있는 것을 점칠 때 사용하는 것이다.

천하를 위해 점을 치고자 할 때는 정월 한 달 내에 점을 쳐야 한다. 달이 어떤 수에 있는지 확인하고, 그날의 해와 바람 및 구름의 유무에 따라 수확을 점친다. 반드시 태세가 있는 방위를 관찰해야만 한다. 태세가 서쪽에 있으면 풍년, 북쪽에 있으면 흉년, 동쪽에 있으면 기근, 남쪽에 있으면 가뭄이 든다. 이는 일반적인 규칙이다.

정월 상순 갑일甲日에 바람이 동쪽에서 불어오면 누에를 치기에 좋다. 바람이 서쪽에서 불어오거나 새벽에 누런 구름이 있으면 나쁘다. 동지에는 낮의 길이가 가장 짧다. 이날 저울의 양 끝에 각각 흙과

숯을 걸어둔다. 수분이 많아 숯이 아래로 기우는 이른 봄에는 수사
슴의 뿔이 빠지고, 난초 뿌리가 자라고, 샘물이 솟아난다. 이리하면
일지日至를 대략 알 수 있다. 결국 해시계의 그림자 길이에 따라 결정
된다. 동지에 세성이 자리하고 있는 분야는 오곡이 풍성하다. 그와
마주하는 곳을 충衝이라 한다. 그곳은 수확에 재앙이 있다.

●● 凡候歲美惡, 謹候歲始. 歲始或冬至日, 産氣始萌. 臘明日, 人衆
卒歲, 一會飲食, 發陽氣, 故曰初歲. 正月旦, 王者歲首. 立春日, 四時之
卒始也. 四始者, 候之日. 而漢魏鮮集臘明正月旦決八風. 風從南方來,
大旱. 西南, 小旱. 西方, 有兵. 西北, 戎菽爲, 小雨, 趣兵. 北方, 爲中歲.
東北, 爲上歲. 東方, 大水. 東南, 民有疾疫, 歲惡. 故八風各與其沖對,
課多者爲勝. 多勝少, 久勝亟, 疾勝徐. 旦至食, 爲麥. 食至日昳, 爲稷.
昳至餔, 爲黍. 餔至下餔, 爲菽. 下餔至日入, 爲麻. 欲終日有雨有雲, 有
風, 有日. 日當其時者, 深而多實. 無雲有風日, 當其時, 淺而多實. 有雲
風, 無日, 當其時, 深而少實. 有日, 無雲, 不風, 當其時者稼有敗. 如食
頃, 小敗. 熟五斗米頃, 大敗. 則風復起, 有雲, 其稼復起. 各以其時用雲
色占種其所宜. 其雨雪若寒, 歲惡. 是日光明, 聽都邑人民之聲. 聲宮,
則歲善, 吉. 商, 則有兵. 徵, 旱. 羽, 水. 角, 歲惡. 或從正月旦比數雨.
率日食一升, 至七升而極. 過之, 不占. 數至十二日, 日直其月, 占水旱.
爲其環城域千里內占, 則其爲天下候, 竟正月. 月所離列宿, 日·風·
雲, 占其國. 然必察太歲所在. 在金, 穰. 水, 毀. 木, 饑. 火, 旱. 此其大
經也. 正月上甲, 風從東方, 宜蠶. 風從西方, 若旦黃雲, 惡. 冬至短極,
縣土炭, 炭動, 鹿解角, 蘭根出, 泉水躍, 略以知日至, 要決晷景. 歲星所
在, 五谷逢昌. 其對爲沖, 歲乃有殃.

태사공은 평한다.

"당초 백성이 생겨난 이래 역대 군주가 어찌 해와 달과 성신의 움직임을 관찰하지 않았을 리 있겠는가? 오제와 삼대에 이르러 이를 계승해 연구했다. 관 쓰고 띠 매는 민족을 안쪽, 이적을 바깥으로 해 중국을 열두 개 주州로 나누었다. 위로는 천상을 관찰하고, 아래로는 지상의 사물에서 법칙을 살폈다. 하늘에는 해와 달, 땅에는 음양이 있다. 하늘에는 오성, 땅에는 오행이 있다. 하늘에는 별자리가 열을 지어 있고, 땅에는 주州의 구역이 있다. 해와 달과 성신의 삼광은 음양의 정기이고, 정기의 근본은 땅에 있다. 성인은 이를 통합해 다스린다.

주유왕과 주여왕 이전은 아득히 오랜 옛날이다. 그간의 천상 이변은 나라마다 달랐지만 그 자취를 기록해놓았다. 점술가들은 그 괴이한 물상을 점쳐 당시의 현상에 부합시켰다. 그러나 이들은 문자와 그림과 서적으로 설명해놓은 길흉화복의 조짐을 하나의 법칙으로 통합하지 못했다. 공자도 육경을 논할 때 괴이한 사건을 기록하면서 해설을 덧붙이지 않았다. 천도나 천명에 관한 전수가 없었던 이유다. 천도와 천명을 분명히 이해한 성현에게 전수할 때는 말해줄 필요가 없었고, 그런 사람이 아닌 자에게는 말해주어도 이해하지 못했다.

옛날 천문 역법을 전수한 사람으로 고신씨高辛氏 이전에는 중重과 여黎가 있었다. 요순시대에는 희씨와 화씨, 하나라 때는 곤오昆吾, 은나라 때는 무함巫咸, 주나라 때는 사일史佚과 장홍이 있었다. 춘추전국시대로 들어와 송나라에는 자위子韋, 정나라에는 비조裨竈, 제나라에는 감공甘公, 초나라에는 당말, 조나라에는 윤고尹皋, 위魏나라에는 석신石申이 있었다.

무릇 천운은 30년에 한 번 작게 변하고, 100년에 한 번 중간쯤 변하고, 500년에 한 번 크게 변한다. 큰 변화를 세 번 거치면 1기紀가 되고, 세 번의 기를 거치면 모든 변화를 다 갖추게 된다. 이것이 천지 사이의 모든 변화가 끝나는 숫자인 대수大數다. 나라를 다스리는 자는 반드시 30년 간격의 소변小變과 500년 간격의 대변大變인 이른바 삼오지변三五之變을 중시해야 한다. 위아래로 각각 1,000년씩 거쳐야 한다. 그런 연후에 하늘과 사람 사이의 관계가 서로 이어져 완비된다.

　태사공이 고대의 천상 변화를 추산해보았다. 오늘날 검증할 수 없는 것도 있다. 대략 춘추시대 242년 동안 일식이 서른여섯 번 있었고, 혜성이 세 번 나타났다. 송양공宋襄公 때 별똥별이 마치 비 오듯 떨어졌다. 천자의 권위가 쇠미해지자 제후들이 무력으로 정벌을 일삼았다. 오패가 차례로 등장해 교대로 패주霸主가 되어 명을 내렸다. 이후 다수가 소수를 억압하고, 큰 나라가 작은 나라를 병탄하는 일이 일어났다. 진秦·초·오·월越 모두 이적으로 강대한 패주가 되었다. 전씨田氏는 강씨의 제나라를 찬탈했고, 한씨韓氏·위씨魏氏·조씨趙氏의 세 집안은 진晉나라를 분할해 전국시대의 대열에 끼어들었다.

　앞다투어 성을 빼앗는 전쟁이 잇달아 일어나자 성읍이 거듭 도륙되고, 백성은 기근과 질병에 시달리게 되고, 열국의 군신 모두 근심이 심했다. 길흉의 조짐을 살피고 별과 운기를 점치는 것이 매우 절박한 과제가 된 배경이다. 근세에 열두 명의 제후와 칠국이 서로 왕호를 칭했고, 합종合縱과 연횡連橫을 주장하는 자들이 줄지어 나타났다. 윤고·당말·감공·석신 등이 당시의 형세에 따라 저마다 문서와 전적을 이야기하는 데 힘썼다. 이들이 말한 점과 응험은 문란하고

잡다했다. 마치 쌀이나 소금 알갱이처럼 자질구레했다.

이십팔사가 열두 개 주를 주재하고, 북두가 이를 총괄한다는 이야기는 오래전부터 전해온 것이다. 진秦나라에서는 금성인 태백을 살피고, 천랑天狼과 천호天弧로 점친다. 오나라와 초나라에서는 화성인 형혹을 살피고, 유수와 태미원으로 점친다. 연나라와 제나라에서는 수성인 진성을 살피고, 허수와 위수危宿로 점친다. 송나라와 정나라에서는 목성인 세성을 살피고, 방수와 심수로 점친다. 진晉나라에서도 수성인 진성을 살피고, 삼수과 벌좌罰座로 점친다.

진秦나라가 삼진三晉과 연나라, 대代나라를 병탄한 후 황하와 진령秦嶺 및 태항산太行山 이남의 땅이 모두 중국이 되었다. 중국은 사해 안에 있고, 동남쪽에 위치하고, 양기에 속한다. 양기에 속하는 천체는 해와 세성, 형혹, 전성이다. 천가의 남쪽에서 점치고, 필수가 주가 된다. 그 서북쪽은 호胡·맥貉·월지月氏 등 털가죽 옷을 입고 활로 사냥하는 여러 종족이 산다. 음기에 속하다. 음기에 속하는 천체는 달과 태백, 진성이다. 천가의 북쪽에서 점치고, 묘수가 주가 된다.

중국의 산맥과 강물은 동북쪽으로 흐른다. 머리에 해당하는 농隴과 촉에서 발원해, 꼬리에 해당하는 발해와 갈석으로 빠진다. 진秦과 진晉이 전쟁을 좋아하고, 태백으로 점을 치고, 태백이 중국을 주재한 이유다. 호맥胡貉이 자주 침공하자 진성으로 점을 쳤다. 진성은 뜨고 지는 것이 급속해 통상 이적을 주재했다. 이상이 대강의 원칙이다. 이들 태백과 진성은 교대로 주와 객이 되었다. 형혹이 어그러지면 밖으로 군사를 다스리고, 안으로 정사를 처리한다. "비록 영명한 천자가 있을지라도 형혹이 있는 곳은 반드시 관찰해야 한다"는 말이 나온 이유다. 제후들이 교대로 세력을 떨친 기록과 당시의 재앙과 이변에 관한 기록이 있기는 하나 채록할 만한 것이 없다.

진시황 재위 15년 동안 혜성이 네 번 나타났다. 오래된 것은 80일이나 되었고, 꼬리가 긴 것은 온 하늘을 가로지를 정도였다. 이후 진나라는 마침내 무력으로 육국을 병탄해 중국을 통일하고, 밖으로 사방의 이민족을 내쫓았다. 죽은 사람이 마치 난마亂麻처럼 뒤얽혔고, 이 틈에 진섭陳涉이 초나라를 넓힌다는 구실로 봉기했다. 이후 30년 동안 병사들이 서로 짓밟고 싸운 일이 이루 헤아릴 수 없을 정도로 많았다. 치우의 난 이래 일찍이 이런 일은 없었다.

항우가 거록鉅鹿을 구원할 때 왕시가 서쪽으로 흘러갔다. 효산殽山 동쪽인 산동山東에서 마침내 여러 제후가 연합해 서쪽으로 진격했다. 진나라 병사들을 구덩이에 파묻고, 함양咸陽을 도륙했다. 한나라가 흥기하자 오성이 정수에 모였다. 평성平城에 포위되었을 때 삼수와 필수에 달무리가 일곱 겹으로 나타났다. 여씨 일족이 난을 일으켰을 때는 일식이 일어나 낮에도 어둑했다. 오초칠국의 난 때는 길이가 여러 장에 이르는 혜성이 나타나고, 천구가 양梁나라 분야를 통과했다. 전쟁이 일어나자 그 별 아래로 널린 시체에서 피가 흘러내렸다. 원광元光과 원수元狩 연간에는 치우지기가 두 번 나타났다. 긴 것은 하늘의 절반에 이르렀다. 이후 조정의 군사가 네 번 출정해 사방의 이적을 토벌하기를 수십 년이나 했다. 특히 호족胡族에 관한 정벌은 매우 심했다. 남월이 멸망할 때는 형혹이 두수를 점거했다. 조선이 함락될 때는 남하성과 북하성의 요충지를 비추었다. 병사를 일으켜 대원을 정벌할 때는 초요가 빛났다.

이는 분명 큰 이변이다. 희미하고 굽어 있는 작은 이변까지 열거하면 이루 다 말할 수 없다. 이로써 보면 먼저 천상에 징조가 보이고,

그 응험이 뒤따르지 않은 예는 없었다. 한나라 이래 천문 역법을 한 사람을 살펴보면 별을 점친 사람으로는 당도, 운기를 점친 사람으로는 왕삭, 수확을 점친 사람으로는 위선이 있었다. 전에 감공과 석신은 오성의 운행법칙을 정리했다. 유일하게 역행하는 형혹이 점거한 자리와 다른 별의 역행, 해와 달의 가벼운 일식과 월식 모두 점치는 대상이 되었다.

나는 사서의 기록을 읽으며 지난 일을 살펴보았다. 근래 100년 사이 오성이 나타나지 않거나 별이 역행하지 않은 경우가 없었다. 방향을 바꾸어 역행하면 때로는 크게 빛나다가 색이 변하곤 했다. 해와 달도 가벼운 일식과 월식이 있었고, 남북으로 운행하는 것에 일정한 시기가 있었다. 이는 일반적인 법도다.

중앙의 자미원, 동방의 방수와 심수, 남방의 권權과 형衡, 서방의 함지, 북방의 허수와 위수危宿 등의 별자리와 뭇 별들은 하늘의 오관에 해당한다. 항성인 경성經星은 자리를 이동하지 않는다. 대소에 등급이 있고, 상호 거리가 일정하다. 수성·화성·금성·목성·토성의 다섯 행성은 하늘의 다섯 가지 보필인 오좌五佐에 해당한다. 행성인 위성緯星으로서 출몰에 일정한 규율이 있고, 운행하는 영축에 일정한 법도가 있다.

해에 이변이 생기면 덕을 쌓고, 달에 이변이 생기면 형벌을 줄이고, 별에 이변이 생기면 인화에 힘써야 한다. 천상의 이변이 지나치면 이내 점을 친다. 이변이 생길 때 군주가 강대하고 덕이 있으면 번창하고, 약소하고 거짓을 일삼으면 패망한다. 가장 좋은 것은 덕을 쌓는 수덕修德, 그다음은 정사를 닦는 수정修政, 그다음은 구휼 조치를 닦는 수구修救, 그다음은 귀신에게 비는 것을 닦는 수양修禳, 가장 나쁜 것은 닦는 것을 무시하는 무수無修다.

항성의 이변은 매우 드물게 나타난다. 해와 달과 성신의 점은 자주 사용된다. 햇무리·달무리·일식·월식·구름·바람 등은 모두 하늘이 잠시 멈출 때의 기운이다. 이들의 출현은 자연의 큰 변화인 대운大運에 따른 것이다. 동시에 이들은 정사의 호오에 따라 위아래로 변한다. 하늘과 사람 사이의 가장 가까운 매개다. 이 다섯 가지 현상은 하늘의 감응에 따른 것이다. 천문·역법을 연구하는 자는 반드시 천운이 변화하는 삼오지변에 통달하고, 고금을 관통해 시변時變을 깊이 관찰하고, 그 알맹이와 쭉정이를 잘 헤아려야 한다. 그래야 천관의 학문을 완비했다고 할 수 있다."

●● 太史公曰, "自初生民以來, 世主曷嘗不曆日月星辰? 及至五家·三代, 紹而明之, 內冠帶, 外夷狄, 分中國爲十有二州, 仰則觀象于天, 俯則法類于地. 天則有日月, 地則有陰陽. 天有五星, 地有五行. 天則有列宿, 地則有州域. 三光者, 陰陽之精, 氣本在地, 而聖人統理之. 幽厲以往, 尙矣. 所見天變, 皆國殊窟穴, 家占物怪, 以合時應, 其文圖籍禨祥不法. 是以孔子論六經, 紀異而說不書. 至天道命, 不傳. 傳其人, 不待告. 告非其人, 雖言不著. 昔之傳天數者, 高辛之前, 重·黎. 于唐·虞, 羲·和. 有夏, 昆吾. 殷商, 巫咸. 周室, 史佚·萇弘. 于宋, 子韋. 鄭則裨竈. 在齊, 甘公. 楚, 唐昧. 趙, 尹皋. 魏, 石申. 夫天運, 三十歲一小變, 百年中變, 五百載大變. 三大變一紀, 三紀而大備, 此其大數也. 爲國者必貴三五. 上下各千歲, 然後天人之際續備. 太史公推古天變, 未有可考于今者. 蓋略以春秋二百四十二年之閑, 日蝕三十六, 彗星三見, 宋襄公時星隕如雨. 天子微, 諸侯力政, 五伯代興, 更爲主命, 自是之後, 衆暴寡, 大並小. 秦·楚·吳·越, 夷狄也, 爲彊伯. 田氏簒齊, 三家分晉, 並爲戰國. 爭于攻取, 兵革更起, 城邑數屠, 因以饑饉疾疫焦苦, 臣主共憂患, 其察禨祥候星氣尤急. 近世十二諸侯七國相王, 言從衡者繼踵, 而皐·唐·甘·石因時務論其書傳, 故其占驗淩雜米鹽. 二十八舍主十二州, 斗秉兼之, 所從來久矣. 秦之疆也, 候在太白, 占于狼·弧. 吳·楚之疆, 候在熒惑, 占於鳥衡. 燕·齊之疆, 候在辰星, 占于虛·危. 宋·鄭之疆, 候在歲星, 占于房·心. 晉之疆, 亦候在辰星, 占于參罰. 及秦並吞三晉·燕·代, 自河山以南者中國. 中國于四海內則在東南, 爲陽. 陽則日·歲星·熒惑·填星. 占於街南, 畢主之. 其西北則胡·貉·月氏諸衣旃裘引弓之民, 爲陰. 陰則月·太白·辰星. 占于街北, 昴主之. 故中國山川東北流, 其維, 首在隴·蜀, 尾沒于勃·碣. 是以秦·晉好用兵, 復占太白, 太白主中國. 而胡·貉數侵掠, 獨占辰星, 辰星出入躁疾, 常主夷狄, 其大經也. 此更爲客主人. 熒惑爲孛, 外則理兵, 內則理政. 故曰, '雖有明天子, 必視熒惑所在.' 諸侯更強, 時菑異記, 無可錄者. 秦始皇之時, 十五年彗星四見, 久者八十日, 長或竟天. 其後秦遂以兵滅六王, 並中國, 外攘四夷, 死人如亂麻, 因以張楚並起, 三十年之閑兵相騈藉, 不可勝數. 自蚩尤以來, 未嘗若斯也. 項羽救鉅鹿, 枉矢西流, 山東遂合從諸侯, 西坑秦人, 誅屠咸陽. 漢之興, 五星聚于東井. 平城之圍, 月暈參·畢七重. 諸呂作亂, 日蝕, 晝晦. 吳楚七國叛逆, 彗星數丈, 天狗過梁野. 及兵起, 遂伏尸流血其下. 元光·元狩, 蚩尤之旗再見, 長則半天. 其後京師師四出, 誅夷狄者數十年, 而伐胡尤甚. 越之亡, 熒惑守斗. 朝鮮之拔, 星茀于河戍. 兵征大宛, 星茀招搖, 此其犖犖大者. 若至委曲小變, 不可勝道. 由是觀之, 未有不先形見而應隨之者也. 夫自漢之爲天數者, 星則唐都, 氣則王朔, 占歲則魏鮮. 故甘·石曆五星法, 唯獨熒惑有反逆行. 逆行所守, 及他星逆行, 日月薄蝕, 皆以爲占. 余觀史記, 考行事, 百年之中, 五星無出而不反逆行, 反逆行, 嘗盛大而變色. 日月薄蝕, 行南北有時, 此其大度也. 故紫宮·房心·權衡·咸池·虛危列宿部星, 此天之五官坐位也, 爲經, 不移徙, 大小有差, 闊狹有常. 水·火·金·木·塡星, 此五星者, 天之五佐, 爲經緯, 見伏有時, 所過行贏縮有度. 日變修德, 月變省刑, 星變結和. 凡天變, 過度乃占. 國君強大, 有德者昌. 羽小, 飾詐者亡. 太上修德, 其次修政, 其次修救, 其次修禳, 正下無之. 夫常星之變希見, 而三光之占亟用. 日月暈適, 雲風, 此天之客氣, 其發見亦有大運. 然其與政事俯仰, 最近大天人之符. 此五者, 天之感動. 爲天數者, 必通三五. 終始古今, 深觀時變, 察其精粗, 則天官備矣. 蒼帝行德, 天門爲之開. 赤帝行德, 天牢爲之空. 黃帝行德, 天夭爲之起. 風從西北來, 必以庚·辛. 一秋中, 五至, 大赦. 三至, 小赦. 白帝行德, 以正月二十日·二十一日, 月暈圍, 常大赦載, 謂有太陽也. 一, 白帝行德, 畢·昴爲之圍. 圍三暮, 德乃成. 不三暮, 及圍不合, 德不成. 二, 以辰圍, 不出其旬. 黑帝行德, 天關爲之動. 天行德, 天子更立年. 不德, 風雨破石. 三能·三衡者, 天廷也. 客星出天廷, 有奇令."

동방의 창제가 덕을 펼치면 천문이 열리고, 남방의 적제赤帝가 덕을 펼치면 하늘의 감옥인 천뢰天牢가 텅 비고, 중앙의 황제가 덕을 펼치면 하늘의 싹인 천요天夭*가 나타난다. 바람이 서북쪽에서 부는 것은 반드시 경신의 날이다. 한 해의 가을에 다섯 번 불면 대사면이 있고, 세 번 불면 작은 사면이 있다. 서방의 백제白帝가 덕을 베푸는 날은 정월 20일과 21일이다. 달무리가 둥글게 에워쌀 때는 늘 대사면

● 만물을 기른다는 뜻이다. 《사기정의》는 늦여름에 만물이 성대한 모습을 지칭하는 것으로, 대사령大赦令을 내리는 것으로 풀이했다

이 있는 해이고, 태양이 있다고 한다. 백제의 덕행에는 두 가지가 있다. 첫째, 백제가 덕을 행하는 것이 달무리가 필수와 묘수를 에워쌀 때 일어나는 경우다. 사흘 저녁을 에워싸면 덕이 이루어지고, 사흘 저녁을 못 넘기고 에워싼 것이 들어맞지 않으면 덕이 이루어질 수 없다. 둘째, 달무리가 수성인 진성을 에워싸며 열흘을 넘기지 못해도 덕이 이루어지는 경우다. 북방의 흑제黑帝가 덕을 펼치면 하늘의 관문인 천관天關이 움직인다. 하늘이 덕을 펼치면 천자는 연호를 바꾼다. 덕을 행하지 않으면 바람과 비가 돌을 깰 정도로 강해진다. 삼태와 삼형三衡은 하늘의 조정인 천정天廷이다. 객성이 천정에 나타나면 기이한 법령이 나온다.●

●● 蒼帝行德, 天門爲之開. 赤帝行德, 天牢爲之空. 黃帝行德, 天夭爲之起. 風從西北來, 必以庚辛. 一秋中, 五至, 大赦, 三至, 小赦. 財神娛樂城白帝行德, 以正月二十日, 二十一日, 月暈圍, 常大赦載, 謂有太陽也. 一曰, 白帝行德, 畢昴爲之圍. 圍三暮, 德乃成, 不三暮, 及圍不合, 德不成. 二曰, 以辰圍, 不出其旬. 黑帝行德, 天關爲之動. 天行德, 天子更立年, 不德, 風雨破石. 三能三衡者, 天廷也. 客星出天廷, 有奇令.

● 이 대목은 오랜 기간에 걸친 전사 과정에서 떨어져 나온 문장을 모아놓은 것이다. 착간錯簡이 심해 이해하기가 쉽지 않다.

봉선서
封禪書

봉선은 천자가 하늘과 땅에 제사를 올린다는 뜻이다. 이는 성군만이 행할 수 있다. 역대 왕조가 봉선을 매우 중시한 이유다. 사마천이 〈태사공자서〉에서 명산대천의 여러 신에게 올리는 제사의 본원을 거슬러 올라갈 필요가 있다고 언급한 것도 같은 맥락이다. 실제로 〈봉선서〉는 순임금 때부터 한무제 때까지 전개된 봉선의 역사를 매우 상세히 기술했다. 특히 한무제가 행한 봉선의 기록이 그렇다. 후반부의 대목은 〈효무본기〉와 거의 일치하고 있다. 후대인의 위작 시비가 그치지 않는 이유다.

주목할 것은 진시황은 평생 단 한 번만 봉선을 올린 반면, 한무제는 태산 부근을 순행할 때마다 수시로 봉선을 올린 점이다. 전무후무한 일이다. 장생불사를 운운하는 방사方士에게 거듭 속아 넘어간 것도 이런 맥락에서 이해할 수 있다. 실제로 한무제는 죽는 순간까지 신선이 되어 영생하려는 꿈을 버리지 못했다. 진시황이 방사에게 한 번 속은 뒤 이내 단념한 것과 대비된다. 이에 대한 사마천의 비판적인 시각이 〈봉선서〉에 그대로 반영되어 있다.

예로부터 천명을 받아 제왕이 된 자가 어찌 봉선을 행하지 않을 리 있겠는가? 하늘의 감응과 길조가 없어도 봉선 의식을 거행했다. 하늘의 감응과 길조가 나타날 경우 태산으로 가 봉선 의식을 거행하지 않은 적은 아직까지 없었다. 혹자는 비록 천명을 받아 제왕이 되었으나 당대에 업적을 이루지 못했고, 혹자는 몸은 비록 양보산梁父山에서 의식을 올렸으나 덕이 성대한 제례와 부합하지 못했고, 혹자는 덕을 갖추었음에도 봉선을 행할 여가가 없었다. 봉선 의식이 극히 드물었던 이유다.《논어》〈양화〉에 따르면 공자의 제자 재아宰我는 이같이 말했다.

군자가 3년 동안 예禮를 행하지 않으면 예가 반드시 사라지고, 3년 동안 악樂을 행하지 않으면 악이 반드시 무너진다.

매번 성세盛世를 맞이하면 봉선 의식이 행해지고, 쇠미해지면 봉선 의식이 사라진다. 이런 상황이 멀리는 1,000여 년, 가까이는 수백 년 동안 지속되었다. 봉선 의식에 관한 구체적인 내용이 모두 사라진 이유다. 상세한 내용은 알 길이 없으나 다행히 일부 전해오는 것을 손에 넣어 여기에 기록해둔다.《서경》에 이같이 씌어 있다.

순임금은 선기옥형으로 천체를 관찰해 칠정을 살폈다. 또 상제上帝에게 제사를 지내고, 육종六宗●에게 연기를 피워 제사를 지내고,●● 명산

● 육종에 대한 해석이 분분하다. 첫째, 사계절, 한서, 장마와 가뭄, 일日, 월月, 별 등으로 보는 견해가 있다. 둘째, 물·불·우레·바람·산·연못으로 보는 견해가 있다. 셋째, 일·월·별·강·바다와 오악五嶽의 하나인 대岱로 보는 견해가 있다. 넷째, 하늘·땅·봄·여름·가을·겨울로 보는 견해다. 문맥상 첫 번째를 지칭한 것으로 보인다.

대천을 돌며 여러 신령에게 두루 제사를 지냈다. 5등급의 제후가 지니고 있는 상서로운 옥인 오서五瑞를 수집하고, 길일을 택해 사악四嶽의 장관을 소집해 서옥瑞玉을 돌려주었다. 매년 2월에 순임금은 동쪽으로 제후를 순시하고, 대종에 이르렀다. 대종은 태산을 말한다. 여기서 하늘에 제사를 지내는 시제柴祭를 올리고, 순차대로 명산대천을 돌며 제사를 올리고, 마침내 동후東後를 접견했다. 동후는 제후를 말한다. 사시 열두 달과 365일을 조정하고, 음률과 도량형을 통일시키고, 오례五禮를 정비했다. 이어 5등급의 제후가 예를 행할 때 몸에 지니는 옥인 오옥五玉, 삼공이 예를 행할 때 지니는 비단예물인 삼백三帛, 경과 대부가 예를 행할 때 손에 잡고 있는 양과 기러기 등의 이생二生, 선비가 예를 행할 때 손에 잡고 있는 야생 닭인 일사一死를 조현예물로 정했다.

5월에는 남악南嶽까지 순시한다. 남악은 형산衡山을 말한다. 8월에는 서악西嶽까지 순시한다. 서악은 화산을 말한다. 11월에는 북악北嶽까지 순시한다. 북악은 항산을 말한다. 모두 대종에서 행한 것과 같은 의례를 행한다. 중악中嶽은 숭산을 말한다. 순임금은 5년마다 한 번씩 천하를 순시했다.

하나라 우왕이 순임금의 제도를 좇았다. 이후 14대 공갑제孔甲帝에 이르러 도덕이 사악해져 귀신을 섬기게 되었다. 상제가 이를 미워해 용 두 마리를 빼앗았다. 이후 3대를 거쳐 은나라 탕왕이 걸을 토벌했다. 탕왕은 하나라 사당을 옮기고자 했으나 뜻대로 되지 않자《서경》

●● 인우육종禋于六宗의 인禋은 섶을 태워 그 연기가 하늘의 신령에게 이르도록 하는 제사를 지칭한다.

〈하사夏社〉를 지었다.

이후 8대 태무제太戊帝에 이르러 뽕나무와 닥나무가 조정에서 자라나 하룻밤 새 한 아름만큼이나 커진 일이 일어났다. 태무제가 이를 크게 두려워하자 신하인 이윤伊尹이 말했다.

"요사스러운 기운은 덕을 이기지 못합니다."

태무제가 덕을 닦자 뽕나무와 닥나무가 모두 고사했다. 이윤이 북을 발명한 현신 무함을 칭찬하자 신령에게 기도해 재앙을 물리치는 행위인 무함이 성하게 되었다. 이후 14대를 거쳐 무정제武丁帝에 이르러 노비 출신인 부열傅說을 재상으로 삼았다. 은나라가 다시 흥해 고종高宗을 칭하게 되었다. 한번은 꿩이 구정九鼎의 귀에 올라와 울자 무정제가 크게 두려워했다. 현신 조기祖己가 간했다.

"덕을 닦도록 하십시오."

무정제가 이를 좇았다. 덕분에 재위기간 내내 안녕했다. 이후 5대를 거쳐 무을제武乙帝인 주紂에 이르게 되었다. 주가 포악하고 음탕한 짓을 일삼자 주무왕이 토벌했다. 이로써 보건대 창업군주는 엄숙하고 경건하지 않은 자가 없었다. 그러나 이후 갈수록 태만해졌다.《주례周禮》에서 말했다.

동지가 되면 남쪽 교외에서 천신天神에게 제사 지내고, 길어지는 해가 떠오르는 것을 맞이했다. 하지가 되면 지신地神에게 제사 지냈다. 모두 음악과 무도를 사용해야 신에게 제사를 올리는 예에 부합했다. 천자는 천하의 명산대천에 제사를 올렸다. 오악은 삼공三公의 예로 제사 지내고, 사독四瀆은 제후의 예로 제사 지냈다. 제후는 각각 봉국 안에 있는 명산대천에 제사 지냈다. 사독은 장강·황하·회수·제수를 말한다. 천자가 제사 지내는 곳을 명당 또는 벽옹辟雍, 제후가 제사 지내는 곳을 반궁泮宮이라 한다.

주공 단이 주성왕을 보필하자 후직後稷을 제사 지내는 교외 제사 때는 천신과 함께 배향했고, 종묘제사 때는 명당에서 문왕을 천신과 함께 배향했다. 하나라가 흥기하자 토지신에게 제사 지냈고, 후직이 농사를 지은 이후에는 곡신穀神에 대한 제사가 시작되었다. 교외 제사와 천지에 대한 제사는 그 유래가 오래되었다.

주나라가 은나라를 멸한 지 14대가 지나자 세도世道가 점차 쇠약해졌다. 예악이 폐지되고, 제후가 방자하게 행동했다. 주유왕이 견융犬戎에게 패하고 낙읍雒邑으로 천도한 것이 그렇다. 이때 진양공秦襄公이 견융을 공격해 주나라를 구했다. 그 공로로 제후의 반열에 오르게 되었다. 진양공은 제후가 된 이후에도 거처를 서쪽 변경에 두고, 스스로 소호신小皥神에 관한 제사를 주관해야 한다고 여겼다. 오제가 제사 지내는 서쪽 장소인 서치西畤를 만들어 서쪽을 관장하는 오제인 백제에게 제사를 올린 이유다. 희생으로 검은 갈기의 붉은 말[騮駒]과 황소, 숫양[羝羊]을 각각 한 마리씩 바쳤다.

16년 뒤 진문공이 동쪽 견수汧水와 위수渭水 사이로 사냥을 나갔다. 이때 도읍을 정하는 정도定都를 점치자 길하게 나왔다. 진문공이 꿈속에서 누런 뱀 한 마리를 보았다. 뱀의 몸이 하늘부터 땅까지 이어졌다. 입은 부鄜의 산비탈까지 이어져 있었다. 진문공은 사서 편찬과 역법 등을 관장하는 태사 돈敦에게 자문하자 그는 이같이 고했다.

"이는 상제가 보낸 조짐입니다. 그에게 제사를 올리십시오."

부치鄜畤를 세운 이유다. 소·양·돼지를 희생으로 사용해 백제에게 제사를 올렸다. 부치가 세워지기 이전에는 옹雍 땅 부근의 오양吳陽에 무치武時, 옹 땅 동쪽에 호치好時가 있었다. 모두 황폐화해 제사 지내는 사람이 없었다. 어떤 자가 말했다.

"예로부터 옹주는 지세가 높아 신명의 거처가 되었습니다. 제단을 세워 상제에게 제사 지내고, 여러 신령의 사당도 이곳에 모아두었습니다. 황제도 이곳에서 제사를 거행했고, 주나라 말까지 이곳에서 제사를 올렸습니다."

이 말은 경전에 보이지 않는 까닭에 사대부들도 더는 말하지 않았다. 부치를 세운 지 9년이 지나 진문공이 옥석 하나를 얻게 되었다. 진창산陳倉山 북쪽 산비탈에 성을 축조한 뒤 옥석에 제사를 지냈다. 옥석의 신령은 해가 지나도 오지 않다가, 어떤 때는 1년에 몇 번씩 오기도 했다. 내려올 때는 늘 밤중이었다. 유성처럼 광채를 발했고, 동남쪽에서 사성祠城으로 들어왔다. 그 형상이 마치 수탉 같았다. 은은한 울음소리를 내면 들꿩들도 밤에 따라 울었다. 제사 지낼 때마다 소·양·돼지를 각각 한 마리씩을 희생으로 바쳤다. 이를 진보陳寶라고 했다.

부치를 세운 지 78년이 지나 진덕공秦德公이 즉위했다. 옹 땅에 정도를 할 것을 점치자 이런 점괘가 나왔다.

"후대의 자손은 말에게 황하의 물을 먹일 수 있다."

옹 땅에 도읍을 정한 이유다. 옹 땅의 제사는 이때부터 흥기하기 시작했다. 당시 진덕공은 부치에 털이 흰 희생 세 마리를 바쳤다. 복날에 제사를 지내는 복사伏祠도 지었다. 개의 사지를 찢어 네 개 성의 문에 걸고 악귀의 재앙을 막았다. 진덕공은 재위 2년 만에 죽었다. 4년 뒤 진선공秦宣公이 위수 남쪽인 위남渭南에 밀치密時를 세우고,

동쪽 오제인 청제青帝를 제사 지냈다. 다시 14년 뒤 진목공秦穆公이 보위에 올랐다. 병이 들어 닷새 동안 누워 있다가 깨어난 뒤 꿈에서 상제를 만났다. 상제가 말했다.

"진晉나라의 난을 평정하라!"

사관은 이를 기록해 중요 문서와 물건을 두는 비부秘府에 보관했다. 이를 두고 후대인은 모두 "진목공이 하늘로 올라가 상제를 만났다"고 했다. 진목공 9년, 제환공이 패주가 되어 규구葵丘에 제후를 모아놓고는 봉선을 거행하고자 했다. 관중이 간했다.

"옛날 태산에서 하늘에 제사 지내고, 양보산에서 땅에 제사 지낸 제후는 모두 일흔두 명이라고 하나 제 기억으로는 열두 명뿐입니다. 옛날 무회씨無懷氏는 태산과 운운산云云山, 복희씨伏羲氏도 태산과 운운산, 신농씨도 태산과 운운산, 염제는 태산과 정정산亭亭山, 황제黃帝도 태산과 정정산, 전욱은 태산과 운운산, 제곡帝嚳도 태산과 운운산, 요임금도 태산과 운운산, 순임금도 태산과 운운산, 하나라 우왕은 태산과 회계산會稽山, 은나라 탕왕은 태산과 운운산, 주성왕은 태산과 두수산杜首山에서 봉선했습니다. 이들 모두 천명을 받아 제왕이 된 후에 비로소 봉선했습니다."

제환공이 말했다.

"과인은 북쪽으로 산융山戎을 정벌해 고죽孤竹을 지났고, 서쪽으로 대하大夏를 정벌해 유사流沙를 건넜고, 위험을 무릅쓰고 비이산卑耳山에 올랐소. 또 남쪽으로 소릉召陵까지 정벌했고, 웅이산熊耳山에 올라 장강과 한수를 바라보았소. 군사회맹 세 번, 강화회맹 여섯 번 등 모두 아홉 번이나 제후들과 회맹해 천하를 구했소. 제후 가운데 아무도 나를 거역하지 않았소. 이것이 하·은·주 삼대가 천명을 받은 것과 무슨 차이가 있겠소?"

관중은 제환공을 말로 설득할 수 없다고 여겨 구체적인 사실을 예로 들어 간했다.

"옛날 봉선할 때는 호상鄗上의 기장과 북리北里의 벼를 제물로 썼습니다. 장강과 회수 일대에서 자라는 띠풀을 신령의 자리로 삼았습니다. 동해에서 바친 비목어比目魚와 서해에서 보낸 비익조比翼鳥도 있었습니다. 요구하지 않아도 스스로 바친 물건이 열다섯 가지나 되었습니다. 지금 봉황과 기린麒麟은 오지 않고, 상서로운 곡식[嘉禾]도 나지 않고, 들녘에는 쑥과 명아주만 무성하고, 올빼미 같은 흉조만 자꾸 날아들고 있습니다. 이런 상황에서 봉선을 하는 것은 적절치 못한 것이 아니겠습니까?"

제환공이 이내 봉선을 단념한 이유다. 이해에 진목공이 진혜공晉惠公을 돌려보내 다시 보위에 앉혔다. 이후 세 번이나 진晉나라 군주를 세워 진나라의 내란을 평정했다. 진목공은 즉위한 지 39년만에 죽었다. 그로부터 100여 년 뒤 공자가 육경을 논하면서 역성혁명으로 보위에 오른 자를 간략히 기술해놓았다. 태산과 양보산에서 봉선한 군왕이 약 일흔 명이라 했으나 제기와 제물 등에 관한 기술은 찾아볼 수 없다. 정확히 기술하기 어려웠기 때문인 듯하다. 《논어》〈팔일〉에 따르면 어떤 자가 공자에게 체제締祭에 관해 묻자 공자가 이같이 말했다.

"모르겠소. 체제의 내용을 아는 자가 천하를 다스리고자 하면 마치 손바닥을 보는 것처럼 쉬울 것이오!"

《시경》에 따르면 은나라 주가 다스릴 때 주문왕이 천명을 받았다. 그런데도 정사를 펼치는 도중에 태산에 봉선한 적이 없다. 주무왕은 은나라를 멸한 지 2년만에 천하가 채 안정되지도 않았는데 숨을 거두었다. 주나라의 덕정은 주성왕 때 비로소 시작되었다. 주성왕의 봉선 의식이 그 이치에 가까웠다. 이후 모든 제후국에서 대부들이 정권을 잡았다. 노나라의 경우 계씨季氏가 신분에 맞지 않게 태산에서 제사를 거행했다. 공자는 이를 비난했다.

당시 방사 장홍은 법술로 주영왕周靈王을 섬겼다. 제후들 가운데 아무도 조현하지 않았다. 주나라가 쇠약해져 장홍의 죄를 다스릴 수 없었다. 장홍은 드러내놓고 대담하게 귀신의 일을 선양했다. 살쾡이 머리 모양의 과녁인 이수狸首를 세워놓고 활을 쏘았다. 이수는 조현을 오지 않은 제후들을 말한다. 귀신의 힘을 빌려 조현을 오지 않은 제후들을 굴복시키고자 한 것이다. 제후들이 따르지 않았고, 결국 진晉나라 사람이 장홍을 잡아 죽였다. 주나라 백성이 방술과 신괴神怪를 말한 것은 장홍으로부터 시작되었다.

이로부터 100여 년 뒤 진영공秦靈公이 오양에 상치上畤를 세우고 황제에게 제사를 올렸다. 또 하치下畤를 세우고 염제에게 제사를 지냈다. 이로부터 48년 뒤 주나라 태사 담儋이 진헌공秦獻公을 알현하면서 이같이 말했다.

"진나라는 원래 주나라와 하나였는데 이후 나뉘었습니다. 500년 뒤 반드시 다시 합칠 것입니다. 합친 지 17년이 지나면 패왕覇王이 등장할 것입니다."

진헌공이 도읍으로 정한 관중關中 땅의 약양櫟陽에 황금비가 내렸다. 진헌공은 내심 오행 가운데 금덕金德의 길조를 얻었다고 여겼다. 휴치畦畤를 세우고 백제에게 제사를 올린 이유다. 이로부터 120년이 지난 뒤 진나라가 주나라를 멸하자 주나라의 구정이 진나라에 귀속되었다. 어떤 자가 말하기를, "송나라 태구太丘의 사단社壇이 무너질 때 구정도 팽성彭城의 사수泗水 속으로 가라앉았다"고 했다. 이로부터 115년 뒤 과연 진나라가 사상 최초로 천하를 통일했다.

●● 自古受命帝王, 曷嘗不封禪? 蓋有無其應而用事者矣, 未有睹符瑞見而不臻乎泰山者也. 雖受命而功不至, 至梁父矣而德不洽, 洽矣而日有不暇給, 是以卽事用希. 傳曰, "三年不爲禮, 禮必廢. 三年不爲樂, 樂必壞." 每世之隆, 則封禪答焉, 及衰而息. 厥曠遠者千有餘載, 近者數百載, 故其儀闕然堙滅, 其詳不可得而記聞云. 尙書曰, 舜在璿璣玉衡, 以齊七政. 遂類于上帝, 禋于六宗, 望山川, 遍群神. 輯五瑞, 擇吉月日, 見四嶽諸牧, 還瑞. 歲二月, 東巡狩, 至于岱宗. 岱宗, 泰山也. 柴, 望秩于山川. 遂覲東後. 東後者, 諸侯也. 合時月正日, 同律度量衡, 修五禮, 五玉三帛二生一死贄. 五月, 巡狩至南嶽. 南嶽, 衡山也. 八月, 巡狩至西嶽. 西嶽, 華山也. 十一月, 巡狩至北嶽. 北嶽, 恒山也. 皆如岱宗之禮. 中嶽, 嵩高也. 五載一巡狩. 禹遵之. 後十四世, 至帝孔甲, 淫德好神, 神瀆, 二龍去之. 其後三世, 湯伐桀, 欲遷夏社, 不可, 作夏社. 後八世, 至帝太戊, 有桑谷生于廷, 一暮大拱, 懼. 伊陟曰, "妖不勝德." 太戊修德, 桑谷死. 伊陟贊巫咸, 巫咸之興自此始. 後十四世, 帝武丁得傅說爲相, 殷復興焉, 稱高宗. 有雉登鼎耳雊, 武丁懼. 祖己曰, "修德." 武丁從之, 位以永寧. 後五世, 帝武乙慢神而震死. 後三世, 帝紂淫亂, 武王伐之.

由此觀之, 始未嘗不肅祇, 後稍怠慢也. 周官曰, 冬日至, 祀天于南郊, 迎長日之至. 夏日至, 祭地祇. 皆用樂舞, 而神乃可得而禮也. 天子祭天下名山大川, 五嶽視三公, 四瀆視諸侯, 諸侯祭其疆內名山大川. 四瀆者, 江・河・淮・濟也. 天子曰明堂・辟雍, 諸侯曰泮宮. 周公旣相

成王, 郊祀後稷以配天, 宗祀文王于明堂以配上帝. 自禹興而修社祀,
後稷稼穡, 故有稷祠, 郊社所從來尙矣. 自周克殷後十四世, 世益衰, 禮
樂廢, 諸侯恣行, 而幽王爲犬戎所敗, 周東徙雒邑. 秦襄公攻戎救周, 始
列爲諸侯. 秦襄公既侯, 居西垂, 自以爲主少皞之神, 作西畤, 祠白帝,
其牲用騮駒黃牛羝羊各一云. 其後十六年, 秦文公東獵汧渭之閒, 卜
居之而吉. 文公夢黃蛇自天下屬地, 其口止于鄜衍. 文公問史敦, 敦曰,
"此上帝之徵, 君其祠之." 於是作鄜畤, 用三牲郊祭白帝焉. 自未作鄜
畤也, 而雍旁故有吳陽武畤, 雍東有好畤, 皆廢無祠. 或曰, "自古以雍
州積高, 神明之隩, 故立畤郊上帝, 諸神祠皆聚云. 蓋黃帝時嘗用事, 雖
晚周亦郊焉." 其語不經見, 縉紳者不道. 作鄜畤後九年, 文公獲若石云,
于陳倉北阪城祠之. 其神或歲不至, 或歲數來, 來也常以夜, 光輝若流
星, 從東南來集于祠城, 則若雄雞, 其聲殷云, 野雞夜雊. 以一牢祠, 命
曰陳寶.

作鄜畤後七十八年, 秦德公既立, 蔔居雍曰, "後子孫飮馬于河", 遂
都雍. 雍之諸祠自此興. 用三百牢于鄜畤. 作伏祠. 磔狗邑四門, 以御蠱
菑. 德公立二年卒. 其後六四年, 秦宣公作密畤于渭南, 祭青帝. 其後
十四年, 秦繆公立, 病臥五日不寤. 寤, 乃言夢見上帝, 上帝命繆公平
晉亂. 史書而記藏之府. 而後世皆曰秦繆公上天. 秦繆公卽位九年, 齊
桓公既霸, 會諸侯于葵丘, 而欲封禪. 管仲曰, "古者封泰山禪梁父者
七十二家, 而夷吾所記者十有二焉. 昔無懷氏封泰山, 禪云云. 虙羲封
泰山, 禪云云. 神農封泰山, 禪云云. 炎帝封泰山, 禪云云. 黃帝封泰山,
禪亭亭. 顓頊封泰山, 禪云云. 帝嚳封泰山, 禪云云. 堯封泰山, 禪云云.
舜封泰山, 禪云云. 禹封泰山, 禪會稽. 湯封泰山, 禪云云. 周成王封泰
山, 禪社首, 皆受命然後得封禪." 桓公曰, "寡人北伐山戎, 過孤竹. 西

伐大夏, 涉流沙, 束馬懸車, 上卑耳之山. 南伐至召陵, 登熊耳山以望江漢. 兵車之會三, 而乘車之會六, 九合諸侯, 一匡天下, 諸侯莫違我. 昔三代受命, 亦何以異乎?"於是管仲睹桓公不可窮以辭, 因設之以事, 曰, "古之封禪, 鄗上之黍, 北里之禾, 所以爲盛. 江淮之閑, 一茅三脊, 所以爲藉也. 東海致比目之魚, 西海致比翼之鳥, 然後物有不召而自至者十有五焉. 今鳳皇麒麟不來, 嘉谷不生, 而蓬蒿藜莠茂, 鴟梟數至, 而欲封禪, 毋乃不可乎?"於是桓公乃止. 是歲, 秦繆公內晉君夷吾. 其後三置晉國之君, 平其亂. 繆公立三十九年而卒.

其後百有餘年, 而孔子論述六藝, 傳略言易姓而王, 封泰山禪乎梁父者七十餘王矣, 其俎豆之禮不章, 蓋難言之. 或問禘之說, 孔子曰, "不知. 知禘之說, 其于天下也視其掌."詩云紂在位, 文王受命, 政不及泰山. 武王克殷二年, 天下未寧而崩. 爰周德之洽維成王, 成王之封禪則近之矣. 及後陪臣執政, 季氏旅于泰山, 仲尼譏之. 是時萇弘以方事周靈王, 諸侯莫朝周, 周力少, 萇弘乃明鬼神事, 設射狸首. 狸首者, 諸侯之不來者. 依物怪欲以致諸侯. 諸侯不從, 而晉人執殺萇弘. 周人之言方怪者自萇弘. 其後百餘年, 秦靈公作吳陽上畤, 祭黃帝. 作下畤, 祭炎帝. 後四十八年, 周太史儋見秦獻公曰, "秦始與周合, 合而離, 五百歲當復合, 合十七年而霸王出焉."櫟陽雨金, 秦獻公自以爲得金瑞, 故作畦畤櫟陽而祀白帝. 其後百二十歲而秦滅周, 周之九鼎入于秦. 或曰, "宋太丘社亡, 而鼎沒于泗水彭城下."其後百一十五年而秦並天下.

진시황은 천하를 통일한 뒤 황제皇帝를 자칭했다. 이때 어떤 자가 말했다.

"황제는 토덕土德을 얻어 황룡과 큰 지렁이가 출현했다. 하나라는 목덕木德을 얻어 청룡이 교외에 머물고 초목이 무성하게 자랐다. 은 나라는 금덕金德을 얻어 산속에 은銀이 넘쳤다. 주나라는 화덕火德을 얻어 적색 까마귀의 길조가 있었다. 지금 진나라가 주나라를 대신했으니 이제 수덕水德이 흥할 시대다. 전에 진문공이 사냥하러 나갔다가 흑룡을 얻은 적이 있다. 바로 수덕의 조짐을 얻은 것이다."

계절에서는 겨울 10월을 세수歲首로 삼고, 오색에서는 흑색을 숭상하고, 숫자에서는 6을 기본단위로 삼고, 음률에서는 대려大呂를 숭상하고, 정사에서는 법치를 숭상했다. 진시황은 재위 3년째 동쪽으로 군현을 시찰하고, 추역산騶嶧山에서 제사 지내고, 진나라의 공업을 기렸다. 제나라와 노나라의 유생과 박사 일흔 명을 선발해 함께 태산 아래로 갔다. 유생 가운데 어떤 자가 고했다.

"옛날 봉선 의식은 부들 풀로 바퀴를 감싼 포거蒲車를 이용했습니다. 산의 토석과 초목이 상하지 않게 하려는 조치였습니다. 땅을 쓸고 그곳에 제사를 지냈습니다. 자리는 벼의 줄기를 사용했습니다. 이는 전래의 의례를 잘 좇고자 한 것입니다."

진시황은 이들의 논의가 각기 다르고 사리에 맞지 않아 시행하기 어렵다고 생각해 유생들을 배척했다. 이내 영을 내려 수레가 다닐 수 있도록 태산 남쪽부터 정상에 이르기까지 길을 닦게 했다. 또 자신의 공을 기리는 비석을 세우게 했다. 봉선의 이유를 밝히고자 한 것이다. 태산의 북쪽 길로 내려와 양보산에서 지신에게 제사를 올렸다. 그 의례에는 축문과 기도를 담당하는 태축太祝이 옹 땅에서 상제에게 제사 지낼 때 사용한 의식을 대거 채용했다. 봉선에 관한 기록은 모두 비밀에 부친 까닭에 세인들은 이를 기록할 수 없었다.

당시 진시황은 태산에 올랐다가 산중턱에서 폭풍우를 만났다. 큰 나무 아래서 비가 멈추기를 기다렸다. 배척을 받아 봉선 의식에 참여하지 못한 유생들은 진시황이 폭풍우를 만났다는 말을 듣고 비웃었다. 진시황은 봉선 의식을 끝낸 후 계속 동쪽 발해까지 유람하며 명산대천과 팔신八神에게 제사 드리고, 선문羨文과 같은 신선에게 복을 기원했다. 팔신은 옛날부터 있었다. 어떤 사람은 제태공齊太公 이후 만들어졌다고 한다. 제나라가 '제齊'로 불리게 된 것은 팔신 가운데 하나인 천제신天齊神에서 비롯된 것이다. 도중에 천제에 관한 제사가 끊겨 언제부터 시작되었는지도 알 수 없다. 팔신은 다음과 같다.

첫째, 천주天主다. 천제천天齊泉에서 제사 지낸다. 천제는 샘물이다. 임치臨菑 남쪽 근교의 산 아래에 있다. 둘째, 지주地主다. 태산과 양보산에서 제사 지낸다. 본래 천신은 음기를 좋아한다. 반드시 높은 산 아래나 작은 산 위에서 제사를 지내야 하는 이유다. 그 제단을 치畤라 한다. 지신은 양기를 귀하게 여긴다. 반드시 대택의 둥근 언덕 위에서 제사 지내야 하는 이유다. 셋째, 병주兵主다. 치우에게 제사 지낸다. 치우는 동평륙東平陸의 감향監鄕에 있다. 제나라의 서쪽 경계다. 넷째, 음주陰主다. 삼산三山에서 제사 지낸다. 다섯째, 양주陽主다. 지부산之罘山에서 제사 지낸다. 여섯째, 월주月主다. 내산萊山에서 제사 지낸다. 제나라 북쪽에 있고 발해에 접해 있다. 일곱째, 일주日主다. 성산成山에서 제사 지낸다. 성산은 가파르게 굽어 바다로 들어가고, 제나라의 가장 동북쪽 모퉁이에 위치한다. 해돋이를 맞이할 수 있다. 여덟째, 사시주四時主다. 낭야琅邪에서 제사 지낸다. 낭야는 제나라의 동쪽에 있다. 한 해의 시작을 기도한다. 팔신에 대한 제사는 모두 희생 한 마리를 사용한다. 제사를 맡은 무축巫祝은 옥백 등의 제품을 약간씩 증감할 수 있다. 중간에 특이한 것이 섞이기도 한다.

제위왕齊威王과 제선왕齊宣王 때 음양가인 추연의 무리가 이른바 오행의 덕행이 상생相生 및 상극相剋의 관계를 이루며 순환한다는 오덕종시설을 논했다. 진나라가 황제를 칭한 후 제나라 사람이 이를 상주했다. 진시황이 이를 받아들였다. 송무기宋毋忌·정백교正伯僑·충상充尙·선문고羨門高에 이르기까지 모두 연나라 사람으로 신선의 도술을 익혔다. 몸이 소멸되면 혼이 승천해 귀신의 일에 의존하게 된다는 식이다. 추연은 음양설로 제후들 내에서 명성을 떨쳤다. 연나라와 제나라 해안가 방사들이 그의 학술을 계승했다. 그러나 통달하지 못해 실제에서 크게 벗어났다. 기괴한 이론으로 권력에 아부한 자가 셀 수 없을 정도로 흥기했다. 제위왕과 제선왕, 연소왕燕昭王 때부터 사람을 바다로 보내 봉래蓬萊·방장方丈·영주瀛洲 등 삼신산三神山을 찾도록 하는 일이 일어난 이유다.

전설에 따르면 삼신산은 발해에 있다. 인간세상에서 멀리 떨어져 있지는 않으나 선인僊人들은 배가 닿을 것을 우려해 바람을 일으켜 배를 보낸다. 그곳에 가본 사람도 있다고 한다. 모든 선인과 장생불사의 약이 그곳에 있다. 그곳에 있는 사물과 금수는 모두 흰색이다. 궁궐은 모두 황금과 백은으로 지었다고 한다. 아직 거기에 이르지 않았을 때 멀리서 바라다보면 삼신산은 천상의 백운과 같다. 근처에 이르면 삼신산은 오히려 수면 아래에 있는 듯하다. 배가 막 다다르려 하면 바람이 배를 밀쳐내 도무지 도달할 수 없다.

세상의 제왕 가운데 그곳에 가고 싶어 하지 않은 자가 없었다. 진시황이 천하를 통일한 후 방사들이 해상의 신선에 관한 이야기를 무수히 했다. 진시황은 친히 바닷가로 나아갔다가 삼신산에 이르지 못할까 두려워했다. 사람을 시켜 동남동녀童男童女를 데리고 해상으로 나아가 삼신산을 찾도록 한 이유다. 배가 바다로 나아갔지만 모두 바람 때문에 도달하지 못했다. 비록 도달하지는 못했지만 삼신산을 확실히 보았다고 고했다. 이듬해에 진시황이 다시 해상을 순행해 낭야산琅邪山에 이르렀다. 항산을 거쳐 상당上黨에서 환궁했다. 3년 뒤 갈석을 순행했다. 신선을 찾기 위해 바다로 나갔던 방사들을 심문하고, 상군上郡에서 환궁했다. 5년 뒤 남쪽으로 상산湘山까지 순행했다. 회계산에 오른 뒤 해안을 따라 올라가면서 삼신산의 불사약을 얻고자 했다. 그러나 얻지 못하고 환궁하는 도중에 사구沙丘에서 죽었다.

2세 원년, 2세 황제 호해가 동쪽으로 갈석을 순행했다. 바다를 따라 남하해, 태산을 지나 회계산에 이르렀다. 의례에 의거해 신령에게 제사 지냈다. 진시황이 세운 비석의 글 옆에 진시황의 공덕을 기리는 글을 새겨 넣었다. 이해 가을, 제후들이 진나라를 배반했다. 2세 3년, 2세 황제가 조고에게 피살되었다. 진시황이 봉선을 행한 지 12년만에 진나라는 멸망했다. 당시 유생들은 진시황이 《시》와 《서》를 불태우고, 문학을 모욕하고 살육한 것을 증오했다. 백성은 그가 만든 법을 증오했다. 천하의 사람들이 모두 진나라를 배반한 이유다. 그들 모두 이런 유언비어를 퍼뜨렸다.

"진시황이 태산에 올랐으나 폭풍우가 방해해 봉선 의식을 행할 수 없었다."

이것이 바로 덕행이 갖추어지지 않으면 봉선 의식을 거행할 수 없다는 뜻이 아니겠는가?

●● 秦始皇既並天下而帝, 或曰, "黃帝得土德, 黃龍地螾見. 夏得木德, 青龍止于郊, 草木暢茂. 殷得金德, 銀自山溢. 周得火德, 有赤烏之

符. 今秦變周, 水德之時. 昔秦文公出獵, 獲黑龍, 此其水德之瑞." 於是
秦更命河曰 '德水', 以冬十月爲年首, 色上黑, 度以六爲名, 音上大呂,
事統上法. 卽帝位三年, 東巡郡縣, 祠騶峰山, 頌秦功業. 於是徵從齊魯
之儒生博士七十人, 至乎泰山下. 諸儒生或議曰, "古者封禪爲蒲車, 惡
傷山之土石草木. 埽地而祭, 席用菹稭, 言其易遵也." 始皇聞此議各乖
異, 難施用, 由此絀儒生. 而遂除車道, 上自泰山陽至巓, 立石頌秦始皇
帝德, 明其得封也. 從陰道下, 禪于梁父. 其禮頗采太祝之祀雍上帝所
用, 而封藏皆秘之, 世不得而記也.

始皇之上泰山, 中阪遇暴風雨, 休于大樹下. 諸儒生旣絀, 不得與用
于封事之禮, 聞始皇遇風雨, 則譏之. 於是始皇遂東遊海上, 行禮祠名
山大川及八神, 求僊人羨門之屬. 八神將自古而有之, 或曰太公以來作
之. 齊所以爲齊, 以天齊也. 其祀絕莫知起時. 八神, 一曰天主, 祠天齊.
天齊淵水, 居臨菑南郊山下者. 二曰地主, 祠泰山梁父. 蓋天好陰, 祠之
必于高山之下, 小山之上, 命曰 '畤'. 地貴陽, 祭之必于澤中圜丘云. 三
曰兵主, 祠蚩尤. 蚩尤在東平陸監鄉, 齊之西境也. 四曰陰主, 祠三山.
五曰陽主, 祠之罘. 六曰月主, 祠之萊山. 皆在齊北, 並勃海. 七曰日主,
祠成山. 成山斗入海, 最居齊東北隅, 以迎日出云. 八曰四時主, 祠琅
邪. 琅邪在齊東方, 蓋歲之所始. 皆各用一牢具祠, 而巫祝所損益, 圭幣
雜異焉. 自齊威·宣之時, 騶子之徒論著終始五德之運, 及秦帝而齊人
奏之, 故始皇采用之. 而宋毋忌·正伯僑·充尙·羨門高最後皆燕人, 爲
方僊道, 形解銷化, 依于鬼神之事. 騶衍以陰陽主運顯于諸侯, 而燕齊
海上之方士傳其術不能通, 然則怪迂阿諛苟合之徒自此興, 不可勝數
也. 自威·宣·燕昭使人入海求蓬萊·方丈·瀛洲. 此三神山者, 其傅在
勃海中, 去人不遠. 患且至, 則船風引而去. 蓋嘗有至者, 諸僊人及不死

之藥皆在焉. 其物禽獸盡白, 而黃金銀爲宮闕. 未至, 望之如云. 及到, 三神山反居水下. 臨之, 風輒引去, 終莫能至云. 世主莫不甘心焉. 及至秦始皇並天下, 至海上, 則方士言之不可勝數. 始皇自以爲至海上而恐不及矣, 使人乃齎童男女入海求之. 船交海中, 皆以風爲解, 曰未能至, 望見之焉. 其明年, 始皇復遊海上, 至琅邪, 過恒山, 從上黨歸.

後三年, 遊碣石, 考入海方士, 從上郡歸. 後五年, 始皇南至湘山, 遂登會稽, 並海上, 冀遇海中三神山之奇藥. 不得, 還至沙丘崩. 二世元年, 東巡碣石, 並海南, 曆泰山, 至會稽, 皆禮祠之, 而刻勒始皇所立石書旁, 以章始皇之功德. 其秋, 諸侯畔秦. 三年而二世弑死. 始皇封禪之後十二歲, 秦亡. 諸儒生疾秦焚詩書, 誅僇文學, 百姓怨其法, 天下畔之, 皆訛曰, "始皇上泰山, 爲暴風雨所擊, 不得封禪." 此豈所謂無其德而用事者邪?

옛날 하·은·주 삼대의 도성이 모두 황하와 낙수洛水 사이에 있었다. 숭산을 중악으로 하고, 나머지 사악四嶽은 각자의 방위에 따라 이름을 정했다. 사독 모두 효산의 동쪽인 산동에 있었다. 진나라가 황제를 칭한 뒤 함양咸陽을 천하의 도성으로 삼자 오악과 사독 모두 도성의 동쪽에 위치하게 되었다.

오제부터 진나라에 이르기까지 흥망이 거듭되었다. 명산대천이 제후의 경내에 있기도 하고, 천자의 영토 안에 있기도 한 이유다. 제사 의식의 손익이 대대로 달라 모두 기록할 수 없다. 진나라가 천하를 통일한 후 비로소 사관에게 명해 천지와 명산대천의 귀신에게 늘 제사를 올린 까닭에 차례대로 기술할 수 있게 되었다.

당시 효산 이동에서 제사 지낸 곳을 보면 명산은 다섯 곳, 대천은 두 곳이었다. 태실太室로 부른 산이 있다. 바로 숭산이다. 또 항산·태산·회계산·상산이 있다. 두 개의 대천은 제수와 회수다. 봄에는 말린 고기와 술로 그해의 제사를 거행했다. 봄에 강물이 녹을 때, 가을에 강물이 얼 때, 겨울에 빙설로 길이 막힐 때 제사를 올렸다. 제사의 제물로는 각기 송아지 한 마리를 사용했다. 옥백 등의 제물은 서로 달랐다.

화현華縣 서쪽으로는 명산이 일곱 곳, 대천이 네 곳이다. 대표적인 명산은 화산과 박산薄山이다. 박산은 곧 쇠산衰山이다. 그밖에 악산嶽山·기산岐山·오악吳嶽·홍총鴻冢·독산瀆山이 있다. 독산은 촉蜀의 민산汶山을 말한다. 대표적인 대천으로 황하가 있다. 임진臨晉에서 제사 지냈다. 면수沔水는 한중漢中, 추연湫淵은 조나朝那, 강수江水는 촉군蜀郡에서 제사 지냈다. 봄에 얼음이 녹을 때, 가을에 강물이 얼 때 제사를 지냈다. 동쪽의 명산대천에 제사 지내는 것과 같았다. 제사의 제물로는 송아지를 썼다. 옥백 등의 제물은 서로 달랐다. 그밖에 홍산鴻山·기산·오산吳山·악산 등의 명산이 있다. 모두 햇곡식을 바쳐 제사 지냈다. 진보신陳寶神에게도 계절에 따라 제사를 지냈다. 황하에게 제사를 드릴 때는 탁주를 추가했다. 이상의 산하는 모두 옹주에 있다. 도성인 함양에서 가까웠다. 제사 때 수레 한 대와 털빛이 붉고 갈기가 검은 유구 네 필을 추가했다.

패수霸水·산수産水·장수長水·풍수灃水·노수澇水·경수涇水·위수渭水 등의 하천은 모두 대천은 아니지만 도성인 함양에서 가까웠기 때문에 명산대천과 비슷한 규모로 제사 지냈다. 더 추가되는 것은 없었다. 견수·낙수 등 두 하천과 명택鳴澤과 포산蒲山, 악서산嶽壻山 등은 모두 작은 산천이지만 매년 빙설로 길이 막힐 때, 해빙될 때, 하천이

고갈될 때 제사를 올렸다. 그 의례를 정하지는 않았다.

옹현雍縣에는 일신日神·월신月神·삼參·진辰·남북두南北斗·형혹·태백·세성·전성·진성·이십팔사·풍백風伯·우사雨師·사해四海·구신九臣·십사신十四臣·제포諸布·제엄諸嚴·제구諸逑 등의 신령에게 제사를 지내는 사당이 100여 개나 있다.[•]

서현西縣에도 수십 개의 사당이 있다. 호현湖縣에는 주나라 천자의 사당이 있다. 하규下邽에는 천신을 제사하는 사당이 있다. 풍수와 호수滈水에는 소명성에 제사 지내는 사당과 천자벽지天子辟池 사당이 있다. 두현杜縣의 박현毫縣에는 세 개의 두주杜主 사당과 남극노인성인 수성壽星의 사당이 있다. 옹현의 관묘菅廟에도 두주 사당이 있었다. 두주는 원래 주나라의 우장군右將軍을 말한다. 그는 진나라에 있던 작은 사당 신령 가운데 가장 영험이 있었다. 매년 절기를 좇아 이 여러 성수와 신령에게 제사를 올렸다. 옹현은 천지를 제사 지내는 제단인 치를 네 개 만들어놓고 상제를 받들었다. 신이 강림해 사람들을 감동시킨 것은 오직 진보신에 대한 제사였다.

옹현의 네 개 치는 봄에 풍년을 기원하는 제사와 해빙제를 거행했다. 또 가을에 물이 마르고 일찍 추워져 얼음이 얼 때, 겨울에 폭설로 길이 막힐 때 제사를 지냈다. 5월에는 튼튼한 망아지를 제사 지내는 상구嘗駒와 사계절 중간 달에 거행하는 제사인 월사月祀가 있었다. 진보신에게 드리는 제사는 진보신이 강림하는 계절에 맞추어 한 번 제

[•] 구신·십사신과 관련해《사기색은》은 그 명칭의 유래를 알 수 없다고 했다. 대략 구신은 아홉 명의 황제 밑에서 재상을 지낸 신하, 십사신은 제왕의 신하로 해석하는 견해가 있다. 제포를《사기색은》은《이아爾雅》의 주석을 인용해 제성祭星의 자리로 풀이했다. 제엄은 도로의 신으로 추정된다. 제구에 대해《사기색은》은 구逑의 뜻을 정확히 알 수 없으며,《한서》에는 수逐로 되어 있다고 했다. 도로의 신으로 추정된다.

사를 올렸다. 봄과 여름에는 적색 말인 성騂, 가을과 겨울에는 유駵를 사용한다.* 제사에서는 네 필의 망아지를 사용한다. 나무로 만든 방울 수레인 난거鸞車 한 대 및 나무로 만든 거마 한 대는 말 네 필이 이끌고, 각자 천제의 색깔과 같게 했다.

희생으로 사용한 누런 송아지와 어린 양은 각기 네 마리이고, 옥과 비단은 각기 일정한 수량이 있었다. 소와 양은 산 채로 매장했다. 조와 두 등의 예기는 사용하지 않는다. 3년에 한 번 교외 제사를 지냈다. 진나라는 겨울 10월을 세수로 삼은 까닭에 천자는 매년 10월에 재계한 뒤 교외로 나가 상제에게 제사를 올렸다. 봉화에 불을 붙여 궁궐까지 이르게 하고, 함양 부근에서 절을 올렸다. 의복은 흰색을 숭상하고, 기타 용품은 일반 제사와 같았다. 서치·휴치의 제사는 통일 이전과 같았다. 천자가 친히 가지 않은 이유다.

이들 제사는 모두 태축이 주관해 매년 거행했다. 그밖에 명산대천의 뭇 신령과 팔신 등의 제사는 천자가 그곳을 지날 때만 지냈고, 떠나면 그만두었다. 군현·도성으로부터 멀리 떨어진 곳의 사당은 그곳 백성이 주관이 되어 지냈다. 천자의 축관祝官은 관여하지 않았다. 축관 중에 제왕을 위해 제사를 주관하는 비축祕祝이 있다. 재앙이 생기면 제사를 거행해 축원하면서 재앙을 아랫사람에게 전가했다.

●● 昔三代之君居皆在河洛之閑, 故嵩高爲中嶽, 而四嶽各如其方, 四瀆咸在山東. 至秦稱帝, 都咸陽, 則五嶽·四瀆皆並在東方. 自五帝以至秦, 軼興軼衰, 名山大川或在諸侯, 或在天子, 其禮損益世殊, 不可勝記. 及秦並天下, 令祠官所常奉天地名山大川鬼神可得而序也. 於是

● 유駵는 붉은색의 몸에 검은 갈기를 지닌 적신흑종赤身黑鬣의 말을 뜻한다. 류騮와 같은 글자다.

自淆以東, 名山五, 大川祠二. 曰太室. 太室, 嵩高也. 恒山, 泰山, 會稽, 湘山. 水曰濟, 曰淮. 春以脯酒爲歲祠, 因泮凍, 秋涸凍, 冬塞禱祠. 其牲用牛犢各一, 牢具圭幣各異. 自華以西, 名山七, 名川四. 曰華山, 薄山. 薄山者, 衰山也. 嶽山, 岐山, 吳嶽, 鴻冢, 瀆山. 瀆山, 蜀之汶山. 水曰河, 祠臨晉. 沔, 祠漢中. 湫淵, 祠朝那. 江水, 祠蜀. 亦春秋泮涸禱塞, 如東方名山川. 而牲牛犢牢具圭幣各異. 而四大冢鴻·岐·吳·嶽, 皆有嘗禾. 陳寶節來祠. 其河加有嘗醪. 此皆在雍州之域, 近天子之都, 故加車一乘, 騮駒四. 霸·產·長水·灃·澇·涇·渭皆非大川, 以近咸陽, 盡得比山川祠, 而無諸加. 汧·洛二淵, 鳴澤·蒲山·嶽胥山之屬, 爲小山川, 亦皆歲禱塞泮涸祠, 禮不必同. 而雍有日·月·參·辰·南北斗·熒惑·太白·歲星·填星·辰星·二十八宿·風伯·雨師·四海·九臣·十四臣·諸布·諸嚴·諸述之屬, 百有餘廟. 西亦有數十祠. 于湖有周天子祠. 于下邽有天神. 灃·滈有昭明·天子辟池. 于社杜·亳有三社主之祠·壽星祠. 而雍菅廟亦有杜主.

杜主, 故周之右將軍, 其在秦中, 最小表之神者. 各以歲時奉祠. 唯雍四時上帝爲尊, 其光景動人民唯陳寶. 故雍四時, 春以爲歲禱, 因泮凍, 秋涸凍, 冬塞祠, 五月嘗駒, 及四仲之月祠若月祠, 若陳寶節來一祠. 春夏用騂, 秋冬用駵. 時駒四匹, 木禺龍欒車一駟, 木禺車馬一駟, 各如其帝色. 黃犢羔各四, 圭幣各有數, 皆生瘞埋, 無俎豆之具. 三年一郊. 秦以冬十月爲歲首, 故常以十月上宿郊見, 通權火, 拜于咸陽之旁, 而衣上白, 其用如經祠云. 西時·畦時, 祠如其故, 上不親往. 諸此祠皆太祝常主, 以歲時奉祠之. 至如他名山川諸鬼及八神之屬, 上過則祠, 去則已. 郡縣遠方神祠者, 民各自奉祠, 不領于天子之祝官. 祝官有秘祝, 卽有菑祥, 輒祝祠移過于下.

한나라가 흥기하기 전 한고조 유방이 빈천했을 때 큰 뱀을 죽인 적이 있다. 당시 어떤 귀신이 말했다.

"그 뱀은 백제의 아들이고, 그 뱀을 죽인 자는 적제의 아들이다."

한고조가 처음 군사를 일으켰을 때 풍현豐縣의 마을 사당인 분유사枌榆社에서 적제에게 제사를 올렸다. 패현을 점령한 후 패공沛公을 칭하고, 곧바로 치우에게 제사 지내고, 북과 깃발에 피를 발랐다. 이 해 10월, 마침내 함양 인근의 파상灞上에 이르러 제후들과 함께 함양을 평정하고 스스로 한왕을 칭했다. 이때 진나라의 역법을 좇아 10월을 세수로 삼고, 적색을 숭상했다. 한고조 2년, 동쪽으로 항우를 치고 관중 땅으로 환군한 뒤 좌우에 물었다.

"옛날 진나라 때 제사를 지낸 상제들은 누구인가?"

좌우에서 대답했다.

"모두 네 명입니다. 백제·청제·황제·적제의 사당이 있습니다."

고조가 물었다.

"나는 하늘에 오제가 있다고 들었소. 네 명의 상제만 제사를 지낸 까닭은 무엇이오?"

대답하는 자가 아무도 없었다. 고조가 말했다.

"내가 짐작할 수 있다. 이는 내가 오기를 기다려 오제五帝의 숫자를 채우고자 한 것이다!"

곧 흑제黑帝 사당을 건립한 뒤 북치로 명명했다. 담당 관원이 제사를 주관했고, 천자는 친히 제사에 참석하지 않았다. 진나라의 옛 축관을 모두 불러 모은 뒤 태축과 태재太宰의 관직을 다시 두었다. 의례도 이전처럼 했다. 또 각 현에 관아에서 제사를 주관하는 공사公社를 둔 뒤 다음과 같은 명을 내렸다.

나는 사당을 매우 존중하며 제사를 중히 여긴다. 지금 상제 및 명산 대천의 신령에 대한 제사를 주관하는 자는 이전처럼 제사를 올리도록 하라.

이로부터 4년 뒤 천하가 평정되자 어사에게 조서를 내려 이같이 명했다.

풍현의 분유사를 신중히 보수하고, 계절마다 제사를 거행토록 하라. 봄에는 양과 돼지를 희생으로 쓰도록 하라.

또 축관에게 명해 장안長安에 치우사蚩尤祠를 세우도록 했다. 장안에 사관과 축관, 여무女巫를 두었다. 양 땅의 무축은 천天·지地·천사天社·천수天水·방중房中·당상 등의 신령에 대한 제사를 담당했다. 진晉 땅의 무축은 오제·동군東君·운중군雲中君·사명·무사巫社·무사巫祠·족인族人·선취先炊 등의 신령에 대한 제사를 담당했다. 진秦 땅의 무축은 사주社主·무보巫保·족루族累 등의 신령에 대한 제사를 담당했다. 형荊 땅의 무축은 당하·무선巫先·사명·시미施糜 등의 신령에 대한 제사를 담당했다. 중앙과 하늘의 팔방인 구천九天의 무축은 구천의 신령에 대한 제사를 담당했다. 모두 매년 시기에 맞추어 궁중에서 제사를 올렸다.

이들 가운데 황하를 담당한 무축인 하무河巫는 임진으로 내려가 황하의 신령, 남산을 담당한 무축인 남산무南山巫는 남산에서 진중秦中의 신령에게 제사를 지냈다. 진중의 신령은 2세 황제를 가리킨다. 이상의 모든 제사는 제사하는 날짜가 정해져 있었다. 2년 뒤 어떤 자가 말했다.

"주나라가 흥기하자 태읍邰邑을 세우고 후직의 사당을 건립했습니다. 지금까지 천하 사람이 제사를 지내고 있습니다."

한고조가 어사에게 조명을 내렸다.

"각 군국郡國과 현에 농사를 담당한 별인 영성을 위한 사당을 세우고, 매년 정해진 시기에 소를 제물로 삼아 제사를 지내도록 하라."

한고조 10년 봄, 담당 관원들이 천자에게 청했다.

"각 현은 매년 봄 2월과 12월에 양과 돼지로 토지신과 곡물신에게 제사 지내고, 민간의 토지신에게는 각자 재물을 각출해 제사 지낼 수 있도록 허락해주십시오."

"허락한다."

이로부터 18년 뒤, 한문제漢文帝가 즉위했다. 즉위한 지 13년 되던 해에 이런 조명을 내렸다.

지금 비축관祕祝官이 재앙을 신민에게 전가하고 있다. 짐은 이를 받아들일 수 없다. 지금부터 이 제도를 없애도록 하라.

당초 어떤 명산대천은 제후국에 있었다. 제후국의 축관이 각기 제사를 거행했으나 천자의 축관은 통제할 수 없었다. 제나라와 회남국淮南國이 제사를 없애자 태축에게 명해 모두 이전처럼 매년 기일에 맞추어 제사를 지내도록 했다. 이해에 한문제가 다음과 같이 조서를 내렸다.

짐이 즉위한 지 금년으로 13년이 되었다. 그간 종묘의 신령과 사직의 축복에 의지해 바야흐로 나라가 안정되고, 백성은 질병에 걸리지 않았고, 또 매년 풍년이 들었다. 짐이 부덕한데도 어찌 이와 같은 큰 복을 받을 수 있었겠는가? 이는 모두 상제와 여러 신이 내려준 것이다. 대략 옛날에 그런 은덕을 입으면 반드시 그 공로에 보답해야 한다고 들었다. 여러 신에 대한 제사 의례를 더 확대하고자 한다. 담당 관원들은 옹현의 오치五時에서 제사를 올릴 때 각기 수레 한 대와 그에 딸린 마구를 추가하고, 서치와 휴치에는 나무로 만든 수레 한 대와 네 필의 모형 말, 그에 딸린 마구를 추가하도록 하라. 황하·추수湫水·한수의 제사에는 각각 옥벽玉璧을 두 개씩 추가하라. 또 여러 사당에도 제단 장소를 더 넓히고, 옥백과 제기 등을 차등 지급하도록 하라. 지금까지 축관들 모두 짐의 축복만 빈 탓에 백성은 축복을 받을 수 없었다. 이후 축사를 할 때는 공경을 다하되 짐을 위해 기도는 하지 말라.

노나라 방사 공손신이 상서했다.

원래 진나라는 수덕水德을 얻었고, 지금 한나라는 이를 계승했습니다. 오덕종시설을 좇아 추산해보면 한나라는 토덕을 받은 것입니다. 토덕의 감화로 황룡이 출현할 것입니다. 응당 역법을 개정하고, 복색을 바꾸고, 황색을 숭상해야 할 것입니다.

승상 장창이 음률과 역법을 좋아했다. 한나라가 수덕의 시초이고, 동군東郡쪽 황하의 제방인 금제金隄가 터진 것도 수덕의 징조라고 여겼다. 이에 매년 겨울 10월을 세수로 하고, 밖으로는 흑색을 숭상하되 안으로는 붉은색을 숭상해야만 수덕과 부합할 수 있다고 생각했다. 장창의 이런 의견은 공손신의 주장과 달라 이내 묵살되었다.

이로부터 3년 뒤, 황룡이 성기 땅에 나타났다. 한문제가 공손신을 불러 박사에 임명했다. 여러 유생과 함께 역법과 복색 개정에 관한 일의 초안을 세우게 했다. 이해 여름, 한문제가 다음과 같이 조서를 내렸다.

기이한 신물神物이 성기 땅에 나타났다. 백성에게는 피해가 없고, 매년 풍년이 들 것이다. 짐은 교외에서 상제와 여러 신에게 제사를 지내고자 한다. 예관들은 이를 상의한 뒤 거리낌 없이 짐에게 말하도록 하라.

담당 관원들이 고했다.

"옛날 천자는 여름에 친히 교외 제사를 거행했습니다. 교외에서 상제에게 제사 지낸 까닭에 교사郊祠로 부른 것입니다."

이해 여름 4월, 한문제가 누차 옹현의 오치에서 제사를 올렸다. 의복은 모두 적색을 숭상했다. 이듬해, 조나라 출신 신원평이 운기를 보고 황제에게 고했다.

"장안의 동북쪽에 신기神氣가 나타났습니다. 오색을 이루어 마치 관면冠冕을 쓴 관원의 형상을 하고 있습니다. 혹자는 동북쪽은 신명이 거주하는 곳이고, 서쪽은 신명의 묘지라고 합니다. 하늘에서 길조를 내렸으니 응당 사당을 세워 길조에 부응하도록 하십시오."

위양渭陽에 오제묘五帝廟를 만든 이유다. 오제는 같은 사당에 있었다. 각각 방향을 좇아 세운 전당殿堂 안에 모셨다. 마주 보는 다섯 개의 문은 전내殿內의 상제 색깔과 같게 했다. 모든 의례는 옹성의 오치와 같았다.

여름 4월, 한문제가 친히 파수霸水와 위수渭水가 만나는 곳으로 가 참배하고, 위양의 오제묘를 찾아가 제사를 올렸다. 오제묘 남쪽은 위수에 접해 있고, 북쪽은 포지蒲池를 가로지르는 도랑이 있었다. 횃불을 밝혀 제사를 올렸다. 불빛이 빛나 마치 하늘과 서로 이어진 듯했다. 신원평을 상대부上大夫에 봉하고, 수천 금을 하사했다. 또 박사와 여러 유생에게 육경 속에서 예제를 가려내《예기》〈왕제王制〉를 편찬하게 하고, 순수와 봉선 의식을 논의하게 했다. 한문제가 장문정長門亭을 나설 때 마치 다섯 명이 도로 북쪽에 서 있는 듯했다. 그 자리에 오제의 제단을 세우고, 오뢰五牢의 희생으로 제사를 지냈다.

이듬해, 신원평이 사람을 시켜 옥배를 지닌 채 궁궐 아래로 가 상서하며 진언하도록 했다. 그가 미리 천자에게 고했다.

"보옥의 기운이 궁궐 아래로 내려와 있습니다."

얼마 후 진헌된 물품을 살펴보니 과연 옥잔을 바친 자가 있었다. 그 위에 "인주연수人主延壽"라는 네 글자가 있었다. 신원평이 말했다.

"신이 추측컨대 해가 하루에 두 번 중천에 나타날 것입니다."

얼마 후 해가 서쪽으로 치우쳤다가 다시 중천으로 돌아갔다. 한문제가 17년을 원년으로 바꾸고, 천하에 명을 내려 성대한 축하연을 베풀도록 했다. 신원평이 고했다.

"주나라의 보정寶鼎•이 사수에 빠진 바가 있습니다. 지금 황하가 범람해 사수와 통하고 있습니다. 동북쪽 분음汾陰 쪽에 금보金寶의 기운이 있습니다. 사수에 빠진 주나라의 보정이 나오려는 조짐입니다. 조

• 《한서》〈무제기〉에 따르면 원정元鼎 4년 6월, 지금의 산서성山書省을 남북으로 가르는 분수가의 후토사后土祠 옆에서 보정이 우연히 발견되었다고 한다.

짐이 나타났는데도 이를 찾지 않으면 보정이 절로 세상에 모습을 드러내지는 않을 것입니다."

한문제가 분음 남쪽에 사당을 짓고, 제사를 올려 주나라 보정의 출현을 기원하도록 했다. 어떤 자가 상서했다.

신원평이 말한 여러 운기와 신령에 관한 일은 모두 거짓입니다.

신원평을 옥리에게 보내 취조하게 했다. 이내 그를 죽이고 일족을 멸했다. 이후 한문제는 정삭과 복색, 신령의 일을 바꾸는 일에 시큰 둥했다. 위양과 장문정의 오제가 사관이 기일에 맞추어 제사 지내도록 하고, 제사에 직접 가지는 않았다. 이듬해, 흉노가 수차례 변경을 침입하자 군사를 동원해 이를 막았다. 이후 몇 년 동안 수확이 줄어 들고 늘어나지 않았다. 수년 후 한경제가 즉위했다. 이후 16년 동안 사관이 각기 기일에 맞추어 이전처럼 제사를 올렸다. 더는 새로 건립되는 사당은 없었고, 지금의 천자까지 그대로다.

●● 漢興, 高祖之微時, 嘗殺大蛇. 有物曰, "蛇, 白帝子也, 而殺者赤帝子." 高祖初起, 禱豐枌楡社. 徇沛, 爲沛公, 則祠蚩尤, 釁鼓旗. 遂以十月至灞上, 與諸侯平咸陽, 立爲漢王. 因以十月爲年首, 而色上赤. 二年, 東擊項籍而還入關, 問曰, "故秦時上帝祠何帝也?" 對曰, "四帝, 有白·青·黃·赤帝之祠." 高祖曰, "吾聞天有五帝, 而有四, 何也?" 莫知其說. 於是高祖曰, "吾知之矣, 乃待我而具五也!" 乃立黑帝祠, 命曰北畤. 有司進祠, 上不親往. 悉召故秦祝官, 復置太祝·太宰, 如其故儀禮. 因令縣爲公社. 下詔曰, "吾甚重祠而敬祭. 今上帝之祭及山川諸神當祠者, 各以其時禮祠之如故." 後四歲, 天下已定, 詔御史, 令豐謹治枌榆社, 常以四時春以羊彘祠之. 令祝官立蚩尤之祠于長安. 長安置祠祝官·女巫. 其梁巫, 祠天·地·天社·天水·房中·堂上之屬. 晉巫, 祠五帝·東君·雲中君·司命·巫社·巫祠·族人·先炊之屬. 秦巫, 祠社主·巫保·族累之屬. 荊巫, 祠堂下·巫先·司命·施糜之屬. 九天巫, 祠九天, 皆以歲時祠宮中. 其河巫祠河于臨晉, 而南山巫祠南山秦中. 秦中者, 二世皇帝. 各有時月日. 封禪書其後二歲, 或曰周興而邑邰, 立後稷之祠, 至今血食天下. 於是高祖制詔御史曰, "其令郡國縣立靈星祠, 常以歲時祠以牛." 高祖十年春, 有司請令縣常以春三二月及時臘祠社稷以羊豕, 民里社各自財以祠. 制曰, "可."

其後十八年, 孝文帝卽位. 卽位十三年, 下詔曰, "今秘祝移過于下, 朕甚不取. 自今除之." 始名山大川在諸侯, 諸侯祝各自奉祠, 天子官不領. 及齊·淮南國廢, 令太祝盡以歲時致禮如故. 是歲, 制曰, "朕卽位十三年于今, 賴宗廟之靈, 社稷之福, 方內艾安, 民人靡疾. 閒者比年登, 朕之不德, 何以饗此?皆上帝諸神之賜也. 蓋聞古者饗其德必報其功, 欲有增諸神祠. 有司議增雍五畤路車各一乘, 駕被具. 西畤畦畤禹車各一乘, 禹馬四匹, 駕被具. 其河·湫·漢水加玉各二. 及諸祠, 各增廣壇場, 圭幣俎豆以差加之. 而祝秘者歸福于朕, 百姓不與焉. 自今祝致敬, 毋有所祈." 魯人公孫臣上書曰, "始秦得水德, 今漢受之, 推終始傳, 則漢當土德, 土德之應黃龍見. 宜改正朔, 易服色, 色上黃." 是時丞相張蒼好律曆, 以爲漢乃水德之始, 故河決金隄, 其符也. 年始冬十月, 色外黑內赤, 與德相應. 如公孫臣言, 非也. 罷之. 後三歲, 黃龍見成紀. 文帝乃召公孫臣, 拜爲博士, 與諸生草改曆服色事. 其夏, 下詔曰, "異物之神見于成紀, 無害于民, 歲以有年. 朕祈郊上帝諸神, 禮官議, 無諱以勞朕." 有司皆曰, "古者天子夏親郊, 祀上帝于郊, 故曰'郊'." 於是夏四月, 文帝始郊見雍五時祠, 衣皆上赤. 其明年, 趙人新垣平以望氣見上, 言"長安東北有神氣, 成五采, 若人冠絻焉. 或曰東北神明之舍, 西方神明之墓也. 天瑞下, 宜立祠上帝, 以合符應". 於是作渭陽五帝廟, 同宇, 帝一殿, 面各五門, 各如其帝色. 祠所用及儀亦如雍五時. 夏四月, 文帝親拜霸渭之會, 以郊見渭陽五帝. 五帝廟南臨渭, 北穿蒲池溝水, 權火舉而祠, 若光輝然屬天焉. 於是貴平上大夫, 賜累千金. 而使博士諸生刺六經中作王制, 謀議巡狩封禪事. 文帝出長門, 若見五人于道北, 遂因其直北立五帝壇, 祠以五牢具. 其明年, 新垣平使人持玉杯, 上書闕下獻之. 平言上曰, "闕下有寶玉氣來者." 已視之, 果有獻玉杯者, 刻曰'人主延壽'. 平又言"臣候日再中". 居頃之, 日卻復中. 於是始更以十七年爲元年, 令天下大酺. 平言曰, "周鼎亡在泗水中, 今河溢通泗, 臣望東北汾陰直有金寶氣, 意周鼎其出乎? 兆見不迎則不至." 於是上使使治廟汾陰南, 臨河, 欲祠出周鼎. 人有上書告新垣平所言氣神事皆詐也. 下平吏治, 誅夷新垣平. 自是之後, 文帝怠於改正朔服色神明之事, 而渭陽·長門五帝使祠官領, 以時致禮, 不往焉. 明年, 匈奴數入邊, 興兵守御. 後歲少不登. 數年而孝景卽位. 十六年, 祠官各以歲時祠如故, 無有所興, 至今天子.

지금의 천자인 한무제는 즉위 초, 귀신을 숭배하고 제사를 중시했다. 한무제 원년은 한나라가 흥기한 지 이미 60여 년이 된 해다. 천하가 태평하자 조정 관원 모두 천자의 봉선 의식을 거행하고, 역법과 복색을 바로잡을 것을 기대했다. 천자가 유가의 학설을 숭상해 경학에 밝고 덕행이 뛰어난 유자인 현량賢良을 선발했다. 조관趙綰·왕장王臧 등은 문학文學으로 공경公卿이 되었다. 이들은 옛 제도를 좇아 도성의 남쪽에 명당을 짓고, 제후의 조현을 받을 것을 건의했다. 황제의 순수와 봉선을 비롯해 역법과 복색의 개정 등에 관해 초안을 잡았으나 성과를 이루지 못했다.

당시 두태후竇太后는 황로학黃老學만 받아들이고 유가의 학술인 유술儒術을 싫어했다. 은밀히 사람을 시켜 조관 등이 간사하게 이익을 챙긴 사실을 알아냈다. 관원을 소집해 조관과 왕장의 범죄 사실을 심문하자 이들이 자진했다. 이들이 추진한 사업은 모두 폐기되었다.

이로부터 6년 뒤, 두태후가 죽었다. 이듬해, 황제가 문학으로 있는 공손홍 등을 불러들였다. 그 이듬해, 천자가 처음으로 옹현으로 가 오치에서 교사郊祀를 지냈다. 이후 3년에 한 번씩 오치에서 교사를 올렸다. 당시 황제는 신군神君의 신상神像을 구해 도성 남쪽의 황제 전용 어원御苑인 상림원上林園의 제씨관蹄氏觀에 안치했다.

신군은 원래 전국시대 당시 장릉현長陵縣의 어떤 여자를 말한다. 자식이 목숨을 잃어 애통해하다 죽었다. 동서인 완약宛若의 몸에 신령의 모습을 보였다. 완약이 그녀를 자신의 집에서 제사 지내자 이후 많은 사람이 찾아와 함께 제사를 올렸다. 조나라의 평원군平原君도 그곳에 제사를 지내러 간 적이 있다. 이후 그녀 후손들의 지위가 높아지고 이름이 드러나게 되었다. 지금의 천자인 한무제는 즉위 후 융숭한 예로 궁 안에 그녀를 모셔두고 제사 지내게 했다. 그녀의 말소리는 들을 수 있었으나 모습을 볼 수는 없었다.

당시 이소군李少君 역시 부엌 신인 조신竈神에 관한 제사와 곡기를 끊는 벽곡辟穀의 곡도穀道, 장생불사의 각로卻老 등의 방술로 천자를 조현했다. 천자가 그를 높이 받들었다. 이소군은 전에 심택후深澤侯의 가신으로 있던 인물로 천자의 방술을 주관했다. 그는 자신의 나이와 생장 배경을 숨기고, 늘 스스로 일흔 살이고, 귀신을 부려 불로장생을 얻을 수 있다고 말했다. 방술을 빌미로 제후국을 두루 돌아다녔다. 그에게는 처자가 없었다. 사람들은 그가 귀신을 부리고 불로장생의 방술이 있다는 소문을 믿었다. 앞다투어 재물을 보내자 늘 금전과 옷과 음식이 남아돌았다. 사람들은 그가 생업의 방도를 세우지 않아도 생활이 풍족하다고 생각했다. 그가 어디 출신인지 몰랐기에 오히려 더욱 그를 믿고 섬겼다. 그는 천부적으로 방술을 좋았고 교묘한 말을 잘했다. 그의 말은 신기하게 적중했다.

일찍이 그는 무안후武安侯의 연회에 빈객으로 참석한 적이 있었다. 그 자리에 아흔 세가량 되는 노인이 있었다. 이소군이 그의 조부가 사냥하러 놀러간 장소를 말했다. 그 노인은 어렸을 때 자신의 조부와 늘 함께 다녀 그 장소를 기억할 수 있었다. 자리에 있던 빈객들 모두 크게 놀랐다. 이소군이 천자를 알현했을 때 천자에게 오래된 동기銅器가 하나 있었다. 그 동기에 관해 묻자 이소군이 이같이 대답했다.

"그 동기는 제환공 10년에 백침대柏寢臺에 있던 것입니다."•

곧 사람을 시켜 동기의 글귀를 조사하자 과연 제환공 때의 그릇이었다. 궁궐 사람들이 모두 놀라워했다. 이소군은 신선이고, 나이 또한 수백 세가 되는 것으로 여겼다. 이소군이 천자에게 고했다.

"부엌 신에게 제사를 지내면 기이한 물건을 얻을 수 있습니다. 기이한 물건을 얻으면 단사丹沙를 이용해 황금을 제조할 수도 있습니다. 황금으로 음식을 담는 용기를 만들어 사용하면 장수할 수 있습

• 《사기색은》은《한비자》〈외저설 우상〉에 나오는 일화를 인용해 제경공이 안영과 함께 소해少海로 놀러갔다가 백침대에서 제나라를 바라본 고사로 보았다.

니다. 장수하면 바다에 떠 있는 봉래산蓬萊山 선인을 만날 수 있습니다. 선인을 만난 후 봉선을 행하면 불로장생할 수 있습니다. 황제도 그리했습니다. 일찍이 신은 바다에서 노닐다가 전설적인 신선인 안기생安期生을 만난 적이 있습니다. 안기생은 커다란 대추를 먹고 있었는데, 그 크기가 참외만했습니다. 그는 선인인 까닭에 봉래산의 선경을 왕래할 수 있습니다. 마음이 통하면 그 모습을 드러내고, 통하지 않으면 숨어버릴 것입니다."

천자가 친히 부엌 신에게 제사를 지냈다. 방사를 바다로 보내 봉래산의 안기생과 같은 선인을 찾게 했다. 또 단사 등 각종 약물을 이용해 황금을 제조하도록 했다. 오랜 세월이 지나 이소군이 병사하자 천자는 그가 신선이 되어 승천한 것이지 결코 죽은 것이 아니라고 생각했다. 황현黃縣, 추현錘縣의 축사祝史인 관서寬舒에게 이소군의 방술을 잇도록 했다. 이어 봉래의 선인 안기생을 찾게 했으나 아무도 찾을 수 없었다. 이후 연나라와 제나라 땅의 바닷가에 사는 괴이하고 우매한 방사들이 다투어 이소군을 모방했다. 박현 출신 박유기薄謬忌*가 태일신에게 제사 지내는 방술을 천자에게 고했다.

"천신 가운데 가장 존귀한 분은 태일신이고, 태일신을 보좌하는 것이 오제입니다. 옛날에 천자는 매년 봄가을에 도성 동남쪽 교외에서 태일신에게 제사를 지냈습니다. 제물로는 소와 양과 돼지 등을 희생으로 쓰는 태뢰太牢를 사용했고, 제사는 이레 동안 거행했습니다. 제단에 팔방으로 통하는 귀도鬼道를 만들어 귀신이 오가게 했습니다."

• 〈무제본기〉에는 박유기薄誘忌로 되어 있다.

천자가 태축에게 명해 장안의 동남쪽 교외에 태일신의 사당을 세우고, 박유기가 말한 것처럼 제사를 거행하도록 했다. 이후 또 어떤 자가 상주했다.

옛날 천자는 3년에 한 번씩 태뢰로 천일신·지일신·태일신의 삼신三神에게 제사를 올렸습니다.

천자가 이를 받아들였다. 태축에게 명해 태일신의 제단에 천신과 지신을 함께 모신 뒤 상서 내용대로 제사를 지내도록 했다. 이후 또 어떤 자가 상주했다.

옛날 천자는 늘 봄에 재앙을 쫓는 제사를 지냈습니다. 희생을 보면 황제에게는 어미를 잡아먹는 효조梟鳥와 아비를 잡아먹는 경수獍獸•, 명양신冥羊神에게는 양, 마행신馬行神에게는 청모마青牡馬 한 필, 태일신과 고산군皐山君, 지장신地長神에게는 소, 무이군武夷君에게는 건어乾魚, 음양사자신陰陽使者神에게는 소 한 마리를 사용했습니다.

천자가 사관에게 명해 그가 말한 대로 하고, 박유기의 건의로 세운 태일단 옆에서 제사를 올리도록 했다. 이후 천자의 상림원에 흰 사슴이 나타나자, 그 가죽으로 화폐를 만들었다. 길한 조짐을 선양하기 위해 또한 용과 말과 거북의 형상을 한 백금白金의 화폐를 만

• 원문은 파경破鏡으로 되어 있다. 《한서》〈교사지郊祀志〉에서 맹강孟康은 파경破鏡의 경鏡을 아비를 잡아먹는 전설상의 짐승인 경獍으로 풀이했다. 효경梟獍은 배은망덕한 자를 지칭한다.

들었다.

 이듬해, 옹현 교외에서 제사를 지내다가 뿔 하나 달린 들짐승을 잡았다. 모습이 고라니 같았다. 담당 관원이 고했다.

 "폐하가 장엄하고 공경스럽게 제사를 지내자 상제가 그 보답으로 뿔 하나 달린 짐승을 내려주었습니다. 아마도 기린인 듯합니다."

 이를 오치에 바치고, 각 치마다 소 한 마리씩을 추가로 불태웠다. 제후들에게도 백금을 내려 이런 길조가 하늘의 뜻에 부합한 것임을 드러냈다. 제북왕濟北王 유호劉胡는 천자가 장차 봉선 의식을 거행할 것을 알고 곧 상서했다. 태산 및 그 주변의 성읍을 바치겠다는 내용이었다. 천자가 이를 받아들여 다른 현으로 보상했다. 당시 상산왕常山王이 죄를 짓자 추방하고, 그의 동생을 진정眞定의 왕으로 봉해 선왕의 제사를 계속 받게 했다. 상산국常山國을 군郡으로 강등시켰다. 이후 오악 모두 천자의 군에 속하게 되었다.

 이듬해, 제나라 출신 소옹少翁은 귀신을 불러들이는 방술로 천자를 조현했다. 천자에게 총애하는 왕부인王夫人이 있었다. 그녀가 죽자 소옹이 밤에 방술로 왕부인과 부엌신 형상을 불러들였다. 천자가 휘장을 통해 그녀를 만나보았다. 소옹을 문성장군文成將軍에 봉하고, 많은 재물을 상으로 내리고, 빈객의 예로 대우했다. 문성장군이 진언했다.

 "황상이 신선과 만나고 싶어 하나 궁실과 의복 모두 신선이 사용하는 것과 다르면 신선은 오지 않습니다."

 천자가 구름무늬를 그린 수레를 만들고, 그날의 간지와 오행에 맞추어 악귀를 쫓는 의식을 거행했다. 또 감천궁을 지어 대실臺室을 마련한 뒤 그 안에 천신·지신·태일신 등의 귀신 형상을 그려 넣었다. 제기를 진열해 천신을 불러들이고자 했다. 1년여 뒤 방술이 갈수록 영험이 떨어졌고, 신선도 오지 않았다. 비단에 글을 써 소에게 먹인 뒤 모르는 척하며 소의 뱃속에 기이한 물건이 들어 있다고 말했다. 천자가 소의 배를 가르게 하자 과연 비단에 쓴 글이 나왔다. 글의 내용이 너무 기괴해 이를 의심했다. 사람들 가운데 필적을 알아본 자가 있었다. 이를 다그치자 과연 위조된 글이었다. 소옹을 죽이고 이 일을 비밀에 부쳤다. 이후에도 천자는 백량대柏粱臺를 비롯해 높이가 30장이나 되는 거대한 동주銅柱와 이슬을 받는 승로선인장承露僊人掌 등을 만들었다.

소옹이 죽은 이듬해, 천자가 정호궁鼎湖宮에서 중병을 얻었다. 무의巫醫들이 온갖 방술을 써보았으나 호전되지 않았다. 유수遊水의 발근發根이라는 자가 말했다.

"상군에 무사巫師가 있는데, 그는 병을 앓아서 귀신이 자신의 몸에 내려오도록 할 수 있습니다."

천자가 그를 불러 감천궁에서 제사를 지내게 했다. 마침내 무의가 병이 났다. 천자가 무의에게 사람을 보냈다. 무의 자신에게 내린 귀신을 통해 신군에게 물어보도록 한 것이다. 그러자 신군이 이같이 대답했다.

"천자의 병은 그리 걱정할 필요가 없다. 병세가 조금 좋아지면 감천궁으로 와 나를 만나면 된다."

이후 천자의 병세가 호전되어 감천궁으로 행차하자 병이 말끔히 나았다. 천자가 천하에 대사령을 내리고, 수궁壽宮으로 신군을 옮겼다. 수궁의 신군 가운데 가장 존귀한 신은 태일신이다. 그를 보좌하는 신은 대금大禁과 사명 등이었다. 이들 모두 태일신을 따라왔다. 신령의 모습은 볼 수 없었으나 그 음성은 들을 수 있었다. 마치 사람이 말하는 것 같았다. 때로는 어디론가 떠나갔다가 돌아오곤 했다. 올 때는 바람소리가 났다. 그들은 위장 속에 머물렀다. 어떤 때는 낮에 이야기할 때도 있지만 평시에는 밤에 이야기했다.

천자는 재앙을 쫓고 복을 기원하는 불제祓除를 지낸 뒤 비로소 수궁 안으로 들어갔다. 그곳에서는 무의를 주인으로 여기며 음식을 얻었다. 여러 신이 하고 싶은 말 역시 그를 통해 전달되었다. 수궁과 북궁을 짓고 깃털로 장식한 깃발을 내걸었다. 제사를 전담할 기구를 두어 신군에게 예의를 표했다. 천자가 사람을 보내 신군이 하는 말을 받아 적게 했다. 이를 부호와 그림으로 나타낸 법어라는 뜻의 화법畵法이라 했다. 그 말은 일반 사람도 알 수 있는 것이었다. 특별히 심오한 내용은 없었지만 천자는 이를 보며 혼자 즐거워했다. 모두 비밀에 부친 까닭에 세간에서는 알 수 없었다.

이로부터 3년 뒤 담당 관원이 기원紀元은 응당 하늘이 내려준 길조로 이름을 지어야 한다고 했다. 1과 2 등의 숫자로 나타내서는 안 된다는 의견을 냈다. 첫 번째 연호는 건원建元, 두 번째 연호는 혜성이 나타났으므로 원광, 세 번째 연호는 교외에서 제사 지낼 때 뿔이 하나 있는 짐승을 잡았으므로 원수로 지어야 한다는 것이었다. 이듬해 겨울, 천자가 옹현에서 천지에 제사 지내면서 대신들과 상의했다.

"오늘 짐이 직접 상제에게 제사를 올렸으나 후토后土에게는 제사를 지내지 않았다. 이는 예절이 잘 갖추어진 것이 아니다."

담당 관원과 태사공 사마담, 축사인 관서 등이 논의했다.

"천지신명에게 제사 지낼 때 사용하는 희생은 뿔이 누에고치나 밤처럼 작아야 한다. 지금 폐하가 친히 후토에게 제사를 지내려면 호수에 떠 있는 원형 구릉에 제단 다섯 개를 만들고, 각 제단마다 누런 송아지 한 마리씩 희생으로 바쳐야 한다. 제사가 끝나면 희생을 전부 땅에 묻어야 하고, 제사 지내는 사람들은 황색 옷을 입어야 한다."

천자는 동쪽으로 가 관서 등의 건의를 좇아 분음현의 구릉에 후토의 사당을 세우기 시작했다. 상제에게 제사 지낸 의식을 좇아 친히 지신을 멀리 바라보며 절을 올렸다. 제사가 끝나자 천자가 형양滎陽을 거쳐 환궁했다. 낙양을 지날 때 조서를 내렸다.

삼대가 너무 멀고 끊어진 지 오래되어 그 후손을 보존하기 어렵게 되었다. 사방 30리의 땅에 주나라의 후손을 봉해 주자남군周子南君으로 삼고, 그의 조상을 제사 지내도록 하라.

이해에 천자가 각 군현을 순수하기 시작해 태산 가까이 이르렀다. 이해 봄, 악성후樂成侯가 난대欒大에 관해 상서했다. 난대는 교동왕膠東王의 궁인宮人으로, 전에 문성장군 소옹과 함께 같은 스승 밑에서 공부한 바 있다. 이후 교동왕을 위해 약을 제조하는 상방尙方이 되었다.

악성후의 누이는 교동강왕膠東康王 유기劉寄의 왕후가 되었으나 아들이 없었다. 교동강왕이 죽자 다른 첩의 아들이 보위를 계승했다. 교동강왕의 왕후는 음란했다. 새 왕과 뜻이 맞지 않자 법술을 구사해 서로를 배척했다. 교동강왕의 왕후는 문성장군 소옹이 죽었다는 소문을 듣고는, 천자의 환심을 사기 위해 곧 악성후를 통해 난대를 보내고자 했다. 천자 앞에서 방술을 담론하게 할 생각이었다. 천자는 내심 소옹을 너무 성급히 죽였다고 후회하고 있었다. 특히 그의 방술을 완전히 전수하지 못한 것을 크게 애석해하던 차였다. 이때 난대를 만나자 무척 기뻐했다. 난대는 키가 크고 용모가 출중했다. 게

다가 계략이 많았다. 감히 큰소리로 거짓을 이야기하면서도 전혀 주저하지 않았다. 난대가 천자에게 호언했다.

"신은 일찍이 바닷속을 왕래하다가 안기생과 선문고의 무리를 만났습니다. 이들은 저의 신분이 낮다고 생각했는지 저를 믿으려 하지 않았습니다. 저 또한 교동강왕은 제후에 지나지 않은 탓에 방술을 전수하기에는 부족하다고 생각했습니다. 신이 누차 이런 사정을 교동강왕에게 말했으나 교동강왕 또한 신을 등용하지 않았습니다. 신의 스승이 말하기를, '황금을 만들 수 있고, 황하의 터진 둑도 막을 수 있고, 불사약도 구할 수 있고, 신선도 불러올 수 있다'고 했습니다. 다만 신 또한 문성장군 소옹처럼 될까 두렵습니다. 그리하면 방사들 모두 입을 틀어막을 것입니다. 어찌 감히 방술에 관해 이야기할 수 있겠습니까?"

천자가 말했다.

"문성장군은 말의 간을 먹고 죽은 것일 뿐이다. 그대가 만일 그의 방술을 연마할 수 있다면 내 어찌 재물을 아까워하겠는가!"

난대가 고했다.

"신의 스승은 사람을 찾아가지 않고, 사람들이 찾아오도록 만듭니다. 폐하가 기필코 신선을 불러오고자 하면 신선의 사자를 귀하게 대우해야 합니다. 그 친척들 역시 빈객의 예로 대우해야 합니다. 경시해서는 안 되고, 그들에게 각각 신인信印을 차도록 조치해야 합니다. 그래야 비로소 신선과 소통하며 이야기할 수 있습니다. 설령 그리할지라도 신선이 만나줄지 여부는 확신할 수 없습니다. 신선의 사자를 크게 존중해야 신선을 불러올 수 있습니다."

천자는 난대에게 작은 방술이라도 보여줄 것을 요구했다. 그가 바둑돌을 바둑판 위에 놓자 바둑돌이 절로 서로 부딪치며 공격했다. 당시 천자는 황하의 범람을 우려하고, 황금도 제조하지 못하고 있었다. 난대를 곧바로 오리장군五利將軍에 봉한 이유다. 한 달여 뒤 난대가 네 개의 관인官印을 얻었다. 오리장군·천사장군天士將軍·지사장군地士將軍·대통장군大通將軍의 관인을 찼다. 천자가 어사에게 조서를 내렸다.

> 옛날 하나라 우왕은 구강九江을 소통하고, 사독을 개통했다. 근래 황하가 범람해 인근의 육지까지 물에 잠긴 탓에 제방을 쌓느라 쉬지도 못했다. 짐이 천하에 임한 지 28년이 되었다. 하늘이 짐을 도와 방사를 보내준 듯하다. 난대는 하늘의 뜻에 통할 수 있을 것이다.《주역》〈건괘乾卦〉에서 비룡飛龍을 언급하고, 〈점괘漸卦〉에서 큰 기러기가 높은 둑으로 점차 날아간다고[鴻漸于磐] 언급한 것은 대략 난대를 얻은 것을 지칭한 듯싶다. 지사장군 난대를 2,000호에 봉해 악통후樂通侯로 삼는다.

난대에게 최상급 제후에게 내려주는 저택과 1,000명의 노복을 하사했다. 천자가 사용하는 거마·의복·휘장·기물로 그의 저택을 가득 채워주었다. 또 위황후衛皇后가 낳은 장공주長公主를 그에게 시집보내고, 황금 1만 근을 주었다. 그녀의 봉호封號를 당리공주當利公主로 바꾸었다. 천자가 친히 오리장군 난대의 저택을 방문했다. 사자들이 안부를 묻고 그가 필요로 하는 물품을 공급하느라 행렬이 길을 따라 끝없이 이어졌다.

천자의 고모인 대장공주大長公主를 비롯해 조정의 장상 이하 벼슬

아치는 모두 그의 집에서 연회를 베풀고 돈과 재물을 바쳤다. 천자는 또 천도장군天道將軍 글자를 새긴 옥인玉印을 만든 뒤 깃털로 만든 옷[羽衣]을 입은 사자에게 밤에 백모白茅 위에 서서 주도록 했다. 난대역시 우의를 입고 백모 위에서 옥인을 받았다. 오리장군이 천자의신하가 아님을 표시한 것이다. 천도장군의 옥인을 패용한 자는 천자를 위해 천신의 왕림을 인도하는 임무를 맡은 자를 뜻한다.

난대는 밤마다 자기 집에서 신선의 강림을 비는 제사를 올렸다. 그러나 신선은 오지 않고 온갖 잡신만 모였다. 그는 이들을 잘 부렸다. 이후 난대는 행장을 준비한 뒤 동해로 가 그의 선사僊師를 만나겠다고 했다. 난대는 천자를 만난 지 몇 달 만에 몸에 여섯 개의 관인을차고 부귀를 크게 떨쳤다. 바닷가에 접한 연나라와 제나라 일대 방사들은 모두 자기들 또한 신선의 방술이 있다며 억울해했다.

이해 여름 6월, 분음의 무사巫師인 금錦이 위수魏雎의 후토 사당 곁에서 제사를 지낼 때 땅 위에 갈고리 모양의 돌출물을 발견했다. 흙을 파보니 정鼎이었다. 이 정은 여느 정과 달리 매우 컸다. 꽃무늬만조각되어 있고 문자는 없었다. 이를 이상히 여겨 고을 관원에게 말했다. 그 관원이 하동태수河東太守 승勝에게 알렸고, 승은 상부에 보고했다. 천자가 사자를 보내 무사 금을 심문하도록 했다. 정을 얻은 일이 꾸며낸 이야기가 아닌 것을 알고는 이내 예의를 갖추어 천지에제사를 올린 뒤 정을 감천궁으로 맞아들였다. 백관을 대동한 가운데하늘에 제사를 올렸다. 중산中山에 이르렀을 때 갑자기 날씨가 맑게개고, 하늘을 황색 구름이 덮었다. 마침 고라니가 뛰어가자 천자가친히 활로 쏘아 잡은 뒤 제물로 사용했다. 장안에 이르자 공경대부모두 보정을 받들 것을 청했다. 천자가 물었다.

"근래 황하가 범람하고, 흉년이 여러 해 지속되었소. 짐이 천하의 군현을 순시하며 후토에 제사를 올렸소. 백성을 위해 풍성한 수확을 빈 것이오. 올해는 풍작에 관해 아직 신에게 보답을 올리지 못했소. 그런데도 이 정은 어째서 나온 것이오?"

제사를 담당하는 관원들이 입을 모아 대답했다.

"옛날 복희씨 태제泰帝가 신정神鼎을 하나 만들었습니다. 일一은 통일을 뜻하고, 천지 만물의 마지막 귀결이라 들었습니다. 황제는 보정 세 개를 만들었습니다. 천지인을 상징한 것입니다. 하나라 우왕은 아홉 개 주●의 쇠붙이를 모아 아홉 개의 정을 만들었습니다. 모두 희생을 삶아 하늘에 제사 지낼 때 사용하고자 한 것입니다[皆嘗亨鬺].●● 성세를 만나면 정鼎은 출현합니다. 보정이 하나라와 은나라에 전해졌고, 이어 주나라의 덕이 쇠하고 송나라의 사직이 황폐해지자 보정이 사라져 다시는 나타나지 않았습니다.《시경》〈주송〉에 이르기를, '안채에서 문밖 택지까지 가서 제기를 살펴보고, 양부터 소까지 모든 제물을 살펴보니 큰 정과 작은 정 모두 청결하구나! 시끄럽게 떠들거나 오만하지 않고, 엄숙히 장수와 복을 구하네!'라고 했습니다.

지금 보정이 감천궁에 도착했는데, 광채와 윤이 나 마치 용이 변화하는 듯합니다. 필시 무궁한 복록을 이어받을 것입니다. 전에 중산에 이르렀을 때 짐승 모양을 한 황백색 구름이 덮이고, 이에 상응하는 길조인 고라니가 있어 폐하가 친히 큰 활로 화살 네 대를 쏘아 신

● 아홉 개 주는《한서》〈지리지地理志〉에 나온다. 황하와 장강 사이에 있는 고대 중국의 영토를 지칭한다. 기주·연주·청주·서주·양주揚州·형주·예주·양주梁州·옹주를 말한다. 안사고는 아홉 개 주 이외에도 병주·유주·영주를 덧붙여 열두 개 주가 있다고 했다.
●● 개상형상皆嘗亨鬺의 형상亨鬺을 두고《사기집해》는 서광의 주석을 인용해 희생을 끓여 제사를 올리는 것으로 풀이했다. '형'을 자煮, '상'을 제사祭祀로 풀이한 것이다.

단 아래서 잡았습니다. 모두 천지 귀신에게 보답하는 성대한 제사를 만든 것입니다. 오직 천명을 받은 천자만이 하늘의 뜻을 알아 하늘의 덕행에 부합할 수 있습니다. 보정은 반드시 조상의 묘당에 바쳐야 하고, 폐하의 궁정에 소중히 모셔 신명의 상서로운 조짐에 부응해야 합니다."

천자가 조서를 내렸다.

허락한다.

이때 바다로 들어가 봉래산의 신선을 찾던 자들이 돌아와 고했다. 봉래가 멀지 않은데도 도달하지 못한 것은 대략 상서로운 기운을 보지 못했기 때문이라고 했다. 천자가 운기를 잘 보는 술사를 보내 관찰하게 했다. 이해 가을, 황제가 옹현으로 행차해 교사를 지내고자 했다. 어떤 자가 건의했다.

"오제는 태일신의 보좌입니다. 응당 태일신의 제단을 세운 뒤 폐하가 친히 교사를 거행해야 합니다."

천자가 주저하며 결정하지 못했다. 제나라 출신 방사인 공손경公孫卿이 말했다.

"올해 보정을 얻었습니다. 중동仲冬 신사 초하룻날 아침은 동지가 되는 날입니다. 이는 황제가 보정을 얻은 때와 같습니다."

공손경은 글씨를 새긴 목간木簡인 찰서刹書를 들고 있었다. 거기에 이같이 씌어 있었다.

황제가 원구宛朐에서 보정을 얻은 후 신하인 귀유구鬼臾區에게 이를 물었다. 귀유구가 대답하기를, "황제가 보정과 신책神策을 얻은 것은 이해 11월 초하루 동지인 기유일 아침이고, 이는 하늘의 벼리를 얻은 것으로 끝났다가 다시 시작하는 것입니다"라고 했다. 황제가 맞이할 날을 책력으로 추산하자 20년 간격으로 음력 11월 초하루 동지에 해당했다. 이런 일이 무려 약 스무 번 거듭되어 마침내 380년 만에 황제가 신선이 되어 하늘로 올라갔다.

공손경은 한무제의 신하인 소충所忠을 통해 이를 상주하고자 했다. 소충은 그 글을 정도에 어긋난 망령된 글로 여겨 사양했다.

"보정의 일은 이미 끝난 일인데 이를 상주해 무슨 소용이 있겠는가?"

공손경이 다시 천자의 총애를 받는 사람을 통해 이를 보고했다. 천자는 크게 기뻐하며 즉시 공손경을 불러 물었다. 공손경이 대답했다.

"이는 신이 방사인 신공申功에게 받은 것입니다. 신공은 이미 죽었습니다."

"신공은 어떤 사람인가?"

공손경이 대답했다.

"신공은 제나라 사람입니다. 신선인 안기생과 통했고, 황제의 말을 전수받았습니다. 다른 글은 남아 있지 않고 단지 이 정鼎에 새긴 글만 있습니다. 여기에는 '한나라가 일어난 시기는 황제가 정을 얻은 해에 해당한다. 한나라의 성주聖主는 고조의 손자 혹은 증손자 가운데 있다. 보정이 나타나면 신과 통한 것이다. 반드시 봉선 의식을 거행해야 한다. 예로부터 봉선을 행했던 제왕은 일흔두 명이다.

그러나 오직 황제만이 태산에 올라 천신에게 제사 지냈다'고 되어 있습니다.

신공은 말하기를, '한나라의 군주 역시 응당 태산에 올라 봉선해야 한다. 태산에 올라 봉선할 수 있어야 신선이 되어 승천할 수 있다. 황제 때는 제후국이 1만 개나 있었다. 명산대천에 제사를 올린 제후국은 7,000개였다. 천하의 명산은 여덟 개다. 세 개는 만이에 있고, 다섯 개는 중국에 있다. 중원의 화산·수산首山·태실산太室山·태산·동래산東萊山이 그것이다. 이 다섯 산은 황제가 늘 유람하며 신선과 만난 곳이다. 황제는 한편으로 전쟁을 치르면서 다른 한편으로 신선술을 배웠다. 백성이 그의 신선술 연마를 걱정하자 귀신을 비방하는 자들을 즉시 참살했다. 그러고도 100여 년이 지난 후 비로소 신선과 통할 수 있었다. 황제는 옹 땅 교외에서 상제에게 제사 지내느라 석 달 동안 머물렀다. 귀유구는 별호가 대홍大鴻이다. 그가 죽자 옹 땅에 장사 지냈다. 홍총이 바로 그의 무덤이다. 이후 황제는 명정明廷에서 많은 신선을 만났다. 명정은 바로 지금의 감천궁이다. 황제가 등천한 한문寒門은 지금의 곡구谷口다.

황제는 수산에서 구리를 캐 형산荊山 아래서 보정을 주조했다. 보정이 완성되자 하늘에서 긴 턱수염을 드리운 용이 내려와 황제를 맞이했다. 황제가 용의 등에 올라타자 군신과 후궁 등 70여 명도 함께 올라탔다. 용은 이내 하늘로 올라갔다. 등에 올라탈 수 없던 나머지 지위가 낮은 신하들은 모두 용의 수염을 잡았다. 그러나 수염이 뽑히는 바람에 그들은 땅으로 떨어졌고, 이때 황제의 활도 함께 떨어졌다. 백성 모두 황제가 하늘로 올라가는 광경을 바라보면서, 그의 활과 용의 수염을 끌어안고 대성통곡했다. 후대에 그곳을 정호鼎湖,

그 활을 오호烏號라 불렀다'고 했습니다."

이 말을 들은 천자가 탄식했다.

"아! 내가 만일 황제처럼 될 수 있다면 해진 짚신을 버리듯 처자와 헤어질 것이다!"

그러고는 곧 공손경을 낭관郎官에 임명하고, 동쪽 태실산으로 보내 신선을 맞이하게 했다. 이어 옹현에서 제사를 지내고 농서군隴西郡에 이르러 서쪽의 공동산空桐山에 오른 뒤 감천궁으로 돌아왔다. 사관 관서 등에게 명해 태일신의 사단을 세우되, 제단은 박유기가 말한 것처럼 태일신 제단의 형식을 좇아 3층으로 나누게 했다. 태일신을 보좌하는 오제의 제단은 그 아래에 빙 둘러 각기 오제가 주관하는 방위에 두었다. 황제의 제단은 서남쪽에 위치하게 하고, 귀신과 왕래하는 길을 여덟 갈래로 만들었다. 태일신에게 올리는 제물은 옹현의 치에서 올렸던 것과 같게 했다. 감주, 대추, 말린 고기 등을 늘어놓고, 검은 소 한 마리를 잡은 뒤 커다란 제기에 담아 제물로 바쳤다. 오제를 제사 지낼 때는 감주와 제육만 바쳤다. 제단 아래 사방의 땅에는 오제를 보좌하는 여러 신과 북두칠성의 신위를 늘어놓고 제사를 지냈다.

제사가 끝나면 제물을 모두 불태웠다. 제사에 사용된 소는 백색이다. 사슴은 소의 뱃속에 넣고, 돼지는 사슴의 뱃속에 넣은 뒤 물속에 담가두었다. 일신에게 제사 지낼 때는 소, 월신에게 제사 지낼 때는 양이나 돼지 한 마리를 사용했다. 태일신에게 제사를 올리는 관원은 자색, 오제에게 제사를 올리는 관원은 각기 오제에 해당하는 색의 옷을 입었다. 일신을 제사 지내는 관원은 적색, 월신을 제사 지내는 관원은 백색 옷을 입었다.

당시 11월 신사일 초하루 아침이 동지였다. 먼동이 틀 때 천자가 교외로 가 태일신에게 제사를 지내기 시작했다. 이날 아침에는 태양을 향해, 저녁에는 달을 향해 절을 하는 읍례揖禮를 했다. 무릎은 꿇지 않았다. 태일신에게 제사 지낼 때는 옹현 근교의 제례를 좇았다. 축원하는 글은 이러했다.

천신이 처음으로 보정과 신책을 황제에게 내리고, 삭일이 지나면 또 삭일이 시작하는 식으로 영원히 반복 순환하니 황제는 공경스럽게 천신에게 제사를 올립니다.

의복은 황색이었다. 제단에는 횃불을 늘어놓아 신단을 밝히고, 제단 곁에는 조리 기구를 늘어놓았다. 담당 관원이 말했다.

"제단 위에서 광채가 납니다."

공경대신이 말했다.

"당초 폐하가 처음 운양궁雲陽宮에서 태일신에게 제사 지낼 때 담당 관원이 커다란 옥과 빼어난 희생을 바쳤습니다. 이날 밤하늘에 아름다운 광채가 나타나 다음 날까지 지속되었습니다. 황색의 구름은 상공으로 치솟아 하늘과 이어졌습니다."

또한 태사공과 사관 관서 등이 건의했다.

"신령이 나타나는 아름다운 기상은 복이 내리는 길조입니다. 응당 광채가 나타난 곳에 태일신단을 세워 하늘의 영험에 보답해야 합니다. 폐하는 태축에게 명해 매년 가을과 겨울 사이에 제사를 지내도록 하고, 3년에 한 번 친히 교외로 나가 제사를 올리십시오."

이해 가을, 남월을 정벌하기 위해 태일신에게 기원했다. 모형牡荊

으로 깃대를 만들고 깃발에는 해와 달, 북두칠성, 비룡을 그려 넣었다. 전쟁을 주관하는 별인 천일삼성天—三星을 상징한 것이다. 태일신을 제사 지낼 때 선봉 깃발로 삼고 영기靈旗로 명명했다. 전쟁할 때 태사관太史官이 영기를 잡고 정벌하고자 하는 나라의 방향을 가리켰다.

당시 오리장군 난대의 사자는 감히 바다로 들어가지 못하고 태산으로 가 제사를 지냈다. 천자가 사람을 시켜 은밀히 조사하게 했다. 실제로 어떤 신선도 볼 수 없었다. 난대는 자신의 스승을 보았다고 거짓말을 했다. 그가 모든 방술을 동원했는데도 영험이 없자 천자가 마침내 그를 죽였다.

●● 今天子初卽位, 尤敬鬼神之祀. 元年, 漢興已六十餘歲矣, 天下艾安, 搢紳之屬皆望天子封禪改正度也, 而上鄕儒術, 招賢良, 趙綰·王臧等以文學爲公卿, 欲議古立明堂城南, 以朝諸侯. 草巡狩封禪改曆服色事未就. 會竇太后治黃老言, 不好儒術, 使人微伺得趙綰等奸利事, 召案綰·臧, 綰·臧自殺, 諸所興爲皆廢. 後六年, 竇太后崩. 其明年, 徵文學之士公孫弘等. 明年, 今上初至雍, 郊見五畤. 後常三歲一郊. 是時上求神君, 舍之上林中蹄氏觀. 神君者, 長陵女子, 以子死, 見神于先後宛若. 宛若祠之其室, 民多往祠. 平原君往祠, 其後子孫以尊顯. 及今上卽位, 則厚禮置祠之內中. 聞其言, 不見其人云. 是時李少君亦以祠竈·谷道·卻老方見上, 上尊之. 少君者, 故深澤侯舍人, 主方. 匿其年及其生長, 常自謂七十, 能使物, 卻老. 其遊以方遍諸侯. 無妻子. 人聞其能使物及不死, 更饋遺之, 常餘金錢衣食. 人皆以爲不治生業而饒給, 又不知其何所人, 愈信, 爭事之.

少君資好方, 善爲巧發奇中. 嘗從武安侯飮, 坐中有九十餘老人, 少君乃言與其大父遊射處, 老人爲兒時從其大父, 識其處, 一坐盡驚. 少君見上, 上有故銅器, 問少君. 少君曰, "此器齊桓公十年陳于柏寢." 已而案其刻, 果齊桓公器. 一宮盡駭, 以爲少君神, 數百歲人也. 少君言上曰, "祠竈則致物, 致物而丹沙可化爲黃金, 黃金成以爲飮食器則益壽, 益壽而海中蓬萊僊者乃可見, 見之以封禪則不死, 黃帝是也. 臣嘗遊海上, 見安期生, 安期生食巨棗, 大如瓜. 安期生僊者, 通蓬萊中, 合則見人, 不合則隱."

於是天子始親祠竈, 遣方士入海求蓬萊安期生之屬, 而事化丹沙諸藥齊爲黃金矣. 居久之, 李少君病死. 天子以爲化去不死, 而使黃錘史寬舒受其方. 求蓬萊安期生莫能得, 而海上燕齊怪迂之方士多更來言神事矣. 亳人謬忌奏祠太一方, 曰, "天神貴者太一, 太一佐曰五帝. 古者天子以春秋祭太一東南郊, 用太牢, 七日, 爲壇開八通之鬼道." 於是天子令太祝立其祠長安東南郊, 常奉祠如忌方. 其後人有上書, 言"古者天子三年壹用太牢祠神三一, 天一·地一·太一". 天子許之, 令太祝領祠之于忌太一壇上, 如其方. 後人復有上書, 言"古者天子常以春解祠, 祠黃帝用一梟破鏡. 冥羊用羊祠. 馬行用一靑牡馬. 太一·澤山君地長用牛. 武夷君用乾魚. 陰陽使者以一牛". 令祠官領之如其方, 而祠于忌太一壇旁. 其後, 天子苑有白鹿, 以其皮爲幣, 以發瑞應, 造白金焉. 其明年, 郊雍, 獲一角獸, 若麃然. 有司曰, "陛下肅祇郊祀, 上帝報享, 錫一角獸, 蓋麟云." 於是以薦五畤, 時加一牛以燎. 錫諸侯白金, 風符應合于天也. 於是濟北王以爲天子且封禪, 乃上書獻太山及其旁邑, 天子以他縣償之. 常山王有罪, 遷, 天子封其弟于眞定, 以續先王祀, 而以常山爲郡, 然後五嶽皆在天子之邦郡.

其明年, 齊人少翁以鬼神方見上. 上有所幸王夫人, 夫人卒, 少翁以方蓋夜致王夫人及竈鬼之貌云, 天子自帷中望見焉. 於是乃拜少翁爲文成將軍, 賞賜甚多, 以客禮禮之. 文成言曰, "上卽欲與神通, 宮室被服非象神, 神物不至." 乃作畫云氣車, 及各以勝日駕車辟惡鬼. 又作甘泉宮, 中爲台室, 畫天·地·太一諸鬼神, 而置祭具以致天神. 居歲餘, 其方益衰, 神不至. 乃爲帛書以飯牛, 詳不知, 言曰此牛腹中有奇. 殺視得書, 書言甚怪. 天子識其手書, 問其人, 果是僞書, 於是誅文成將軍, 隱之. 其後則又作柏梁·銅柱·承露僊人掌之屬矣. 文成死明年, 天子病鼎湖甚, 巫醫無所不致, 不愈. 遊水發根言上郡有巫, 病而鬼神下之. 上召置祠之甘泉. 及病, 使人問神君. 神君言曰, "天子無憂病. 病少愈, 強與我會甘泉."

於是病愈, 遂起, 幸甘泉, 病良已. 大赦, 置壽宮神君. 壽宮神君最貴者太一, 其佐曰大禁·司命之屬, 皆從之. 非可得見, 聞其言, 言與人音等. 時去時來, 來則風肅然. 居室帷中. 時畫言, 然常以夜. 天子祓, 然後入. 因巫爲主人, 關飲食. 所以言, 行下. 又置壽宮·北宮, 張羽旗, 設供具, 以禮神君. 神君所言, 上使人受書其言, 命之曰'畫法'. 其所語, 世俗之所知也, 無絕殊者, 而天子心獨喜. 其事秘, 世莫知也. 其後三年, 有司言元宜以天瑞命, 不宜以一二數. 一元曰'建', 二元以長星曰'光', 三元以郊得一角獸曰'狩'云. 其明年冬, 天子郊雍, 議曰, "今上帝朕親郊, 而后土無祀, 則禮不答也." 有司與太史公·祠官寬舒議曰, "天地牲角繭栗. 今陛下親祠后土, 后土宜于澤中圜丘爲五壇, 壇一黃犢太牢具, 已祠盡瘞, 而從祠衣上黃." 於是天子遂東, 始立后土祠汾陰脽丘, 如寬舒等議. 上親望拜, 如上帝禮. 禮畢, 天子遂至滎陽而還. 過雒陽, 下詔曰, "三代邈絕, 遠矣難存. 其以三十里地封周後爲周子南君, 以奉其先祀焉."

是歲, 天子始巡郡縣, 侵尋于泰山矣. 其春, 樂成侯上書言欒大. 欒大, 膠東宮人, 故嘗與文成將軍同師, 已而爲膠東王尙方. 而樂成侯姊爲康王后, 無子. 康王死, 他姬子立爲王. 而康後有淫行, 與王不相中, 相危以法. 康後聞文成已死, 而欲自媚于上, 乃遣欒大因樂成侯求見言方. 天子既誅文成, 後悔其蚤死, 惜其方不盡, 及見欒大, 大說. 大爲人長美, 言多方略, 而敢爲大言處之不疑. 大言曰, "臣常往來海中, 見安期·羨門之屬. 顧以臣爲賤, 不信臣. 又以爲康王諸侯耳, 不足與方. 臣數言康王, 康王又不用臣. 臣之師, '黃金可成, 而河決可塞, 不死之藥可得, 僊人可致也'. 然臣恐效文成, 則方士皆奄口, 惡敢言方哉!" 上曰, "文成食馬肝死耳. 子誠能脩其方, 我何愛乎!" 大曰, "臣師非有求人, 人者求之. 陛下必欲致之, 則貴其使者, 令有親屬, 以客禮待之, 勿卑, 使各佩其信印, 乃可使通言于神人. 神人尙肯邪不邪. 致尊其使, 然後可致也." 於是上使驗小方, 鬬棋, 棋自相觸擊. 是時上方憂河決, 而黃金不就, 乃拜大爲五利將軍. 居月餘, 得四印, 佩天士將軍·地士將軍·大通將軍印. 制詔御史曰, "昔禹疏九江, 決四瀆. 閒者河溢皐陸, 堤繇不息. 朕臨天下二十有八年, 天若遺朕士而大通焉. 乾稱'蜚龍', '鴻漸于般', 朕意庶幾與焉. 其以二千戶封地士將軍大爲樂通侯." 賜列侯甲第, 僮千人. 乘輿斥車馬帷幄器物以充其家. 又以衛長公主妻之, 齎金萬斤, 更命其邑曰當利公主. 天子親如五利之第. 使者存問供給, 相屬于道. 自大主將相以下, 皆置酒其家, 獻遺之.

於是天子又刻玉印曰'天道將軍', 使使衣羽衣, 夜立白茅上, 五利將軍亦衣羽衣, 夜立白茅上受印, 以示不臣也. 而佩"天道"者, 且爲天子道天神也. 於是五利常夜祠其家, 欲以下神. 神未至而百鬼集矣, 然頗能使之. 其後裝治行, 東入海, 求其師云. 大見數月, 佩六印, 貴震天下,而海上燕齊之閑, 莫不扼捥而自言有禁方, 能神僊矣. 其夏六月中, 汾陰巫錦爲民祠魏脽后土營旁, 見地如鉤狀, 掊視得鼎. 鼎大異于衆鼎, 文鏤無款識, 怪之, 言吏. 吏告河東太守勝, 勝以聞. 天子使使驗問巫得鼎無奸詐, 乃以禮祠, 迎鼎至甘泉, 從行, 上薦之. 至中山, 曣溫, 有黃雲蓋焉. 有麃過, 上自射之, 因以祭云. 至長安, 公卿大夫皆議請尊寶鼎.

天子曰, "閑者河溢, 歲數不登, 故巡祭后土, 祈爲百姓育谷. 今歲豐廡未報, 鼎曷爲出哉?" 有司皆曰, "聞昔泰帝興神鼎一, 一者壹統, 天地萬物所系終也. 黃帝作寶鼎三, 象天地人. 禹收九牧之金, 鑄九鼎. 皆嘗亨鬺上帝鬼神. 遭聖則興, 鼎遷于夏商. 周德衰, 宋之社亡, 鼎乃淪沒, 伏而不見. 頌云'自堂徂基, 自羊徂牛. 鼐鼎及鼒, 不吳不驁, 胡考之休'. 今鼎至甘泉, 光潤龍變, 承休無疆. 合玆中山, 有黃白云降蓋, 若獸爲符, 路弓乘矢, 集獲壇下, 報祠大享. 唯受命而帝者心知其意而合德焉. 鼎宜見于祖禰, 藏于帝廷, 以合明應." 制曰, "可." 入海求蓬萊者, 言蓬萊不遠, 而不能至者, 殆不見其氣. 上乃遣望氣佐候其氣云. 其秋, 上幸雍, 且郊. 或曰, "五帝, 太一之佐也, 宜立太一而上親郊之". 上疑未定.

齊人公孫卿曰, "今年得寶鼎, 其冬辛巳朔旦冬至, 與黃帝時等." 卿有劄書曰, "黃帝得寶鼎宛朐, 問于鬼臾區. 鬼臾區對, '黃帝得寶鼎神策, 是歲己酉朔旦冬至, 得天之紀, 終而復始'. 於是黃帝迎日推策, 後率二十歲復朔旦冬至, 凡二十推, 三百八十年, 黃帝僊登于天." 卿因所忠欲奏之. 所忠視其書不經, 疑其妄書, 謝曰, "寶鼎事已決矣, 尚何以爲!" 卿因嬖人奏之. 上大說, 乃召問卿. 對曰, "受此書申公, 申公已死." 上曰, "申公何人也?" 卿曰, "申公, 齊人. 與安期生通, 受黃帝言, 無書, 獨有此鼎書. 曰'漢興復當黃帝之時'. 曰'漢之聖者在高祖之孫且曾孫也. 寶鼎出而與神通, 封禪. 封禪七十二王, 唯黃帝得上泰山封'. 申公,

'漢主亦當上封, 上封能僊登天矣. 黃帝時萬諸侯, 而神靈之封居七千. 天下名山八, 而三在蠻夷, 五在中國. 中國華山‧首山‧太室‧泰山‧東萊, 此五山黃帝之所常遊, 與神會. 黃帝且戰且學僊. 患百姓非其道者, 乃斷斬非鬼神者. 百餘歲然後得與神通. 黃帝郊雍上帝, 宿三月. 鬼臾區號大鴻, 死葬雍, 故鴻冢是也. 其後黃帝接萬靈明廷. 明廷者, 甘泉也. 所謂寒門者, 谷口也. 黃帝采首山銅, 鑄鼎于荊山下. 鼎既成, 有龍垂胡髥下迎黃帝. 黃帝上騎, 群臣後宮從上者七十餘人, 龍乃上去. 餘小臣不得上, 乃悉持龍髥, 龍髥拔, 墮, 墮黃帝之弓. 百姓仰望黃帝既上天, 乃抱其弓與胡髥號, 故後世因名其處曰鼎湖, 其弓曰烏號.'"

　　於是天子曰, "嗟乎! 吾誠得如黃帝, 吾視去妻子如脫屣耳."乃拜卿爲郎, 東使候神于太室. 上遂郊雍, 至隴西, 西登崆峒, 幸甘泉. 令祠官寬舒等具太一祠壇, 祠壇放薄忌太一壇, 壇三垓. 五帝壇環居其下, 各如其方, 黃帝西南, 除八通鬼道. 太一, 其所用如雍一時物, 而加醴棗脯之屬, 殺一狸牛以爲俎豆牢具. 而五帝獨有俎豆醴進. 其下四方地, 爲醊食群神從者及北斗云. 已祠, 胙餘皆燎之. 其牛色白, 鹿居其中, 彘在鹿中, 水而洎之. 祭日以牛, 祭月以羊彘特. 太一祝宰則衣紫及繡. 五帝各如其色, 日赤, 月白. 十一月辛巳朔旦冬至, 昧爽, 天字始郊拜太一. 朝朝日, 夕夕月, 則揖. 而見太一如雍郊禮. 其贊饗曰, "天始以寶鼎神策授皇帝, 朔而又朔, 終而復始, 皇帝敬拜見焉."而衣上黃. 其祠列火滿壇, 壇旁亨炊具. 有司云"祠上有光焉". 公卿言"皇帝始郊見太一雲陽, 有司奉瑄玉嘉牲薦饗. 是夜有美光, 及晝, 黃氣上屬天".

　　太史公‧祠官寬舒等曰, "神靈之休, 佑福兆祥, 宜因此地光域立太畤壇以明應. 令太祝領, 秋及臘閒祠. 三歲天子一郊見."其秋, 爲伐南越, 告禱太一. 以牡荊畫幡日月北斗登龍, 以象太一三星, 爲太一鋒, 命曰

'靈旗'. 爲兵禱, 則太史奉以指所伐國. 而五利將軍使不敢入海, 之泰山祠. 上使人隨驗, 實毋所見. 五利妄言見其師, 其方盡, 多不讎. 上乃誅五利.

난대를 주살한 이해 겨울, 공손경이 하남에서 신선을 찾다가 구씨성緱氏城 위에서 신선의 발자국을 보았다. 꿩처럼 생긴 신물이 성 위를 오가는 듯했다. 천자가 친히 구씨성으로 가 그 발자국을 관찰한 뒤 공손경에게 물었다.

"문성장군과 오리장군의 뒤를 잇고자 하는 것은 아니오?"

공손경이 대답했다.

"신선은 인간 세상의 군주를 찾아오지 않습니다. 군주가 직접 신선을 찾아야 합니다. 이때 시간을 충분히 두고 인내심을 가지고 기다리지 않으면 신선은 오지 않습니다. 신선의 일을 논하는 것은 어리석고 허황된 일을 논하는 것과 같습니다. 적잖은 세월이 흘러야 신선을 불러올 수 있습니다."

각 군국이 도로를 정비하고, 궁실과 누대 및 명산대천 신들의 사당을 보수했다. 신선의 왕림을 기대한 것이다. 이해 봄, 남월을 멸망시킨 후 천자의 총신 이연년이 아름다운 음악을 지어 바쳤다. 천자가 그의 음악을 칭찬하고, 공경들에게 이를 의논하게 했다.

"민간의 제사에도 북을 치고 춤을 추는 음악이 있다. 지금 교사를 거행할 때 아무런 음악도 없다. 이 어찌 합당한 일인가?"

공경대신들이 대답했다.

"옛날 천신과 지신에게 제사 지낼 때 음악이 있었습니다. 그래야 신령이 비로소 제사의 예를 받을 수 있습니다."

어떤 자가 말했다.

"복희씨인 태제가 신녀神女인 소녀素女에게 50현의 거문고를 타게 했는데, 그 음조가 너무 슬펐습니다. 태제가 도중에 금지하고자 해도 멈출 수가 없었습니다. 마침내 그 거문고를 부수고 25현의 거문고로 바꾼 이유입니다."

남월을 평정한 뒤 태일신과 후토에게 제사 지낼 때 처음으로 음악과 춤을 사용하고, 노래까지 첨가했다. 25현의 거문고와 공후箜篌 등이 제작되기 시작한 배경이다. 금슬도 이때 유행하기 시작했다. 이듬해 겨울, 천자가 말했다.

"옛날에는 먼저 병기를 거두어들이고 군사를 해산시킨 연후에 봉선 의식을 거행했소."

그러고는 북쪽으로 삭방군朔方郡을 순시했다. 10여 만의 군사를 이끌고 돌아오는 길에 교산橋山에 있는 황제의 무덤에 제사 지낸 뒤 수여須如에서 군사를 해산시켰다. 천자가 좌우에 물었다.

"황제는 죽지 않았다고 들었다. 여기에 무덤이 있으니 이는 어찌 된 일인가?"

어떤 자가 대답했다.

"황제가 신선이 되어 하늘로 올라간 후 신하들이 그의 의관을 묻은 것입니다."

천자가 감천궁으로 돌아온 뒤 태산에서 봉선 의식을 거행하기 위해 먼저 태일신에게 비슷한 제사를 올렸다. 보정을 얻은 뒤 천자가 공경대부 및 유생과 봉선 의식에 관해 상의했다. 봉선은 자주 거행되지 못한데다 제사 또한 끊긴 지 오래되었다. 의식에 관해 아는 자가 없었다. 유생들은 《서경》·《주례》·《예기》〈왕제〉를 근거로 산천에 제사를 올리는 망사望祠와 직접 활로 소를 쏘아 제사를 올리는 사우射牛의 방식으로 봉선을 행할 것을 건의했다. 약 아흔 살의 제나라 출신 정공丁公이 건의했다.

"봉선은 불멸의 성명盛名에 해당합니다. 진시황은 태산에 오르던 가운데 비를 만나서 하늘에 봉선할 수 없었습니다. 폐하가 반드시 태산에 오르고자 하면 약간 더 올라가야 비바람이 없습니다. 그래야 산 위에서 봉선할 수 있습니다."

천자가 즉시 유생들에게 명해 소를 활로 쏘아 맞히는 의식을 수련하고, 봉선 의식에 관한 초안을 작성하게 했다. 몇 년 뒤 봉선 의식을 거행할 때가 다가왔다. 천자가 공손경과 방사들로부터 황제가 봉선을 행할 때 신물과 신선을 모두 불러들여 서로 통했다는 말을 들었다. 이내 황제를 본받아 신선과 봉래의 방사들에게 가까이 다가가고, 속세를 떠나 인황人皇인 구황九皇에 필적할 만한 덕을 쌓고자 했다. 또 유가의 학설을 널리 채용해 봉선의 글을 짓고자 했다. 유생들은 봉선에 관한 일을 분명히 밝히지 못했다. 《시경》·《서경》 등의 옛 글에 얽매여 감히 자신의 견해를 표하지 못했다. 천자가 봉선을 행할 때 사용할 제기를 보여주자 유생 가운데 어떤 자가 말했다.

"이는 옛것과 같지 않습니다."

서언徐偃이 말했다.

"태상太常에 속한 자들이 행하는 예식은 노나라 것보다 못합니다."

주패周霸의 무리가 봉선 의식을 멋대로 꾸미려 했다. 천자가 서언과 주패를 몰아내고 유생을 모조리 파면한 뒤 다시는 등용하지 않았다. 이해 3월, 천자가 동쪽으로 구씨현에 행차했다. 중악과 태실산에 올라 제사를 드렸다. 천자를 시종한 관원들이 산 아래서 외치는 '만

세' 소리를 듣고는 산 위로 올라가 묻자 산 위 사람들은 그런 소리를 외치지 않았다고 했다. 산 아래로 내려가 묻자 산 아래 사람들도 그런 소리를 외치지 않았다고 했다. 천자가 이 말을 듣고는 300호戶를 태실산에 내려 제사를 받들게 하고, 이 지역을 숭고읍崇高邑으로 불렀다. 이어 동쪽으로 가 태산에 올랐다. 산 위에는 아직 초목이 자라나지 않았다. 좌우에 명해 비석을 태산의 정상에 세우도록 했다.

천자가 동쪽으로 가 바닷가를 순행하며 팔신에게 제사를 올렸다. 제나라 사람이 기괴한 방술을 이야기하는 자가 1만 명에 이르나 영험한 자는 단 한 명도 없다고 상서했다. 그러나 천자는 배를 더욱 많이 띄운 뒤 바다에 신선이 있다고 말하는 수천 명에게 봉래의 선인을 찾도록 했다. 이때 공손경은 부절을 가지고 먼저 가 명산에서 신선을 기다리다가 동래東萊에 이르니 밤에 거인을 목격했다. 키가 몇십 척이나 되었다. 가까이 접근하자 곧 사라졌다. 그가 남긴 발자국을 보니 마치 짐승의 것처럼 매우 컸다. 신하들 가운데 어떤 자가 말했다.

"한 노인이 개를 끌고 가다가 '천자를 만나고 싶다'고 말하고는 갑자기 사라졌습니다."

천자는 큰 발자국을 보고도 믿지 못하다가, 신하 가운데 어떤 자가 그 노인의 일을 말하자 신선으로 생각했다. 해상에 머물며 방사들에게 역참의 전거傳車를 내주고, 틈만 나면 사자를 보내 신선을 찾도록 독려한 이유다. 독려차 보낸 사자가 수천 명에 달했다. 이해 4월, 해상에서 봉고현奉高縣으로 돌아왔다. 천자는 유생과 방사 들이 말하는 봉선에 관한 견해가 제각각이고, 근거도 빈약해 시행하기 어렵다고 생각했다. 양보산에 돌아와서 지신에게 제사를 올렸다.

4월 을묘일, 시중과 유생에게 명해 사슴가죽으로 만든 갓인 피변皮弁과 홀을 꽂은 관복을 착용한 채 소를 활로 쏘아 맞히는 의식을 행하도록 했다. 또 태산의 동쪽 산기슭에 봉토를 쌓고 천신에게 제사 지냈다. 교외의 제사의식과 똑같이 했다. 제단의 넓이는 1장 2척, 높이는 9척이었다. 제단 아래에 하늘에 고하는 제문인 옥첩서玉牒書를 놓았다. 글의 내용은 비밀로 했다. 제례가 끝나자 천자가 홀로 시중 봉거侍中奉車 곽자후霍子侯*와 함께 태산에 올라 봉선을 행했다. 이 일에 관해서는 입을 다물게 했다.

다음 날, 태산 북쪽 길로 하산했다. 병진일, 태산 기슭 동북쪽 숙연산肅然山에서 지신에게 제사 지냈다. 의식은 후토에 대한 제사와 같았다. 천자는 모두 친히 제사 지냈다. 이때 황색 옷을 입고 음악을 연주했다. 장강과 회수 일대에 생산되는 띠 풀을 엮어 자리로 사용했다. 오색 진흙을 사용해 제단을 메웠다. 먼 곳에서 바친 진귀한 들짐승과 날짐승, 흰 꿩 등을 풀어 제례 분위기를 더욱 엄숙하게 했다. 코뿔소, 꼬리가 긴 물소[犛牛], 무소[犀牛], 코끼리 등은 사용하지 않았다. 모두 태산에 이른 뒤 후토에게 제사 지냈다. 봉선 의식을 거행하는 날의 밤하늘에 불빛 같은 것이 나타났다. 낮에는 흰 구름이 제단 위에서 솟아올랐다. 천자가 봉선을 마치고 돌아와 명당에 앉자 군신

• 곽자후의 원래 이름은 곽선霍嬗이다. '자후'는 자字다. 대사마 표기장군驃騎將軍 곽거병霍去病의 아들로 생년과 모친의 이름은 알려져 있지 않다. 곽거병이 병사한 후 관군후冠軍侯의 작위를 이어받았다. 한무제의 총애를 크게 입었다. 한무제는 곽선이 장성한 후 부친의 공업을 이어받을 것으로 기대했다. 황제를 지근거리에서 모시는 시중 겸 봉거도위에 임명한 이유다. 기원전 110년, 한무제는 봉선을 올리기 위해 태산에 올라가면서 오직 곽선만 데리고 갔다. 당시에 거행된 봉선에 관한 내용은 전혀 알려져 있지 않다. 이 일이 있은 지 얼마 되지 않아 곽선이 문득 폭졸暴卒하고 말았다. 당시 그의 나이는 10여 세에 불과했다. 한무제는 극히 비통해 하면서 〈사봉거자후가思奉車子侯歌〉를 지어 그의 죽음을 애도했다. 곽선은 자식을 두지 못한 까닭에 그의 후국侯國은 이내 폐지되었다.

들이 번갈아 조현하며 장수를 빌었다. 천자가 어사에게 조서를 내렸다.

짐은 미천한 몸으로 지조의 자리에 올라 직책을 감당하지 못할까 전전긍긍하며 두려워했다. 짐은 덕이 부족하고 예악에도 밝지 못하다. 태일신에게 제사 지낼 때 하늘에 경사스러운 빛의 형상이 있었다. 짐은 이를 보고 크게 놀라 중도에 그만두려 했으나 감히 그럴 수 없었다. 마침내 태산에 올라 봉선을 거행하고, 양보산에 올라 숙연산에서 지신에게 제사를 올렸다. 짐이 스스로 새로워져 기꺼이 모든 관원과 처음부터 다시 시작하고자 한다. 백성에게 100가구당 소 한 마리와 술 열 석을 내리고, 여든 이상의 노인과 고아 및 과부에게는 천을 두 필씩 지급토록 하라. 박博·봉고奉高·사구蛇丘·역성歷城 등 네 개 현의 올해 조세를 면제하고, 천하에 대사령을 내리니 을묘년처럼 시행하도록 하라. 짐이 순행한 지역은 더는 형벌을 집행하지 말라. 2년 이전에 저지른 죄는 재판하지 말라!

또 조서를 내렸다.

옛날 천자는 5년에 한 번씩 천하를 순수할 때 태산에 올라 천지에 제사 지냈다. 제후들은 조현하면서 머물 숙사가 있었다. 제후들은 각기 태산 아래에 숙사를 짓도록 하라.

천자가 태산에서 봉선을 마치고 난 뒤에도 비바람의 재앙이 없었다. 방사들이 봉래산 신선을 머지않아 찾을 수 있을 것이라고 말했다. 천자가 기뻐하며 이번에는 신선을 볼 수 있으리라 생각했다. 다시 동쪽으로 가 해변에 이르러 멀리 바라보면서 봉래산 신선을 간절히 만나고자 했다. 이때 봉거도위 곽자후가 갑자기 병에 걸려 하루 만에 죽었다. 천자가 그곳을 떠나 해변을 따라 북상해 갈석산에 도착했다. 요서遼西에서 순행해 북쪽 변경을 거쳐 구원九原까지 갔다. 이해 5월, 감천궁으로 돌아왔다. 관원들은 보정이 출토된 해의 연호를 원정元鼎으로 고치고, 봉선을 거행한 올해는 원봉 원년으로 해야 한다고 건의했다. 이해 가을, 혜성이 동정성東井星 부근에서 반짝거렸다. 열흘 뒤 다시 삼태성에서 빛났다. 천문을 관장하는 왕삭이 이를 관측한 뒤 말했다.

"신이 홀로 하늘을 관측하다가 호리병박 모양으로 나타난 별을 발견했습니다. 밥을 먹는 정도의 시간이 지나자 이내 사라졌습니다."

담당 관원이 고했다.

"폐하가 한나라에서는 처음으로 봉선 의식을 시작하자, 하늘이 덕성인 목성을 나타내 폐하의 공적에 보답한 것입니다."

이듬해 겨울, 천자가 옹현 교외로 가 오제에게 제사 지냈다. 돌아와서는 태일신에게 제사를 올리며 이같이 기원했다.

"덕성이 두루 빛난 것은 길조입니다. 수성이 연이어 나타나 매우 밝게 빛났고, 토성인 신성信星도 밝게 빛났습니다. 황제인 제가 태축이 제사 지내는 신령에게 공경을 다해 절합니다."

이해 봄, 공손경이 동래산에서 신선을 만났다. "천자를 만나고 싶다"고 말하는 것 같았다고 고했다. 천자가 구씨성으로 행차하며 공손경을 중대부中大夫로 삼았다. 마침내 동래에 도착해 며칠 동안 머물렀으나 아무것도 보지 못하고, 단지 거인의 발자국만 보았다. 천자가 다시 방사 1,000여 명을 보내 신기한 물건을 찾고 영지를 캐오도록 했다.

그러나 이해는 가물었다. 천자가 순행을 떠날 명분이 없자 만리사萬里沙에서 기우제를 올렸다. 도중에 태산에 들러 제사를 지냈다. 되돌아올 때 호자瓠子에 이르러 황하의 터진 곳을 틀어막는 부서에 친히 들렀다. 이틀 동안 머물며 백마白馬와 옥벽의 제물을 강물에 빠뜨려서 황하의 신에게 제사 지낸 후 떠났다. 두 명의 상경上卿에게 병사를 통솔해 황하의 터진 곳을 막게 했다. 황하의 두 개 지류가 바다로 유입되도록 물줄기를 변경하게 했다. 하우 때의 옛 수로를 회복한 배경이다.

●● 其冬, 公孫卿候神河南, 言見僊人跡緱氏城上, 有物如雉, 往來城上. 天子親幸緱氏城視跡. 問卿曰, "得毋效文成·五利乎?" 卿曰, "僊者非有求人主, 人主者求之. 其道非少寬假, 神不來. 言神事, 事如迂誕, 積以歲乃可致也." 於是郡國各除道, 繕治宮觀名山神祠所, 以望幸也矣. 其春, 旣滅南越, 上有嬖臣李延年以好音見. 上善之, 下公卿議, 曰, "民閑祠尙有鼓舞樂, 今郊祀而無樂, 豈稱乎?" 公卿曰, "古者祠天地皆有樂, 而神祇可得而禮." 或曰, "太帝使素女鼓五十弦瑟, 悲, 帝禁不止, 故破其瑟爲二十五弦." 於是塞南越, 禱祠太一·后土, 始用樂舞, 益召歌兒, 作二十五弦及空侯琴瑟自此起. 其來年冬, 上議曰, "古者先振兵澤旅, 然後封禪." 乃遂北巡朔方, 勒兵十餘萬, 還祭黃帝冢橋山, 釋兵須如. 上曰, "吾聞黃帝不死, 今有冢, 何也?" 或對曰, "黃帝已僊上天, 群臣葬其衣冠." 旣至甘泉, 爲且用事泰山, 先類祠太一. 自得寶鼎, 上與公卿諸生議封禪. 封禪用希曠絶, 莫知其儀禮, 而群儒采封禪尙書·周官·王制之望祀射牛事. 齊人丁公年九十餘, 曰, "封禪者, 合不死之

名也. 秦皇帝不得上封, 陛下必欲上, 稍上卽無風雨, 遂上封矣." 上於
是乃令諸儒習射牛, 草封禪儀. 數年, 至且行. 天子旣聞公孫卿及方士
之言, 黃帝以上封禪, 皆致怪物與神通, 欲放黃帝以上接神僊人蓬萊
士, 高世比德于九皇, 而頗采儒術以文之. 群儒旣已不能辨明封禪事,
又牽拘于詩書古文而不能騁. 上爲封禪祠器示群儒, 群儒或曰, "不與
古同." 徐偃又曰, "太常諸生行禮不如魯善." 周霸屬圖封禪事, 於是上
紲偃·霸, 而盡罷諸儒不用.

三月, 遂東幸緱氏, 禮登中嶽太室. 從官在山下聞若有言'萬歲'云.
問上, 上不言. 問下, 下不言. 於是以三百戶封太室奉祠, 命曰崇高邑.
東上泰山, 泰山之草木葉未生, 乃令人上石立之泰山巓. 上遂東巡海
上, 行禮祠八神. 齊人之上疏言神怪奇方者以萬數, 然無驗者. 乃益發
船, 令言海中神山者數千人求蓬萊神人. 公孫卿持節常先行候名山, 至
東萊, 言夜見大人, 長數丈, 就之則不見, 見其跡甚大, 類禽獸云. 群臣
有言見一老父牽狗, 言"吾欲見臣公", 已忽不見. 上卽見大跡, 未信, 及
群臣有言老父, 則大以爲僊人也. 宿留海上, 予方士傳車及閑使求僊人
以千數. 四月, 還至奉高. 上念諸儒及方士言封禪人人殊, 不經, 難施
行. 天子至梁父, 禮祠地主. 乙卯, 令侍中儒者皮弁薦紳, 射牛行事. 封
泰山下東方, 如郊祠太一之禮. 封廣丈二尺, 高九尺, 其下則有玉牒書,
書祕. 禮畢, 天子獨與侍中奉車子侯上泰山, 亦有封. 其事皆禁. 明日,
下陰道.

丙辰, 禪泰山下址東北肅然山, 如祭后土禮. 天子皆親拜見, 衣上黃
而盡用樂焉. 江淮閑一茅三脊爲神藉. 五色土益雜封. 縱遠方奇獸蜚禽
及白雉諸物, 頗以加禮. 兕牛犀象之屬不用. 皆至泰山祭后土. 封禪祠.
其夜若有光, 晝有白云起封中. 天子從禪還, 坐明堂, 群臣更上壽. 於是

制詔御史, "朕以眇眇之身承至尊, 兢兢焉懼不任. 維德菲薄, 不明于禮樂. 修祠太一, 若有象景光, 屑如有望, 震于怪物, 欲止不敢, 遂登封太山, 至于梁父, 而後禪肅然. 自新, 嘉與士大夫更始, 賜民百戶牛一酒十石, 加年八十孤寡布帛二匹. 復博·奉高·蛇丘·曆城, 無出今年租稅. 其大赦天下, 如乙卯赦令. 行所過毋有復作. 事在二年前, 皆勿聽治." 又下詔曰, "古者天子五載一巡狩, 用事泰山, 諸侯有朝宿地. 其令諸侯各治邸泰山下." 天子既已封泰山, 無風雨災, 而方士更言蓬萊諸神若將可得, 於是上欣然庶幾遇之, 乃復東至海上望, 冀遇蓬萊焉. 奉車子侯暴病, 一日死. 上乃遂去, 並海上, 北至碣石, 巡自遼西, 曆北邊至九原.

五月, 反至甘泉. 有司言寶鼎出爲元鼎, 以今年爲元封元年. 其秋, 有星茀于東井. 後十餘日, 有星茀于三能. 望氣王朔言曰, "候獨見塡星出如瓜, 食頃復入焉." 有司皆曰, "陛下建漢家封禪, 天其報德星云." 其來年冬, 郊雍五帝. 還, 拜祝祠太一. 贊饗曰, "德星昭衍, 厥維休祥. 壽星仍出, 淵耀光明. 信星昭見, 皇帝敬拜太祝之亨." 其春, 公孫卿言見神人東萊山, 若云'欲見天子'. 天子於是幸緱氏城, 拜卿爲中大夫. 遂至東萊, 宿留之數日, 無所見, 見大人跡云. 復遣方士求神怪采芝藥以千數. 是歲旱. 於是天子既出無名, 乃禱萬里沙, 過祠泰山. 還至瓠子, 自臨塞決河, 留二日, 沈祠而去. 使二卿將卒塞決河, 徙二渠, 復禹之故跡焉.

당시 한무제는 이미 남월과 동월東越을 멸망시켰다. 월나라 사람 용지勇之가 고했다.

"월나라 사람은 귀신을 믿는 풍속이 있습니다. 제사 지낼 때 늘 귀신이 나타나고, 자주 효험을 봅니다. 옛날 동구왕東甌王은 귀신을 숭배해 160살까지 장수했습니다. 후대로 내려오면서 귀신을 경시한 탓에 쇠락해진 것입니다."

천자가 남월의 무사에게 명해 월나라 방식의 축사祝祠를 세우게 했다. 제대祭臺를 세우나 제단은 쌓지 않고, 천신과 상제, 백귀百鬼에게 제사 지내고, 닭 뼈를 이용하는 계복鷄卜으로 점을 치게 했다. 천자가 이를 믿자 월나라 방식의 제사와 점이 조정에 사용되기 시작했다. 공손경이 말했다.

"폐하는 신선을 만날 수 있었으나 늘 허둥대며 재촉한 탓에 만나지 못한 것입니다. 지금 폐하가 별관을 짓고, 구씨성에서 한 것처럼 건어물과 대추를 차려놓으면 신선을 불러올 수 있습니다. 그들은 누대에 머무는 것을 좋아합니다."

천자가 명을 내려 장안에 비렴계관蜚廉桂觀, 감천에 익수연수益壽延壽觀를 짓게 했다. 공손경에게 명해 부절을 지닌 채 제구를 설치한 뒤 마음을 다해 신선을 기다리게 했다. 또 통천대通天臺를 건립한 뒤 대 아래에 제물을 차려놓고 신선을 기다리게 했다. 감천궁에 다시 전전前殿을 짓고, 각 궁실을 증축했다. 이해 여름, 궁전의 방 안에서 영지가 자라났다. 천자가 황하의 터진 곳을 막고 통천대를 짓자 하늘에서 빛이 나타났다. 곧 조서를 내렸다.

감천궁의 방에서 아홉 포기의 영지가 자라났다. 천하에 대사령을 내린다. 백성의 노역을 면제해주도록 하라.

이듬해, 조선을 쳤다. 이해 여름, 가뭄이 들었다. 공손경이 고했다.
"황제 때 봉선을 지냈는데 천하에 가뭄이 들었습니다. 3년 동안 비가 내리지 않아 봉지가 메말랐습니다."

천자가 즉시 조서를 내렸다.

천하가 가문 것은 봉지를 마르게 하려는 뜻이 아니겠는가? 천하에
명하니 백성들은 영성을 경건히 해 제사 지내도록 하라!

이듬해, 천자가 옹현 교외에서 제사 지내고, 회중回中의 길을 거쳐
순행했다. 이해 봄, 명택에 이르러 서하西河에서 환궁했다. 이듬해 겨
울, 천자가 남군南郡을 순행했다. 강릉江陵에 이른 후 동쪽으로 갔다.
잠현潛縣 천주산天柱山에 올라 제사 지내고 그 산을 남악이라 불렀다.
배를 타고 장강을 따라 심양尋陽에서 종양樅陽으로 갔다. 도중에 팽려
彭蠡를 거쳐 명산대천에 제사 지냈다. 다시 북쪽 낭야로 가 해안을 따
라 북상했다. 이듬해 4월 중순, 봉고현에 이르러 봉선을 거행했다. 천
자가 태산에서 봉선할 때 태산 동북쪽 산기슭에 옛날 명당을 지은
터가 있다. 지세가 험준하고 좁았다. 천자가 봉고현 부근에 명당을
또 하나 짓고 싶어 했으나 그 규모를 알지 못했다.

제남濟南 출신 공옥대公玉帶가 황제 때 지은 명당의 설계도를 바쳤
다. 설계도에는 사방에 벽이 없고, 지붕이 따로 덮인 전당이 한 채 있
었다. 사방은 물이 통하게 되어 있었다. 둘레에는 담장이 둘러 있고,
복도複道가 있다. 위에는 누각이 있고, 전당은 서남쪽으로 들어가게
되어 있다. 이듬해, 이 길을 곤륜도昆侖道라 불렀다. 옛 천자는 이 길을
따라 전당으로 들어가 상제에게 제사를 지냈다.

천자가 공옥대가 바친 설계도에 따라 봉고현 문수汶水 부근에 명
당을 짓도록 했다. 5년 뒤, 봉선을 거행할 때 명당의 상좌上坐에 태일

신과 오제를 안치하고 제사 지냈다. 고황제高皇帝의 위패는 맞은편에 자리했다. 아랫방에는 태뢰 스무 마리로 후토에게 제사 지냈다. 천자가 곤륜도를 통해 안으로 들어간 뒤 교사를 지내는 예식을 좇아 명당에서 처음으로 제사를 올렸다. 제사가 끝난 뒤 다시 당 아래에서 땔나무를 태우고 제사를 지냈다. 이어 태산에 올라 정사에서 비밀리에 제사를 지냈다. 태산 아래서 오제에게 제사를 지낼 때 각자 해당하는 방위를 좇아 거행했다. 황제黃帝와 적제赤帝는 같은 방위에서 제사를 지냈고, 담당 관원이 참여했다. 제사를 지낼 때 태산 위에서 횃불을 들어 표시하면 산 아래에서도 횃불을 들어 서로 호응했다. 이로부터 2년 뒤의 11월 갑자일 초하루 아침, 동지였다. 이에 앞서 천자가 친히 태산으로 행차한 뒤 이해 11월 갑자일 초하루 아침 동지에 명당에서 하늘에 제사를 지냈다. 이같이 축원했다.

"하늘이 황제인 저에게 태원太元의 신책을 내려주어 일월이 한 바퀴 돌면 다시 시작하게 했습니다. 삼가 태일신에게 공경히 절을 올립니다."

이어 동쪽으로 바다에 이른 뒤 바다로 들어가 신선을 만나려는 방사들을 조사했다. 아무런 증험이 없었다. 그럼에도 여전히 사람을 증파해 신선을 만나고자 했다. 이해 11월 을유일, 백량대에 화재가 났다. 12월 초하루 갑오일, 천자가 친히 고리산高里山에서 후토에게 제사 지냈다. 이어 발해로 가 봉래산의 여러 신에게 섶을 태우며 멀리서 절을 올리는 망사를 행했다. 신선이 사는 곳에 이르기를 고대한 것이다. 천자가 환궁한 뒤 백량대의 화재로 인해 감천궁에서 조회하며 각 군현의 회계 보고를 받았다. 공손경이 말했다.

"황제가 청령대靑靈臺를 지은 지 12일 만에 화재가 났습니다. 곧바로 명정을 지은 이유입니다. 명정이 바로 감천궁입니다."

방사들도 대부분 옛 제왕 가운데 감천에 도읍한 자가 있다고 말했다. 이후 천자는 감천궁에서 제후들의 조현을 받고, 감천산에 제후의 저택을 지었다. 월나라 사람 용지가 말했다.

"월나라의 풍속에 따르면 화재가 난 뒤 다시 집을 지을 때는 반드시 원래의 것보다 크게 지었습니다. 규모로 재앙의 기운을 제압하고자 한 것입니다."

이에 수많은 문이 있는 거대한 규모의 건장궁建章宮을 지었다. 전전前殿의 규모는 미앙궁未央宮보다 컸다. 동쪽에는 높이가 20여 장이나 되는 봉궐鳳闕이 있었다. 서쪽에는 당중지唐中池가 있었다. 그 둘레에는 수십 리에 달하는 호랑이 사육장인 호권虎圈이 있었다. 북쪽에는 커다란 연못을 팠다. 연못 안의 누대인 점대漸臺의 높이가 20여 장이나 되었다. 연못 이름을 태액지太液池로 했다. 그 속에 봉래·방장·영주·호량壺梁 등 선산僊山을 만들었다. 바닷속의 신선·거북·물고기 등을 상징했다. 그 남쪽에 옥당玉堂·벽문璧門·대조大鳥 등의 조각상이 있었다. 높이가 50장이나 되는 신명대神明臺·정간루井幹樓를 세웠다. 천자의 수레가 다니는 구름다리인 연도輦道가 연결되어 있었다.

이해 여름, 한나라가 역법을 바꾸었다. 음력 정월을 세수로 삼았다. 오색 가운데 황색을 숭상하고, 관원의 인장을 다섯 글자로 바꾸고, 이해의 연호를 태초 원년으로 했다. 이해에 서쪽으로 가 대원을 쳤다. 메뚜기 떼가 극성을 부렸다. 정부인丁夫人과 낙양 출신 우초虞初 등이 방술로 흉노와 대원을 저주하는 제사를 올렸다.

그 이듬해, 담당 관원들이 옹현 오치의 제사에서 익힌 태뢰와 향

내가 나는 제물을 올리지 않았다고 고했다. 천자가 사관에게 명해 삶은 송아지를 희생으로 바치고, 털 색깔을 오색의 원칙을 좇아 신령이 먹을 수 있게 하고, 제사에 사용하는 망아지를 나무 말로 대체시켰다. 그러나 오제의 제사와 천자가 친히 행차한 제사에는 망아지를 쓰게 했다. 명산대천의 제사는 모두 나무 말로 대체했다. 천자가 순행하며 직접 제사를 지낼 때 비로소 망아지를 썼다. 다른 의례는 기존과 같게 했다.

이듬해, 천자가 동쪽으로 순행했다. 신선을 찾아 바다로 나갔던 자들을 탐문했으나 아무런 효험이 없었다. 어떤 방사가 말했다.

"황제 때 다섯 개의 성과 열두 개의 누대를 짓고, 집기執期에서 신선을 기다렸습니다. 그 누대의 이름을 영년迎年이라 했습니다."

천자가 그의 건의를 좇아 누대를 짓고 명년明年으로 명명했다. 이어 친히 그곳으로 가 하늘에 제사를 거행했다. 공옥대가 말했다.

"황제 때 태산에서 봉선을 했으나 풍후風后와 봉거封鉅, 기백岐伯은 황제에게 동쪽 태산에서 하늘에 제사를 지내고 범산凡山에서 지신에게 제사 지낼 것을 건의했습니다. 신령이 내려준 부절과 부합해야 비로소 불로장생할 수 있습니다."

천자가 좌우에 명해 제물을 준비하게 하고, 동쪽 태산으로 갔다. 그러나 동쪽 태산은 너무 작아 명성에 걸맞지 않았다. 다시 사관에게 명해 제사를 지내되 봉선은 거행하지 말도록 했다. 이후 공옥대에게 그곳에서 제사를 지내며 신선을 기다리게 했다. 이해 여름, 천자가 태산으로 돌아와 5년에 한 번씩 행하는 봉선 의식을 이전처럼 거행했다. 다시 석려산石閭山에서 지신에게 제사를 올렸다. 석려산은 태산 기슭의 남쪽에 있다. 방사들 대부분은 그곳이 신선이 사는 곳이라고 말했다. 천자가 그곳으로 가 친히 지신에게 제사 지냈다.

이로부터 5년 뒤 천자가 다시 태산으로 가 봉선 의식을 거행했다. 돌아오는 길에 항산에서 제사 지냈다. 지금 천자가 새로 제정한 제례에 따르면 태일사泰一祠와 후토사에서는 3년에 한 번씩 천자가 직접 교사를 지낸다. 한나라에서 시작된 봉선은 5년에 한 번씩 행한다. 박유기의 건의를 좇아 건립된 태일·삼일三一·명양·마행·적성赤星 등 다섯 개의 사당은 사관 관서 등이 주관해 매년 기일에 맞추어 제사 지낸다. 이상 여섯 곳의 제사는 모두 태축이 주관한다. 팔신과 같은 여러 신을 포함해 명년과 범산 등 명산의 사당은 천자가 순행하다가 들를 때 제사 지낸다. 그냥 지나치면 제사 지내지 않는다. 방사들이 건립한 사당은 각기 주관했다. 그 사람이 죽으면 폐기하고, 사관은 관여하지 않는다. 그 밖의 제사는 모두 이전의 관습에 따른다.

이후 12년 동안 되돌아보면 지금의 천자가 행한 봉선은 오악과 사독에서도 치러졌다. 방사들은 신선에게 제사 지낸 뒤 봉래산을 찾으러 바다에 들어갔으나 결국 아무것도 찾지 못했다. 공손경은 신선을 기다리며 거인 발자국을 신선의 것이라고 변명했으나 아무런 효험이 없었다. 천자는 갈수록 방사들의 괴이한 말에 싫증과 권태를 느꼈다. 그러나 끝내 미신에 얽매여 끊지 못했다. 진심으로 신선을 만나고자 했기 때문이다. 이후 방사들 가운데 신선을 말하는 자가 더욱 많아졌다. 그 결과가 어떠했는지는 눈에 훤히 보이는 것처럼 빤한 일이다.

●● 是時既滅兩越, 越人勇之乃言 "越人俗鬼, 而其祠皆見鬼, 數有效. 昔東甌王敬鬼, 壽百六十歲. 後世怠慢, 故衰耗". 乃令越巫立越祝祠, 安台無壇, 亦祠天神上帝百鬼, 而以雞卜. 上信之, 越祠雞卜始用.

公孫卿曰, "僊人可見, 而上往常遽, 以故不見. 今陛下可爲觀, 如緱城, 置脯棗, 神人宜可致也. 且僊人好樓居." 於是上令長安則作蜚廉桂觀, 甘泉則作益延壽觀, 使卿持節設具而候神人. 乃作通天莖台, 置祠具其下, 將招來僊神人之屬. 於是甘泉更置前殿, 始廣諸宮室.

夏, 有芝生殿房內中. 天子爲塞河, 興通天臺, 若見有光云, 乃下詔曰, "甘泉房中生芝九莖, 赦天下, 毋有復作." 其明年, 伐朝鮮. 夏, 旱. 公孫卿曰, "黃帝時封則天旱, 乾封三年." 上乃下詔曰, "天旱, 意乾封乎? 其令天下尊祠靈星焉." 其明年, 上郊雍, 通回中道, 巡之. 春, 至鳴澤, 從西河歸. 其明年冬, 上巡南郡, 至江陵而東. 登禮灊之天柱山, 號曰南嶽. 浮江, 自尋陽出樅陽, 過彭蠡, 禮其名山川. 北至琅邪, 並海上. 四月中, 至奉高修封焉. 初, 天子封泰山, 泰山東北阯古時有明堂處, 處險不敞. 上欲治明堂奉高旁, 未曉其制度. 濟南人公玉帶上黃帝時明堂圖. 明堂圖中有一殿, 四面無壁, 以茅蓋, 通水, 圜宮垣爲復道, 上有樓, 從西南入, 命曰昆侖, 天子從之入, 以拜祠上帝焉. 於是上令奉高作明堂汶上, 如帶圖. 及五年修封, 則祠太一·五帝于明堂上坐, 令高皇帝祠坐對之. 祠后土于下房, 以二十太牢. 天子從昆侖道入, 始拜明堂如郊禮. 禮畢, 燎堂下. 而上又上泰山, 自有祕祠其巓. 而泰山下祠五帝, 各如其方, 黃帝並赤帝, 而有司侍祠焉. 山上舉火, 下悉應之. 其後二歲, 十一月甲子朔旦冬至, 推曆者以本統. 天子親至泰山, 以十一月甲子朔旦冬至日祠上帝明堂, 毋修封禪. 其贊饗曰, "天增授皇帝太元神策, 周而復始. 皇帝敬拜太一."

東至海上, 考入海及方士求神者, 莫驗, 然益遣, 冀遇之. 十一月乙酉, 柏梁烖. 十二月甲午朔, 上親禪高里, 祠后土. 臨勃海, 將以望祀蓬萊之屬, 冀至殊廷焉. 上還, 以柏梁烖故, 朝受計甘泉. 公孫卿曰, "黃帝

就靑靈台, 十二日燒, 黃帝乃治明廷. 明廷, 甘泉也." 方士多言古帝王
有都甘泉者. 其後天子又朝諸侯甘泉, 甘泉作諸侯邸. 勇之乃曰, "越俗
有火栽, 復起屋必以大, 用勝服之." 於是作建章宮, 度爲千門萬戶. 前
殿度高未央. 其東則鳳闕, 高二十餘丈. 其西則唐中, 數十里虎圈. 其北
治大池, 漸台高二十餘丈, 命曰太液池, 中有蓬萊·方丈·瀛洲·壺梁,
象海中神山龜魚之屬. 其南有玉堂·璧門·大鳥之屬. 乃立神明台·井
幹樓, 度五十丈, 輦道相屬焉. 夏, 漢改曆, 以正月爲歲首, 而色上黃, 官
名更印章以五字, 爲太初元年.

是歲, 西伐大宛. 蝗大起. 丁夫人·雒陽虞初等以方祠詛匈奴·大宛
焉. 其明年, 有司上言雍五畤無牢熟具, 芬芳不備. 乃令祠官進畤犢牢
具, 色食所勝, 而以木禺馬代駒焉. 獨五月嘗駒, 行親郊用駒. 及諸名
山川用駒者, 悉以木禺馬代. 行過, 乃用駒. 他禮如故. 其明年, 東巡海
上, 考神僊之屬, 未有驗者. 方士有言 '黃帝時爲五城十二樓, 以候神人
于執期, 命曰迎年'. 上許作之如方, 命曰明年. 上親禮祠上帝焉. 公玉
帶曰, "黃帝時雖封泰山, 然風后·封巨·岐伯令黃帝封東泰山, 禪凡山,
合符, 然後不死焉." 天子旣令設祠具, 至東泰山, 東泰山卑小, 不稱其
聲, 乃令祠官禮之, 而不封禪焉. 其後令帶奉祠候神物.

夏, 遂還泰山, 修五年之禮如前, 而加以禪祠石閭. 石閭者, 在泰山下
址南方, 方士多言此僊人之閭也, 故上親禪焉. 其後五年, 復至泰山修
封. 還過祭恒山. 今天子所興祠, 太一·后土, 三年親郊祠, 建漢家封禪,
五年一修封. 薄忌太一及三一·冥羊·馬行·赤星, 五, 寬舒之祠官以歲
時致禮. 凡六祠, 皆太祝領之. 至如八神諸神, 明年·凡山他名祠, 行過
則祠, 行去則已. 方士所興祠, 各自主, 其人終則已, 祠官不主. 他祠皆
如其故. 今上封禪, 其後十二歲而還, 遍于五嶽·四瀆矣. 而方士之候

祠神人, 入海求蓬萊, 終無有驗. 而公孫卿之候神者, 猶以大人之跡爲解, 無有效. 天子益怠厭方士之怪迂語矣, 然羈縻不絕, 冀遇其眞. 自此之後, 方士言神祠者彌衆, 然其效可睹矣.

태사공은 평한다.

"나는 천자를 좇아 천하를 순행했고, 천지의 여러 신과 명산대천에 제사 지냈으며, 봉선도 거행했다. 수궁에 들어가서는 제사에 참여해 신에게 올리는 축문도 들었다. 당시 나는 방사와 사관의 의도를 세밀히 탐구했다. 물러나와 옛날부터 귀신에게 제사 지낸 일을 순서대로 서술했다. 제사에 관한 형식과 내용을 이곳에 모두 기록해놓았다. 후대의 군자들은 이 글을 통해 당시의 정경을 훤히 살펴볼 수 있을 것이다. 제사 음식을 담는 조두, 제사용 옥과 비단인 규폐珪幣, 제사 지낼 때 술잔을 주고받는 헌수獻酬 등에 관한 상세한 내용과 의식은 유사有司가 보존하고 있다."

●● 太史公曰, "余從巡祭天地諸神名山川而封禪焉. 入壽宮侍祠神語, 究觀方士祠官之意, 於是退而論次自古以來用事于鬼神者, 具見其表里. 後有君子, 得以覽焉. 若至俎豆珪幣之詳, 獻酬之禮, 則有司存."

하거서
河渠書

〈하거서〉는 역대 왕조의 수리 사업과 한무제 때의 수행水害 상황 등을 다루고 있다. 사마천은 〈태사공자서〉에서 하천을 소통시켜 구주九州를 안정시킨 우임금의 치수를 본받기 위해 〈하거서〉를 지었다고 썼다. 중농주의를 표방한 역대 왕조의 경제정책이 조운漕運과 관개灌漑라는 두 가지 국가적 사업 위에 서 있음을 방증하는 대목이다.

운하를 개척하고 물길을 내는 사업은 춘추시대 말기 오왕 부차에 의해 시도된 바가 있다. 이후 전국시대 초기 위문후 때의 서문표西門豹, 말기 진소양왕 때의 이빙李冰, 말기 진시황 때의 정국鄭國 등에 의해 대대적으로 전개되었다. 한나라가 들어선 후 한무제 때 다시 운하 정비 사업이 이루어졌다. 이로 인한 혜택이 적지 않았으나 수년에 걸쳐 막대한 규모의 인력과 재정이 투입되었다.

사마천은 〈평준서〉에서 한무제의 잦은 외정에 따른 재정지출에 대해서는 매우 비판적인 입장을 취했으나, 〈하거서〉에서는 막대한 규모의 재정을 투입했음에도 수리 사업에 대해 우호적인 입장을 보였다. 백성을 이롭게 하는 이민利民에 도움이 된다고 판단한 결과다.

역대 왕조의 경제정책을 논한 점에서 〈하거서〉는 〈평준서〉와 짝을 이루고 있다. 그럼에도 막대한 규모의 재정지출과 관련해서는 그 목적에 따라 평가가 엇갈리고 있는 점에 주목할 필요가 있다.

《서경》〈하서夏書〉에서 말했다.

하나라 우왕은 13년 동안 홍수를 다스리기에 열중한 까닭에 집 앞을 지나면서도 안으로 들어가지 못했다. 육로로 다닐 때는 수레를 타고, 수로로 다닐 때는 배를 타고, 진흙길로 다닐 때는 덧신썰매인 교橋를 타고,• 산길로 다닐 때는 멍에처럼 생긴 교자橋子를 탔다. 천하를 아홉 개 주로 나누고, 산세에 따라 하천에 물길을 내고, 토질에 따라 공물을 정했다. 아홉 개 주로 통하는 도로를 건설하고, 아홉 개 주에 있는 모든 물길에 제방을 쌓고, 아홉 개 주에 있는 산들을 측량했다. 그러나 황하가 자주 범람해 수재가 화하족華夏族이 사는 중국中國에 커다란 피해를 끼쳤다. 우왕이 치수에 전념한 이유다.

황하에 물길을 냈는데 적석산積石山에서 용문산龍門山을 거쳐 남쪽으로 화음華陰에 이르게 했다. 또 거기서 동쪽 지주산砥柱山으로 내려와 맹진孟津과 낙예雒汭에 이르렀다가 대비산大邳山까지 도달하게 했다. 당시 우왕은 황하가 높은 지대에서 흘러내려 수세가 급하고 세기 때문에 평지로 흘러들기 어려워 누차 범람한 것으로 여겼다. 대비산 일대에서 황하의 물줄기를 두 방향으로 나누어 수세를 약화시켜 흐르도록 시도한 이유다. 이에 북쪽으로는 다시 높은 지대로 흐르게 해 강수降水를 지나 대륙택大陸澤에 이르게 했다. 거기서 다시 아홉 개의 강줄기로 나누고, 재차 합류시켜 역하逆河를 만들어 발해로 유입하게 했다. 아홉 개 주의 하천이 모두 소통되고 아홉 개 주의 수택水澤에 제

• 원문은 "니행도교泥行蹈橇"다. 교橇는 진흙 위를 걸어갈 때 사용하는 덧신으로 눈썰매처럼 생겼다. 《사기색은》은 교橇로 된 판본도 있다고 했다. '취'로도 읽는다. 산행즉교山行卽橋의 교橋를 두고 《사기집해》는 서광의 말을 인용해 멍에처럼 생긴 가마를 지칭한 것으로 풀이하며 국襷과 통한다고 했다.

방이 쌓이자 온 중국이 편안해졌다. 그의 공적은 하·은·주 3대까지 이어졌다.

이후 형양에서는 사람들이 황하의 물을 동남쪽으로 끌어들여 운하인 홍구鴻溝를 만들었다. 덕분에 송·정·진陳·채蔡·조曹·위衛 등의 제후국과 통하게 되었다. 제수·여수汝水·회수·사수 등의 강물도 합류시켰다. 초나라에서는 서쪽으로 한수와 운몽雲夢의 교외를 통하게 하는 큰 수로를 연결시켰다. 또 동쪽으로 장강과 회수를 관통하는 운하를 팠다. 오나라에서는 삼강三江과 오호五湖를 연결하는 큰 수로를 건설했고, 제나라에서는 치수淄水와 제수를 연결시켰고, 촉 땅에서는 태수 이빙이 수해가 자주 발생하는 이대離碓를 뚫어 말수沫水의 수해를 제거했다. 또 따로 두 강을 뚫어 성도成都 사이로 흐르게 했다. 이 수로는 모두 배가 다닐 수 있었다. 남아도는 물은 관개에 사용된 덕분에 백성이 그 이익을 누렸다. 수로가 지나는 곳의 사람들은 도처에서 그 물을 끌어 쓰기 위해 관개용 농수로를 대거 건설했다. 그 수가 한없이 불어나 억만을 헤아렸다. 아무도 그 숫자를 정확히 셀 수 없을 정도였다.

전국시대 위魏나라 장수 서문표는 장수漳水의 물을 끌어들여 업鄴 땅에 관개했다. 위나라 하내 지역이 풍요로워진 이유다. 한韓나라는 진秦나라가 각종 사업을 일으키기를 좋아한다는 소문을 듣고 진나라에게 대규모 토목공사에 국력을 쏟아 지치게 만들고자 했다. 동쪽에 위치한 한나라를 침공치 못하게 하려는 속셈이었다. 이에 수리水利 전문가 정국을 진나라에 간첩으로 보내 유세하게 했다. 유세 내용은 이렇다.

진나라가 경수를 뚫어 중산 서쪽부터 호구瓠口에 이르기까지 수로를 만들고, 북산北山을 따라 동쪽 낙하洛河 쪽으로 300여 리를 흐르도록 만들어 농지를 관개해야 한다.

유세가 수용되어 공사가 반쯤 진척되었을 때 간첩 행위가 드러났다. 진나라가 정국을 잡아 죽이려고 하자 정국이 이같이 말했다.

"당초 신은 첩자가 되어 그런 공사를 추진했습니다. 그러나 수로가 완성되면 진나라 또한 이로운 일입니다."

진나라도 그의 말이 옳다고 여겨 공사를 끝마치게 했다. 수로가 완성되자 진흙이 섞인 경수의 물이 흘러들어 염분이 포함된 관중 일대의 농지 4만여 경을 관개했다. 1무畝당 1종鍾의 곡물을 거두게 된 배경이다. 관중 일대가 옥야沃野로 변하자 흉년을 모르게 되었다. 덕분에 진나라는 부강해졌고, 마침내 각 제후국을 병탄하게 되었다. 수로를 정국거鄭國渠로 명명하게 된 이유다.

●● 夏書, "禹抑洪水十三年, 過家不入門. 陸行載車, 水行載舟, 泥行蹈毳, 山行卽橋. 以別九州, 隨山浚川, 任土作貢. 通九道, 陂九澤, 度九山. 然河菑衍溢, 害中國也尤甚. 唯是爲務. 故道河自積石歷龍門, 南到華陰, 東下砥柱, 及孟津・雒汭, 至于大邳. 於是禹以爲河所從來者高, 水湍悍, 難以行平地, 數爲敗, 乃二渠以引其河. 北載之高地, 過降水, 至于大陸, 播爲九河, 同爲逆河, 入于勃海九川既疏, 九澤既灑, 諸夏艾安, 功施于三代." 自是之後, 滎陽下引河東南爲鴻溝, 以通宋・鄭・陳・蔡・曹・衛, 與濟・汝・淮・泗會. 于楚, 西方則通渠漢水・雲夢之野, 東方則通鴻溝江淮之閒. 于吳, 則通渠三江・五湖. 于齊, 則通菑濟之閒. 於蜀, 蜀守冰鑿離碓, 辟沫水之害, 穿二江成都之中. 此渠皆可行舟, 有餘則用漑浸, 百姓饗其利. 至于所過, 往往引其水益用漑田疇之渠, 以萬億計, 然莫足數也. 西門豹引漳水漑鄴, 以富魏之河內. 而韓聞秦之好興事, 欲罷之, 毋令東伐, 乃使水工鄭國閒說秦, 令鑿涇水自中山西邸瓠口爲渠, 並北山東注洛三百餘里, 欲以漑田. 中作而覺, 秦欲殺鄭國. 鄭國曰, "始臣爲閒, 然渠成亦秦之利也." 秦以爲然, 卒使就渠. 渠就, 用注填闕之水, 漑澤鹵之地四萬餘頃, 收皆畝一鍾. 於是關中爲沃野, 無凶年, 秦以富強, 卒并諸侯, 因命曰鄭國渠.

한나라가 건국된 지 39년이 되는 한문제의 치세 때 황하가 범람해 산조酸棗에서 둑이 터지고, 동쪽의 금제가 무너졌다. 동군東郡에서는 인부를 대거 징발해 금제를 틀어막았다. 40여 년이 지난 뒤 지금의 천자인 한무제의 원광 연간에 황하가 다시 범람해 호자에서 둑이 터졌다. 동남쪽 거야鉅野로 흘러 회수와 사수로 통했다. 천자가 급암汲黯과 정당시鄭當時에게 명해 급히 인부들을 징발해 틀어막게 했다. 그러나 곧바로 다시 터지고 말았다. 당시 무안후 전분田蚡이 승상으로 있었다. 그의 봉지는 유현鄃縣이었다. 유현은 황하 북쪽에 있었다. 황하의 제방이 남쪽으로 터진 까닭에 수재를 당하지 않았다. 유현에 늘 풍년이 든 이유다. 전분은 천자에게 이같이 고했다.

"하천의 둑이 무너지는 것은 모두 하늘의 뜻입니다. 인력을 동원해 억지로 틀어막는 것은 쉬운 일이 아닙니다. 막을지라도 그것이 반드시 하늘의 뜻에 부합하는 것도 아닙니다."

운기로 점을 치는 망기가望氣家도 같은 의견이었다. 천자는 오랫동안 생각한 뒤 더는 제방을 다시 쌓는 공사를 하지 않았다. 당시 정당시鄭當時는 대농大農의 자리에 있었다. 천자에게 이같이 건의했다.

"전에 관동關東에서 수로로 위수渭水를 따라 양곡을 상류에 있는 장안長安까지 운반하는데 꼬박 여섯 달이 걸렸습니다. 수로로 900여 리나 된 까닭에 때로 난관도 많았습니다. 만일 위수를 끌어들여 장안에서 남산南山을 따라 동쪽으로 흐르도록 하면 황하까지 300여 리밖에 되지 않습니다. 물길도 지름길이라 운송 또한 쉽습니다. 양곡 운반을 석 달이면 끝낼 수 있습니다. 또 운하 주변의 민전民田 1만여 경도 농수를 공급받을 수 있습니다. 이같이 하면 배로 운송하는 시간도 절약하고, 인력 동원도 줄일 수 있습니다. 나아가 관중의 농지도 더욱 비옥하게 만들고, 곡식도 더 많이 수확할 수 있습니다."

천자가 이를 옳다고 여겨 제나라 출신 수리 전문가 서백徐伯에게 명해 수로를 측량해 물길을 확정하게 했다. 또 수만 명의 인부를 징발해 운하를 파게 했다. 3년 만에 개통시켰다. 개통 후 수로를 이용해 배로 운반하자 매우 편리했다. 이후 운송하는 양이 날로 늘어났다. 수로 주변의 백성 모두 농지를 쉽게 관개할 수 있었다. 하동태수 파계番係가 건의했다.

"수로가 산동山東으로부터 서쪽으로 장안까지 이릅니다. 운송되는 양곡이 매년 100여만 석에 이릅니다. 지주산의 험난한 물길을 지나오려면 양곡과 인명 손실이 매우 클 뿐 아니라 비용 또한 많이 듭니다. 지금 수로를 파 분수汾水의 물을 끌어들여 피씨皮氏와 분음 일대로 흐르게 하고, 또 황하의 물을 끌어들여 분음과 포판蒲阪 일대로 흐르게 하면 대략 5,000경의 농지가 생깁니다. 이 5,000경의 농지는 원래 황하 가에 버려진 땅입니다. 백성들은 전에 방목만 했으나 이제 관개해 경작하면 어림잡아 200만 석 이상의 곡식을 거둘 수 있습니다. 이 곡식을 위수에서 장안으로 운송하면 관중에서 운송하는 것과 별 차이가 없을 것입니다. 지주산 동쪽의 곡식도 더는 운송해올 필요가 없습니다."

천자가 이를 옳다고 여겨 수만 명의 인부를 징발해 수로와 농지를 만들었다. 수년 뒤 황하의 물길이 바뀌어 수로가 제구실을 하지 못하게 되었다. 농지를 개간한 농민들은 종자조차 거두어들일 수 없었다. 오랜 시간이 흘러 하동의 운하와 농지가 황폐화되었다. 이후 이곳으로 이주해온 월인越人에게 나누어주며 경작하게 했다. 황실의 경비를 관할하는 소부少府가 이들로부터 약간의 조세를 거두어들였다.

이후 어떤 자가 상서해 포야도褒斜道를 뚫어 포수褒水 · 야수斜水를 잇는 조운을 개통시켜야 한다고 했다. 천자가 어사대부禦史大夫 장탕張湯에게 넘겨 처리하게 했다. 장탕이 이같이 보고했다.

"촉군에 가려면 진창도陳倉道인 옛 길로 가야 합니다. 산비탈이 많고 또 멀리 돌아가야만 합니다. 지금 포야도를 뚫으면 산비탈도 적고, 400리나 가까워집니다. 포수와 면수, 야수와 위수를 서로 연결해 통하게 하면 모두 배를 띄워 운하로 삼을 수 있습니다. 운송할 때 남양南陽에서 곡식을 싣고 면수를 거슬러 올라와 포수로 들어간 뒤 포수의 끝에서 야수까지 100여 리는 수레로 바꿔 운반하고, 다시 야수를 거쳐 위수로 내려가면 됩니다. 이같이 하면 한중의 곡식을 도성까지 직접 운반해올 수 있고, 산동에서도 면수를 통해 막힘없이 소통할 수 있어 지주산을 낀 운송보다 훨씬 편리합니다. 또 포수와 야수 유역은 목재와 죽전竹箭이 매우 풍부해 파촉巴蜀보다 많습니다."

천자가 이를 옳게 여겨 장탕의 아들 장앙張卬을 한중태수漢中太守로 삼은 뒤 수만 명의 인부를 징발해 포야도 500여 리를 개통하게 했다. 포야도는 편리하고 가까웠으나 물살이 세고 돌도 많아 조운은 불가능했다. 장웅파壯熊罷가 건의했다.

"임진의 백성은 낙수를 뚫어 그 물로 중천重泉 이동의 염분이 많은 농지 1만여 경을 관개할 수 있기를 고대합니다. 실로 그 물만 끌어올 수 있다면 1무당 10석石을 거둘 수 있습니다."

천자가 1만여 명의 인부를 동원해 수로를 뚫었다. 징현徵縣에서 상안산商顏山 아래까지 낙수의 물을 끌어들이고자 한 것이다. 그러나 강 언덕이 쉽게 무너져 더는 파지 못하고 마침내 우물을 파게 되었다. 깊이가 40여 장이나 되었다. 이처럼 우물을 파자 우물이 땅 밑으로 통해 하나의 물길을 만들었다. 물이 땅속으로 흘러 상안산을 지난 뒤 동쪽으로 산 고개로부터 10여 리쯤 되는 곳까지 이르렀다. 우물 개천은 바로 이때부터 생겨난 것이다. 우물을 파다가 용의 뼈를 발견했기에 용수거龍首渠로 명명했다. 착공한 지 10여 년 만에 개통되었으나 여전히 많이 수확하지는 못했다.

황하가 범람해 호자에서 둑이 터진 지 20여 년이 되었다. 이로 인해 농사는 번번이 풍년이 들지 못했다. 양과 초楚 일대는 더욱 심했다. 당시 천자는 봉선 의식을 거행하고 각지를 순행하면서 명산대천에 제사를 지냈다. 이듬해에는 가뭄이 들었다. 흙으로 만든 제단에도 비가 조금밖에 내리지 않았다. 천자가 급인汲仁과 곽창郭昌에게 명해 인부 수만 명을 징발해 호자의 무너진 제방을 다시 쌓게 했다. 천자는 만리사에서 제사를 끝내고 돌아오는 길에 친히 황하의 터진 곳에 이르러 백마와 옥벽을 황하의 신에게 바쳤다. 이어 수행 관원과 장군 이하의 사람들은 모두 나무를 운반해 터진 둑을 메우게 했다. 당시 동군東郡은 풀이 모두 타 땔나무가 부족했다. 기원淇園의 대나무를 운반해 터진 곳의 말뚝으로 삼았다. 천자가 황하의 터진 곳에 들렀

다가 공사가 성과를 내지 못하는 것을 비통하게 여겨 〈호자가_{瓠子歌}〉
를 지었다.

호자에서 황하의 둑 터지니 이를 어찌하나
호호탕탕 물바다여, 모두 황하수로 변했다
온통 황하수로 변하니, 편할 날이 없다
공사 끝날 날이 없고, 어산이 평평해졌다
준설로 오산이 평평해져 거야의 못이 넘친다
물고기가 뛰어올라 아름다워, 동백은 겨울날
황하의 흐름이 무너져, 옛 흐름을 벗어났다
교룡_{蛟龍}은 마구 날뛰고, 멀리 달아났지
옛 흐름이 돌아오도록, 수신이여! 힘내시게
봉선을 안 하면, 황하의 범람을 어찌 알리
대신 하백에 고하소, 어찌 그리 불인한지
끝없이 범람하게 해, 출신을 괴롭게 만드니
설상정이 물 위에 뜨고, 회수·사수가 넘친다
물줄기가 바뀐 채, 제방이 무너진 채 있구나

또 한 수는 이렇다.

황하수는 호호탕탕, 실로 급하게도 흐르지
북쪽 물길이 멀어, 준설해도 옛 흐름은 어렵다
밧줄로 토석을 나르고, 옥을 바쳐 제사 지내다
하백이 도와주라 했는데, 목재 공급이 어렵다

목재 공급이 끊어진 것은 동군 사람의 죄다

베어 태운 산도 쓸쓸해, 아, 황하수를 막나

대나무를 가져와 석주를 세우고 말뚝을 만드니

선방의 물길을 막으면, 만복이 찾아오리라

마침내 호자의 터진 둑을 막았다. 그 위에 궁실을 짓고 선방궁宣房宮으로 명명했다. 황하의 북쪽으로 물길이 두 갈래로 흐르게 했다. 하나라 우왕 때 황하의 옛 수로를 회복한 것이다. 양나라와 초나라 땅도 다시 평안해지고 수해가 없어졌다.

이후 관원들이 수리에 관한 일을 다투어 진언했다. 삭방朔方·서하·하서河西·주천酒泉 일대는 모두 황하나 계곡물을 끌어들여 관개했다. 관중 일대는 보거輔渠와 영지거靈軹渠를 만들어 여러 하천의 물을 끌어왔다. 여남汝南과 구강九江 일대는 회수, 동해東海 일대는 거정택鉅定澤, 태산 일대는 문수의 물을 끌어왔다. 모두 수로를 파 관개한 것이다. 그 범위는 각각 1만여 경에 달했다. 그밖에 작은 물길이나 산세에 따라 방죽을 만든 뒤 물길이 통하게 한 것은 이루 헤아릴 수 없을 만큼 많다. 그중에서도 가장 유명한 곳은 선방宣房이다.

●● 漢興三十九年, 孝文時河決酸棗, 東潰金堤, 於是東郡大興卒塞之. 其後四十有餘年, 今天子元光之中, 而河決于瓠子, 東南注鉅野, 通于淮·泗. 於是天子使汲黯·鄭當時興人徒塞之, 輒復壞. 是時武安侯田蚡爲丞相, 其奉邑食鄃. 鄃居河北, 河決而南則鄃無水菑, 邑收多. 蚡言于上曰, "江河之決皆天事, 未易以人力爲强塞, 塞之未必應天." 而望氣用數者亦以爲然. 於是天子久之不事復塞也. 是時鄭當時爲大農, 言曰, "異時關東漕粟從渭中上, 度六月而罷, 而漕水道九百餘里, 時有難處. 引渭穿渠起長安, 並南山下, 至河三百餘里, 徑, 易漕, 度可令三月罷. 而渠下民田萬餘頃, 又可得以漑田, 此損漕省卒, 而益肥關中之地, 得谷." 天子以爲然, 令齊人水工徐伯表, 悉發卒數萬人穿漕渠, 三歲而通. 通, 以漕, 大便利. 其後漕稍多, 而渠下之民頗得以漑田矣.

其後河東守番系言曰, "漕從山東西, 歲百餘萬石, 更砥柱之限, 敗亡甚多, 而亦煩費. 穿渠引汾漑皮氏·汾陰下, 引河漑汾陰·蒲阪下, 度可得五千頃. 五千頃故盡河壖棄地, 民茭牧其中耳, 今漑田之, 度可得谷二百萬石以上. 谷從渭上, 與關中無異, 而砥柱之東可無復漕." 天子以爲然, 發卒數萬人作渠田. 數歲, 河移徙, 渠不利, 則田者不能償種. 久之, 河東渠田廢, 予越人, 令少府以爲稍入. 其後人有上書欲通褒斜道及漕事, 下御史大夫張湯. 湯問其事, 因言曰, "抵蜀從故道, 故道多阪, 回遠. 今穿褒斜道, 少阪, 近四百里. 而褒水通沔, 斜水通渭, 皆可以行船漕. 漕從南陽上沔入褒, 褒之絕水至斜, 閑百餘里, 以車轉, 從斜下下渭. 如此, 漢中之谷可致, 山東從沔無限, 便于砥柱之漕. 且褒斜材木竹箭之饒, 擬于巴蜀." 天子以爲然, 拜湯子卬爲漢中守, 發數萬人作褒斜道五百餘里.

道果便近, 而水湍石, 不可漕. 其後莊熊羆言曰, "臨晉民願穿洛以漑重泉以東萬餘頃故鹵地. 誠得水, 可令畝十石." 於是爲發卒萬餘人穿渠, 自徵引洛水至商顏山下. 岸善崩, 乃鑿井, 深者四十餘丈. 往往爲井, 井下相通行水. 水頹以絕商顏, 東至山嶺十餘里閑. 井渠之生自此始. 穿渠得龍骨, 故名曰龍首渠. 作之十餘歲, 渠頗通, 猶未得其饒. 自河決瓠子後二十餘歲, 歲因以數不登, 而梁楚之地尤甚. 天子既封禪巡祭山川, 其明年, 旱, 乾封少雨. 天子乃使汲仁·郭昌發卒數萬人塞瓠子決. 於是天子已用事萬里沙, 則還自臨決河, 沈白馬玉璧于河, 令群臣從官自將軍已下皆負薪塡決河. 是時東郡燒草, 以故薪柴少, 而下淇園之竹以爲楗.

天子既臨河決, 悼功之不成, 乃作歌曰, "瓠子決兮將柰何? 皓皓旰旰兮閭殫爲河! 殫爲河兮地不得寧, 功無已時兮吾山平. 吾山平兮鉅野溢, 魚沸鬱兮柏冬日. 延道弛兮離常流, 蛟龍騁兮方遠遊. 歸舊川兮神哉沛, 不封禪兮安知外! 爲我謂河伯兮何不仁, 泛濫不止兮愁吾人? 齧桑浮兮淮·泗滿, 久不反兮水維緩." 一曰, "河湯湯兮激潺湲, 北渡汙兮浚流難. 搴長茭兮沈美玉, 河伯許兮薪不屬. 薪不屬兮衛人罪, 燒蕭條兮噫乎何以御水! 頹林竹兮楗石菑, 宣房塞兮萬福來." 於是卒塞瓠子, 築宮其上, 名曰宣房宮. 而道河北行二渠, 復禹舊跡, 而梁·楚之地復寧, 無水災. 自是之後, 用事者爭言水利. 朔方·西河·河西·酒泉皆引河及川谷以漑田. 而關中輔渠·靈軹引堵水. 汝南·九江引淮. 東海引鉅定. 泰山下引汶水, 皆穿渠爲漑田, 各萬餘頃. 佗小渠披山通道者, 不可勝言. 然其著者在宣房.

태사공은 평한다.

"나는 남쪽으로는 여산廬山에 올라 우왕이 소통시킨 구강九江을 보았고, 회계산의 태황太湟에 이르러 고소산姑蘇山에 올라 오호五胡를 바라보았다. 동쪽으로 낙예와 대비산을 살펴보고, 황하를 거슬러 올라갔다. 회수·사수·제수·탑수漯水·낙수를 순시했다. 서쪽으로 촉蜀 땅의 민산岷山과 이대를 보았다. 북쪽으로 용문龍門부터 삭방朔方까지 가보았다. 이어 탄식하기를, '심하구나, 물이 이롭기도 하고 해롭기도 한 것이!'라고 했다. 나는 천자를 따라 호자로 가서 나무를 지고 선방宣房의 터진 둑을 막기도 했다. 천자의 〈호자시〉에 감동해 〈하거서)를 지었다."

●● 太史公曰, "余南登廬山, 觀禹疏九江, 遂至于會稽太湟, 上姑蘇,
望五湖. 東闚洛汭‧大邳, 迎河, 行淮‧泗‧濟‧漯洛渠. 西瞻蜀之岷山
及離碓. 北自龍門至于朔方. 曰, '甚哉, 水之爲利害也!' 余從負薪塞宣
房, 悲瓠子之詩而作河渠書."

●

권 30

●

평준서
平準書

〈평준서〉는 한나라 건국 초기부터 한무제에 이르기까지 100여 년에 걸친 한나라의 경제정책과 경제발전 과정을 세밀히 기술하고 있다. 중국에서 출간된 사상 최초의 경제사 및 경제정책 분석에 해당한다. 경제정책의 변동과 득실을 다루고 있다. 가장 눈에 띄는 것은 물가와 상품유통을 규제하는 균수均輸와 평준平準 정책이다. 균수는 가격이 싼 지방에서 물건을 사서 비싼 곳에 팔고, 쌀 때 사두었다가 비쌀 때 파는 물가안정책을 말한다. 평준은 물가를 균일하고 공평하게 관리하는 법을 의미한다. '평준서'라는 명칭은 여기서 나왔다. 앞서 언급했듯이 후대의 모든 사서는 〈평준서〉를 흉내내 〈식화지〉를 편제했다. 역대 왕조 모두 경제정책을 그만큼 중시한 것이다.

〈평준서〉는 《사기》 〈열전〉의 맨 마지막에 편제된 〈화식열전〉의 자매편에 해당한다. 〈화식열전〉에는 거의 모든 경제이론을 담고 있다. 실제로 〈화식열전〉과 〈평준서〉의 내용은 《관자》의 〈승마乘馬〉와 〈구부九府〉, 〈경중輕重〉과 일치한다. 21세기에 들어와 중국 학계에서는 〈화식열전〉과 〈평준서〉를 사상 최초의 정치경제학 관련서인

《관자》의 해설서로 평하고 있다. 중국 전래의 경제사상 및 경제정책의 특징을 《관자》를 위시해 《사기》의 〈화식열전〉과 〈평준서〉에서 찾은 결과다.

한나라가 흥기해 진나라의 쇠락 국면을 이어받을 즈음 장정은 종군해 전쟁을 치렀고, 노약자는 군인을 위해 양식을 실어 날랐다. 당시 생산이 거의 정체되어 있던 까닭에 모든 물자가 크게 부족했다. 어가는 통상 털 빛깔이 같은 네 마리 말이 끄는 수레를 탔으나 천자조차 이를 제대로 갖출 수 없었고, 장상 역시 겨우 소가 끄는 수레에 만족해야 했다. 일반 백성의 경우는 더 심각해 몸을 덮고 가릴 만한 것조차 없었다.

당시 진나라 화폐가 너무 무거워 사용하기에 불편해 백성에게 가벼운 돈으로 개주할 것을 명하고, 황금 한 정錠을 한 근의 무게로 정했다. 법령을 간략하게 하고 금령도 대폭 줄였다. 법도를 준수하지 않고 오직 이익만을 좇는 일부 상인이 돈을 끌어모아 시장의 물건을 사재기했다. 물가가 크게 뛰어 쌀 한 섬에 1만 전, 말 한 필에 100만 전에 거래되는 일이 일어났다.

천하가 평정된 후 고조는 이내 명을 내려 상인이 비단 옷을 입는 것과 수레를 타는 것을 불허하고, 세금을 과하게 부과했다. 이러한 핍박들로 인해 상인이 커다란 곤경에 처했다. 혜제와 여후呂后 때는 천하가 막 평정된 까닭에 상인을 억압하는 여러 법령을 느슨하게 풀어주었다. 그러나 상인의 후손이 관리가 되는 것만은 여전히 불허했다.

정부는 관리의 봉록과 경비에 소요되는 것을 근거로 백성에게 세금을 부과했다. 산천과 원지園池 및 시정市井 조세의 수입은 천자가 관할하는 군현으로부터 봉군封君의 탕목읍湯沐邑에 이르기까지 모두 황제나 제후의 사적인 생활비용[私奉養]으로 처리하고, 국고로 귀속되지는 않았다.˙ 관동 일대의 곡식은 조운을 통해 경사인 장안의 창부倉府로 이송해 쌓아두었다. 그 규모는 매년 수십만 섬에 불과했다.

문제 때 협전莢錢이 날로 많아지고 가벼워지자 새로이 사수전四銖錢을 주조해 사용했다. 동전에 새긴 명목가치는 사수전의 실제 무게보다 세 배나 많은 반량半兩이다. 백성은 사수전을 본떠 마음대로 주조할 수 있었다.•• 고조 유방의 조카인 오왕吳王 유비劉濞는 일개 제후에 불과했으나 동산銅山을 기화로 동전을 마음대로 주조해 마침내 그 부가 천자에 버금가게 되었다. 그가 끝내 반란까지 일으킨 배경이다.

등통鄧通••• 역시 일개 대부에 불과했으나 돈을 마음대로 주조해 그 재산이 오왕을 능가했다. 오나라와 등씨가 주조한 돈이 천하에 유포된 것은 바로 이 때문이다. 이후 한경제는 민간이 사적으로 돈을 주조하는 것을 다시 금했다.

흉노가 북쪽 변경을 부단히 침공하자 변경에 주둔하는 병사의 숫자가 매우 많았다. 변경의 양식만으로는 병사의 식량을 충당할 길이 없었다. 백성에게 조정을 대신해 양식을 변경까지 운반해 바치는 자에

• 한나라는 전조와 산부算賦의 수입을 속내사粟內史 후의 대농령大農令 혹은 대사농大司農이 관장해 나라의 경비로 귀속시켰다. 그러나 산천과 원지, 시정의 조세수입은 소부少府가 관장했다. 이는 황제의 사봉양으로 황실에 제공되어 사용되었고 나라의 경비로 귀속되지 않았다. 제후의 봉국이나 공주와 열후의 봉읍도 같았다. 《태평어람太平御覽》 627권에 나오는 환담桓譚의 《신론新論》에 의하면 전한 때의 소부 수입은 대사농 수입의 두 배에 가까웠다. 부세 수입이 대부분 황제의 수중에 있었음을 알 수 있다.

•• 《한서》〈가산전賈山傳〉에 따르면 고조 말기에 민간의 사적인 주조를 금하는 명을 내린 바가 있다. 한문제 5년에 사수전을 법전法錢으로 삼은 뒤 금지령을 해제했다.

••• 전한 촉군 남안南安 사천 낙산 출신으로 한문제 때 처음으로 선박의 운항을 관장하는 관리인 황두랑黃頭郞이 되었다. 부친이 천하의 물자를 두루 통하게 만들어 장차 명성을 떨치라는 취지에서 통通으로 이름을 지은 취지를 살린 것이다. 노란 모자를 썼기에 등통이라는 이름이 나왔다. 후에 상대부의 지위에 올랐다. 크게 총애를 입어 촉군의 엄도동산嚴道銅山까지 하사받고, 동시에 주전鑄錢도 허가를 받자 이른바 등씨전鄧氏錢을 널리 유포시켰다. 한경제 즉위 후 관직에서 면직되고 얼마 후 재산까지 모두 몰수되자 곤궁한 모습으로 죽었다.

게는 그 대가로 작위를 주는 매작령賣爵令을 내렸다. 대서장大庶長*까지
올라갈 수 있었다.

한경제 중원中元 3년, 상군 서쪽에 가뭄이 들자 매작령을 수정해
관작의 가격을 낮추는 수법으로 백성을 불러 모았다. 형기가 남아
노역에 종사하던 도복작徒復作**도 조정에 양식을 헌납하면 죄를 면
할 수 있었다. 목장 등을 증설해 군마를 대량 사육하고, 궁실과 누대
및 거마 등을 화려하게 증수할 수 있었던 이유다.

지금 천자가 즉위해 몇 년이 지났으니 한나라가 건립된 지 이미
70여 년이 지난 셈이다. 나라는 태평하고 홍수나 가뭄도 없고 백성
모두 자급자족이 가능하다. 각 군과 현의 곡식창고는 꽉 차 있고, 관
고에도 많은 재화가 저장되어 있다. 도성의 창고에 보관되어 있는
돈은 억만 금에 달할 정도로 쌓여 돈 꾸러미를 꿴 줄이 낡아 일일이
셀 수조차 없을 지경이다. 또 도성의 곡식창고인 태창太倉의 양식은
묵은 곡식이 나날이 늘어 층층으로 쌓아도 넘쳐나고, 결국 노천에
모아두었다가 이내 썩어 먹지 못하는 상황이 되었다.

일반 백성은 큰 길이나 골목길 어디에서나 말을 키우고, 들판에서
는 무리를 지어 말을 사육했다. 말들이 암말을 차지하기 위해 서로
다투는 까닭에 암말을 탄 사람은 기마행렬에 낄 수조차 없었다. 골
목길을 지키는 자도 좋은 음식을 먹었고, 관리들은 후손이 클 때까

● 대서장은 한나라 관작 20등 가운데 18등이다. 한문제 전원前元 12년, 조조의 건의를 받아
들여 매작을 실행했다. 곡식 600섬을 들이면 2등 관작인 상조上造를 벼슬로 주고, 차츰 보태
4,000섬이 되면 9등 관작인 오대부五大夫가 되었다. 이후 1만 2,000섬이 되면 18등 관작인 대
서장이 되었다. 오대부 이상은 요역에서 면제되었다.
●● 사면령을 받으면 형이 확정된 어떤 사람에 관해 범인 신분을 면제해주면서 여전히 관부
에서 노역에 복무하게 해 정해진 형기를 다 마치게 하는 제도를 말한다. 면도복작免徒復作이
라고도 한다.

지 오랫동안 인사이동이 없었다. 근무지에서 후손을 키워 오랜 시간이 지나면 관직명으로 자신들의 성씨를 삼았다.•

사람들은 말과 행동을 조심하며 범법을 큰일로 생각했다. 의로운 행동을 우선으로 여기며 치욕스러운 행위를 배척한 이유다. 당시는 법망이 관대해 백성이 모두 부유했다. 부자들은 부를 빙자해 오만방자한 짓을 저질렀다. 혹자는 땅을 마구 겸병하기도 했다. 부호들이 관직도 없으면서 위세를 부리며 멋대로 날뛴 배경이다. 당시 봉읍을 지닌 종실과 공경 이하의 사대부 역시 앞다투어 사치를 부렸다. 주택과 거마 및 의복 등이 모두 분수를 넘어 한계가 없었다. 모든 것은 성하면 쇠하게 마련이다. 변화가 끊임없이 일어나는 것은 이 때문이다.

●● 漢興, 接秦之弊, 丈夫從軍旅, 老弱轉糧饟, 作業劇而財匱, 自天子不能具鈞駟, 而將相或乘牛車, 齊民無藏蓋. 於是爲秦錢重難用, 更令民鑄錢, 一黃金一斤, 約法省禁. 而不軌逐利之民, 蓄積餘業以稽市物, 物踊騰糶, 米至石萬錢, 馬一匹則百金. 天下已平, 高祖乃令賈人不得衣絲乘車, 重租稅以困辱之. 孝惠·高后時, 爲天下初定, 復弛商賈之律, 然市井之子孫亦不得仕宦爲吏. 量吏祿, 度官用, 以賦于民. 而山川園池市井租稅之入, 自天子以至于封君湯沐邑, 皆各爲私奉養焉, 不領于天下之經費. 漕轉山東粟, 以給中都官, 歲不過數十萬石. 至孝文時, 莢錢益多, 輕, 乃更鑄四銖錢, 其文爲 "半兩", 令民縱得自鑄錢. 故吳諸侯也, 以卽山鑄錢, 富埒天子, 其後卒以叛逆. 鄧通, 大夫也, 以鑄錢財過王者. 故吳·鄧氏錢布天下, 而鑄錢之禁生焉. 匈奴數侵盜北邊, 屯戍者多, 邊粟不足給食當食者. 於是募民能輸及轉粟于邊者拜爵, 爵得至大庶

• 《사기집해》는 창씨倉氏·유씨庾氏·고씨庫氏 등을 들었다. 모두 창고와 관련된 이름이다.

長. 孝景時, 上郡以西旱, 亦復修賣爵令, 而賤其價以招民. 及徒復作, 得輸粟縣官以除罪. 益造苑馬以廣用, 而宮室列觀輿馬益增脩矣.

至今上卽位數歲, 漢興七十餘年之閑, 國家無事, 非遇水旱之災, 民則人給家足, 都鄙廩庾皆滿, 而府庫餘貨財. 京師之錢累巨萬, 貫朽而不可校. 太倉之粟陳陳相因, 充溢露積于外, 至腐敗不可食. 衆庶街巷有馬, 阡陌之閑成群, 而乘字牝者儐而不得聚會. 守閭閻者食粱肉, 爲吏者長子孫, 居官者以爲姓號. 故人人自愛而重犯法, 先行義而後絀恥辱焉. 當此之時, 網疏而民富, 役財驕溢, 或至兼并豪黨之徒, 以武斷于鄕曲. 宗室有土公卿大夫以下, 爭于奢侈, 室廬輿服僭于上, 無限度. 物盛而衰, 固其變也.

이후 엄조嚴助와 주매신朱買臣 등이 동우東甌를 불러들여 복건 일대의 민월閩越과 광동 일대의 남월을 평정했다. 그러나 강회江淮 일대는 늘 소란했던 까닭에 힘을 많이 소진해야 했다. 당몽唐蒙과 사마상여司馬相如는 서남이西南夷로 통하는 길을 열었다. 1,000여 리의 산을 깎고 길을 놓아 파촉巴蜀까지 개척했다. 노역에 동원된 파촉의 백성은 피폐를 면치 못했다. 팽오彭吳는 조선과 교역하며 길을 연 뒤 그곳에 창해군滄海郡을 두었다. 그러나 연燕나라와 제나라의 소란이 그치지 않았다. 백성은 바람에 초목이 쓰러지듯 정신을 차리지 못했다. 왕회王恢가 마읍馬邑에 병사를 매복시켜 흉노를 쳤다. 흉노가 화친을 끊고 북부의 변경을 침공하자 전쟁이 끊이지 않고, 천하의 백성 모두 노역에 시달리며 갖은 고생을 했다.

전쟁이 잦아지자 출정하는 사람 모두 옷과 먹을 것을 휴대해야 하고, 출정하지 않는 사람은 군수품을 보내야 했다. 중앙과 지방이 이런 일 등으로 소란스러워져 불안이 가중되자 백성은 크게 빈궁해져 마침내 교묘한 수법으로 법령을 피하기 시작했다. 정부의 재정이 날로 어려워진 이유다. 정부가 요구하는 재화를 바치는 자가 관원이 되고, 일정한 돈을 내면 죄가 면죄되고, 관원선발 제도가 유명무실해지고, 예의염치는 아랑곳하지 않고, 힘 있는 자에게 붙어 임용 내지 중용되고, 법령은 날이 갈수록 엄해졌다. 은밀히 사적으로 이익을 도모해 치부하는 신하가 이때부터 출현하기 시작했다.

이후 한나라 장수들은 매년 수만 명의 기병을 이끌고 흉노를 치기 위해 출격했다. 거기장군 위청衛靑은 흉노가 점거한 하남 일대를 빼앗아 거기에 삭방군을 두었다. 이때 서남이로 통하는 길을 뚫기 시작했다. 수만 명의 인원이 투입되었다. 천리 밖에서 사람들이 지거나 메는 식으로 인부의 양식을 운반했다. 그러나 10여 종의 곡식 가운데 겨우 한 섬 정도만 현지에 도착했을 뿐이다. 이를 노역에 동원된 촉 땅의 공인邛人과 북인僰人에게 나누어주며 다독였다.

몇 년의 시간이 지나도록 도로가 개통되지 않자 서남이가 이를 틈타 누차 한나라 조정이 파견한 관리들을 쳤다. 조정은 군대를 보내 이들을 토벌하느라 파촉의 조세를 다 쓰고도 모자라게 되었다. 모자란 군비를 조달하기 위해 남이南夷에 전담이 있는 부호들을 불러 모아 이들의 식량을 파촉에 보내도록 하는 한편 경사의 내부內府를 통해 보상을 받도록 조치했다.

동쪽의 창해군도 상황은 비슷했다. 이곳을 유지하기 위한 인건비가 남이에서 사용된 비용과 맞먹었다. 당시 10여만 명을 동원해 삭방군의 성을 쌓은 뒤 이를 지키게 했다. 수륙을 통해 운송하는 길이 너무 멀어 노역에 동원된 관동 일대의 백성도 크게 고통을 받았다.

비용도 수십억에서 100억 전에 달할 정도로 엄청났다. 조정은 관고가 날로 비어가자 백성 가운데 노비를 헌납하는 자에게는 종신토록 요역을 면제하는 조치를 취했다. 낭관은 그 품급과 봉록을 올려주었다. 정부에 군량용으로 양을 바치고 낭관이 된 것은 이때부터 시작되었다.

원삭元朔 5년, 조정이 대장군大將軍 위청에게 명해 여섯 명의 장군과 함께 모두 10여 만 명의 군사를 이끌고 가 흉노를 치게 했다. 흉노의 우현왕右賢王을 대파하고, 목을 베거나 포로로 잡은 자가 1만 5,000명에 달했다. 이듬해인 원삭 6년, 대장군 위청이 다시 여섯 명의 장군과 함께 대군을 이끌고 가 흉노를 쳤다. 목을 베거나 포로로 잡은 자가 1만 9,000명이나 되었다. 당시 적을 포로로 잡거나 목을 벤 병사들에게 모두 황금 20여만 근을 상으로 내렸다. 포로로 잡힌 수만 명의 흉노에게도 많은 상을 내렸다. 입을 것과 먹을 것도 조정에서 지급했다. 그러나 전사한 한나라 군사와 말의 숫자가 10여만 마리에 달했다. 병기와 갑옷 및 수륙운송에 소요된 경비가 엄청났다. 이는 계산에 넣지도 않은 것이다. 당시 대사농 관할 창고에 보관된 돈은 벌써 동이 났고 새로 거두어들인 세금도 이미 다 써버려 군사들에게 공급할 돈이 부족했다. 당시 담당 관원은 이같이 보고한 바가 있다.

"천자가 이르기를, '짐은 오제의 교화가 각기 달랐으나 나라를 잘 다스렸고, 하나라 우왕과 은나라 탕왕도 법령은 서로 달리했으나 공히 제왕 노릇을 잘했다고 들었다. 이들이 걸었던 길은 비록 다르나 덕업을 수립한 바는 일치했다. 지금 북방 변경이 불안하니 짐은 대단히 걱정스럽다. 전에 대장군이 흉노를 격파해 목을 베고 포로로 잡은 자가 1만 9,000명이나 되었으나 아직도 상을 내리지 못하고 있다. 그러니 속히 백성이 작위를 사서 금고형을 면제받거나 죄를 감형받는 등의 방안을 논의하게 하라'고 했습니다. 이른바 상관賞官을 설치해 이를 무공작武功爵[•]이라고 했습니다. 총 11급에 달하는데 매 급마다 17만 전을 매겨 도합 30여만 금을 모았습니다. 무공작 가운데 5급인 관수를 산 자를 시험 삼아 관리로 우선 임용했고, 7급인 천부는 오대부에 준해 대우했습니다. 또 죄가 있는 자가 작위를 사면 2등을 감했고, 작위가 8급인 악경에 이르면 더는 올라가지 못하게 했습니다. 이렇게 돈을 모아 군사들의 공을 드높였습니다."

당시 공을 세운 군사들은 대부분 등급을 초월해 작위를 수여받았다. 대공을 세운 자는 제후에 봉해지거나 경대부가 되었고, 공이 작은 자는 낭리郎吏가 되었다. 관리가 되는 길이 복잡다단해지자 관원의 업무 역시 마구 뒤섞이게 되었다.

공손홍은 《춘추》의 도리를 이용해 부하들을 바로잡아 승상의 자리를 얻었다. 장탕張湯은 법조문을 엄격히 적용해 안건을 심리함으로써 사법총책인 정위廷尉가 되었다. 그의 취임으로 관원들의 직무유기를 감독하는 견지지법見知之法이 생겨났다. 황제의 조령을 집행하지 않고 미루는 폐격廢格이나 대항하고 훼방하는 저비沮誹 등 끝까지 쫓아가 처벌해야 할 사안이 매우 많아졌다.

다음해인 원수 원년, 회남왕淮南王 유안劉安과 형산왕衡山王 유사劉

● 무공작은 한나라에서 무제 원삭 6년에 군공을 장려하기 위해 처음으로 실시했다. 총 11급이다. 1급 조사造士, 2급 한여위閑輿衛, 3급 양사良士, 4급 원융사元戎士, 5급 관수官首, 6급 병탁秉鐸, 7급 천부千夫, 8급 악경樂卿, 9급 집융執戎, 10급 정려서장政戾庶長, 11급 군위軍衛가 그것이다. 《사기집해》의 주에는 10급이 좌서장左庶長으로 되어 있다.

賜, 강도왕江都王 유건劉建 등의 모반사건이 일어났다. 공경들이 단서를 찾아내 죄를 추궁하자 사건에 연루되어 죽은 자가 수만 명에 이르게 되었다. 이를 계기로 사안을 담당한 장리長吏들이 날이 갈수록 엄격하고 가혹해져 법령조문 또한 까다로워졌다.

당시 조정은 방정方正·현량·문학 등으로 존경을 받는 천하의 선비들을 두루 초빙했다. 혹자는 공경대부의 지위까지 올랐다. 공손홍은 재상으로서 모범을 보이기 위해 무명옷을 입고, 끼니마다 오직한 가지 반찬만 먹는 등 솔선수범하는 모습을 보였다. 그러나 풍속을 바꾸는 데는 아무 도움이 되지 못했다. 사람들은 오히려 공훈과이익을 세우는 쪽으로 내달렸다.

다음해인 원수 2년, 표기장군 곽거병이 두 차례에 걸쳐 흉노를 쳐모두 4만 명의 목을 베었다. 이해 가을, 흉노의 혼야왕渾邪王이 수만명의 부락민을 이끌고 투항했다. 한나라는 전거 2만 량을 징발해 이들을 맞이했다. 이들은 장안에 도착한 후 포상을 받았다. 곽거병의휘하 병사 가운데 공을 세운 자들 역시 빠짐없이 상을 받았다. 이해에만 모두 100여억 전을 썼다.

●● 自是之後, 嚴助·朱買臣等招來東甌, 事兩越, 江淮之閑蕭然煩費矣. 唐蒙·司馬相如開路西南夷, 鑿山通道千餘里, 以廣巴蜀, 巴蜀之民罷焉. 彭吳賈滅朝鮮, 置滄海之郡, 則燕齊之閑靡然發動. 及王恢設謀馬邑, 匈奴絕和親, 侵擾北邊, 兵連而不解, 天下苦其勞, 而幹戈日滋. 行者齎, 居者送, 中外騷擾而相奉, 百姓抏獘以巧法, 財賂衰秏而不贍. 入物者補官, 出貨者除罪, 選舉陵遲, 廉恥相冒, 武力進用, 法嚴令具. 興利之臣自此始也.

其後漢將歲以數萬騎出擊胡, 及車騎將軍衛青取匈奴河南地, 築朔方. 當是時, 漢通西南夷道, 作者數萬人, 千里負擔饋糧, 率十餘鍾致一石, 散幣于邛僰以集之. 數歲道不通, 蠻夷因以數攻, 吏發兵誅之. 悉巴蜀租賦不足以更之, 乃募豪民田南夷, 入粟縣官, 而內受錢于都內. 東至滄海之郡, 人徒之費擬于南夷. 又興十萬餘人築衛朔方, 轉漕甚遼遠, 自山東咸被其勞, 費數十百巨萬, 府庫益虛. 乃募民能入奴婢得以終身復, 爲郎增秩, 及入羊爲郎, 始于此. 其後四年, 而漢遣大將將六將軍, 軍十餘萬, 擊右賢王, 獲首虜萬五千級. 明年, 大將軍將六將軍仍再出擊胡, 得首虜萬九千級. 捕斬首虜之士受賜黃金二十餘萬斤, 虜數萬人皆得厚賞, 衣食仰給縣官. 而漢軍之士馬死者十餘萬, 兵甲之財轉漕之費不與焉. 於是大農陳藏錢經秏, 賦稅既竭, 猶不足以奉戰士. 有司言曰, "天子曰 '朕聞五帝之教不相復而治, 禹湯之法不同道而王, 所由殊路, 而建德一也. 北邊未安, 朕甚悼之. 日者, 大將軍攻匈奴, 斬首虜萬九千級, 留蹛無所食. 議令民得買爵及贖禁錮免減罪'. 請置賞官, 命曰武功爵. 級十七萬, 凡直三十餘萬金. 諸買武功爵官首者試補吏, 先除. 千夫如五大夫. 其有罪又減二等. 爵得至樂卿, 以顯軍功." 軍功多用越等, 大者封侯卿大夫, 小者郎吏. 吏道雜而多端, 則官職秏廢. 自公孫弘以春秋之義繩臣下取漢相, 張湯用峻文決理爲廷尉, 於是見知之法生, 而廢格沮誹窮治之獄用矣.

其明年, 淮南·衡山·江都王謀反跡見, 而公卿尋端治之, 竟其黨與, 而坐死者數萬人, 長吏益慘急而法令明察. 當是之時, 招尊方正賢良文學之士, 或至公卿大夫. 公孫弘以漢相, 布被, 食不重味, 爲天下先. 然無益于俗, 稍騖于功利矣. 其明年, 驃騎仍再出擊胡, 獲首四萬. 其秋, 渾邪王率數萬之衆來降, 於是漢發車二萬乘迎之. 既至, 受賞, 賜及有功之士. 是歲費凡百餘巨萬.

당초 10여 년 전에 옛날 춘추시대 위衛나라가 있던 관觀 땅의 황하에 제방이 수시로 터져 양나라와 초나라 일대가 누차 범람한 적이 있다. 황하에 인접한 각 군 모두 제방을 높이 쌓아 수재를 막고자 했으나 제방이 너무 쉽게 무너지는 바람에 그곳에 쓴 경비만 해도 계산할 수 없을 정도로 많다. 이후 파계番係가 삼문협三門峽의 저주산底柱山을 지나는 조운의 경비를 줄이기 위해 하동 일대에 분수汾水와 황하의 인공수로를 파면서 동시에 농지에 물을 댔다. 수로를 파는 데만 수만 명이 동원되었다. 다시 대사농으로 있던 정당시鄭當時는 위수의 조운 수로가 구불구불하고 길다는 이유로 장안에서 화음에 이르는 직선 수로를 팠다. 여기에도 수만 명의 인력이 동원되었다. 당시 삭방군도 수로를 팠다. 여기에도 수만 명이 동원되었다. 2, 3년이 지났으나 이 공사는 아직 끝나지 않았고, 비용 또한 각각 수억 전이 들어갔다.

당시 천자는 흉노를 치기 위해 대량으로 말을 키웠다. 장안에서 사육한 말만 해도 수만 필이나 되었다. 관중 일대는 마부가 부족해 다시 부근 각 군에서 징집했다. 투항한 흉노에게 정부가 의식을 제공했으나 이내 공급이 달리게 되었다. 천자는 어선御膳을 줄이고 수레를 끄는 네 필의 말을 풀어 경비에 충당하면서, 황실 내정內廷의 창고에 보관된 돈을 모두 꺼내 그들을 부양했다.

이듬해인 원수 3년, 수재를 당한 관동 일대의 대다수 백성에게 먹을 것이 없었다. 천자는 관원을 보내 각 군국에 있는 양식창고를 모두 헐어 그들을 구제하고자 했다. 그러나 이것만으로는 크게 부족했다. 다시 부호들이 보유하고 있던 양식을 빌려 제공했다. 그럼에도 여전히 부족했다. 부득불 그들을 관서 쪽으로 이주시켰다. 과거 진나라의 몽념蒙恬이 개척한 하투河套 지역인 삭방군 이남의 신진新秦 지역이 선택되었다. 이곳으로 이주한 백성이 모두 70여만 명에 달했다. 그들은 오로지 정부에서 제공하는 것만 바라보았다. 이주한 뒤에도 몇 년 동안 정부가 그들에게 집과 토지, 짐승, 농기구를 빌려준 뒤 관원을 보내 이들을 분산 관리하게 했다. 장안에서 신진에 이르는 도로 위에 이들 관원의 수레가 끊이지 않았다. 그 비용 또한 수억 전에 달했다.

국고가 이내 바닥난 상황에서 부상대고 가운데 어떤 사람은 재화를 그러모은 뒤 빈민을 동원해 화물을 각지로 수송했다. 화물을 실은 수레가 수백 량에 이르렀다. 혹자는 곡식을 쌀 때 사서 비축했다가 비쌀 때 파는 수법으로 거만의 재산을 모았다. 제후들조차 그들에게 머리를 숙이며 돈을 빌리는 지경이 되었다. 그들은 쇠를 녹여 물건을 만들고, 염전에서 소금을 만들어 팔면서 커다란 부를 축적했다. 그러나 그들은 나라의 위급함을 돌보지 않아 백성을 더욱 곤궁한 처지로 몰아간 까닭에 많은 원성을 사게 되었다.

마침내 천자와 공경 등이 논의하면서 새 화폐를 주조해 재정에 충당하고, 동시에 방자하면서도 불법적인 방법으로 땅을 겸병한 자들을 제압하기로 결정했다. 당시 황제의 금원禁苑에는 흰 사슴이 뛰어놀고 있었고, 황실의 비용을 대는 소부에는 아직도 많은 은과 주석이 있었다. 한문제가 법정화폐로 사수전을 주조한 지 이미 40여 년이 흘렀다. 새 황제가 즉위한 건원 이래 재정이 계속 어려워지자 정부는 자주 동산의 동을 이용해 화폐를 주조했다. 민간인도 은밀히 돈을 주조했다. 그 수량이 얼마나 되는지 도무지 알 길이 없었다. 돈이 날로 많아지자 물건 값은 날로 떨어지고, 물건이 갈수록 적어지자 값이 천정부지로 올라갔다. 담당 관원이 이같이 상주했다.

"옛날 가죽화폐는 제후들이 다른 나라에 사절로 가거나 천자에게 토산물을 바치는 이른바 빙향聘享 때 사용했습니다. 금에도 세 가지 등급이 있었습니다. 황금이 상등, 백금(은)이 중등, 적금赤金(동)이 하등입니다. 현재 반량전半兩錢의 표준 무게는 명목가치의 3분의 1인 사수전과 같은데 악한 자들이 은밀히 글자가 없는 한쪽 면을 마모시켜 동 가루를 얻고 있습니다. 돈은 날로 가벼워지고 물가는 날로 뛰고 있습니다. 반량전을 먼 곳에서 사용하는 것은 번거롭고 비용만 늘어날 뿐입니다."

흰 사슴 가죽의 사방 한 자 되는 둘레를 색실로 자수를 떠 가죽화폐로 삼은 뒤 장당 40만 전으로 했다. 이후 왕후王侯와 종실은 조근이나 빙향할 때 반드시 가죽화폐와 가운데 구멍이 있는 옥기玉器인 벽璧을 바친 후 비로소 예를 행할 수 있었다.

또한 은과 주석을 섞어 백금을 주조했다. 여기에는 천·지·인 3종이 있었다. 하늘을 나는 데에는 용만한 것이 없고, 땅을 달리는 데는 말만한 것이 없고, 사람의 수명에는 거북만한 것이 없다고 여긴 결과다. 제1종은 무게가 8량이고 둥근 모양에 용무늬를 새겨 넣었다. 이름은 백선白選이다. 3,000전의 가치가 있었다. 제2종은 무게가 비교적 가볍고 사각 모양에 말 무늬를 새겨 넣었다. 500전의 가치가 있었다. 제3종은 더욱 가볍고 타원모양에 거북 무늬를 새겨넣었다. 300전의 가치가 있었다.

각 지방정부는 반량전을 완전히 녹여 명목가치의 4분의 1인 삼수전三銖錢으로 개주하게 했다. 실질가치와 중량을 같도록 조치한 것이다. 이로 인해 각종 백금이나 사수전을 사적으로 주조하는 자는 죽음을 면치 못했다. 그럼에도 관리나 민간인 가운데 은밀히 주조하는 자가 그 수를 헤아릴 수 없을 정도로 많았다.

당시 춘추시대 제환공의 명신으로 활약했던 동곽아東郭牙의 후손인 동곽함양東郭咸陽·공근孔僅은 대농승大農丞으로 있으면서 소금과 쇠를 주관했다. 상홍양桑弘羊은 계산에 밝아 시중이 되었다. 동곽함양은 제 땅의 커다란 소금상인이고, 공근은 남양南陽의 커다란 제철상인이다. 두 출신 모두 염철 사업을 통해 1,000금의 재산을 모았다. 정당시가 이들을 황제에게 천거한 이유다. 상홍양도 낙양 출신 상인의 아들이다. 그는 암산에 아주 능했다. 열세 살 때 이미 황제를 곁에서 보필하는 시중이 되었다. 동곽함양·공근·상홍양 등 세 명의 상인 출신 고관은 이익에 관련된 사업에 관한 한 가을에 나는 짐승의 가는 털조차 분석해낼 정도로 매우 세밀히 알고 있었다.

법령이 더욱 엄해지자 많은 관리가 면직되었다. 전쟁이 자주 나자 백성은 돈을 내고 요역을 면하거나 관작을 사 오대부에 이르기도 했다. 이로 인해 징집 대상의 장정이 날이 갈수록 줄어들었다. 천부나 오대부들을 강제로 관리에 임명하기도 했다.* 관리가 되기를 원치 않는 자는 말 한 필을 내게 했다. 죄를 지어 면직을 당한 관리는 그 벌로 황실 동산인 상림원에서 장작을 패거나 곤명국과 싸우기 위해 수군을 훈련시키고 장안의 수원 부족을 해소하기 위해 굴착하기 시작한 장안 남쪽의 곤명지昆明池로 보내 땅을 파게 했다.

---

* 본래 원삭 6년에 작위를 사서 천부에 오른 자는 오대부와 마찬가지로 관리가 될 수 있도록 하는 규정이 마련되었다. 그러나 이후 법이 엄해져 관리가 된 자가 오히려 쉽게 죄를 지어 목숨이 위태로워지자 천부나 오대부의 작위를 산 자들이 아예 관직에 나아가지 않으려는 현상이 나타났다. 한무제 때 강압적으로 관직에 나가도록 하는 조치가 나온 이유다.

원수 4년, 대장군 위청과 표기장군 곽거병이 함께 출격해 흉노를 쳤다. 목을 베거나 포로로 잡은 숫자가 8,9만 명에 달했다. 공을 세운 장병에게 모두 50만 금을 상으로 내렸다. 이 싸움에서 한나라는 전마戰馬 10여만 필을 잃었다. 수륙 운송과 수레 및 갑옷 등에 든 비용은 계산에 넣지 않은 것이다. 막대한 규모의 전비로 인해 재정이 매우 궁핍해졌다. 병사들은 간혹 봉록을 타지 못하기도 했다.

　　당시 재정 관련 관원들은 삼수전이 너무 가볍고 위조가 쉽다며 각 군국에 명해 오수전五銖錢으로 개량해 주조할 것을 건의했다. 이번에는 반대 면에도 무늬를 새겨 주조하도록 했다. 한쪽 면을 갈아서 동가루를 얻는 일을 원천 봉쇄하고자 한 것이다. 염철승鹽鐵丞으로 있던 공근과 동곽함양이 이같이 상주했다.

　　"산과 바다는 천지의 모든 물자를 보관하는 창고입니다. 응당 소부에 귀속시키는 것이 마땅하나 폐하는 사적인 재화가 필요 없으므로 대농大農에 귀속시켜 나라의 부세를 보조하는 것이 옳을 것입니다. 바라건대 조정은 자비로 투자할 백성을 모은 뒤 소금을 끓일 때는 반드시 관가에서 만든 철기를 사용하게 하십시오. 상인이나 돼먹지 못한 자들은 산과 바다에서 나는 염철을 독점해 부를 누리며 빈민을 부리고자 합니다. 염철의 전매를 반대하는 이들의 이야기는 아무리 들어도 끝이 없습니다. 감히 관청의 철기를 사적으로 주조해 소금을 끓이는 자는 왼쪽 발목에 쇠 차꼬를 채우고 재산도 몰수해야 합니다. 쇠가 생산되지 않는 군은 소철관小鐵官을 두고 군에 속해 있는 각 현의 철기를 체계적으로 관리해야 합니다."

　　천자가 이를 받아들였다. 곧바로 공근과 동곽함양을 각지에 보내 염철의 전매를 천하에 널리 시행하게 했다. 중앙에는 이를 전담하는 부서를 설치하고, 과거 염철로 치부하면서 염철에 관해 소상히 알고 있는 상인 출신을 해당 부서 관원으로 임용했다. 이를 계기로 관도官道가 더욱 난잡해지자 학덕을 기준으로 선발한 전래의 선거제選擧制가 사실상 무효화되었다. 대부분의 관원이 상인 출신으로 채워진 탓이다. 당시 상인들은 화폐 개혁의 소란스러운 틈을 이용했다. 대부분 물건을 사서 모아두었다가 값이 비싸질 때 내다 팔며 영리를 추구했다. 공경대신들이 진언했다.

"작년에 관동의 여러 군국이 큰 수재를 입었기에 나라에서 생업을 잃은 빈민을 모아 넓고 풍요한 땅으로 이주시켰습니다. 폐하는 어선을 줄이고 비용도 절약하며 황실의 내고에 쌓아둔 금전禁錢을 헐어 백성을 구제하며 부세도 관대히 해주었습니다. 그러나 백성은 여전히 밭으로 나가 농업에 힘쓰지 않고, 오히려 상업에 종사하는 자가 더 늘어났습니다. 가난한 자들은 저축한 것이 없어 오직 관의 지원에만 의지하고 있습니다. 과거 초거세軺車稅나 상인의 민전세緡錢稅를 징수할 때 정한 등급이 있으니 이를 따르도록 하십시오.• 상인의 경우는 예컨대 고리대금을 하는 자, 싸게 사서 비싸게 파는 자, 성안에 살면서 물건을 쌓아두는 자, 여러 장사를 통해 이익을 얻는 자를 막론하고 비록 영업등록증인 시적市籍이 없는 자를 포함해 모두 재산을 자진신고하게 하고 일률적으로 민전 2,000전에 1산算 세액 단위

• 《한서》〈무제기武帝紀〉에 따르면 초거세는 원광 6년부터 징수하기 시작했다. 민전은 속칭 관전貫錢이라 했다. 민緡은 돈을 꿰는 줄을 말한다. 한 줄에 1,000전을 꿰었다. 한나라 당시 상공업자에게 재산세를 징수할 때 자산을 계산하는 단위이고, 동 상공업 자산세의 명칭이기도 했다. 《한서》〈무제기〉에는 원수 4년 초에 민전을 징수했다는 기록이 나온다. 한무제 전에 상인들에게 징수한 일종의 재산세인 자산貲算을 가리키는 것일 수도 있다. 당시 자산 1만 전에 127문文을 세액으로 정했다. 상인은 그 두 배를 냈다.

로 120문씩 내도록 해야 합니다. 수공업자는 스스로 만들어 장사하는 자까지 포함해 일률적으로 민전 4,000전에 1산씩을 내도록 해야 합니다. 관리에 준하는 자,* 삼로三老,** 북변기사北邊騎士***를 제외하고는 일괄적으로 초거 1량驢에 1산을 내도록 해야 합니다. 상인은 초거 1량에 2산을 내도록 합니다. 배의 길이가 5장 이상이면 또한 1산을 내도록 합니다. 만일 재산을 은닉하고 신고를 하지 않거나 일부만 신고한 자는 1년 동안 변방의 수자리에 보내고, 신고에서 누락된 민전은 모두 몰수해야 합니다. 이를 고발하는 자에게는 몰수한 민전의 반을 줍니다. 상인으로 등록한 자나 그 가족들이 개인 명의로 전지田地를 점유하지 못하도록 해 농민에게 이익이 돌아가도록 해야 합니다. 감히 조령을 위반하는 자가 있으면 그의 전지와 노복을 몰수해야 합니다."

천자가 이 이야기를 듣고는 이내 복식卜式의 건의를 생각해냈다. 곧 그를 불러 중랑中郎의 관직과 좌서장의 작위를 내렸다. 이어 다시 전지 1,000무를 하사하고, 천하에 포고해 모두 복식의 행보를 명확히 알도록 했다.

원래 복식은 하남 출신으로 농목을 업으로 삼은 자다. 부모가 돌아갔을 때 어린 동생이 있었다. 동생이 성인이 되자 집을 떠나면서 키우던 양 100마리만 갖고 전택과 재물 등 나머지는 모두 동생에게 주었다. 이후 산속으로 들어가 10여 년 동안 양을 키웠다. 이내 양이 1,000여 마리가 되었다. 이를 팔아 집과 전지를 샀다. 그사이 동생

---

* 원문의 이비자吏比者는 천부나 오대부 이상의 작위에 있는 사람을 지칭한다.
** 교화를 담당하는 향관鄕官을 말한다. 향삼로鄕三老와 현삼로縣三老가 있다.
*** 북쪽 변방의 기마병을 말한다.

은 완전히 파산했다. 다시 동생에게 재산을 수차례에 걸쳐 나누어 주었다.

당시 한나라는 계속 장수를 보내 흉노를 치고 있었다. 복식이 글을 올려 재산의 반을 조정에 바쳐 변방의 비용에 쓰도록 했다. 천자가 사자를 보내 물었다.

"관리가 되고 싶은가?"

"어려서부터 목축만 해 관리가 되는 일에 전혀 익숙지 않습니다. 그럴 마음은 전혀 없습니다."

"혹시 집안에 억울한 일이 있어 제소하려는 것은 아닌가?"

"저는 평생 다른 사람과 다툰 적이 없습니다. 동네 출신 가운데 가난한 사람이 있으면 베풀고, 품행이 좋지 않은 사람이 있으면 선도했습니다. 동사인 모두 저를 따르니 어찌 억울한 일이 있겠습니까? 제소할 일이 없습니다."

"그렇다면 어찌해서 이같이 하는 것인가?"

"지금 천자가 흉노를 토벌하고 있습니다. 어리석은 저의 생각으로는 현자는 응당 싸움터에서 절개를 지켜 죽고, 부자는 응당 축적한 재산을 헌납해야 합니다. 이같이 하면 흉노를 멸할 수 있을 것입니다."

사자가 돌아가 들은 그대로 보고했다. 천자가 복식의 말을 승상 공손홍에게 전하자 공손홍이 말했다.

"이는 인지상정이 아닙니다. 본분을 지키지 않는 불궤不軌의 사람을 교화의 모범으로 삼아 법규를 문란하게 해서는 안 됩니다. 그의 청을 들어주어서는 안 됩니다."

천자는 복식의 상서를 오랫동안 처리하지 않다가 몇 년 후 복식에게 돌아갈 것을 명했다. 복식은 돌아온 뒤에도 여전히 밭을 갈고 양을 키웠다. 1년여가 지난 후에도 계속 출병하게 되자 혼야왕 등이 마침내 투항했다. 이로 인해 든 비용이 막대해 이내 관고가 모두 비게 되었다.

이듬해에 빈민이 대거 이주를 와 조정의 배급에만 의지했다. 이들을 모두 구제할 길이 없었다. 이때 복식이 하남태수太守河南에게 20만 전을 건네주며 이것으로 빈민을 구제하게 했다. 하남태수가 빈민을 구제한 부자들의 명단을 천자에게 올렸다. 천자가 복식의 이름을 보고는 곧 그를 기억해냈다.

"이 사람은 전에도 재산의 반을 헌납해 변방의 군사비로 쓸 것을 제안한 바가 있다!"

그러고는 복식에게 500명분의 과경전過更錢을 하사했다.* 복식은 이를 다시 정부에 헌납했다. 당시 부자들은 대부분 앞다투어 재산을 은닉하고 있었다. 그런데도 복식만은 오히려 재산을 헌상해 변방의 군사비에 보태고자 한 것이다. 천자는 복식이 필경 덕행이 있는 사람이라고 여겨 그의 고귀한 뜻을 세상에 알려 백성을 교화시키고자 한 것이다. 당초 복식은 낭관이 되기를 원치 않았다. 주상이 말했다.

"짐이 상림원에 양을 가지고 있으니 그대가 키워주시오."

복식이 제의를 받아들였다. 곧 이전처럼 베옷과 짚신 차림으로 양을 키웠다. 1년여 뒤 양이 통통하게 자랐다. 번식도 대단했다. 하루는 주상이 상림원을 지나다가 복식이 양을 키우는 모습을 보고 크게 칭

● 한나라 법규에 의하면 성인 남자는 일정기간 동안 나라를 위해 변방을 지켜야만 한다. 이를 원치 않는 사람은 300전의 비용을 내면 정부가 다른 사람을 대신 고용했다. 대역전代役錢이 바로 과경전이다. 400명분의 과경전은 12만 전에 해당한다. 복식의 일족 400명분의 요역을 면해준 것으로 풀이하는 견해도 있다.

찬했다. 복식이 말했다.

"양을 키우는 것뿐 아니라 백성을 다스리는 것도 이치는 같을 것입니다. 시간에 맞추어 일어나게 해야 하고, 쉬게도 해야 합니다. 병든 양을 발견했을 때는 재빨리 치료해 나머지 양들이 해를 입는 것을 막아야 합니다."

주상이 그를 범상치 않은 인물로 여겨 곧 구씨緱氏의 현령으로 보내 능력을 시험했다. 구씨 사람들이 모두 그가 다스리는 방법이 훌륭하다고 칭송했다. 다시 성고의 현령으로 전출시켜 조운까지 맡겼다. 그의 성적이 제일이었다. 주상은 복식을 대단히 충성스럽고 성실한 사람으로 여겨 그를 제왕齊王의 태부太傅로 삼았다.

공근은 천하를 순행하며 철기 주조의 전매업을 담당했다. 3년째 되던 원정 2년에 대농령으로 승진해 구경九卿의 반열에 오르게 되었다. 상홍양은 같은 해에 바로 밑에 있는 대농승이 되어 여러 회계會計*를 맡았다. 이때부터 균수관均輸官을 설치하기 시작했다. 각지의 산물이 균수 제도에 의해 천하에 유통되었다. 처음으로 하급 관원도 정부에 곡식을 헌납할 수 있도록 했다. 관급을 올려주는 것으로 보상했다. 다만 일정한 한계가 있어 600석에서 그치게 했다.

당시 천자는 백금과 오수전을 주조한 지 5년이 되는 동안 화폐를 은밀히 사적으로 주조하다가 적발되어 사형선고를 받은 관민 수만 명을 사면했다. 그러나 이미 증거도 없이 고문을 받다 죽은 자가 그 수를 이루 헤아리기 어려울 정도로 많았다. 자수한 자는 100여만 명을 사면했지만 자수한 자는 채 절반도 되지 않았다. 세인들은 대부

● 조정에서 재물을 관장하고 세금을 매기면서 월계月計와 세회歲會의 일을 주관하는 것을 말한다. 매월의 계산을 계計, 1년의 합산을 회계라고 했다.

분 은밀히 동전을 주조했다. 범법자가 너무 많아 모두 체포해 죽일 수도 없었다. 조정은 부득불 박사인 저대褚大와 서언 등에게 명해 여러 조로 나뉘어 각 군국을 순행하게 했다. 땅을 겸병한 무리를 비롯해 사리를 탐하며 부정을 저지른 군수 등을 검거하는 것이 임무였다.

이때 어사대부 장탕이 바야흐로 존귀한 자리에 올라 사정司正의 실권을 쥐고 있었다. 휘하의 감선減宣과 두주 등은 상서를 접수하며 탄핵안을 제출하는 어사대부의 직속의 중승中丞으로 있었다. 의종義縱과 윤제尹齊 및 왕온서王溫舒 등은 가혹하게 법을 적용해 구경의 자리까지 올랐다. 하란夏蘭처럼 비단옷을 입은 천자의 직속 사자인 이른바 소의직지繡衣直指가 출현한 것도 바로 이때였다.*

당시 대농령으로 있던 안이顏異는 탄핵을 받아 죽임을 당했다. 당초 제남에서 말단직인 정장亭長을 지낸 그는 청렴하고 정직한 덕분에 차례로 승진해 구경에 오르게 되었다. 일찍이 천자와 장탕은 흰 사슴으로 된 가죽화폐를 만들면서 안이에게 의견을 구한 적이 있다. 안이가 대답했다.

"현재 왕후들이 폐하에게 푸른 옥구슬을 하례하고 있습니다. 옥구슬의 값은 수천 전에 불과하나 이를 포장한 가죽은 40만 전이나 나갑니다. 이는 본말이 맞지 않는 것입니다."

천자가 이 말을 듣고는 크게 불쾌해했다. 장탕 역시 평소 안이와 사이가 좋지 못했다. 마침 누군가 안이를 조정에 대한 비방 혐의로 탄핵

● 직지는 한나라 조정에서 특별히 파견한 관리로 비단옷을 입고 사자로 파견된 까닭에 직지수의사자直指繡衣使者로 불리었다. 군대를 파견하고 일을 제대로 처리하지 못한 관원을 즉결 심판할 수 있는 막강한 권한을 쥐고 있었다.

하자 사건이 장탕에게 넘어갔다. 당시 안이는 손님과 이야기를 나누다가, 그 손님이 주상의 조령이 처음 반포되었을 때 대단히 불편했다고 이야기하자 맞장구를 치는 대신 단지 입술을 삐죽거려 동의를 표시했을 뿐이다. 장탕은 안이가 구경의 신분으로 정령에 불만이 있으면 입조해 진언하지 않고 마음속으로 불만을 품은 것은 죽을죄에 해당한다고 상주했다. 안이가 사형을 당한 후 복비腹誹의 조항•이 나왔다. 이후 공경대부들이 모두 아첨으로 보신하게 된 배경이 여기에 있다.

●● 初, 先是往十餘歲河決觀. 梁楚之地固已數困, 而緣河之郡隄塞河, 輒決壞, 費不可勝計. 其後番系欲省底柱之漕, 穿汾河渠以爲漑田, 作者數萬人. 鄭當時爲渭漕渠回遠, 鑿直渠自長安至華陰, 作者數萬人. 朔方亦穿渠, 作者數萬人. 各歷二三期, 功未就, 費亦各巨萬十數. 天子爲伐胡, 盛養馬, 馬之來食長安者數萬匹, 卒牽掌者關中不足, 乃調旁近郡. 而胡降者皆衣食縣官, 縣官不給, 天子乃損膳, 解乘輿駟, 出御府禁藏以贍之.

其明年, 山東被水災, 民多饑乏, 於是天子遣使者虛郡國倉廥以振貧民. 猶不足, 又募豪富人相貸假. 尙不能相救, 乃徙貧民于關以西, 及充朔方以南新秦中, 七十餘萬口, 衣食皆仰給縣官. 數歲, 假予產業, 使者分部護之, 冠蓋相望. 其費以億計, 不可勝數. 於是縣官大空. 而富商大賈或蹛財役貧, 轉轂百數, 廢居居邑, 封君皆低首仰給. 冶鑄煮鹽, 財或累萬金, 而不佐國家之急, 黎民重困. 於是天子與公卿議, 更錢造幣以贍用, 而摧浮淫并兼之徒.

• 복비의 조항은 입 밖으로 내지는 않으나 마음으로 비방한 죄를 말한다. 비誹는 비非와 같다.

是時禁苑有白鹿而少府多銀錫. 自孝文更造四銖錢, 至是歲四十餘年, 從建元以來, 用少, 縣官往往即多銅山而鑄錢, 民亦閑盜鑄錢, 不可勝數. 錢益多而輕, 物益少而貴. 有司言曰, "古者皮幣, 諸侯以聘享. 金有三等, 黃金爲上, 白金爲中, 赤金爲下. 今半兩錢法重四銖, 而姦或盜摩錢里取鋊, 錢益輕薄而物貴, 則遠方用幣煩費不省." 乃以白鹿皮方尺, 緣以藻繢, 爲皮幣, 直四十萬. 王侯宗室朝覲聘享, 必以皮幣薦璧, 然後得行. 又造銀錫爲白金. 以爲天用莫如龍, 地用莫如馬, 人用莫如龜, 故白金三品, 其一曰重八兩, 圜之, 其文龍, 名曰'白選', 直三千. 二曰以重差小, 方之, 其文馬, 直五百. 三曰復小, 撱之, 其文龜, 直三百. 令縣官銷半兩錢, 更鑄三銖錢, 文如其重. 盜鑄諸金錢罪皆死, 而吏民之盜鑄白金者不可勝數. 於是以東郭咸陽·孔僅爲大農丞, 領鹽鐵事. 桑弘羊以計算用事, 侍中. 咸陽, 齊之大煮鹽, 孔僅, 南陽大冶, 皆致生累千金, 故鄭當時進言之. 弘羊, 雒陽賈人子, 以心計, 年十三侍中. 故三人言利事析秋豪矣. 法既益嚴, 吏多廢免. 兵革數動, 民多買復及五大夫, 徵發之士益鮮. 於是除千夫五大夫爲吏, 不欲者出馬. 故吏皆通適令伐棘上林, 作昆明池.

其明年, 大將軍·驃騎大出擊胡, 得首虜八九萬級, 賞賜五十萬金, 漢軍馬死者十餘萬匹, 轉漕車甲之費不與焉. 是時財匱, 戰士頗不得祿矣. 有司言三銖錢輕, 易姦詐, 乃更請諸郡國鑄五銖錢, 周郭其下, 令不可磨取鋊焉. 大農上鹽鐵丞孔僅·咸陽言曰, "山海, 天地之藏也, 皆宜屬少府, 陛下不私, 以屬大農佐賦. 願募民自給費, 因官器作煮鹽, 官與牢盆. 浮食奇民欲擅管山海之貨, 以致富羨, 役利細民. 其沮事之議, 不可勝聽. 敢私鑄鐵器煮鹽者, 釱左趾, 沒入其器物. 郡不出鐵者, 置小鐵官, 便屬在所縣." 使孔僅·東郭咸陽乘傳舉行天下鹽鐵, 作官府, 除故鹽鐵家富者爲吏. 吏道益雜, 不選, 而多賈人矣. 商賈以幣之變, 多積貨逐利. 於是公卿言曰, "郡國頗被災害, 貧民無產業者, 募徙廣饒之地. 陛下損膳省用, 出禁錢以振元元, 寬貸賦, 而民不齊出于南畝, 商賈滋衆. 貧者畜積無有, 皆仰縣官. 異時算軺車賈人緡錢皆有差, 請算如故. 諸賈人末作貰貸賣買, 居邑稽諸物, 及商以取利者, 雖無市籍, 各以其物自占, 率緡錢二千而一算. 諸作有租及鑄, 率緡錢四千一算. 非吏比者三老·北邊騎士, 軺車以一算. 商賈人軺車二算. 船五丈以上一算. 匿不自占, 占不悉, 戍邊一歲, 沒入緡錢. 有能告者, 以其半畀之. 賈人有市籍者, 及其家屬, 皆無得籍名田, 以便農. 敢犯令, 沒入田僮." 天子乃思卜式之言, 召拜式爲中郎, 爵左庶長, 賜田十頃, 布告天下, 使明知之.

初, 卜式者, 河南人也, 以田畜爲事. 親死, 式有少弟, 弟壯, 式脫身出分, 獨取畜羊百餘, 田宅財物盡予弟. 式入山牧十餘歲, 羊致千餘頭, 買田宅. 而其弟盡破其業, 式輒復分予弟者數矣. 是時漢方數使將擊匈奴, 卜式上書, 願輸家之半縣官助邊. 天子使使問式曰, "欲官乎?" 式曰, "臣少牧, 不習仕宦, 不願也." 使問曰, "家豈有冤, 欲言事乎?" 式曰, "臣生與人無分爭. 式邑人貧者貸之, 不善者教順之, 所居人皆從式, 式何故見冤于人! 無所欲言也." 使者曰, "苟如此, 子何欲而然?" 式曰, "天子誅匈奴, 愚以爲賢者宜死節于邊, 有財者宜輸委, 如此而匈奴可滅也." 使者具其言入以聞. 天子以語丞相弘. 弘曰, "此非人情. 不軌之臣, 不可以爲化而亂法, 願陛下勿許." 於是上久不報式, 數歲, 乃罷式. 式歸, 復田牧. 歲餘, 會軍數出, 渾邪王等降, 縣官費衆, 倉府空. 其明年, 貧民大徙, 皆仰給縣官, 無以盡贍.

卜式持錢二十萬予河南守, 以給徙民. 河南上富人助貧人者籍, 天子見卜式名, 識之, 曰, "是固前而欲輸其家半助邊." 乃賜式外繇四百人. 式又盡復予縣官. 是時富豪皆爭匿財, 唯式尤欲輸之助費. 天子於是以式終長者, 故尊顯以風百姓. 初, 式不願爲郎. 上曰, "吾有羊上林中, 欲令子牧之." 式乃拜爲郎, 布衣屩而牧羊. 歲餘, 羊肥息. 上過見其羊, 善之. 式曰, "非獨羊也, 治民亦猶是也. 以時起居. 惡者輒斥去, 毋令敗群." 上以式爲奇, 拜爲緱氏令試之, 緱氏便之. 遷爲成皋令, 將漕最. 上以爲式樸忠, 拜爲齊王太傅. 而孔僅之使天下鑄作器, 三年中拜爲大農, 列于九卿. 而桑弘羊爲大農丞, 管諸會計事, 稍稍置均輸以通貨物矣. 始令吏得入穀補官, 郎至六百石. 自造白金五銖錢後五歲, 赦吏民之坐盜鑄金錢死者數十萬人. 其不發覺相殺者, 不可勝計. 赦自出者百餘萬人. 然不能半自出, 天下大抵無慮皆鑄金錢矣. 犯者衆, 吏不能盡誅取, 於是遣博士褚大·徐偃等分曹循行郡國, 擧兼幷之徒守相爲吏利者. 而御史大夫張湯方隆貴用事, 減宣·杜周等爲中丞, 義縱·尹齊·王溫舒等用慘急刻深爲九卿, 而直指夏蘭之屬始出矣. 而大農顏異誅.

初, 異爲濟南亭長, 以廉直稍遷至九卿. 上與張湯旣造白鹿皮幣, 問異. 異曰, "今王侯朝賀以蒼璧, 直數千, 而其皮薦反四十萬, 本末不相稱." 天子不說. 張湯又與異有郤, 及有人告異以它議, 事下張湯治異. 異與客語, 客語初令下有不便者, 異不應, 微反脣. 湯奏當異九卿見令不便, 不入言而腹誹, 論死. 自是之後, 有腹誹之法以此比, 而公卿大夫多諂諛取容矣.

당시 천자가 이미 민전령縉錢令을 반포하고 복식을 존중하며 본받도록 했으나 백성은 끝까지 재물을 헌납해 조정을 돕는 일을 하지 않았다. 사람들에게 민전을 부실하게 신고한 자들을 고발하게 했다.[•] 각 군국에는 은밀히 주조한 돈이 매우 많았다. 무게가 법화에 비해 훨씬 가벼웠다. 공경대신들이 주전을 관장하는 종관鍾官[••]들에게 이른바 적측전赤側錢[•••]을 주조할 수 있게 해달라고 청했다. 적측전 1전을 기존의 5전과 같게 했다. 정부에 세금 등을 낼 때는 적측전이 아니면 받지 않았다. 백금이 점점 가치가 떨어져 백성이 사용을 꺼리자 정부가 이를 방지하는 영을 내렸으나 소용이 없었다. 이로부터 1년 후 백금은 마침내 폐기되었다. 이해에 장탕이 죽었다. 백성 가운데 아무도 그의 죽음을 애석하게 생각하지 않았다.

이듬해인 원정 3년, 적측전의 가치가 떨어지자 백성이 교묘한 방법으로 사용을 배척했다. 적측전도 이내 폐기되고 말았다. 이를 계기로 각 군국에서 주전하는 것을 완전히 금했다. 상림원과 황실 재물 및 전곡 등을 관장하는 수형도위가 이를 도맡아 주조하게 되었다. 그러나 이미 주조된 돈이 너무 많았다. 수형도위에서 주조한 것 이외에는 일절 통용을 불허하고, 각 군국에서 이미 만들었던 돈은 모두 녹여 수형도위로 보낼 것을 천하에 명했다. 이후 백성의 사적인

• 《한서》〈무제기〉에 따르면 원정 3년 11월에 고민령告緡令을 내려 몰수한 민전의 반을 고발자에게 주었다.

•• 종관은 소부 소속 관원으로 무제 때 수형도위水衡都尉 소속으로 바뀌었다. 주전을 담당했다. 《한서》〈백관공경표百官公卿表〉에 따르면 수형도위 밑에는 종관 이외에도 어원御苑인 상림上林과 재화의 수송을 담당하는 균수均輸, 황제의 농원을 관리하는 금포禁圃, 황제의 식사를 책임진 어수御羞, 황제의 빨래를 담당하는 집탁緝濯, 황제의 기물을 담당하는 기교技巧, 황제의 말과 수레 등을 관장하는 육구六廐, 금전출납의 회계를 담당하는 변동辨銅 등 아홉 개 분야의 구관영승九官令丞이 있었다. 이밖에도 형관衡官과 수사공水司空, 도수都水, 도내都內, 농창農倉 등을 포함해 황제의 궁원인 감천甘泉과 상림을 전담해 관장하는 이른바 칠관장승七官長丞을 휘하에 두고 있었다. 경사인 장안 소재 종관이 주전을 시작한 것은 원정 2년이다. 표면에 오수五銖를 주조해 넣었다. 2년 뒤인 원정 4년에 폐지되었다.

••• 동전의 외곽을 깎아 평평하게 하는 것을 말한다. 적측赤側은 적측赤仄이라고도 한다.

주전이 점점 줄어들었다. 주전 비용이 돈의 가치를 초과했기 때문이다. 단지 절묘한 기술을 지닌 부호들만 은밀히 주조를 계속했을 뿐이다.

이때 복식이 제왕의 국상國相이 되었다. 비슷한 시기에 양가楊可가 민전의 고발사건을 주관하자 중산 이상의 상인들 대부분이 고발되었다. 어사대의 두주가 이 사건을 심리했다. 사건이 뒤집힌 경우는 거의 없었다. 어사중승禦史中丞 바로 밑에 있는 열다섯 명의 어사와 정위 바로 밑에 있는 정위정감廷尉正監이 조별로 나누어 각 군국에 파견되어 민전의 고발사건을 처리했다. 백성의 재산은 1억 전, 노비의 수는 1,000만 전으로 계산되었다. 밭은 큰 현의 경우는 수만 무, 작은 현의 경우는 1만여 무로 간주되었다. 주택도 유사했다. 중산 이상의 상인이 대거 파산한 이유다. 백성 모두 당장 먹고 입는 것에 급급했던 까닭에 사업을 통해 재산을 축적하는 일이 더는 불가능했다. 이와 정반대로 나라의 재정은 오히려 염철 전매와 민전고발로 점점 더 풍족해졌다. 이해에 함곡관函穀關의 관문을 300리가량 동쪽으로 옮기고, 좌우에 보도위輔都尉를 두었다.

당초 대농령은 염철을 전담하는 관원을 널리 파견하고, 신설된 수형도위에게 염철을 주관하도록 할 생각이었다. 양가가 민전고발을 주관한 후 상림원이 몰수한 재산으로 가득 차게 되자 곧 명을 내려 수형도위에게 상림원을 관리하게 했다. 상림원이 몰수한 재산으로 가득 차자 이내 상림원을 확충했다. 이때 남월이 배를 이용해 한나라와 일전을 벌이려고 했다. 곧 곤명지를 크게 수리해 주위에 누관樓觀을 배열했다. 또 누선樓船을 건조했다. 높이가 10여 장이었다. 그 위에 깃발을 꽂자 매우 볼만했다. 천자는 감동해 박량대柏梁臺를 지었다. 높이가 수십 장이나 되었다. 궁실의 수축이 이때부터 날로 화려해지기 시작했다.

몰수한 재산을 각 관부에 나누어주자 수형과 소부, 대농, 태복 등의 부서가 각기 농관農官을 두고 가끔 각 군현이 몰수한 전지로 가 농사를 지었다. 몰수한 노비는 각 원苑으로 보내 개와 말 등 여러 짐승을 키우게 했다. 일부는 각 관부로 보냈다. 각 관부의 관직이 날로 복잡다단해지자 관원의 수도 늘고, 노역에 종사하는 노비 또한 크게 늘어났다. 이로 인해 매년 황하의 하류에서 올라오는 조운선의 곡식 400만 석으로는 부족했다. 여기에 정부가 직접 출자한 양식을 보태야 겨우 충당할 수 있었다. 천자의 측근인 소충이 말했다.

"권문세가의 자제와 부호들 가운데 혹자는 닭을 싸움 시키고, 혹자는 개와 말을 달리기 시키고, 혹자는 사냥과 도박을 하는 식으로 백성을 미혹해 혼란에 빠뜨리고 있습니다."

곧 법령을 어긴 자들을 벌했다. 연루된 자가 수천 명이나 되었다. 이들을 두고 투계 등의 노름판에서 선을 잡고 사람들을 유인하는 물주라는 취지로 주송도株送徒●라 했다. 이들은 돈을 내고 낭관에 임명되기도 했다. 이후 이런 식으로 낭관을 선발하는 제도는 폐지되었다.

당시 관동 일대의 수재는 심각했다. 몇 년 동안 황하가 범람하는 바람에 계속 수확을 하지 못했다. 사람이 사람을 잡아먹는 지경에 이르렀다. 재해 지역이 사방 1,000~2,000리에 걸쳤다. 천자가 이재민을 불쌍히 여겨 조서를 내렸다.

● 《사기집해》의 응소의 주는 주송도를 "주株는 근본, 송送은 유인의 뜻이다"라고 풀이했다.

강남은 밭에 불을 놓아 잡초를 태우고 이를 비료로 삼아 물을 대어 모를 심는 곳이다. 굶주린 자들에게 강회 일대로 옮겨가 먹고살게 하고, 그곳에 머물고자 하는 자는 머물 수 있도록 하라.

이재민을 호송하기 위해 조정에서 파견한 관원들의 수레가 도로 위에 끊이지 않았다. 관원들은 강회로 옮겨가는 이재민을 호송하는 와중에 파촉 일대의 양식까지 운반해 이들을 구제했다.

이듬해인 원정 4년, 천자가 각 군국을 순시했다. 동쪽으로 나아가 황하를 건너자 하동태수는 천자가 올 것을 전혀 예상치 못했다가 숙식을 제대로 공급하지 못해 이내 자진했다. 천자가 다시 서쪽으로 나아가자 농서隴西의 태수 또한 천자의 급작스러운 순행을 예상치 못했다가 천자의 수행원들을 제대로 먹이지 못한 것을 두려워해 스스로 목숨을 끊었다. 천자가 북쪽 소관蕭關•을 나설 때 수만 명의 기병을 대동했다. 신진 일대에서 몰이사냥을 하고 변경의 병사들을 검열한 후 장안으로 돌아왔다.

신진 일대의 어떤 곳은 천리에 이르렀는데도 흉노의 침공을 막기 위한 초소와 요새가 전혀 보이지 않았다. 백성이 흉노의 침공을 두려워한 나머지 목축을 제대로 할 수 없었다. 북지군 태수 이하 여러 관원을 주살한 뒤 명을 내려 백성이 변경의 각 현에서도 목축을 하도록 허가했다. 이어 관부로부터 어미 말을 빌려 만 3년 뒤에 돌려줄 때 10분의 1의 이자를 내는 기존의 고민령도 폐지했다. 이런 방법으로 이민을 많이 끌어들일 수 있었다. 신진 일대가 건실하게 된 이유다.

• 지금의 감숙성 고원현固原縣 동남쪽에 있는 관문이다. 동쪽의 함곡관, 남쪽의 무관武關, 서쪽의 산관散關과 더불어 관중의 4대 관문에 해당한다.

천자는 문득 보정을 얻은 후 연호를 원정元鼎으로 삼은 바가 있다. 이때 후토사와 태일사를 세웠다. 공경대신들이 봉선을 건의하자 천하의 각 군국이 다투어 길과 다리를 건설하고 옛 궁을 수선했다.• 천자가 거동하는 길에 인접해 있는 각 현은 음식을 준비했다. 그릇과 잔 등을 마련해놓고 천자가 왕림하기를 고대했다.

원정 5년, 남월의 승상 여가呂嘉가 난을 일으켜 조정에서 보낸 사자를 비롯해 한나라에 우호적인 남월의 왕과 태후를 살해했다. 이해 9월, 서강西羌••과 흉노의 연합군 10여만 명이 변경을 침입해 해를 입혔다. 관동 일대의 수확이 좋지 못했다. 천자가 천하의 죄수를 모두 사면해 종군하게 했다. 남쪽 수군과 합세한 20만 대군이 남월을 쳤다. 동시에 삼하 이서에서 수만 명의 기병을 징발해 서강을 쳤다. 다시 수만 명의 군사가 황하를 건너가 영거성令居城을 지었다.

원정 6년, 장액군張掖郡과 주천군酒泉郡을 두었다. 상군·삭방·서하·하서 등지에 파견된 개전관開田官과 척새졸斥塞卒 60만 명에게 변경을 방어하면서 농사를 짓게 했다. 나라에서 도로를 고쳐 식량을 운반했다. 멀리는 3,000리, 가까이는 1,000여 리에 이르는 경지를 모두 대농이 공급해주었다. 변경의 병기가 부족하면 무기고의 병기는 물론 공관工官의 병기까지 꺼내 보급했다. 재정이 부족해 전마를 사

• 봉선을 최초로 거행한 사람은 진시황이다. 그는 천하를 통일한 지 2년 뒤인 기원전 219년 동쪽으로 순수하다가 제로齊魯 일대의 유생과 박사 일흔 명을 태산 아래 소집한 뒤 봉선 문제를 논의하게 했다. 사람마다 의견이 달라 합의점을 찾지 못하자 이들을 물리친 뒤 진나라에서 상제를 제사 지내는 의식을 좇아, 하늘의 신인 상제에게 제사 지내는 봉封은 태산에서 행하고, 땅의 신인 후토에게 제사 지내는 선禪은 양보산에서 거행했다. 무제 역시 원봉 원년에 사상 두 번째로 봉선을 거행했다. 세 번째로 봉선을 행한 사람은 후한의 광무제光武帝다.
•• 티베트계 유목민족으로 오늘날 감숙성 서남부 청해성에 걸쳐 살고 있다. 오랫동안 흉노의 지배하에 있었다. 남북조시대 초기에는 후진後秦을 세우기도 했다.

기 어려울 경우에는 법령을 제정해서라도 이를 뒷받침했다. 봉군 이하 300석 이상의 관원에게 등급에 따라 어미 말을 갹출했다. 전국의 각 정亭에 말을 공급해 키우게 한 뒤 매년 각 정에서 마세 형식으로 말을 징수했다. 당시 제나라 국상 복식이 천자에게 글을 올렸다.

신은 듣건대 "군주에게 근심이 있는 것은 신하의 치욕이다"라고 했습니다. 현재 남월에 반란이 일어났으니 저희 부자가 제나라 출신 가운데 배를 잘 다루는 자들을 이끌고 전장으로 가 죽음을 무릅쓰고 싸우겠습니다.

천자가 회답의 조서를 내렸다.

전에 그대는 친히 농사를 짓고 가축을 기르면서 이익을 도모하지 않고, 남은 것이 있으면 언제나 조정 비용에 보탰다. 지금 나라가 위급한 일이 생기자 다시 발분해 자식과 더불어 죽음을 다해 싸우고자 한다. 전쟁에 참가하지 않을지라도 충의가 마음 깊은 곳에서 이미 충분히 나타났다고 할 수 있다. 관내후關內侯의 작위와 황금 60근, 밭 1,000무를 내린다.

복식의 행적을 천하에 널리 알렸으나 아무 호응이 없었다. 열후에 봉한 자는 수백 명에 달했지만 종군해 서강이나 남월과 싸우겠다고 지원한 자가 하나도 없었다. 종묘에 제사를 지낼 때가 되자 소부에서 제후들이 종묘제사 부조금으로 낸 주금酎金을 검사하게 되었다. 열후 가운데 규정에 어긋난 주금을 올린 죄로 인해 작위를 잃은 자가 100명이 넘었다. 복식이 어사대부에 임명되었다.

복식은 어사대부로 있으면서 대다수 군국이 염철의 전매를 매우 불편해하고 있다는 사실을 알았다. 실제로 관에서 만든 철기는 조악했고, 가격 또한 비쌌다. 일부 관리는 백성에게 관에서 만든 조악한 철기를 사도록 강요하기도 했다. 선박에는 산세算稅를 물린 까닭에 상인은 적고 물가는 비쌌다. 복식인 공근을 통해 개선방안을 제시했다. 주상이 복식을 탐탁지 않게 생각했다.

한나라는 3년 동안 계속 병사를 일으킨 덕분에 마침내 서강을 토벌하고 남월을 멸망시킬 수 있었다. 남월과 인접한 남쪽 반우番禺 이서와 촉군 이남에 새로운 군 열일곱 개를 설치한 뒤 일시적으로 그곳의 관습대로 다스리면서 세금을 거두지 않았다. 신설한 군과 이웃한 남양과 한중 이남의 군에도 비슷한 혜택을 주었다. 관리 및 사병에게 식량과 돈을 공급하고, 역참에 비치하는 전거·전마 등에 필요한 용구도 대주었다. 그러나 신설한 군은 계속 시끄러웠다. 자주 소규모 반란을 일으키며 한나라의 관리를 살해했다. 조정이 수시로 남방의 관병을 동원해 토벌에 나섰다. 1년 동안 1만여 명이 동원되었다. 비용은 모두 대농에서 충당했다.

당시 대농은 통일된 균수법 덕분에 염철 공급을 임의로 조절해 큰 이익을 얻을 수 있었다. 부세로 감당하기 어려운 막대한 군비를 능히 조달할 수 있었던 이유다. 그러나 군대가 지나는 각 현은 겨우 식량이 끊이지 않도록 조달하는 데 그쳤다. 경상비를 제공하게 하는 천무법擅賦法은 감히 거론조차 할 수 없었다.

이듬해인 원봉 원년, 복식이 좌천되어 태자태부太子太傅를 맡았다. 반면 상홍양은 수속도위搜粟都尉*를 맡으면서 대농까지 겸하게 되었다. 공근을 대신해 천하의 염철을 관리하는 자리에 오른 것이다. 상홍양은 각 관부가 장사하면서 서로 경쟁하는 등 시장의 원리를 도입하고자 했다. 물가가 오를 경우 각지에서 부세로 올린 물품 가운데 어떤 것은 운송비용도 충당할 수 없었다. 대농부승大農部丞 수십 명을 배치해 각 군국의 균수 및 염철을 주관하고, 각 군현은 곳곳에 균수관과 염철관鹽鐵官을 두는 방안을 주청했다. 먼 곳의 군현들에게 납세용 물품이 가장 비쌀 때 상인들이 파는 가격에 맞추어 세금을 내고, 균수관은 이를 토대로 일괄 매매해 각지의 화물이 상호 원활히 교류되도록 해야 한다고 주장한 것이다.

또 장안에는 평준관平準官을 두어 각지에서 올라온 화물을 총 관리하고, 공관에게 차량과 부품의 제조 및 수리를 맡기고 그 비용을 대농이 대신 지급하도록 해야 한다고 주장했다. 대농 소속의 관리는 천하의 화물을 모두 장악해 비쌀 때 내다 팔고 쌀 때 사들이면 부상대고는 폭리를 취할 길이 없어져 곧 본업인 농업에 힘쓰게 될 것이고, 물건 가격도 더 오를 리가 없다는 논리였다. 그는 이 방법만이 천하의 물가를 능히 잡을 수 있다고 주장했다. 이를 평준이라 했다. 천자가 옳게 여겨 곧바로 이 방안을 천하에 널리 포고했다. 이해에 천자는 북으로 삭방, 동으로 태산과 동해까지 순행하고, 북변을 따라 귀경했다. 지나는 곳마다 크게 상을 내렸다. 비단 100여만 필을 돈으로 환산하면 억 단위로 계산해야 했다. 모두 대농에서 나온 것이다.

이때 상홍양이 다시 주청했다. 관원들이 조정에 곡식을 내면 승진

● 원래 판본에는 치속도위治粟都尉로 되어 있다. 그러나 치속도위는 한나라 초기에만 있었고 한무제 때는 없었다. 한무제는 수속도위를 설치해 태상과 삼보三輔, 사마司馬의 관곡을 관장하게 했다. 《한서》〈백관공경표〉와 《염철론鹽鐵論》〈벌공伐功〉 등을 좇아 수속도위로 고쳤다.

시키고, 죄인도 곡식을 내면 속죄해주는 방안이다. 정해진 곡식을 감천창甘泉倉•에 내는 백성은 요역을 면제해주는 특례도 있었다. 이들은 탈세를 고발하는 고민告緡에서도 제해주었다. 그 효과는 매우 컸다. 각 군국은 긴급하게 필요한 곳에 양식을 보내줄 수 있었고, 여러 농가도 자발적으로 수확한 양식을 대량 헌납했다. 관동 일대의 조운이 매년 증가해 600만 석에 이르게 된 배경이다.

이로써 1년 내내 태창과 감천창은 양식으로 가득 찼다. 변경도 양식에 여유가 있었다. 균수법을 통해 각지의 화물을 일괄적으로 운반해 팔자 비단 500필의 이익을 챙길 수 있었다. 백성이 더는 부가세를 내지 않아도 나라의 재정이 넉넉했다. 모두 상홍양의 균수법과 평준법을 채택한 덕분이다. 상홍양은 그 공을 인정받아 좌서장의 자리에 올랐다. 두 차례 걸쳐 황금을 100근씩 상으로 받았다.

이해에 작은 가뭄이 있었다. 천자가 백관들에게 강우를 기원하도록 했다. 태자태부 복식이 진언했다.

"재정비용은 응당 정상적인 조세로 충당해야 합니다. 지금 상홍양은 관원들을 마치 시정의 점포 상인처럼 만들어 돈을 벌고 있습니다. 상홍양을 죽이면 하늘은 반드시 비로소 비를 내릴 것입니다!"

●● 天子既下緡錢令而尊卜式, 百姓終莫分財佐縣官, 於是楊可告緡錢縱矣. 郡國多奸鑄錢, 錢多輕, 而公卿請令京師鑄鍾官赤側, 一當五, 賦官用非赤側不得行. 白金稍賤, 民不寶用, 縣官以令禁之, 無益. 歲餘, 白金終廢不行. 是歲也, 張湯死而民不思. 其後二歲, 赤側錢賤, 民巧法用之, 不便, 又廢. 於是悉禁郡國無鑄錢, 專令上林三官鑄. 錢既

• 지금의 섬서성 순화淳化 서북쪽에 위치한 감천산 소재 곡물창고를 말한다. 진나라는 감천산에 임광궁林光宮을 세웠다. 무제는 이를 확장해 자신의 피서를 위한 이궁으로 삼았다.

多, 而令天下非三官錢不得行, 諸郡國所前鑄錢皆廢銷之, 輸其銅三官. 而民之鑄錢益少, 計其費不能相當, 唯真工大姦乃盜爲之. 卜式相齊, 而楊可告緡遍天下, 中家以上大抵皆遇告. 杜周治之, 獄少反者. 乃分遣御史廷尉正監分曹往, 卽治郡國緡錢, 得民財物以億計, 奴婢以千萬數, 田大縣數百頃, 小縣百餘頃, 宅亦如之. 於是商賈中家以上大率破, 民偷甘食好衣, 不事畜藏之產業, 而縣官有鹽鐵緡錢之故, 用益饒矣. 益廣關, 置左右輔.

初, 大農管鹽鐵官布多, 置水衡, 欲以主鹽鐵. 及楊可告緡錢, 上林財物衆, 乃令水衡主上林. 上林既充滿, 益廣. 是時越欲與漢用船戰逐, 乃大修昆明池, 列觀環之. 治樓船, 高十餘丈, 旗幟加其上, 甚壯. 於是天子感之, 乃作柏梁台, 高數十丈. 宮室之修, 由此日麗. 乃分緡錢諸官, 而水衡·少府·大農·太僕各置農官, 往往卽郡縣比沒入田田之. 其沒入奴婢, 分諸苑養狗馬禽獸, 及與諸官. 諸官益雜置多, 徒奴婢衆, 而下河漕度四百萬石, 及官自糴乃足. 所忠言曰, "世家子弟富人或鬪雞走狗馬, 弋獵博戲, 亂齊民." 乃徵諸犯令, 相引數千人, 命曰'株送徒'. 入財者得補郎, 郎選衰矣. 是時山東被河菑, 及歲不登數年, 人或相食, 方一二千里. 天子憐之, 詔曰, "江南火耕水耨, 令饑民得流就食江淮閒, 欲留, 留處." 遣使冠蓋相屬于道, 護之, 下巴蜀粟以振之.

其明年, 天子始巡郡國. 東度河, 河東守不意行至, 不辨, 自殺. 行西逾隴, 隴西守以行往卒, 天子從官不得食, 隴西守自殺. 於是上北出蕭關, 從數萬騎, 獵新秦中, 以勒邊兵而歸. 新秦中或千里無亭徼, 於是誅北地太守以下, 而令民得畜牧邊縣, 官假馬母, 三歲而歸, 及息什一, 以除告緡, 用充仞新秦中. 既得寶鼎, 立后土·太一祠, 公卿議封禪事, 而天下郡國皆豫治道橋, 繕故宮, 及當馳道縣, 縣治官儲, 設供具, 而望以待幸. 其明年, 南越反, 西羌侵邊爲桀. 於是天子爲山東不贍, 赦天下囚, 因南方樓船卒二十餘萬人擊南越, 數萬人發三河以西騎擊西羌, 又數萬人度河築令居. 初置張掖·酒泉郡, 而上郡·朔方·西河·河西開田官, 斥塞卒六十萬人戍田之. 中國繕道饋糧, 遠者三千, 近者千餘里, 皆仰給大農. 邊兵不足, 乃發武庫工官兵器以贍之. 車騎馬乏絕, 縣官錢少, 買馬難得, 乃著令, 令封君以下至三百石以上吏, 以差出牝馬天下亭, 亭有畜牸馬, 歲課息. 齊相卜式上書曰, "臣聞主憂臣辱. 南越反, 臣願父子與齊習船者往死之." 天子下詔曰, "卜式雖躬耕牧, 不以爲利, 有餘輒助縣官之用. 今天下不幸有急, 而式奮願父子死之, 雖未戰, 可謂義形于內. 賜爵關內侯, 金六十斤, 田十頃." 布告天下, 天下莫應. 列侯以百數, 皆莫求從軍擊羌·越. 至酎, 少府省金, 而列侯坐酎金失侯者百餘人. 乃拜式爲御史大夫. 式既在位, 見郡國多不便縣官作鹽鐵, 鐵器苦惡, 賈貴, 或強令民賣買之. 而船有算, 商者少, 物貴, 乃因孔僅言船算事. 上由是不悅卜式.

漢連兵三歲, 誅羌, 滅南越, 番禺以西至蜀南者置初郡十七, 且以其故俗治, 毋賦稅. 南陽·漢中以往郡, 各以地比給初郡吏卒奉食幣物, 傳車馬被具. 而初郡時時小反, 殺吏, 漢發南方吏卒往誅之, 閑歲萬餘人, 費皆仰給大農. 大農以均輸調鹽鐵助賦, 故能贍之. 然兵所過縣, 爲以訾給毋乏而已, 不敢言擅賦法矣. 其明年, 元封元年, 卜式貶秩爲太子太傅. 而桑弘羊爲治粟都尉, 領大農, 盡代僅管天下鹽鐵. 弘羊以諸官各自市, 相與爭, 物故騰躍, 而天下賦輸或不償其僦費, 乃請置大農部丞數十人, 分部主郡國, 各往往縣置均輸鹽鐵官, 令遠方各以其物貴時商賈所轉販者爲賦, 而相灌輸. 置平准于京師, 都受天下委輸. 召工官治車諸器, 皆仰給大農. 大農之諸官盡籠天下之貨物, 貴卽賣之, 賤

則買之. 如此, 富商大賈無所牟大利, 則反本, 而萬物不得騰踴. 故抑天
下物, 名曰'平准'. 天子以爲然, 許之. 於是天子北至朔方, 東到太山,
巡海上, 並北邊以歸. 所過賞賜, 用帛百餘萬匹, 錢金以巨萬計, 皆取
足大農. 弘羊又請令吏得入粟補官, 及罪人贖罪. 令民能入粟甘泉各有
差, 以復終身, 不告緡. 他郡各輸急處, 而諸農各致粟, 山東漕益歲六百
萬石. 一歲之中, 太倉·甘泉倉滿. 邊餘谷諸物均輸帛五百萬匹. 民不
益賦而天下用饒. 於是弘羊賜爵左庶長, 黃金再百斤焉. 是歲小旱, 上
令官求雨, 卜式言曰, "縣官當食租衣稅而已, 今弘羊令吏坐市列肆, 販
物求利. 亨弘羊, 天乃雨."

태사공은 평한다.

"상인을 통한 농산물과 공산품의 교역이 활발해지면 거북과 조개
등의 구패龜貝, 금·은·동 등으로 만든 금전, 칼 모양의 철전을 비롯
한 베와 비단의 도포刀布 등 각종 화폐가 사방에서 널리 유통된다. 그
유래는 매우 오래되었다. 삼황오제의 일원인 고신씨 제곡 이전의 일
은 너무 오래되어 기술하기 어렵지만 《상서》에서 말하는 요순시대
와 《시경》에서 말하는 상주商周시대는 가히 언급할 수 있다.

당시 천하는 크게 태평해 상서庠序에서 학문을 숭상했다.˙ 또 본업
인 농업을 중시하며 말업인 상업을 억제했다. 예의염치를 가르쳐 이
익을 탐하는 것을 방지한 덕분이다. 그러나 난이 일어나는 등 상황

˙ 《한서》 〈유림전〉은 상서의 상庠을 은나라 때의 학교, 서序를 주나라 때의 학교라고 했다.
《맹자孟子》 〈등문공滕文公 上〉의 해석은 이와 다르다. 맹자는 "백성의 생업이 안정된 뒤에는
상·서·학學·교校를 세워 백성을 가르쳐야 한다"고 주장했다. 상은 봉양, 서는 활쏘기 교습,
교는 가르침을 뜻한다. 하나라에서는 교, 은나라에서는 서, 주나라에서는 상이라 했고, 학은
하·은·주 3대가 공히 그같이 불렸다는 것이다. 맹자의 주장이 그럴 듯하다.

이 불안해지면 이와 정반대의 일이 일어난다. 사물이 최고로 흥성한 시기까지 발전하면 쇠락하게 마련이고, 무릇 모든 것은 극성한 시기에 이르면 이내 변하게 마련이다. 질박했던 것이 일시에 화려해지는 것 역시 사물이 극에 이르면 다시 시작하는 변역의 이치에 따른 것이다.

《서경》〈하서, 우공禹貢〉에 따르면 하나라의 우왕은 천하를 아홉 개 주로 나누고, 각각 그 토지에 적합한 작물을 심고, 인구의 많고 적음에 따라 조정에 공물을 바쳤다고 한다. 은나라의 탕왕과 주무왕은 비록 전 시대의 악습을 이어받았으나 이를 변통해 백성에게 자신의 직업에 권태를 느끼지 않도록 만들었다. 두 출신 모두 신중한 자세로 열심히 나라를 다스렸다. 그러나 결국 이들 나라 또한 쇠망의 길을 걸었다.

춘추시대 중엽에 제환공은 관중의 계책을 이용해 첫 패업을 이루었다. 물가를 안정시키고 염철 사업을 잘 경영한 덕분이다. 당시 그는 천하를 호령하며 모든 제후가 조 왕실에 조근하도록 만들었다. 작디작은 제나라가 패업을 이루어 그 명성을 길이 후대에 전한 배경이다. 전국시대 초기 위문후도 이회李悝의 계책을 이용해 농업생산을 획기적으로 늘릴 수 있었다. 천하를 호령하는 강국의 군주로 군림한 이유다. 그러나 위문후 사후 천하의 열국은 앞다투어 싸움을 중시하는 호전지국好戰之國이 되었다. 사술詐術을 동원한 무력을 중시하면서 인의를 경시한 탓이다. 군신과 백성이 부를 최우선의 과제로 삼고 겸양을 차선으로 삼는 풍조가 퍼진 것은 여기서 비롯되었다. 이후 백성 가운데 억만 금을 모은 자도 나왔으나, 정반대로 혹자는 지게미조차 배불리 먹을 수 없을 정도의 빈궁에 처하게 되었다.

나라의 경우도 다를 바가 없었다. 강한 나라의 군주는 무력으로 병탄에 나서 약한 나라의 제후를 자신의 신하로 만들었다. 반면 약한 나라의 군주 가운데 제사마저 지낼 수 없을 정도로 후손이 완전히 끊긴 경우도 있었다. 진시황 때에 이르러 마침내 천하는 하나가 되었다.

역대 왕조의 재화와 화폐 흐름을 일별하면 요순과 하나라 때는 화폐를 크게 세 등급으로 나누었다. 황금과 백금, 적금이 그것이다. 둥근 모양의 동전인 원전圓錢, 삼베 등의 포폐布幣, 칼 모양의 청동전인 도폐刀幣, 거북 등과 조개껍데기 같은 귀갑龜甲이나 패각貝殼도 사용되었다. 진나라에 이르러 두 등급의 화폐가 있었다. 황금을 일溢 20량 단위로 사용한 상폐上幣와 동전에 반량의 문자를 새겨 넣은 하폐下幣가 그것이다. 이때에 들어와서는 주옥을 비롯해 귀갑이나 패각, 은이나 주석 등을 합금한 것은 기물장식이나 진귀한 보물로 취급했을 뿐 화폐로 사용하지는 않았다. 재화와 화폐는 시기에 따라 가치 등이 무상하기 짝이 없다. 밖으로 이적을 물리치고 안으로 공업功業을 세우는 과정에서 천하 사람이 열심히 농사를 지었음에도 양식이 부족하고, 여인들이 열심히 방적을 했음에도 의복이 부족한 이유다. 옛날 사람은 천하의 재물을 모두 그러모아 군주를 섬겼다. 그런데도 오히려 스스로 부족하다고 여겼다. 이는 다른 것이 아니라 당시의 척박한 사세事勢가 그리 만든 것이다. 그러니 시류에 따라 재화와 화폐가 등락과 출몰을 거듭하는 것을 두고 어찌 괴이하다고 치부할 수만 있겠는가?"

●● 太史公曰, "農工商交易之路通, 而龜貝金錢刀布之幣興焉. 所從來久遠, 自高辛氏之前尙矣, 靡得而記云. 故書道唐虞之際, 詩述殷周

之世, 安寧則長庠序, 先本絀末, 以禮義防于利. 事變多故而亦反是. 是
以物盛則衰, 時極而轉, 一質一文, 終始之變也. 禹貢九州, 各因其土地
所宜, 人民所多少而納職焉. 湯武承弊易變, 使民不倦, 各兢兢所以爲
治, 而稍陵遲衰微. 齊桓公用管仲之謀, 通輕重之權, 徼山海之業, 以朝
諸侯, 用區區之齊顯成霸名. 魏用李克, 盡地力, 爲強君. 自是以後, 天
下爭于戰國, 貴詐力而賤仁義, 先富有而後推讓. 故庶人之富者或累巨
萬, 而貧者或不厭糟糠. 有國強者或並群小以臣諸侯, 而弱國或絕祀而
滅世. 以至于秦, 卒並海內. 虞夏之幣, 金爲三品, 或黃, 或白, 或赤. 或
錢, 或布, 或刀, 或龜貝. 及至秦, 中一國之幣爲三二等, 黃金以溢名, 爲
上幣. 銅錢識曰半兩, 重如其文, 爲下幣. 而珠玉·龜貝·銀錫之屬爲器
飾寶藏, 不爲幣. 然各隨時而輕重無常. 於是外攘夷狄, 內興功業, 海內
之士力耕不足糧饟, 女子紡績不足衣服. 古者嘗竭天下之資財以奉其
上, 猶自以爲不足也. 無異故云, 事勢之流, 相激使然, 曷足怪焉."

부록

《예기》〈악기〉

대체로 소리의 일어남은 인심人心으로 생기는 것이다. 인심의 움직임은 외물外物이 만드는 것이다. 외물에 감화되어 인심이 움직이는 까닭에 소리가 나타나고, 소리가 서로 응하는 까닭에 변화가 생기고, 변화가 악곡의 절인 문장文章을 뜻하는 방方을 이루는 것을 일컬어 음音이라 한다. 음을 악기에 차례로 실어 연주하면서 무무武舞에 사용하는 방패와 도끼인 간척과 문무文舞에 사용하는 적우翟羽와 모우旄牛의 꼬리인 우모에 이르게 하는 것을 일컬어 악樂이라 한다. 악은 음에서 생겨난 것으로 그 근본은 인심이 외물에 감화된 데 있다.

애심哀心이 느껴지는 음악은 그 소리가 애끓듯 급하며 낮고 힘이 없다. 낙심樂心이 느껴지는 음악은 그 소리가 느긋하며 여유가 있다. 희심이 느껴지는 음악은 그 소리가 드러내며 퍼져나간다. 노심이 느껴지는 음악은 그 소리가 거칠고도 사납다. 경심이 느껴지는 음악은 그 소리가 잡되지 않으면서 곧다. 애심이 느껴지는 음악은 그 소리가 화평하면서도 부드럽다. 이 여섯 가지는 성품에 기인한 것이 아니라 인심이 외물에 감화되어 움직인 데 따른 것이다. 그래서 선왕은 그 감화하는 바를 신중히 했던 것이다. 이에 예로써 그 뜻을 인도하고, 음악으로 그 소리를 화평하게 하고, 정사로 그 행동을 하나같이 하고, 형벌로 간사함을 막았다. 예·악·형刑·정政의 극의極意는 하나다. 그래야 민심을 하나같이 하고, 치도를 이룰 수 있는 것이다.

●● 凡音之起, 由人心生也. 人心之動, 物使之然也. 感於物而動, 故形於聲. 聲相應, 故生變, 變成方, 謂之音. 比音而樂之, 及幹戚羽旄, 謂之樂. 樂者, 音之所由生也, 其本在人心之感於物也. 是故其哀心感者, 其聲噍以殺. 其樂心感者, 其聲嘽以緩. 其喜心感者, 其聲發以散. 其怒心感者, 其聲粗以厲. 其敬心感者, 其聲直以廉. 其愛心感者, 其聲和以柔. 六者非性也, 感於物而後動. 是故先王愼所以感之者. 故禮以道其志, 樂以和其聲, 政以一其行, 刑以防其姦. 禮樂刑政, 其極一也, 所以同民心而出治道也.

무릇 음音은 인심에서 나오는 것이다. 인정人情이 마음속에서 움직이는 까닭에 소리가 나타난다. 소리가 악절樂節인 문장文章을 이루는 것을 일컬어 음이라 한다. 그래서 치세의 음은 편안하고도 즐거우니 이는 그 정사가 화목하기 때문이다. 난세의 음은 원망과 분노에 차 있으니 이는 그 정사가 도리에 어긋나기 때문이다. 망국의 음은 슬프면서 고뇌에 차 있으니 이는 그 백성이 곤핍困乏하기 때문이다. 성음聲音의 도는 바로 정사와 직통하는 것이다.

●● 凡音者, 生人心者也. 情動於中, 故形於聲. 聲成文, 謂之音. 是故治世之音, 安以樂, 其政和. 亂世之音, 怨以怒, 其政乖. 亡國之音, 哀以思, 其民困. 聲音之道, 與政通矣.

궁은 군주, 상은 신하, 각은 백성, 치는 일, 우는 물건을 뜻한다. 이 다섯 가지가 어지럽지 않으면 가락이 맞지 않아 조화를 이루지 못하는 음이 없을 것이다. 궁이 어지러우면 소리가 거치니 이는 그 군주가 교만하기 때문이다. 상이 어지러우면 소리가 기울어지니 이는 신하가 착하지 못하기 때문이다. 각이 어지러우면 소리가 시름에 차 있으니 이는 백성이 원망하기 때문이다. 치가 어지러우면 소리가 슬프니 이는 역사役事가 힘들기 때문이다. 우가 어지러우면 소리가 위태로우니 이는 그 재화가 궁핍하기 때문이다.

이 다섯 가지가 모두 어지러워 서로 능멸하는 것을 일컬어 만慢이라 한다. 이같이 되면 나라의 멸망이 얼마 남지 않은 것이다. 정·위衛 두 나라의 음은 난세의 음인 까닭에 만에 가깝다. 은나라 주의 음은 망국의 음인 까닭에 그 정사가 흩어지고, 그 백성이 떠돈다. 윗사람을 속이고 악을 행해도 이를 제지할 길이 없게 된다.

●● 宮爲君, 商爲臣, 角爲民, 徵爲事, 羽爲物. 五者不亂, 則無怗懘之音矣. 宮亂則荒, 其君驕. 商亂則陂, 其官壞. 角亂則憂, 其民怨. 徵亂則哀, 其事勤. 羽亂則危, 其財匱. 五者皆亂, 迭相陵, 謂之慢. 如此, 則國之滅亡無日矣. 鄭衛之音, 亂世之音也, 比於慢矣. 桑間濮上之音, 亡國之音也, 其政散, 其民流, 誣上行私而不可止也.

무릇 음은 인심에서 생겨나는 것이다. 악樂은 윤리에 통하는 것이다. 그래서 성聲(사물의 소리)은 알면서 음을 모르는 것으로 금수禽獸가 있다. 음은 알면서 악을 모르는 것으로 중서衆庶(일반 백성)가 있다. 오직 군자만이 능히 악을 알 수 있다. 그래서 소리를 밝게 분별해 음을 알고, 음을 밝게 분별해 악을 알고, 악을 밝게 분별해 정사를 알면 치도가 갖추어지는 것이다. 이에 성을 모르는 자와는 더불어 음을 말할 수 없고, 음을 모르는 자와는 더불어 악을 말할 수 없는 것이다. 악을 알면 예에 가깝다. 예악을 모두 얻은 것을 일컬어 유덕有德이라 한다. 덕德은 예악을 체득하는 득得과 같다.

악의 융성은 단순히 음을 극진히 한 것이 아니다. 이는 종묘에 조상의 혼령을 합사合祀하는 예인 사향지례食饗之禮가 맛을 극진히 하는 데 그 취지가 있는 것이 아닌 것과 같다. 종묘제사의 악곡인 〈청묘〉 때 사용하는 슬은, 붉은 현으로 된 슬의 밑바닥에 구멍을 내 음을 완만하게 하고, 노래구절을 한 번 부르면 세 명이 화답하니 이때 다하지 못한 유음遺音이 생긴다. 조상혼령의 합사인 협제祫祭를 행하는 대향지례大饗之禮는 현주玄酒를 윗자리에 두고, 적당히 삶은 고기와 생선을 도마 위에 올려놓는다. 국에 양념을 섞지 않는 대갱불화大羹不和를 행하는 것은 그 속에 유미遺味가 있기 때문이다. 이에 선왕이 예악을 만든 취지는 구복이목口腹耳目의 욕망을 극진히 하려는 것이 아니라 장차 이를 가지고 백성에게 호오를 공평하게 하는 일을 가르쳐 인도人道의 바른 곳으로 돌아가게 하려는 데 있다.

●● 凡音者, 生於人心者也. 樂者, 通倫理者也. 是故知聲而不知音者, 禽獸是也. 知音而不知樂者, 衆庶是也. 唯君子爲能知樂. 是故審聲以知音, 審音以知樂, 審樂以知政, 而治道備矣. 是故不知聲者, 不可與言音. 不知音者, 不可與言樂. 知樂, 則幾於禮矣. 禮樂皆得, 謂之有德. 德者得也. 是故樂之隆, 非極音也. 食饗之禮, 非致味也. 淸廟之瑟, 朱弦而疏越, 壹倡而三歎, 有遺音者矣. 大饗之禮, 尙玄酒而俎腥魚. 大羹不和, 有遺味者矣. 是故先王之制禮樂也, 非以極口腹耳目之欲也, 將以教民平好惡, 而反人道之正也.

사람이 나서 고요한 것은 천성天性이다. 외물에 감화되어 움직이는 것은 성욕性欲이다. 외물이 이르면 지혜가 이를 안다. 연후에 호오가 나타난다. 호오가 안에서 절도가 없고, 지혜가 밖에서 유혹을 받으면 스스로를 반성하지 못해 천리天理가 멸한다. 무릇 외물이 사람을 감화시키는 데에는 끝이 없다. 사람의 호오에 절도가 없으면 외물이 이를 경우 사람이 외물에 동화되고 만다. 사람이 외물에 동화되면 천리를 멸하는 인욕人欲을 다하려 하게 된다. 여기에서 패역悖逆·사위의 마음이 생기고, 음일淫泆·작란作亂의 일이 생기는 것이다. 그래서 강자는 약자를 위협하고, 다수는 소수를 폭력으로 억압하고, 슬기로운 자는 어리석은 자를 속이고, 용감한 자는 겁이 많은 자를 괴롭히고, 병이 나도 요양을 받지 못하는 자와 늙은이와 어린이, 외롭고 의지할 데 없는 자들은 살 곳을 얻지 못하게 된다. 이것이 대란大亂의 길이다.

그래서 선왕은 예악을 만들면서 인정人情을 좇아 절도를 만들었다. 상복과 곡읍은 상장喪葬의 예식을 절도 있게 하기 위한 것이다. 종고·간척은 안락安樂을 고르게 하기 위한 것이다. 혼인婚姻과 성년식인 관계冠笄는 남녀를 분별하기 위한 것이다. 대사례大射禮와 향음주례鄕飮酒禮, 빈객접대인 사향食饗은 교제를 바르게 하기 위한 것이다. 예는 민심을 절도 있게 하고, 악은 백성의 소리를 화평하게 한다. 정사로써 예악의 가르침을 행하고, 형벌로써 방자한 행동을 막는다. 예·악·형·정이 사방에 널리 행해져 어긋나지 않으면 곧 왕도가 갖추어진 것이다.

●● 人生而靜, 天之性也. 感於物而動, 性之欲也. 物至知知, 然後好惡形焉. 好惡無節於內, 知誘於外, 不能反躬, 天理滅矣. 夫物之感人無窮, 而人之好惡無節, 則是物至而人化物也. 人化物也者, 滅天理而窮人欲者也. 於是有悖逆詐僞之心, 有淫泆作亂之事. 是故强者脅弱, 衆者暴寡, 知者詐愚, 勇者苦怯, 疾病不養, 老幼孤獨不得其所, 此大亂之道也. 是故先王之制禮樂, 人爲之節. 衰麻哭泣, 所以節喪紀也. 鐘鼓幹戚, 所以和安樂也. 婚姻冠笄, 所以別男女也. 射鄕食饗, 所以正交接也. 禮節民心, 樂和民聲, 政以行之, 刑以防之. 禮樂刑政, 四達而不悖, 則王道備矣.

악은 같게 하도록 하고, 예는 달리하도록 한다. 같으면 서로 친하게 되고, 다르면 서로 공경하게 된다. 악이 지나치면 흐르고, 예가 지나치면 떠난다. 뜻을 모으고 외모를 장식하는 것은 예악의 일이다. 예의가 바로 서면 귀천이 균등하게 나뉘고, 악문樂文이 같으면 상하가 화목하다. 호오가 밝게 나타나면 현불초賢不肖가 뚜렷이 구별된다. 형벌로 횡포를 금하고 벼슬로 현자를 등용하면 정사가 고르게 된다. 인으로써 사랑하고 의로써 바로잡는다. 이같이 하면 잘 다스려질 것이다.

악은 안에서 나오고, 예는 밖에서 일어난다. 악은 안에서 나오는 까닭에 고요하고, 예는 밖에서 일어나는 까닭에 문식이 있다. 대악大樂은 반드시 쉽고, 대례大禮는 반드시 간략하다. 악이 지극하면 원망이 없고, 예가 지극하면 다투지 않는다. 읍양揖讓하며 치천하治天下하는 것은 예악을 두고 하는 말이다. 폭민暴民이 일어나지 않고, 제후가 복종해 따르고, 병혁兵革을 시험할 필요가 없고, 오형五刑을 사용치 않고, 백성이 근심이 없고, 천자가 화를 내지 않는다. 이와 같으면 곧 악이 천해서 널리 퍼진 것이다. 부자지친父子之親에 부합하고, 장유지서長幼之序를 밝히면 천하의 구석구석을 공경스럽게 만들 수 있다. 천자가 이와 같이 하면 곧 예가 행해질 것이다.

●● 樂者爲同, 禮者爲異. 同則相親, 異則相敬. 樂勝則流, 禮勝則離. 合情飾貌者, 禮樂之事也. 禮義立, 則貴賤等矣. 樂文同, 則上下和矣. 好惡著, 則賢不肖別矣. 刑禁暴, 爵擧賢, 則政均矣. 仁以愛之, 義以正之. 如此, 則民治行矣. 樂由中出, 禮自外作. 樂由中出, 故靜. 禮自外作, 故文. 大樂必易, 大禮必簡. 樂至則無怨, 禮至無不爭. 揖讓而治天下者, 禮樂之謂也. 暴民不作, 諸侯賓服, 兵革不試, 五刑不用, 百姓無患, 天子不怒, 如此, 則樂達矣. 合父子之親, 明長幼之序, 以敬四海之內, 天子如此, 則禮行矣.

대악大樂은 천지와 더불어 동화하고, 대례大禮는 천지와 더불어 동절同節한다. 화和한 까닭에 백물百物이 성품을 잃지 않고, 절節한 까닭에 천지에 제사 지낸다. 명계明界에는 예악이 있고, 유계幽界에는 귀신이 있다. 이같이 하면 천하가 공경을 모으고 사랑을 함께하게 된다. 예는 일을 달리하면서 공경을 모으는 것이고, 악은 문식을 달리하면서 사랑을 모으는 것이다. 예와 악의 정情은 같다. 그래서 명왕은 서로 이에 근거해 예와 악을 기술했다.

이에 일은 시時에 맞추어 행하고, 이름은 공功과 함께했다. 그래서 종고관경鐘鼓管磬・우약간척羽籥干戚은 악의 도구이고, 춤추는 동작을 묘사하는 것[屈伸俯仰]과 사람들이 줄지어 무도장 안에서 춤추며 오가는 것[綴兆舒疾]은 악의 문식이다. 보궤조두簠簋俎豆・제도문장制度文章은 예의 도구이고, 문장의 승강과 시비의 변정辨定인 승강상하升降上下와 행례行禮 때 회전하며 웃옷을 벗어 어깨를 드러내거나 덮는 주선석습周旋裼襲은 예의 문식이다. 그래서 예악의 정을 아는 자는 능히 예악을 만들고, 예악의 문文을 아는 자는 능히 예악의 이치를 기술한다. 만드는 자를 일컬어 성인聖人, 기술하는 자를 일컬어 명현明賢이라 한다. 명성은 곧 예악을 기술하고 만드는 술작述作을 뜻한다.

●● 大樂與天地同和, 大禮與天地同節. 和故百物不失. 節故祀天祭地, 明則有禮樂, 幽則有鬼神. 如此, 則四海之內, 合敬同愛矣. 禮者, 殊事合敬者也. 樂者, 異文合愛者也. 禮·樂之情同, 故明王以相沿也. 故事與時竝, 名與功偕. 故鐘鼓管磬, 羽籥幹戚, 樂之器也. 屈伸俯仰, 綴兆舒疾, 樂之文也. 簠簋俎豆, 制度文章, 禮之器也. 升降上下, 周還裼襲, 禮之文也. 故知禮樂之情者能作, 識禮樂之文者能述. 作者之謂聖, 述者之謂明. 明聖者, 述作之謂也.

악樂은 천지의 화합[和]이고, 예禮는 천지의 질서[序]다. 화합한 까닭에 백물이 모두 화육化育하고, 질서가 있는 까닭에 군물群物이 모두 구별되는 것이다. '악'은 하늘에 연원해 만들어지고, 예는 땅의 법칙으로 만들어진다. 잘못 만들면 어지러워지고, 잘못 지으면 난폭해진다. 천지의 도리에 밝은 연후에 예악을 일으킬 수 있는 것이다. 《시경》〈아송雅頌〉의 글과 율려의 음이 조리가 있어 악을 해칠 우려가 없는 것은 악의 정情이다. 기뻐하고 좋아하는 것은 악의 작용인 관官이다. 중정中正하고 무사無邪한 것은 예의 질質이고, 장경공순莊敬恭順은 예의 법도인 제制다. 무릇 예악을 금석으로 만든 악기에 베풀고, 성음聲音에 올리고, 종묘사직에 쓰고, 산천과 귀신을 섬기면 이는 곧 백성과 함께하는 것이다.

왕자王者는 공이 이루어지면 악을 만들고, 다스리는 일이 정해지면 예를 만든다. 그 공이 큰 자는 그 악이 갖추어지고, 그 다스림이 널리 미친 것은 그 예가 갖추어진 것이다. 간척의 무무는 완비된 음악이 아니다. 제물을 익혀서 제사 지내는 것은 완전한 예법이 아니다. 오제는 시대를 달리해 서로 악을 따르지 않았고, 삼왕은 세상을 달리해 서로 예를 답습하지 않았다. 악이 극에 달하면 근심이 생기고, 예가 지나치게 소략해지면 치우치게 된다. 무릇 악을 돈독히 해 근심이 없고, 예가 갖추어져 치우치지 않은 것은 오직 대성大聖뿐인가!

●● 樂者, 天地之和也. 禮者, 天地之序也. 和故百物皆化, 序故群物皆別. 樂由天作, 禮以地制. 過制則亂, 過作則暴. 明於天地, 然後能興禮樂也. 論倫無患, 樂之情也. 欣喜歡愛, 樂之官也. 中正無邪, 禮之質也. 莊敬恭順, 禮之制也. 若夫禮樂之施於金石, 越於聲音, 用於宗廟社稷, 事乎山川鬼神, 則此所與民同也. 王者功成作樂, 治定制禮, 其功大者其樂備, 其治辯者其禮具. 幹戚之舞, 非備樂也. 孰亨而祀, 非達禮也. 五帝殊時, 不相沿樂. 三王異世, 不相襲禮. 樂極則憂, 禮粗則偏矣. 及夫敦樂而無憂, 禮備而不偏者, 其唯大聖乎.

하늘은 높고 땅은 낮으니, 만물이 벌려 있어 예제禮制가 행해진다. 유행流行해 쉬지 않고, 합동合同해 화성化成하니 악이 일어난다. 봄에 심고 여름에 자라는 것은 인仁, 가을에 거두고 겨울에 저장하는 것은 의義다. 인은 악樂, 의는 예禮에 가깝다. 악은 돈화敦和해 양의 기운인 선성先聖을 좇고 하늘에 따르는 것이다. 예는 분별해 마땅하게 함으로써 음의 기운인 선현先賢을 좇고 땅에 따르는 것이다. 그래서 성인은 악을 만들어 하늘에 응하고, 예를 만들어 땅과 짝을 이루었다. 예악이 밝게 갖추어야 천지가 각기 해야 할 일을 다하게 된다. 하늘을 존중하고 땅을 천시해[天尊地卑] 군신의 위치가 정해지고, 낮고 높은 것이 이미 벌려 있어 귀천의 자리가 나타나고, 동정動靜에 상도常道가 있어 소대小大가 달리 존재한다. 도를 같이하는 사람끼리 모이는 방이유취方以類聚와 물건이 무리로 나뉘어 모이는 물이군분物以群分은 성명性命이 같지 않기 때문이다. 하늘에는 해와 달 등이 상象을 이루고, 땅에는 많은 생물이 형形을 이룬다. 이같이 하는 것이 곧 예이니 이는 천지의 구별을 뜻한다.

지기地氣는 위로 오르고, 천기天氣는 아래로 내린다. 음양은 서로 가까이 접근하고, 천지는 서로 움직인다. 이것이 뇌정雷霆으로 고동鼓動하고, 비바람으로 분신奮迅해 나오고, 사시로 움직이고, 해와 달로 따뜻하게 하니 이로써 백물이 생겨난다. 이같이 하는 것이 곧 악이니 이는 천지의 화합을 말한다. 화생化生은 때가 아니면 생기지 않고, 남녀가 분별이 없으면 어지러움이 생기니 이는 천지의 정情이다. 무릇 예악은 위로 하늘에 이르며 아래로 땅에 모이고, 음양에 행하며 귀신과 통하고, 고원한 것의 궁극에 달하며 산천을 안다. 악은 대시大始에 처하고, 예는 성물成物에 처한다. 명백히 나타나서 쉬지 않는 것이 하늘이고, 나타나서 움직이지 않는 것이 땅이고, 음양의 기가 일동일정一動一靜해 유행하는 것은 백물이다. 그래서 성인이 이를 두고 일컫기를, 예악禮樂이라 한다.

●● 天高地下, 萬物散殊, 而禮制行矣. 流而不息, 合同而化, 而樂興焉. 春作夏長, 仁也. 秋斂冬藏, 義也. 仁近於樂, 義近於禮. 樂者敦和, 率神而從天. 禮者別宜, 居鬼而從地. 故聖人作樂以應天, 制禮以配地. 禮樂明備, 天地官矣. 天尊地卑, 君臣定矣. 卑高已陳, 貴賤位矣. 動靜有常, 小大殊矣. 方以類聚, 物以群分, 則性命不同矣. 在天成象, 在地成形, 如此, 則禮者, 天地之別也. 地氣上齊, 天氣下降, 陰陽相摩, 天地相蕩, 鼓之以雷霆, 奮之以風雨, 動之以四時, 煖之以日月, 而百化興焉. 如此, 則樂者, 天地之和也. 化不時則不生, 男女無辨則亂升, 天地之情也. 及夫禮樂之極乎天而蟠乎地, 行乎陰陽而通乎鬼神, 窮高極遠而測深厚. 樂著大始, 而禮居成物. 著不息者, 天也. 著不動者, 地也. 一動一靜者, 天地之間也. 故聖人曰禮樂云.

옛날 순임금은 오현금을 만들어 〈남풍〉의 시를 노래했고, 음악을 담당한 순임금의 신하인 기夔는 비로소 악樂을 만들어 제후에게 상을 주었다. 그래서 천자가 악을 만드는 것은 이것으로 제후 가운데 덕 있는 자에게 상을 주기 위한 것이다. 덕이 성대하며 가르침이 높고, 오곡이 제때 익은 연후에야 악으로 상을 주었다. 그래서 치민治民에 수고로웠던 자는 그 춤의 행렬이 멀리까지 이어졌고, 치민에 소홀했던 자는 그 춤의 행렬이 짧게 이어졌다. 그래서 그 춤의 행렬을 보고 그 덕을 알고, 그 시호를 듣고 그 행실을 알았다. 요임금의 음악인 〈대장〉은 이치를 밝힌 것이고, 황제의 음악인 〈함지〉는 그 덕이 널리 베풀어져 미치지 않은 곳이 없다는 것이고, 순임금의 음악인 〈소韶〉는 요임금의 덕을 계승한 것이고, 우임금의 음악인 〈대하大夏〉는 요임금의 덕을 크게 빛낸 것이다. 은나라 탕왕의 음악인 〈대호大濩〉와 주무왕의 음악인 〈대무大武〉는 악이 극진한 것이다.

●● 昔者, 舜作五弦之琴以歌南風, 夔始制樂以賞諸侯. 故天子之爲樂也, 以賞諸侯之有德者也. 德盛而敎尊, 五穀時熟, 然後賞之以樂. 故其治民勞者, 其舞行綴遠. 其治民逸者, 其舞行綴短. 故觀其舞, 知其德, 聞其諡, 知其行也. 大章, 章之也. 咸池, 備矣, 韶, 繼也. 夏, 大也. 殷周之樂盡矣.

천지의 도에 따르면, 한서寒暑가 제때 이루어지지 않으면 사람이 병들고, 비바람이 절도에 맞지 않으면 기근이 든다. 가르침은 백성의 한서이니 가르침이 제때 이루어지지 않으면 세상을 해치고, 일은 백성의 비바람이니 일이 절도에 맞지 않으면 공이 없다. 선왕이 예악을 만든 이유는 이것으로 다스리는 것을 상법常法으로 삼고자 한 것이다. 정사가 선하면 백성의 행동이 군주의 덕을 본뜨게 된다.

●● 天地之道, 寒暑不時則疾, 風雨不節則饑. 敎者, 民之寒暑也, 敎不時則傷世. 事者, 民之風雨也, 事不節則無功. 然則先王之爲樂也, 以法治也, 善則生象德矣.

무릇 돼지를 기르고 술을 만드는 것은 이것으로 화禍를 만들고자 한 것이 아니다. 그러나 옥송獄訟이 더욱 번다해지는 것은 술의 흐름이 화를 낳았기 때문이다. 그래서 선왕이 주례를 만든 것이다. 일헌一獻의 예에 빈주賓主는 백배百拜하고 종일 술을 마셔도 취할 수 없다. 이는 선왕이 주화酒禍에 대비한 것이다. 주사酒食는 즐거움을 모으는 것이다. 악은 군주의 덕을 본뜬 것이고, 예는 음란함을 멈추게 하는 것이다. 그래서 선왕은 상장喪葬 등의 대사大事가 있으면 반드시 예로써 슬퍼하고, 경사와 제사 등의 대복大福이 있으면 반드시 예로써 즐거워했고, 애락의 분수를 모두 예로써 마무리했다. 악은 성인이 즐기는 것으로 민심을 선하게 할 수 있고, 사람을 감화하는 것이 깊어 풍속을 바꾼다. 그래서 선왕은 그 가르침을 밝힌 것이다.

●● 夫豢豕爲酒, 非以爲禍也, 而獄訟益繁, 則酒之流生禍也. 是故先王因爲酒禮. 壹獻之禮, 賓主百拜, 終日飮酒而不得醉焉, 此先王之所以備酒禍也. 故酒食者, 所以合歡也. 樂者, 所以象德也. 禮者, 所以綴

淫也. 是故先王有大事, 必有禮以哀之. 有大福, 必有禮以樂之. 哀樂之
分, 皆以禮終. 樂也者, 聖人之所樂也, 而可以善民心. 其感人深, 其移
風易俗, 故先王著其敎焉.

　무릇 사람은 혈기와 지각의 성性은 있으나 희로애락의 정해진 것
은 없다. 느낌에 응하고 외물에 접촉해 움직임이 일어난 연후에 심
술心術이 나타났다. 이에 생각이 미세하고 애끓듯 급하며 낮고 힘이
없는 음이 일어나면 사람은 근심한다. 너그럽고 화평하며 여유롭
고 쉬우며 번다한 문장과 절주가 간략한 음이 일어나면 사람은 편하
고 즐겁다. 거칠고 사나우며 처음에 사납다가 마지막에 거세고 빠르
게 음이 확대되면서 분노에 찬 음이 일어나면 사람이 굳세고 강직해
진다. 청렴·강직하며 강하고 바르며 기운이 넘치는 음이 일어나면
백성이 엄숙하고 공경해진다. 마음이 너그럽고 윤택하며 순수하
고 성실하며 화합해 움직이는 음이 일어나면 사람이 자애로워진
다. 방탕하며 편벽되고 음흉하고 사악해 흩어지며 음악이 길게 이
어지고 물이 넘쳐 한 번 가면 돌아오지 않는 음이 일어나면 백성은
음란해진다.

　선왕은 정성情性에 근본을 두고, 오음과 십이율을 상고하고, 예의
를 만들고, 음기와 양기의 화합을 꾀하고, 오상의 행실을 이끌고, 양
기가 흩어지지 않게 하고, 음기가 폐색되지 않게 했다. 또 강기가 노
하지 않고, 유기가 두려워하지 않게 했다. 음·양·강·유의 네 가지
기운이 창달하면 안에서 조화를 이룬 뒤 밖으로 나타나니 오음이 모
두 제자리를 잡아 편안해하며 서로 쟁탈하지 않게 된다. 연후에 재
능에 따라 배우는 다양한 과정을 세우고, 절주節奏를 넓히고, 문채文采

를 살피고, 도덕과 인의를 측정하고, 오음의 명칭을 바르게 하고, 십이율을 비교해 종시終始의 순서를 정하고, 오음이 상징하는 군·신·민·사事·물物을 본받고, 친소·귀천·장유·남녀의 이치가 모두 악에 나타나게 했다. 그래서 악이 절정에 달해 볼수록 그 의미가 더 깊다고[樂觀其深] 하는 것이다.

●● 夫民有血氣心知之性, 而無哀樂喜怒之常, 應感起物而動, 然後心術形焉. 是故志微·噍殺之音作, 而民思憂. 嘽諧·慢易·繁文·簡節之音作, 而民康樂. 粗厲·猛起·奮末·廣賁之音作, 而民剛毅. 廉直·勁正·莊誠之音作, 而民肅敬. 寬裕·肉好·順成·和動之音作, 而民慈愛. 流辟·邪散·狄成·滌濫之音作, 而民淫亂. 是故先王本之情性, 稽之度數, 制之禮義, 合生氣之和, 道五常之行, 使之陽而不散, 陰而不密, 剛氣不怒, 柔氣不懾, 四暢交於中, 而發作於外, 皆安其位, 而不相奪也. 然後立之學等, 廣其節奏, 省其文采, 以繩德厚, 律小大之稱, 比終始之序, 以象事行, 使親疎·貴賤, 長幼·男女之理, 皆形見於樂, 故曰, 樂觀其深矣.

지력이 다해 토지가 피폐해지면 초목이 자라지 않고, 수시로 그물을 집어넣어 물이 번거로우면 어별魚鼈이 자라지 않는다. 기가 쇠하면 생물이 일을 이루어내지 못하고, 세상이 어지러우면 예가 요사스럽고 간사해지고 악이 음란해진다. 이에 그 소리가 슬퍼도 장엄하지 못하고, 즐거워도 편안치 못하다. 만이慢易하면 절도를 해치고, 주변 일에 탐닉하면 근본을 잊는다. 악곡의 마디가 성기고 늘어지면 간음奸淫의 소리를 용납하고, 좁고 급하면 정욕을 절급切急하게 만든다. 음란하고 방탕한 소리는 멀리 창달하는 좋은 기운을 동요시키고, 평화의 선덕善德을 멸한다. 군자가 이를 천하게 여기는 이유다.

●● 土敝則草木不長, 水煩則魚鱉不大, 氣衰則生物不遂, 世亂則禮
慝而樂淫. 是故其聲哀而不莊, 樂而不安, 慢易以犯節, 流湎以忘本. 廣
則容姦, 狹則思欲. 感條暢之氣, 而滅平和之德. 是以君子賤之也.

무릇 간성姦聲이 사람을 감동시키면 역기逆氣가 이에 응한다. 역기
가 형상을 이루면 음악淫樂이 일어난다. 정성正聲이 사람을 감동시키
면 순기順氣가 이에 응한다. 순기가 형상을 이루면 화악和樂이 일어난
다. 창화倡和로 응하는 까닭에 회사곡직回邪曲直은 각기 그 분계分界로
돌아간다. 이에 만물의 정리情理는 각각 동류同類로써 서로 움직이는
것이다. 그래서 군자는 정情으로 돌아가 그 뜻을 화평하게 하고, 선류
善類와 나란히 해 그 미행美行을 이룬다. 간성姦聲과 난색亂色이 총명에
머무르지 않도록 하고, 음악淫樂과 특례慝禮를 심술에 접하지 않도록
하고, 타만사벽惰慢邪辟의 기운을 몸에 베풀지 않도록 한다. 이목비구
耳目鼻口·심지心知·백사百事 모두 순정順正에 연유해 의義에 맞게 한다.

연후에 성음聲音으로 발하고, 금슬로써 꾸미고, 간척으로 움직이
고, 우모로 장식하고, 소관으로 바르게 하고. 지덕至德의 빛을 떨치고,
사시 기운의 화평을 움직여 만물의 이치를 밝힌다.

이에 청명은 하늘, 광대는 땅, 종시는 사시, 주선은 비바람을 상징
한다. 오색이 문文을 이루어 어지럽지 않고, 팔풍八風이 율律에 따라
사특하지 않고, 밤낮의 흐름이 도수를 얻어 일정함이 있다. 소대小大
가 서로 이루어주고, 시종이 상생하고, 창화청탁倡和淸濁이 번갈아 서
로 기준이 된다. 그래서 악을 행하면 그 부류가 맑고 아름다워지고,
이목이 총명해지고, 혈기가 화평해지고, 풍속을 바꾸어 천하가 모두

안녕해진다. "악樂은 즐거울 락樂이다"라고 말하는 이유다. 군자는 도를 얻는 것[得道]을 즐거워하고, 소인은 욕망을 채우는 것[得欲]을 즐거워한다. 도로 욕망을 제어하면 즐거워하며 어지럽지 않은 낙이불음樂而不亂, 욕망으로 인해 도를 잊으면 미혹되어 즐겁지 못한 혹이불락惑而不樂에 이르게 된다. 군자가 정으로 돌아가 그 뜻을 화평하게 하고, 악을 넓혀 가르침을 이루는 이유다. 악이 행해져 백성이 바른 도리로 향하면 가히 그 덕을 볼 수 있다.

●● 凡姦聲感人, 而逆氣應之. 逆氣成象, 而淫樂興焉. 正聲感人, 而順氣應之. 順氣成象, 而和樂興焉. 倡和有應, 回邪曲直, 各歸其分, 而萬物之理, 各以類相動也. 是故君子反情以和其志, 比類以成其行. 姦聲亂色, 不留聰明. 淫樂慝禮, 不接心術. 惰慢邪辟之氣, 不設於身體. 使耳目鼻口 · 心知 · 百體, 皆由順正, 以行其義. 然後發以聲音, 而文以琴瑟, 動以干戚, 飾以羽旄, 從以簫管. 奮至德之光, 動四氣之和, 以著萬物之理. 是故淸明象天, 廣大象地, 終始象四時, 周還象風雨. 五色成文而不亂, 八風從律而不姦, 百度得數而有常. 小大相成, 終始相生, 倡和淸濁, 迭相爲經. 故樂行而倫淸, 耳目聰明, 血氣和平, 移風易俗, 天下皆寧. 故曰 '樂者, 樂也.' 君子樂得其道, 小人樂得其欲. 以道制欲, 則樂而不亂. 以欲忘道, 則惑而不樂. 是故君子反情以和其志, 廣樂以成其敎. 樂行而民鄕方, 可以觀德矣.

덕은 성性의 단서다. 악은 덕의 광화光華 빛이다. 금석사죽金石絲竹은 악의 그릇이다. 시詩는 그 뜻을 말하는 것이고, 가歌는 그 소리를 읊는 것이고, 무舞는 그 용자容姿를 움직이는 것이다. 이 세 가지가 마음에 근본을 둔 연후에 비로소 악기가 이에 따른다. 이에 희로애락의 감정이 절도에 맞아야 문채가 밝게 드러나고, 양강음유陽剛陰柔의 기운이 조화를 이루어 성대해져야 신묘한 감화가 사방에 두루 미친다. 감화해 순응한 덕이 안에 쌓이면 영예英華가 밖으로 드러난다. 오직 악만이 거짓을 할 수 없다.

●● 德者, 性之端也. 樂者, 德之華也. 金石絲竹, 樂之器也. 詩, 言其志也. 歌, 詠其聲也. 舞, 動其容也. 三者本於心, 然後樂器從之. 是故情深而文明, 氣盛而化神, 和順積中, 而英華發外, 唯樂不可以爲僞.

악은 마음의 움직임이다. 성聲은 악의 형상이다. 문채文采·절주節奏는 성의 장식이다. 군자는 그 근본을 움직이고, 그 형상을 즐긴 연후에 그 장식을 다스렸다. 이에 〈대무〉를 연주하기 전에 먼저 북을 울려 사람들을 경계하고, 세 번 발을 들어서 가는 방향을 보여주고, 1절을 끝내고 다시 시작할 때 또 발을 들어 은나라를 토벌하러 가는 바를 보여주고, 다시 끝날 때에는 은나라를 멸한 뒤 단단히 타일러 경계한 후 돌아오는 것을 보여주고, 분발해 빠르게 움직이나 정도를 지나쳐 너무 급하지는 않고, 노래 부르는 자가 움직이지 않고 조용히 앉아 부르나 그 소리가 드러나니 숨기는 것이 없고, 주무왕처럼 홀로 그 뜻을 즐거워하나 그 인의의 도를 싫어하지 않고, 그 도를 구비해 널리 행하면서 천하를 이롭게 할 뿐 사욕을 채우려 하지 않았다. 그래서 은나라 백성을 사랑하는 정이 나타나고, 은나라 주를 토벌하는 의가 서고, 악이 끝날 때 무왕의 덕이 더욱 높아지고, 군자는 이로써 선을 좋아하고, 소인은 이로써 허물을 듣게 된다. "백성을 살리는 생민지도生民之道에 악樂이 큰 것이다"라고 말하는 이유다.

●● 樂者, 心之動也. 聲者, 樂之象也. 文采節奏, 聲之飾也. 君子動其本, 樂其象, 然後治其飾. 是故先鼓以警戒, 三步以見方, 再始以著往, 復亂以飭歸, 奮疾而不拔, 極幽而不隱, 獨樂其志, 不厭其道, 備擧其道, 不私其欲. 是故情見而義立, 樂終而德尊, 君子以好善, 小人以聽過. 故曰"生民之道, 樂爲大焉."

악은 베풀어 돌아오지 않는 것이고, 예는 베풀어 보응報應이 있는 것이다. 악은 그것이 나오게 된 배경을 기리며 즐거워하고, 예는 처음 시작한 곳으로 돌아가 근원을 추모하며 보답한다. 악은 덕을 밝히고, 예는 정情에 보답해 처음으로 돌아가는 것이다. 이른바 대로大輅•는 천자의 수레다. 용기구류龍旂九旒••는 천자의 정기旌旗다. 청흑색으로 선을 두른 것은 천자의 보구寶龜다. 소와 양의 무리로 따르게 하는 것은 제후에게 주기 위한 것이다.

악은 절도에 맞는 정에서 나온 까닭에 그 정을 바꿀 수 없고, 예는 사리에 부합한 데서 나온 까닭에 그 사리를 바꿀 수 없다. 악은 동화해 화합하고, 예는 상하귀천을 분별한다. 예악의 설說은 인정을 다스리는 것이다. 인정이 악의 근본이 된 까닭에 성음의 변화를 아는 것이 곧 악의 정情이다. 성신誠信을 드러내고 거짓을 버리는 것이 예의 경經이다. 예악은 천지의 정에 의지하고, 신명의 덕에 통달하고, 상하의 신을 오르내리게 하고, 대소 만물을 이루고, 부자와 군신의 절도를 밝히는 것이다.

그래서 성왕이 예악을 다스리면 천지가 밝아진다. 천지가 흔쾌히

• 제후에게 하사하는 수레를 뜻한다. 로輅는 로路와 통한다. 동성제후는 금로金輅, 이성제후는 상로象輅, 사위인 제후는 혁로革輅, 번국은 목로木輅를 준다.
•• 아홉 가닥의 술을 단 용이 그려진 깃발을 말한다.

화합하고 음양이 조화를 이룸으로써 만물을 후구복육(煦嫗覆育)° 한 연후에 초목이 무성하고, 구맹(區萌) 굽은 싹이 자라나고, 새가 날고, 뿔 있는 짐승[角觡]이 살고, 땅속의 벌레[蟄蟲]가 소생하고, 깃을 가진 것은 엎드려 알을 부화하고, 털을 가진 것은 새끼를 배어 낳고, 태생(胎生)하는 것은 사산하지 않고, 난생(卵生)하는 것은 알을 터트리지 않게 된다. 이는 악도(樂道)의 귀결일 뿐이다.

●● 樂也者, 施也. 禮也者, 報也. 樂, 樂其所自生, 而禮, 反其所自始. 樂章德, 禮報情, 反始也. 所謂大輅者, 天子之車也. 龍旂九旒, 天子之旌也. 靑黑緣者, 天子之寶龜也. 從之以牛羊之群, 則所以贈諸侯也. 樂也者, 情之不可變者也. 禮也者, 理之不可易者也. 樂統同, 禮辨異. 禮樂之說, 管乎人情矣. 窮本知變, 樂之情也. 著誠去僞, 禮之經也. 禮樂偩天地之情, 達神明之德, 降興上下之神, 而凝是精粗之體, 領父子·君臣之節. 是故大人擧禮樂, 則天地將爲昭焉. 天地訢合, 陰陽相得, 煦嫗覆育萬物, 然後草木茂, 區萌達, 羽翼奮, 角觡生, 蟄蟲昭蘇, 羽者嫗伏, 毛者孕鬻, 胎生者不殰, 而卵生者不殈, 則樂之道歸焉耳.

악(樂)은 양율(陽律)인 황종, 음율(陰律)인 대려, 현악기에 맞추어 부르는 노래[弦歌], 무자(舞者)가 손에 잡는 간척[幹揚]을 뜻하는 것이 아니다. 이는 악의 말절(末節)일 뿐이다. 그래서 예를 익힌 동자(童者)가 이에 맞추어 춤춘다. 자리를 펴고, 술을 담는 그릇과 희생의 고기를 담는 제기를 진설하고, 대와 나무로 만든 제기[籩豆]를 벌여놓고, 이를 오르내리는 것을 예로 삼는 것은 예의 말절이다. 그래서 유사(有司)가 이를 맡

● 입김으로 녹이고, 품속에서 녹이고, 하늘이 덮고, 땅이 기른다는 의미다.

는다. 악사樂師는 가사와 음조에 밝다. 그래서 북면해 현악기를 연주한다. 종묘제사 담당 관원인 종축宗祝은 종묘의 예에 밝다. 그래서 시尸의 뒤에 있다. 상례의 빈객접대 담당 관원인 상축商祝은 상례에 밝다. 그래서 주인의 뒤에 있다. 이에 덕을 이룬 군주와 주인 등은 윗자리, 재예才藝를 이룬 악사와 상축 등은 아랫자리, 행보가 뛰어난 자는 앞자리, 일을 이룬 자는 뒷자리에 있게 된다. 이에 선왕은 예악을 만들면서 윗자리와 아랫자리, 앞자리와 뒷자리를 둔 것이다. 연후에 가히 천하를 제복制服시킬 수 있는 것이다.

●● 樂者, 非謂黃鐘·大呂·弦歌·幹揚也, 樂之末節也, 故童者舞 之. 鋪筵席, 陳尊俎, 列籩豆, 以升降爲禮者, 禮之末節也, 故有司掌之. 樂師辨乎聲詩, 故北面而弦. 宗祝辨乎宗廟之禮, 故後尸. 商祝辨乎喪禮, 故後主人. 是故德成而上, 藝成而下, 行成而先, 事成而後. 是故先王有上有下, 有先有後, 然後可以有制於天下也.

위문후가 자하에게 물었다.

"나는 제사 때 입는 검은빛의 면복冕服인 단면端冕을 하고 선왕의 바른 음악인 고악古樂을 들으면 오직 자리에 눕게 될 것을 두려워하고, 정·위衛의 음악을 들으면 피곤한 줄 모르오. 감히 묻건대, 고악이 그와 같은 것은 무슨 까닭이고, 신악新樂이 이와 같은 것은 무슨 까닭이오?"

자하가 대답했다.

"지금 고악은 일제히 나아가고 물러나거나, 화평하고 정대하며 너그럽습니다. 현弦·포匏·생笙·황簧 등의 여러 악기를 준비해놓고 모두 연주개시를 알리기 위해 북을 칠 때를 기다립니다. 처음 연주할 때는 북을 울리고, 끝낼 때는 징을 울리고, 어지러운 것을 바로잡을 때 북을 치고, 속도를 조절할 때는 아악雅樂을 울립니다. 군자가 여기에서 말하고, 옛날을 논하고, 몸을 닦아 집에 미치게 하고, 천하를 고르게 합니다. 이것이 고악의 나타냄입니다. 이제 저 신악은 진퇴할 때 구부러지고, 간사한 소리가 방탕하게 넘쳐납니다. 이에 빠지면 금지시킬 길이 없습니다. 또 광대와 난쟁이 어릿광대 주유侏儒가 남녀 사이에 뒤섞여 유희하고, 부자의 윤기倫紀도 모릅니다. 악이 끝나면 그 내용이 모두 사벽邪辟해 말할 것도 없고, 고악과 괴리가 심해 옛날을 논할 수조차 없습니다. 이것이 신악의 나타냄입니다. 이제 군주가 물은 것은 악이나, 좋아하는 것은 음입니다. 대저 악이라는 것은 음과 서로 가까우면서도 다른 것입니다."

위문후가 물었다.

"감히 묻건대, 그것은 어떤 것이오?"

자하가 대답했다.

"무릇 옛날에는 천지가 순하고, 사시가 차례를 잃지 않았고, 백성이 덕이 있어 오곡이 풍성했습니다. 전염병이 유행하지 않아 요사스러운 재변이 없었습니다. 이를 일컬어 천지 사이의 모든 것이 마땅함을 얻는 대당大當이라 합니다. 연후에 성인이 부자·군신의 도를 만들어 기강으로 삼았습니다. 기강이 바르게 선 뒤에 천하가 크게 안정되었습니다. 천하가 크게 안정된 연후에 육율을 바르게 하고, 오성을 화합되게 하고, 시와 송을 현악기에 맞추어 노래했습니다. 이를 일컬어 덕음德音이라 하고, 덕음을 일컬어 악이라 하는 것입니다.

《시경》〈대아·황의皇矣〉에 이르기를, '덕음에 정확히 응하니 그 덕이 사방에 비추고, 밝게 드러내 사사로움이 없고 쉼 없이 교회教誨하고 경상형위慶賞刑威를 밝게 드러내니 큰 나라의 군왕이 되어 자애로 두루 복종시키고 선행을 좇네! 주문왕 때에 이르러 선행을 좇으니 그 덕에 후회가 없네! 이미 상제가 내리는 복을 받아 후손에게 전했다네!'라고 했습니다. 바로 이를 두고 한 말입니다. 지금 군주가 좋아하는 것은 음란한 음악에 빠진 익음溺音입니다."

위문후가 물었다.

"감히 묻건대, 익음은 어디에서 오는 것이오?"

자하가 대답했다.

"정나라의 음악은 방탕해 뜻을 음란하게 하고, 송나라의 음악은 안이하고 호색해 뜻을 호색에 탐닉하도록 만들고, 위衛나라의 음악은 촉박하며 빨라 뜻을 번거롭게 하고, 제나라의 음악은 오만하고 편벽해 뜻을 교만하게 합니다. 이 네 가지는 모두 색에 음란해 덕을 해치는 것입니다. 이에 제사에는 쓰지 않습니다.

《시경》〈주송, 유고〉에 이르기를, '엄숙하고 화평해 조화롭게 울리니 선조의 신령이 이를 듣네!'라고 했습니다. 무릇 숙肅은 숙경肅敬, 옹雍은 옹화雍和를 뜻합니다. 무릇 경화敬和하면 무슨 일인들 행하지 않겠습니까. 군주 된 자는 그 호오를 삼갈 뿐입니다. 군주가 좋아하면 신하가 이를 행하고, 윗사람이 좋아하면 백성이 이에 따릅니다. 《시경》〈대아·판板〉에 '백성을 이끌기가 매우 쉽네!'라는 말은 바로 이를 두고 하는 말입니다. 연후에 성인은 작은 북 도鞉·고鼓, 연주 시작용 악기 강柷, 연주 맺음용 악기 갈楬·훈塤·지篪 등을 만들었습니다. 이 여섯 가지가 덕음의 소리입니다. 연후에 종鐘·경磬·우竽·슬瑟로 이에 화답하고, 간干·척戚·모旄·적翟으로 춤을 추었습니다. 이는 선왕의 사당에 제사 지내는 것으로 헌獻·수酬·윤酳·작酢으로 종묘 안에서 빈객을 대접하는 것입니다. 관서官序에 의해 귀천이 각기 그 타당함을 얻고, 후대에 존비·장유의 차서가 있음을 보여줍니다. 종성鐘聲은 굳세니 이로써 호령을 세우고, 호령으로 사기를 진작시켜 충만하게 하고, 이로써 무위武威를 세웁니다.

군자가 종성을 들으면 곧 무신武臣을 생각합니다. 경성磬聲은 가벼우니 이로써 절의를 분별하고, 분별로 죽음을 무릅씁니다. 군자는 경성을 들으면 곧 변경을 지키기 위해 목숨을 바친 신하를 생각합니다. 사성絲聲은 애통하니 이로써 분수에 넘지 않는 염치를 세우고, 염치로 그 뜻을 바로 합니다. 군자는 금슬의 소리를 들으면 곧 분수를 지키며 자립하는 신하를 생각합니다. 죽성竹聲은 넘치니 이로써 회합하고, 회합으로 무리를 모읍니다. 군자는 우竽·생笙·소簫·관管의 소리를 들으면 곧 백성을 끌어모으는 신하를 생각합니다. 고성鼓聲은 시끄러우니 이로써 사람들의 뜻이 격동하게 하고, 격동으로 무리를 전진하게 합니다. 군자는 고성으로 곧 군사를 이끄는 장수지신을 생각합니다. 군자의 청음聽音은 단지 그 악기의 소리를 듣는 데 그치는 것이 아닙니다. 그것이 또한 마음에 맞는 바가 있는 것입니다."

●● 魏文侯問於子夏曰, "吾端冕而聽古樂, 則唯恐臥. 聽鄭衛之音, 則不知倦. 敢問古樂之如彼, 何也. 新樂之如此, 何也." 子夏對曰, "今夫古樂, 進旅退旅, 和正以廣, 弦匏笙簧, 會守拊鼓. 始奏以文, 復亂以武. 治亂以相, 訊疾以雅. 君子於是語, 於是道古. 修身及家, 平均天下. 此古樂之發也. 今夫新樂, 進俯退俯, 姦聲以濫, 溺而不止, 及優·侏儒, 獶雜子女, 不知父子. 樂終, 不可以語, 不可以道古. 此新樂之發也. 今君之所問者樂也, 所好者音也. 夫樂者, 與音相近而不同." 文侯曰, "敢問何如." 子夏對曰, "夫古者天地順而四時當, 民有德而五穀昌, 疾疢

不作而無妖祥, 此之謂大當. 然後聖人作爲父子君臣, 以爲紀綱. 紀綱
旣正, 天下大定. 天下大定, 然後正六律, 和五聲, 弦歌詩·頌, 此之謂
德音, 德音之謂樂. 詩云, '莫其德音, 其德克明. 克明克類, 克長克君.
王此大邦, 克順克俾. 俾于文王, 其德靡悔. 旣受帝祉, 施於孫子.' 此之
謂也. 今君之所好者, 其溺音乎." 文侯曰, "敢問溺音何從出也." 子夏對
曰, "鄭音好濫淫志, 宋音燕女溺志, 衛音趨數煩志, 齊音敖辟喬志. 此
四者, 皆淫於色而害於德, 是以祭祀弗用也. 詩云, '肅雍和鳴, 先祖是
聽.' 夫肅, 肅敬也. 雍, 雍和也. 夫敬以和, 何事不行. 爲人君者, 謹其所
好惡而已矣. 君好之, 則臣爲之. 上行之, 則民從之. 詩云, '誘民孔易.'
此之謂也. 然後聖人作爲鞉·鼓·椌·楬·塤·篪. 此六者, 德音之音也.
然後鐘磬竽瑟以和之, 幹·戚·旄·狄以舞之. 此所以祭先王之廟也, 所
以獻酬酳酢也, 所以官序貴賤各得其宜也, 所以示後世有尊卑長幼之
序也. 鐘聲鏗, 鏗以立號, 號以立橫, 橫以立武. 君子聽鐘聲, 則思武臣.
石聲磬, 磬以立辨, 辨以致死. 君子聽磬聲, 則思死封疆之臣. 絲聲哀,
哀以立廉, 廉以立志. 君子聽琴瑟之聲, 則思志義之臣. 竹聲濫, 濫以立
會, 會以聚衆, 君子聽竽笙簫管之聲, 則思畜聚之臣. 鼓鼙之聲讙, 讙以
立動, 動以進衆. 君子聽鼓鼙之聲, 則思將帥之臣. 君子之聽音, 非聽其
鏗鎗而已也, 彼亦有所合之也."

빈모가가 공자를 곁에서 모시고 있었다. 공자가 말을 하다가 악을
언급하게 되었다. 공자가 물었다.

"무릇 〈무무武舞〉의 무악武樂에서 계비備成의 시간을 오래 끄는 이
유는 무엇이오?"

빈모가가 대답했다.

"그 병사의 마음을 얻지 못할까 근심하는 것입니다."

공자가 물었다.

"긴 소리로 탄식하고 소리가 길게 이어지며 끊어지지 않는 것은 무엇 때문이오?"

"일에 미치지 못할 것을 두려워하는 것입니다."

공자가 다시 물었다.

"손발을 놀리면서 땅을 사납게 밟는 동작이 그토록 빠른 것은 무엇 때문이오?"

"때에 미쳐 일을 행하려는 것입니다."

공자가 물었다.

"〈무무〉에서 춤을 추는 자가 꿇어앉아 오른쪽 무릎을 땅에 대고, 왼발을 위로 바라보고 놀리는 것은 무엇 때문이오?"

"〈무무〉를 추는 자는 꿇어앉는 것이 아님을 말하는 것입니다."

공자가 물었다.

"소리가 탐욕스러워 은나라를 탈취하는 데 이르는 것은 무엇 때문이오?"

"〈무무〉의 음률이 아닙니다."

"〈무무〉의 음률이 아니라면 무슨 음률이오?"

빈모가가 대답했다.

"유사가 그 전해 내려오던 것을 잃은 것입니다. 만일 유사가 전해 내려오던 것을 잃은 것이 아니라면 주무왕의 뜻이 황란荒亂한 것입니다."

공자가 말했다.

"그렇소. 나 구丘가 음악에 정통한 주나라 왕실의 대부인 장홍에게 들은 것도 또한 그대의 말과 같았소. 옳은 말이오."

빈모가가 몸을 일으켜 자리를 피하면서 청했다.

"대저 〈무무〉의 계비가 오랜 시간을 끄는 것에 대해서는 이미 가르침을 들었습니다. 감히 묻건대 더디고 더디면서 또 그 시간이 오래 걸리는[遲之遲而又久] 이유는 무엇입니까?"

공자가 말했다.

"앉으시오. 내가 그대에게 말해주겠소. 무릇 악은 성공을 상징하는 것이오. 방패를 들고 산처럼 진중하게 서 있는 것은 무왕의 일을 의미하오. 군사들의 사기 진작과 결전 독려는 태공망 여상의 뜻을 의미하오. 〈무무〉의 종장에 모두 꿇어앉는 것은 주공과 소공의 다스림을 뜻하오. 또한 〈무무〉의 처음에 무왕이 은나라 주를 치기 위해 남쪽에서 북쪽으로 나가고, 제2악장에서 은나라를 멸하고, 제3악장에서 상나라 도성 조가朝歌를 친 뒤 다시 남쪽으로 돌아오고, 제4악장에서 주나라에 복종하지 않는 남쪽의 청주와 연주의 제후국을 바로잡고, 제5악장에서 주나라의 근거지를 나누어 주공은 좌편을 맡고 소공은 우편을 맡도록 하고, 제6악장에서 처음 위치로 돌아와 천자를 받드오.

천자가 대장大將과 함께 무자舞者를 끼고 방울을 흔드는 것을 절주節奏로 삼고 사방을 정벌하고, 중국에 성대한 무위를 떨쳤소. 무자舞者가 각기 부곡部曲의 대열로 돌아가니 일이 일찍이 끝난 것을 의미하오. 오랫동안 계속 서 있으니 이는 은나라 주를 치기 위해 제후들이 합류하기를 기다리는 것이오. 그런데도 어찌해서 그대 홀로 목야牧野에 관한 이야기를 듣지 못한 것이오? 무왕이 은나라를 멸하고 상商으로 돌아오자 수레를 내리기도 전에 황제의 후손을 계薊 땅에 봉하고, 제요帝堯의 후손을 축祝 땅에 봉하고, 수레에서 내린 후에는 하후씨夏後氏의 후손을 기 땅에 봉하고, 투항한 은나라의 후손을 송 땅에 봉하고, 왕자 비간의 무덤을 봉하고, 기자를 감옥에서 풀어주어 상용으로 가 그 지위를 회복하게 했소. 서민에게는 정사를 늦추고, 서사庶士에게는 녹봉을 배로 주었소. 황하를 건너 서쪽으로 갈 때 말을 화산의 남쪽에 흩어 다시 타지 않고, 소를 도림의 들에 흩어 다시 쓰지 않았소. 거갑車甲은 피를 묻힌 채 부고府庫에 감추어 다시는 쓰지 않았고, 간과幹戈를 뒤집어 호랑이 가죽에 쌌소. 장수가 된 자는 제후로 삼았소. 이를 두고 무기를 포대에 넣어 감추는 건고鍵櫜라고 했소. 연후에 천하에서 무왕이 다시 용병하지 않을 것임을 알았소. 군사를 해산해 문교를 진흥했으니 좌사는 〈이수〉의 시를 노래해 절주로 삼고, 우사는 〈추우〉의 시를 노래해 절주로 삼았소. 그러나 활로 표적을 맞히는 적중을 중시하지는 않았소. 비변진흘裨冕搢笏*하자 호본지사虎賁之士**는 검을 풀었소. 주무왕이 부왕인 주문왕을 명당에서 제사 지내자 백성이 효를 알게 되었소. 조근을 한 연후에 제후가 신하되는 바를 알았소. 천자가 적전籍田에서 친경親耕하자 제후가 공경하는 바를 알았소.

이 다섯 가지는 천하의 대교大教요. 삼로오경三老五更***은 대학에서 양로養老했소. 이때 천자는 웃통을 벗은 채 친히 희생의 고기를 자르고, 음식을 잡아 공궤供饋하고, 잔을 잡아 술을 권하고, 면복을 입고

● 곤의袞衣의 일종인 비의裨衣를 입고, 면관을 쓰고, 홀笏을 요대에 꽂는다는 뜻이다.
●● 군주의 호위용사를 말한다. 본賁은 '분'이 아닌 '본'으로 읽는다.
●●● 직직·강강·유유의 삼덕三德과 모貌·언言·시視·청聽·사思의 오사五事를 아는 국로國老를 지칭한다.

방패를 든 채 춤을 추었소. 이는 제후에게 공손한 도리를 가르친 것이오. 이같이 해서 주나라의 도가 사방으로 통하고, 예악이 각지에서 서로 통하게 되었소. 그러니 무릇 〈무무〉의 무악武樂에서 계비備戒의 시간이 더디고 오래 걸린 것 또한 당연한 것이 아니겠소!"

●● 賓牟賈侍坐於孔子, 孔子與之言, 及樂, 曰, "夫武之備戒之已久, 何也." 對曰, "病不得其衆也." "詠歎之, 淫液之, 何也." 對曰, "恐不逮事也." "發揚蹈厲之已蚤, 何也." 對曰, "及時事也." "武坐, 致右憲左, 何也." 對曰, "非武坐也." "聲淫及商, 何也." 對曰, "非武音也." 子曰, "若非武音, 則何音也." 對曰, "有司失其傳也. 若非有司失其傳, 則武王之志荒矣." 子曰, "唯. 丘之聞諸萇弘, 亦若吾子之言, 是也." 賓牟賈起, 免席而請曰, "夫武之備戒之已久, 則旣聞命矣, 敢問遲之遲而又久, 何也." 子曰, "居, 吾語女. 夫樂者, 象成者也. 總幹而山立, 武王之事也. 發揚蹈厲, 大公之志也. 武亂皆坐, 周召之治也. 且夫武, 始而北出, 再成而滅商, 三成而南, 四成而南國是疆, 五成而分周公左・召公右, 六成復綴以崇. 天子夾振之而駟伐, 盛威於中國也. 分夾而進, 事蚤濟也. 久立於綴, 以待諸侯之至也. 且女獨未聞牧野之語乎. 武王克殷反商, 未及下車而封黃帝之後於薊, 封帝堯之後於祝, 封帝舜之後於陳, 下車而封夏後氏之後於杞, 投殷之後於宋, 封王子比干之墓, 釋箕子之囚, 使之行商容而復其位. 庶民弛政, 庶士倍祿. 濟河而西, 馬散之華山之陽而弗復乘, 牛散之桃林之野而弗復服, 車甲釁而藏之府庫而弗復用, 倒載幹戈, 包之以虎皮, 將帥之士使爲諸侯, 名之曰'建櫜', 然後天下知武王之不復用兵也. 散軍而郊射, 左射貍首, 右射騶虞, 而貫革之射息也. 裨冕搢笏, 而虎賁之士說劍也. 祀乎明堂, 而民知孝. 朝覲, 然後諸侯知所以臣. 耕藉, 然後諸侯知所以敬. 五者, 天下之大敎也. 食三老・

五更於大學, 天子袒而割牲, 執醬而饋, 執爵而酳, 冕而總干, 所以教諸
侯之弟也. 若此, 則周道四達, 禮樂交通, 則夫武之遲久, 不亦宜乎!"

군자가 말했다.

"예악은 잠시도 몸에서 떠나서는 안 된다. 악을 극진히 해 마음
을 다스리면 이易·직直·자子·량諒의 마음이 뭉게구름같이 일어난
다. 이·직·자·량의 마음이 생기면 즐겁다. 즐거우면 편안하고, 편
안하면 오래가고, 오래가면 하늘이고, 하늘이면 신이다. 하늘은 말하
지 않아도 믿음이 있고, 신은 화를 내지 않아도 위엄이 있다. 이는 악
을 극진히 해 마음을 다스렸기 때문이다. 예를 극진히 해 몸을 다스
리면 곧 엄숙하고 공경해진다. 엄숙하고 공경하면 엄하고 위풍이 생
기게 된다. 마음속이 잠시도 화평하지 않고 즐겁지 않으면 비루하고
사위한 마음이 들어간다. 외모가 잠시도 장엄하고 공경하지 않으면
사물을 경솔히 여기며 나태한 마음[易慢]이 들어간다.

그래서 악은 안에서 움직이고, 예는 밖에 움직인다. 악은 화和를 극
진히 하고, 예는 순順을 극진히 한다. 내화외순內和外順하면 백성이 그
안색을 우러러보고 서로 다투지 못한다. 그 용모를 바라보고 백성이
이만의 마음을 일으키지 못한다. 그래서 덕은 안에서 휘황하게 움
직여 백성이 받들어 따르지 않는 것이 없게 된다. 이치는 밖에서 나
타나 백성이 명을 순순히 따르지 않을 수 없게 된다. 그래서 이르기
를, "예악의 도를 극진히 해 이를 베풀면 천하에 어려울 것이 없다"
고 하는 것이다. 악은 안에서 움직이고, 예는 밖에서 움직이는 것이
다. 그래서 예는 감쇄減殺, 악은 영만盈滿을 위주로 한다. 예는 감쇄하
며 스스로 노력하는 것을 문文으로 삼고, 악은 영만하며 스스로 억지

抑止하는 것을 문으로 삼는다. 예는 감쇄하며 스스로 면강하지 않으면 소멸하고, 악은 영만하며 스스로 억지하지 않으면 방탕해진다. 그래서 예는 자진自進, 악은 자퇴自退하는 것이다. 예가 그 의리를 알아 자진하면 즐겁고, 악이 길흉을 알아 자퇴하면 편안하다. 예의 자진과 악의 자퇴는 그 뜻이 하나다."

●● 君子曰, "禮樂不可斯須去身. 致樂以治心, 則易直子諒之心油然生矣. 易直子諒之心生則樂, 樂則安, 安則久, 久則天, 天則神. 天則不言而信, 神則不怒而威, 致樂以治心者也. 致禮以治躬, 則莊敬, 莊敬則嚴威. 心中斯須不和不樂, 而鄙詐之心入之矣. 外貌斯須不莊不敬, 而易慢之心入之矣. 故樂也者, 動於內者也. 禮也者, 動於外者也. 樂極和, 禮極順, 內和而外順, 則民瞻其顏色而弗與爭也, 望其容貌而民不生易慢焉. 故德煇動於內, 而民莫不承聽. 理發諸外, 而民莫不承順. 故曰, '致禮樂之道, 擧而錯之天下, 無難矣.' 樂也者, 動於內者也. 禮也者, 動於外者也. 故禮主其減, 樂主其盈. 禮減而進, 以進爲文. 樂盈而反, 以反爲文. 禮減而不進則銷, 樂盈而不反則放, 故禮有報而樂有反. 禮得其報則樂, 樂得其反則安. 禮之報, 樂之反, 其義一也."

무릇 악은 낙樂으로 인정人情이 스스로 물러날 것을 알 수 없는 것이다. 낙은 반드시 성음聲音에 발하고 동정動靜에 나타난다. 이것이 인도人道다. 성음·동정·성정의 변화가 이에서 다한다. 그래서 사람은 즐거워할 수밖에 없고, 낙은 즐거움을 겉으로 드러낼 수밖에 없다. 드러나는 것이 도에 맞지 않으면 어지러울 수밖에 없다. 선왕은 혼란을 부끄러워해 〈아〉와 〈송〉을 만든 뒤 이를 이끌어 그 소리가 즐거워하기에 족하되 방탕에 흐르지 않게 했다. 그 문사文辭가 의리를 강론키에 족해 그만두는 일이 없게 했다. 또 노래의 곡절曲折, 소리의 잡되고 순수함, 맑고 탁함, 절주節奏로 사람의 선한 마음을 감동시키기에 족하게 만들되 방종한 마음과 음흉하고 사악한 기운이 접근치 못하게 했다. 이것이 선왕이 악을 세운 방향이다.

이에 악은 종묘 안에서 군신·상하가 함께 들으면 화경和敬하지 않음이 없게 된다. 족장·향리 안에서 장유가 함께 들으면 화순和順하지 않음이 없게 된다. 규문閨門 안에서 부자·형제가 함께 들으면 화친하지 않음이 없게 된다. 그래서 악은 마음을 밝게 살펴 화합을 정하고, 팔음의 악기를 배합해 곡절曲節을 꾸미고, 절주를 합쳐 문식을 이루고, 부자·군신을 화합하게 하고, 만민을 친부親附하게 하는 것이다. 이것이 선왕이 악을 세운 방향이다. 그래서 〈아〉와 〈송〉의 소리를 들으면 지의志意가 넓어지게 된다. 그 간척을 손에 잡고, 부앙굴신俯仰詘伸을 익히면 용모가 장중해진다. 무인舞人이 무도장 안에서 춤을 추면서 그 절주에 맞추면 행렬이 바르게 되고, 진퇴가 가지런해진다. 그래서 악은 천지의 명命이고, 중화中和의 기강이고, 인정人情이 면할 수 없는 것이다. 무릇 악은 선왕이 기쁨을 장식한 것이고, 군려軍旅·부월鈇鉞은 선왕이 노여움을 장식한 것이다. 그래서 선왕의 희로는 모두 동배同輩를 얻게 된다. 기뻐하면 천하가 화락하고, 노여워하면 폭란자暴亂者가 두려워했다. 선왕의 도에서 예악은 가히 성대했다고 말할 수 있다.

●● 夫樂者, 樂也, 人情之所不能免也. 樂必發於聲音, 形於動靜, 人之道也. 聲音動靜, 性術之變, 盡於此矣. 故人不耐無樂, 樂不耐無形. 形而不爲道, 不耐無亂. 先王恥其亂, 故制雅·頌之聲以道之, 使其聲足樂而不流, 使其文足論而不息, 使其曲直·繁瘠·廉肉·節奏, 足以感

動人之善心而已矣, 不使放心邪氣得接焉. 是先王立樂之方也. 是故樂
在宗廟之中, 君臣上下同聽之, 則莫不和敬. 在族長鄕裏之中, 長幼同
聽之, 則莫不和順. 在閨門之內, 父子兄弟同聽之, 則莫不和親. 故樂
者, 審一以定和, 比物以飾節, 節奏合以成文, 所以合和父子君臣, 附
親萬民也. 是先王立樂之方也. 故聽其雅·頌之聲, 志意得廣焉. 執其
幹戚, 習其俯仰詘伸, 容貌得莊焉. 行其綴兆, 要其節奏, 行列得正焉,
進退得齊焉. 故樂者, 天地之命, 中和之紀, 人情之所不能免也. 夫樂
者, 先王之所以飾喜也. 軍旅鈇鉞者, 先王之所以飾怒也. 故先王之
喜怒, 皆得其儕焉. 喜則天下和之, 怒則暴亂者畏之. 先王之道, 禮樂
可謂盛矣.

자공이 악사인 사을을 보고 물었다.

"나 사賜가 듣건대, 성가聲歌는 각기 그 마땅함이 있다고 했소. 나
사와 같은 자는 의당 무슨 노래를 불러야 하오?"

사을이 대답했다.

"나 을乙은 천한 악공이오. 어찌 내가 족히 그 마땅함을 묻는 질문
에 답할 수 있겠소. 다만 청컨대 내가 들은 바를 그저 읊고자 하니 그
대가 알아서 선택하기 바라오. 너그러우며 조용하고, 부드러우며 바
른 자는 의당 〈송〉을 노래하오. 광대하며 고요하고, 활달하면서도 믿
음이 있는 자는 의당 〈대아〉를 노래하오. 공손하고 검소해 예를 좋아
하는 자는 의당 〈소아〉를 노래하오. 정직하며 고요하고, 청렴하며 겸
손한 자는 의당 〈풍風〉을 노래하오. 마음이 너그럽고 곧으며 자애로
운 자는 의당 〈상商〉을 노래하오. 온화하고 무던하며 능히 결단을 내
릴 수 있는 자는 의당 〈제齊〉를 노래하오. 무릇 노래는 자신을 바르게

해 덕을 닦고, 자신의 뜻을 움직여 천지가 나에게 응하게 만드는 것이오. 그래서 사시가 조화를 이루고, 성신이 다스려지고, 만물이 화육하는 것이오.

그래서 〈상〉은 오제가 남긴 소리요. 상商나라 사람이 이를 안 까닭에 〈상〉이라 일컫은 것이오. 〈제〉는 3대가 남긴 소리요. 제나라 사람이 이를 안 까닭에 〈제〉라 일컫은 것이오. 〈상〉의 음률에 밝은 자는 일에 임해 과감하게 결단하고, 〈제〉의 음률에 밝은 자는 이익을 보고 사양할 줄 아오. 일에 임해 과감하게 결단하는 것은 용勇, 이익을 보고 사양하는 것은 의義요. 용과 의가 있는 것으로 노래가 아니면 무엇이 이를 보전할 수 있겠소.

그래서 노래는 소리가 위로 울려 퍼지는 것이 마치 높이 솟는 듯하고, 밑으로 울려 퍼지는 것이 마치 떨어지는 듯하고, 구부러지는 것이 마치 꺾이는 듯하고, 멈추는 것이 마치 마른 나무와 같소. 소리가 가볍게 구부러질 때는 마치 곱자와 같고, 심하게 구부러질 때는 마치 갈고리와 같소. 계속 이어져 끊어지지 않는 것이 마치 구슬을 꿴 듯하오. 노래로 말할 때는 통상 길게 말하는 것이오. 기뻐할 때 말하고자 하나 말로써는 부족하기에 길게 말하는 것이오. 그러나 길게 말해도 부족할 때에는 탄식하고 한탄하게 되오. 탄식하고 한탄해도 부족할 때에는 자신도 모르는 사이에 손이 춤추고 발이 뛰게 되오."

이상이 〈자공문악子貢問樂〉*이다.

●● 子贛見師乙而問焉, 曰, "賜聞聲歌各有宜也, 如賜者宜何歌也." 師乙曰, "乙, 賤工也, 何足以問所宜. 請誦其所聞, 而吾子自執焉. 寬而

● 이는 맨 마지막에 기록된 편목篇目을 삭제하다가 미처 지우지 못하고 남겨둔 결과다.

靜, 柔而正者, 宜歌頌. 廣大而靜, 疏達而信者, 宜歌大雅. 恭儉而好禮
者, 宜歌小雅. 正直而靜, 廉而謙者, 宜歌風. 肆直而慈愛者, 宜歌商, 溫
良而能斷者宜歌齊. 夫歌者, 直己而陳德也, 動己而天地應焉, 四時和
焉, 星辰理焉, 萬物育焉. 故商者, 五帝之遺聲也. 商之遺聲也, 商人識
之, 故謂之商. 齊者, 三代之遺聲也, 齊人識之, 故謂之齊. 明乎商之音
者, 臨事而屢斷. 明乎齊之音者, 見利而讓. 臨事而屢斷, 勇也. 見利而
讓, 義也. 有勇有義, 非歌孰能保此. 故歌者上如抗, 下如隊, 曲如折, 止
如槁木, 倨中矩, 矩中鉤, 纍纍乎端如貫珠. 故歌之爲言也, 長言之也.
說之, 故言之. 言之不足, 故長言之. 長言之不足, 故嗟歎之. 嗟歎之
不足, 故不知手之舞之, 足之蹈之也." 子貢問樂.

사마천 연보

나이	연대(기원전)	사건
1세	경제 11년(145)	섬서성 한성시 남쪽인 하양현에서 태어남.
4세	14년(142)	부친을 따라 서원에서 글자를 배우기 시작함.
5세	15년(141)	한경제가 죽고 열여섯의 한무제가 즉위함.
7세	무제 건원 2년(139)	사마담이 태사승이 되어 무릉 축조에 참여함. 사마천이 고문을 배움.
8세	3년(138)	태사령이 된 사마담이 장안으로 이주해 천문과 역법을 주관함.
10세	5년(136)	사마천이 고향에서 농사를 짓고 목축을 함.
11세	6년(135)	황로를 숭상한 두태후가 사망하자 한무제가 유가정사를 펼침.
12세	원광 원년(134)	유가인 동중서와 공손홍이 발탁됨.
13세	2년(133)	사마담이 잠시 고향으로 와 사마천과 함께 각지를 다니며 자료를 수집함.
14세	3년(132)	한무제가 황하의 치수사업에 10만 명을 동원함.
17세	6년(129)	동중서 및 공안국 밑에서 《춘추공양전》과 《고문상서古文尙書》를 배움.
19세	원삭 2년(127)	호족과 부호가 무릉으로 이주. 유협 곽해郭解가 훗날 〈유협열전〉의 주인공이 됨.
20세	3년(126)	학업을 일시 중단하고 부친의 권유로 천하를 답사함.

21세	4년(125)	흉노의 침입으로 사마담이 한무제를 수행해 감천으로 감.
22세	5년(124)	사마천이 낭중이 되어 벼슬길에 나섬.
24세	원수 원년(122)	부친과 함께 한무제를 수행해 옹현으로 가 제사를 지냄.
33세	원정 4년(113)	한무제가 지방 순시에 나서자 부친과 함께 수행함.
35세	6년(111)	황명을 받아 서남 일대를 순시함. 〈화식열전〉 저술의 배경이 됨.
36세	원봉 원년(110)	한무제 봉선 가운데 부친이 위독하다는 전갈을 받고 낙양으로 와 유언을 들음.
37세	2년(109)	치수사업을 벌이자 역대 치수사업을 개괄한 〈하거서〉를 씀.
38세	3년(108)	태사령이 됨.
42세	태초 원년(104)	태초력 완성을 계기로 본격적으로 《사기》 저술에 들어감.
47세	천한 2년(99)	전투에서 패한 이릉을 보호하다 탄핵을 받음.
48세	3년(98)	태사령 직에서 파면되고 황제를 무고한 혐의로 사형이 확정됨.
49세	4년(97)	궁형을 자청해 죽음을 면함.
50세	태시 원년(96)	사면되어 중서령에 제수됨. 《사기》 완성에 박차를 가함.
51세	2년(95)	황제를 수행해 4년 동안 천하 각지를 순시함.
55세	정화 2년(91)	친구 임안에게 〈보임안서〉를 보냄.
60세	시원 원년(86)	한소제 원년. 늦어도 이해 전에 사망한 것으로 추정됨.

| 참고문헌 |

기본서

《논어》, 《맹자》, 《관자》, 《순자》, 《한비자》, 《도덕경》, 《장자》, 《묵자》, 《상군서》, 《안자춘추》, 《춘추좌전》, 《춘추공양전》, 《춘추곡량전》, 《여씨춘추》, 《회남자》, 《춘추번로》, 《오월춘추》, 《월절서》, 《신어》, 《세설신어》, 《잠부론》, 《염철론》, 《국어》, 《설원》, 《전국책》, 《논형》, 《공자가어》, 《정관정요》, 《자치통감》, 《독통감론》, 《일지록》, 《명이대방록》, 《근사록》, 《설문해자》, 《사기》, 《한서》, 《후한서》, 《삼국지》.

저서 및 논문

• 한국어판

가오 나오카, 오이환 옮김, 《중국철학사》, 을유문화사, 1995.

가이쯔까 시게끼, 김석근 외 옮김, 《제자백가》, 까치, 1989.

강상중,《오리엔탈리즘을 넘어서》, 이산, 1997.

곽말약, 조성을 옮김,《중국고대사상사》, 까치, 1991.

김승혜,《원시유교》, 민음사, 1990.

김엽, 〈전국·진한대의 지배계층〉,《동양사학연구》, 1989.

김용옥,《동양학 어떻게 할 것인가》, 민음사, 1985.

김충렬 외,《논쟁으로 보는 중국철학》, 예문서원, 1995.

김학주,《공자의 생애와 사상》, 태양문화사, 1978.

김형효,《맹자와 순자의 철학사상》, 삼지원, 1990.

니시지마 사다오, 최덕경 외 옮김,《중국의 역사: 진한사》, 혜안, 2004.

니콜로 마키아벨리, 강정인 옮김,《군주론》, 까치, 1997.

라이샤워 외, 고병익 외 옮김,《동양문화사》, 을유문화사, 1973.

마루야마 마사오, 김석근 옮김,《일본정사사상사연구》, 한국사상사연구
　　소, 1995.

마쓰시마 다카히로 외, 조성을 옮김,《동아시아사상사》, 한울아카데미, 1991.

마준, 임홍빈 옮김,《손자병법강의》, 돌베개, 2010.

마오쩌둥, 이승연 옮김,《실천론·모순론》, 두레, 1989.

모리모토 준이치로, 김수길 옮김,《동양정사사상사 연구》, 동녘, 1985.

모리야 히로시, 이찬도 옮김,《중국고전의 사람학》, 을지서적, 1991.

박덕규 엮음,《중국역사이야기》, 일송북, 2006.

박한제,《중국역사기행》, 사계절, 2003.

벤자민 슈월츠, 나성 옮김,《중국고대사상의 세계》, 살림, 1996

북경대중국철학사연구실 엮음, 박원재 옮김,《중국철학사》, 자작아카데
　　미, 1994.

사마광, 권중달 옮김,《자치통감》, 삼화, 2009.

서울대동양사학연구실 엮음,《강좌 중국사》, 지식산업사, 1989.

소공권, 최명 옮김,《중국정사사상사》, 서울대출판부, 2004.

송영배,《제자백가의 사상》, 현암사, 1994.

송인창, 〈공자의 덕치사상〉,《현대사상연구 4》, 1987.

시오노 나나미, 김석희 옮김,《로마인이야기 1~6》, 한길사, 1998.

신동준,《인물로 읽는 중국근대사》, 에버리치홀딩스, 2010.

신동준,《조선국왕 대 중국황제》, 역사의아침, 2010.

양계초, 이민수 옮김,《중국문화사상사》, 정음사, 1980.

양지강, 고예지 옮김,《천추흥망》, 따뜻한손, 2009.

에드워드 맥널 번즈 외, 손세호 옮김,《서양문명의 역사》, 소나무, 1987.

에드워드 W. 사이드, 박홍규 옮김,《오리엔탈리즘》, 교보문고, 1997.

여동방, 문현선 옮김,《삼국지강의》, 돌베개, 2010.

오카다 히데히로, 이진복 옮김,《세계사의 탄생》, 황금가지, 2002.

윤내현,《상주사》, 민음사, 1988.

윤사순,《공자사상의 발견》, 민음사, 1992.

이강수, 〈장자의 정사윤리사상〉,《정신문화연구》, 1986.

이성규,《동아사상의 왕권》, 한울아카데미, 1993.

이성규,《중국고대제국성립사 연구》, 일조각, 1984.

이재권, 〈순자의 명학사상〉,《동서철학연구 8》, 1991.

이종오, 신동준 옮김,《후흑학》, 인간사랑, 2010.

이춘식, 〈유가 정사사상의 이념적 제국주의〉,《인문논집 27》, 1982.

이탁오, 김혜경 옮김,《분서》, 한길사, 2004.

전락희, 〈동양 정사사상의 윤리와 이상〉,《한국정사학회보 24》, 1990.

전목, 권중달 옮김,《중국사의 새로운 이해》, 집문당, 1990.

___, 신승하 옮김,《중국역대정사의 득실》, 박영사, 1975.

___, 추헌수 옮김,《중국역사정신》, 연세대출판부, 1977.

전세영,《공자의 정사사상》, 인간사랑, 1992.

전해종 외,《중국의 천하사상》, 민음사, 1988.

정영훈, 〈선진 도가의 정사사상〉,《민주문화논총》, 1992.

조광수, 〈노자 무위의 정사사상〉,《중국어문논집 4》, 1988.

차하순 엮음,《사관이란 무엇인가》, 청람, 1984.

최명,《삼국지 속의 삼국지》, 인간사랑, 2003.

___,《춘추전국의 정치사상》, 박영사, 2004.

최성철, 〈선진유가의 정사사상 연구〉,《한국학논집 11》, 1987.

크레인 브린튼 외, 민석홍 외 옮김,《세계문화사》, 을유문화사, 1972.

퓌스텔 드 쿨랑주, 김응종 옮김,《고대도시》, 아카넷, 2000.

풍우란, 정인재 옮김,《중국철학사》, 형설출판사, 1995.

플라톤, 박종혁 옮김,《나라·정체》, 서광사, 1997.

한국공자학회 엮음,《공자사상과 현대》, 사사연, 1986.

한조기, 이인호 옮김,《사기강의》, 돌베개, 2010.

헤로도토스, 박광순 옮김,《역사》, 범우사, 1995.

헤리슨 솔즈베리, 박월라 외 옮김,《새로운 황제들》, 다섯수레, 1993.

황원구,《중국사상의 원류》, 연세대출판부, 1988.

H. G 크릴, 이성규 옮김,《공자, 사람과 신화》, 지식산업사, 1989.

• 중국어판

郭志坤,《荀學論藁》, 三聯書店, 1991.

匡亞明,《孔子評傳》, 齊魯出版社, 1985.

喬木靑,〈荀況法後王考辨〉,《社會科學戰線 2》, 1978.

金德建,《先秦諸子雜考》, 中州書畫社, 1982.

勞思光,〈法家與秦之統一〉,《大學生活 153-155》, 1963.

童書業,《先秦七子思想研究》, 齊魯書社, 1982.

鄧小平,《鄧小平文選》, 人民出版社, 1993.

毛澤東,〈新民主主義論〉,《毛澤東選集 2》, 人民出版社, 1991.

潘富恩·甌群,《中國古代兩種認識論的鬪爭》, 上海人民出版社, 1973.

方立天,《中國古代哲學問題發展史》, 中華書局, 1990.

傅樂成,〈漢法與漢儒〉,《食貨月刊 復刊 5-10》, 1976.

史尙輝,〈韓非: 戰國末期的反孔主將〉,《學習與批判 1974-9》, 1974.

徐復觀,《中國思想史論集》, 臺中印刷社, 1951.

聶文淵,〈孟子政治觀中的民本思想〉,《貴州社會科學 1993-1》, 1993.

蕭公權,《中國政治思想史》, 臺北聯經出版事業公司, 1980.

蘇誠鑑,〈漢武帝 獨尊儒術 實質〉,《中國哲學史研究 1》, 1985.

蘇新鋈,〈孟子仁政首重經濟建設的意義〉,《中國哲學史研究 1》, 1988.

蕭一山,《淸代通史》, 臺灣商務印書館, 1985.

孫謙,〈儒法理學異同論〉,《人文雜誌 6》, 1989.

孫家洲,〈先秦儒家與法家 忠孝 倫理思想述評〉,《貴州社會科學 4》, 1987.

孫開太,〈試論孟子的 仁政 學說〉,《思想戰線 1979-4》, 1979.

孫立平,〈集權·民主·政治現代化〉,《政治學研究 5-15》, 1989.

梁啓超,《先秦政治思想史》, 商務印書館, 1926.

楊立著,〈對法家 法治主義 的再認識〉,《遼寧大學學報, 哲學社會科學 2》, 1989.

楊善群,〈論孟荀思想的階級屬性〉,《史林 1993-2》, 1993.

楊雅婷,〈荀子論道〉,《中國文學研究 2》, 1988.

楊幼炯,《中國政治思想史》, 商務印書館, 1937.

楊鴻烈,《中國法律思想史》, 商務印書館, 1937.

呂凱,〈韓非融儒道法三家成學考〉,《東方雜誌 23-3》, 1989.

呂思勉,《秦學術概論》, 中國大百科全書, 1985.

吳康,〈荀子論王霸〉,《孔孟學報 22》, 1973.

吳乃恭,《儒家思想研究》, 東北師範大學出版社, 1988.

吳辰佰,《皇權與紳權》, 儲安平, 1997.

王德敏,〈管子思想對老子道德論的影響〉,《中國社會科學 1991-2》, 1991.

王德昭,〈馬基雅弗裏與韓非思想的異同〉,《新亞書院學術年刊 9》, 1967.

王道淵,〈儒家的法治思想〉,《中華文史論叢 19》, 1989.

王文亮,《中國聖人論》, 中國社會科學院出版社, 1993.

王錫三,〈淺析韓非的極端專制獨裁論〉,《天津師大學報 1982-6》, 1982.

王亞南,《中國官僚政治研究》, 中國社會科學出版社, 1990.

王威宣,〈論荀子的法律思想〉,《山西大學學報, 哲學社會科學 2》, 1992.

王曉波,〈先秦法家之發展及韓非的政治哲學〉,《大陸雜誌 65-1》, 1982.

於孔寶,〈論孔子對管仲的評價〉,《社會科學輯刊 4》, 1990.

熊十力,《新唯識論 原儒》, 山東友誼書社, 1989.

劉奉光,〈孔孟政治思想比較〉,《南開學報, 哲學社會科學 6》, 1986.

劉如瑛,〈略論韓非的先王觀〉,《江淮論壇 1》, 1982.

劉澤華,《先秦政治思想史》, 南開大學出版社, 1984.

遊喚民,《先秦民本思想》, 湖南師範大學出版社, 1991.

李侃,〈中國近代儒法鬪爭駁議〉,《歷史研究 3》, 1977.

李德永,〈荀子的思想〉,《中國古代哲學論叢 1》, 1957.

李宗吾,《厚黑學》, 求實出版社, 1990.

李澤厚,《中國古代思想史論》, 人民出版社, 1985.

人民出版社編輯部 編,《論法家和儒法鬪爭》, 人民出版社, 1974.

林聿時·關峰,《春秋哲學史論集》, 人民出版社, 1963.

張豈之,《中國儒學思想史》, 陝西人民出版社, 1990.

張國華,〈略論春秋戰國時期的法治與人治〉,《法學研究 2》, 1980.

張君勱,《中國專制君主政制之評議》, 弘文館出版社, 1984.

張岱年,《中華的智慧: 中國古代哲學思想精髓》, 上海人民出版社, 1989.

田久川,〈孔子的霸道觀〉,《遼寧師範大學學報, 社會科學 5》, 1987.

鄭良樹,《商鞅及其學派》, 上海古籍出版社, 1989.

曹謙,《韓非法治論》, 中華書局, 1948.

趙光賢,〈什麼是儒家? 什麼是法家?〉,《歷史教學 1》, 1980.

曹思峰,《儒法鬪爭史話》, 上海人民出版社, 1975.

趙守正,《管子經濟思想研究》, 上海古籍出版社, 1989.

趙如河,〈韓非不是性惡論者〉,《湖南師範大學社會科學學報 22-4》, 1993.

曹旭華,〈管子論富國與富民的關係〉,《學術月刊 6》, 1988.

趙忠文,〈論孟子仁政與孔子仁及德政說的關係〉,《中國哲學史研究 3》,
  1987.

鍾肇鵬,《孔子研究, 增訂版》, 中國社會科學出版社, 1990.

周立升 編,《春秋哲學》, 山東大學出版社, 1988.

周雙利,〈略論儒法在名實問題上的論爭〉,《考古 4》, 1974.

周燕謀 編,《治學通鑑》, 臺北, 精益書局, 1976.

曾小華,《中國政治制度史論簡編》, 中國廣播電視出版社, 1991.

陳大絡,〈儒家民主法治思想的闡述〉,《福建論壇, 文史哲 6》, 1989.

陳飛龍,《荀子禮學之研究》, 文史哲出版社, 1979.

陳進坤,〈論儒家的人治與法家的法治〉,《廈門大學學報, 哲學社會科學 2》, 1980.

鄒華玉,〈試論管子的富國安民之道〉,《北京師範學院學報, 社會科學 6》, 1992.

湯新,〈法家對黃老之學的吸收和改造: 讀馬王堆帛書 經法 等篇〉,《文物 8》, 1975.

夏子賢,〈儒法鬪爭的歷史眞相〉,《安徽師大學報, 哲學社會科學 3》, 1978.

郝鐵川,〈韓非子論法與君權〉,《法學研究 4》, 1987.

韓學宏,〈荀子法後王思想研究〉,《中華學苑 40》, 1990.

向仍旦,《荀子通論》, 福建人民出版社, 1987.

黃公偉,《孔孟荀哲學證義》, 臺北, 幼獅文化事業公司, 1975.

黃偉合,〈儒法墨三家義利觀的比較研究〉,《江淮論壇 6》, 1987.

黃俊傑,〈孟子王霸三章集釋新詮〉,《文史哲學報 37》, 1989.

曉東,〈政治學和政治體制改革〉,《瞭望 20-21》, 1988.

• 일본어판

加藤常賢,《中國古代倫理學の發達》, 二松學舍大學出版部, 1992.

角田幸吉,〈儒家と法家〉,《東洋法學 12-1》, 1968.

岡田武彥,《中國思想における理想と現實》, 木耳社, 1983.

鎌田正,《左傳の成立と其の展開》, 大修館書店, 1972.

高文堂出版社 編,《中國思想史》, 高文堂出版社, 1986.

高山方尚,〈商子・荀子・韓非子の國家: 回歸と適應〉,《中國古代史研究 4》, 1976.

高須芳次郎,《東洋思想十六講》, 東京, 新潮社, 1924.

高田眞治,〈孔子的管仲評: 華夷論の一端として〉,《東洋研究 6》, 1963.

顧頡剛 著 小倉芳彦 等 譯,《中國古代の學術と政治》, 大修館書店, 1978.

菅本大二,〈荀子の禮思想における法思想の影響について〉,《築波哲學 2》, 1990.

舘野正美,《中國古代思想管見》, 汲古書院, 1993.

溝口雄三,《中國の公と私》, 研文出版, 1995.

宮崎市定,《アジア史研究, I-V》, 同朋社, 1984.

宮島博史 外,〈明淸と李朝の時代〉,《世界の 歷史》, 中央公論社, 1998.

金谷治,《管子の研究: 中國古代思想史の一面》, 岩波書店, 1987.

內山俊彦,《荀子: 古代思想家の肖像》, 東京, 評論社, 1976.

大久保隆郎也,《中國思想史, 上: 古代·中世》, 高文堂出版社, 1985.

大濱晧,《中國古代思想論》, 勁草書房, 1977.

大野實之助,〈禮と法〉,《東洋文化研究所創設三十周年紀念論集, 東洋 文化と明日》, 1970.

渡邊信一郎,《中國古代國家の思想構造》, 校倉書房, 1994.

木村英一,《法家思想の探究》, 弘文堂, 1944.

＿＿＿,《孔子と論語》, 創文社, 1984.

茂澤方尙,〈韓非子の聖人について〉,《駒澤史學 38》, 1988.

服部武,《論語の人間學》, 東京, 富山房, 1986.

福澤諭吉,《福澤諭吉選集》, 岩波書店, 1989.

山口義勇,《列子研究》, 風間書房, 1976.

森秀樹,〈韓非と荀況: 思想の繼蹤と繼絶〉,《關西大學文學論集 28-4》, 1979.

森熊男, 〈孟子の王道論: 善政と善教をめぐて〉, 《研究集録, 岡山大學教育學部 50-2》, 1979.

上野直明, 《中國古代思想史論》, 成文堂, 1980.

相原俊二, 〈孟子の五霸について〉, 《池田末利博士古稀記念東洋學論集》, 1980.

上田榮吉郎, 〈韓非の法治思想〉, 《中國の文化と社會 13》, 1968.

小林多加士, 〈法家の社會體系理論〉, 《東洋學研究 4》, 1970.

小野勝也, 〈韓非.帝王思想の一側面〉, 《東洋學學術研究 10-4》, 1971.

小倉芳彦, 《中國古代政治思想研究》, 靑木書店, 1975.

松浦玲, 〈王道論をめぐる日本と中國〉, 《東洋學術研究 16-6》, 1977.

守本順一郎, 《東洋政治思想史研究》, 未來社, 1967.

狩野直禎, 《韓非子の知慧》, 講談社, 1987.

守屋洋, 《韓非子の人間學: 吾が存に善なる恃まず》, プレジデント社, 1991.

信夫淳平, 《荀子の新研究》, 研文社, 1959.

兒玉六郎, 〈荀況の政治論〉, 《新潟大學教育學部紀要, 人文社會科學 31-1》, 1989.

安岡正篤, 《東洋學發掘》, 明德出版社, 1986.

安居香山 編, 《讖緯思想の綜合的研究》, 國書刊行會, 1993.

栗田直躬, 《中國古代思想の研究》, 岩波書店, 1986.

伊藤道治, 《中國古代王朝の形成》, 創文社, 1985.

日原利國, 《中國思想史, 上·下》, ペリカン社, 1987.

____, 〈王道から覇道への轉換〉, 《中國哲學史の展望と模索》, 東京, 創文社, 1976.

張柳雲, 〈韓非子の治道與治術〉, 《中華文化復興月刊 3-8》, 1970.

町田三郎 外,《中國哲學史研究論集》, 葦書房, 1990.

佐川修,〈董仲舒の王道說: その陰陽說との關連について〉,《東北大學 教養部紀要 19》, 1974.

中村哲,〈韓非子の專制君主論〉,《法學志林 74-4》, 1977.

中村俊也,〈孟荀二者の思想と公羊傳の思想〉,《國文學漢文學論叢 20》, 1975.

紙屋敦之,《大君外交と東アジア》, 吉川弘文館, 1997.

陳柱著 中村俊也 譯,《公羊家哲學》, 百帝社, 1987.

津田左右吉,《左傳の思想史的研究》, 東京, 岩波書店, 1987.

淺間敏太,〈孟荀における孔子〉,《中國哲學 3》, 1965.

淺井茂紀他,《孟子の禮知と王道論》, 高文堂出版社, 1982.

村瀨裕也,《荀子の世界》, 日中出版社, 1986.

貝塚茂樹 編,《諸子百家》, 築摩書房, 1982.

布施彌平治,〈申不害の政治說〉,《政經研究 4-2》, 1967.

戶山芳郎,《古代中國の思想》, 放送大敎育振興會, 1994.

丸山松幸,《異端と正統》, 每日新聞社, 1975.

丸山眞男,《日本政治思想史研究》, 東京大出版會, 1993.

黃介騫,〈荀子の政治經濟思想〉,《經濟經營論叢 5-1》, 1970.

荒木見悟,《中國思想史の諸相》, 中國書店, 1989.

• 서양어판

Ahern, E. M., *Chinese Ritual and Politics*, Cambridge Univ. Press, 1981.

Allinson, R., ed., *Understanding the Chinese Mind The Philosophical Roots*, Hong Kong: Oxford Univ. Press, 1989.

Ames, R. T., *The Art of Rulership: A Study in Ancient Chinese Political Thought*, Honolulu Univ. Press of Hawaii, 1983.

Aristotle, *The Politics*, London: Oxford Univ. Press, 1969.

Barker, E., *The Political Thought of Plato and Aristotle*, New York: Dover Publications, 1959.

Bell, D. A., "Democracy in Confucian Societies The Challenge of Justification" in Daniel Bell et. al., *Towards Illiberal Democracy in Pacific Asia*, Oxford: St. Martin's Press, 1995.

Carr, E. H., *What is History*, London: Macmillan Co., 1961.

____, *Nationalism and After*, London: Macmillan, 1945.

Cohen, P. A., *Between Tradition and Modernity Wang T'ao and Reform in Late Ch'ing China*, Cambridge Harvard Univ. Press, 1974.

Creel, H. G., *Shen Pu-hai. A Chinese Political Philosopher of The Fourth Century B.C.*, Chicago: Univ. of Chicago Press, 1975.

Cua, A. S., *Ethical Argumentation: A study in Hsün Tzu's Moral Epistemology*, Univ. Press of Hawaii, 1985.

De Bary, W. T., *The Trouble with Confucianism*, Cambridge, Mass.: Harvard Univ. Press, 1991.

Fingarette, H., *Confucius The Secular as Sacred*, New York: Harper and Row, 1972.

Fukuyama, F., *The End of History and the Last Man*, London: Hamish Hamilton, 1993.

Hegel, F., *Lectures on the Philosophy of World History*, Cambridge: Cambridge Univ. Press, 1975.

Held, D., *Models of Democracy*, Cambridge: Polity Press, 1987.

Hsü, L. S., *Political Philosophy of Confucianism*, London: George Routledge & Sons, 1932.

Huntington, S. P., "The Clash of civilization.", *Foreign Affairs 7*, no. 3, summer.

Johnson, C., *MITI and the Japanese Miracle*, Stanford: Stanford University Press, 1996.

Machiavelli, N., *The Prince*, Harmondsworth Penguin, 1975.

Macpherson, C. B., *The Life and Times of Liberal Democracy*, Oxford: Oxford Univ. Press, 1977.

Mannheim, K., *Ideology and Utopia*, London: Routledge, 1963.

Marx, K., *Oeuvres Philosophie et Économie 1-5*, Paris: Gallimard, 1982.

Mills, C. W., *The Power Elite*, New York: Oxford Univ. Press, 1956.

Moritz, R., *Die Philosophie im alten China*, Berlin: Deutscher Verl. der Wissenschaften, 1990.

Munro, D. J., *The Concept of Man in Early China*, Stanford: Stanford Univ. Press, 1969.

Peerenboom, R. P., *Law and Morality in Ancient China: The Silk Manuscripts of Huang-Lao*, Albany, New York: State Univ. of New York Press, 1993.

Plato, *The Republic*, Oxford Univ. Press, 1964. Pott, W. S., *A Chinese Political Philosophy*, Alfred. A. Knopf, 1925.

Rawls, J., *A Theory of Justice*, Cambridge: Harvard Univ. Press, 1971.

Rubin, V. A., *Individual and State in Ancient China: Essays on Four Chinese Philosophers*, Columbia Univ. Press, 1976.

Sabine, G., *A History of Political Theory*, Holt, Rinehart and Winston, 1961.

Sartori, G., *The Theory of Democracy Revisited*, Catham House Publisher, Inc., 1987.

Schumpeter, J. A., *Capitalism, Socialism and Democracy*, London: George Allen & Unwin, 1952.

Schwartz, B. I., *The World of Thought in Ancient China*, Cambridge: Harvard Univ. Press, 1985.

Strauss, L., *Natural Right and History*, Chicago: Univ. of Chicago Press, 1953.

Taylor, R. L., *The Religious Dimensions of Confucianism*, Albany, New York: State Univ. of New York Press, 1990.

Tocqueville, Alexis de, *Democracy in America*, Garden City, N.Y.: Anchor Books, 1969.

Tomas, E. D., *Chinese Political Thought*, New York: Prentice-Hall, 1927.

Tu, Wei-ming, *Way, Learning and Politics: Essays on the Confucian Intellectual*, Albany, State Univ. of New York Press, 1993.

Waley, A., *Three Ways of Thought in Ancient China*, doubleday & company, 1956.

Weber, M., *The Protestant Ethics and the Spirit of Capitalism*, London: Allen and Unwin, 1971.

Wu, Geng, *Die Staatslehre des Han Fei: Ein Beitrag zur chinesischen Idee der Staatsräson*, Wien & New York Springer-Verl., 1978.

Wu, Kang, *Trois Theories Politiques du Tch'ouen Ts'ieou*, Paris: Librairie Ernest Leroux, 1932.

Zenker, E. V., *Geschichte der Chinesischen Philosophie*, Reichenberg: Verlag Gebrüder Stiepel Ges. M. B. H., 1926.